Kohlhammer

Uwe Wagschal, Sebastian Jäckle,
Georg Wenzelburger (Hrsg.)

Einführung in die Vergleichende Politikwissenschaft

Institutionen – Akteure – Policies

Verlag W. Kohlhammer

1. Auflage 2015

Alle Rechte vorbehalten
© W. Kohlhammer GmbH, Stuttgart
Gesamtherstellung: W. Kohlhammer GmbH, Stuttgart

Print:
ISBN 978-3-17-028964-2

E-Book-Formate:
pdf: ISBN 978-3-17-028965-9
epub: ISBN 978-3-17-028966-6
mobi: ISBN 978-3-17-028967-3

Inhalt

Abbildungsverzeichnis

Tabellenverzeichnis

Einleitung

Uwe Wagschal, Sebastian Jäckle und Georg Wenzelburger[1]

Die Vergleichende Politikwissenschaft, historisch oft (verengend) auch als Vergleichende Regierungslehre bezeichnet, ist neben der Politischen Theorie, den Internationalen Beziehungen, dem Politischen System Deutschlands sowie den Empirischen Methoden einer der fünf großen Teilbereiche innerhalb der deutschen Politikwissenschaft. Dies zeigt sich nicht nur an der Zahl der Veröffentlichungen und Zeitschriften in diesem Bereich, sondern auch daran, dass die Vergleichende Politikwissenschaft mit den anderen vier Teildisziplinen in den Lehrplänen politikwissenschaftlicher Studiengänge einen festen Platz einnimmt. Daran hat auch die Einführung von Bachelor- und Master-Studiengängen nichts verändert. Im Gegenteil. Die Ausdifferenzierung des Faches führt zu einer stärkeren Strukturierung, und damit auch einem meist klar umrissenen Kanon an politikwissenschaftlichen Themen, den es insbesondere im Bachelor-Grundstudium abzuarbeiten gilt.

Das vorliegende Buch ist gezielt so konzipiert, diesen Bedarf für die Vergleichende Politikwissenschaft abzudecken. Es kann sowohl begleitend zu einer Einführungsveranstaltung in die Vergleichende Politikwissenschaft als auch als Nachschlagewerk und Vorbereitungslektüre für Prüfungen verwendet werden. Seine Gliederung in 16 jeweils ca. 20 Seiten starke Kapitel zu den wichtigsten Forschungsfeldern der Vergleichenden Politikwissenschaft, die auch unabhängig voneinander gelesen werden können, erlaubt beides. Gleichwohl sind die einzelnen Kapitel nicht willkürlich angeordnet, sondern sie folgen einer Ordnung, wie sie auch in den meisten Einführungslehrveranstaltungen angewandt werden dürfte: Ausgehend von den allgemeinen Grundlagen der vergleichenden Politikwissenschaft werden in den weiteren Kapiteln spezifischere Teilbereiche behandelt. Der vorliegende Band nimmt dabei insbesondere die institutionelle Ausgestaltung der Teilbereiche und die jeweils relevanten Akteure in den Blick. So wird beim Thema Macht etwa auf Fragen der institutionellen Gewaltenteilung sowie Vetospieler als zentrale Akteure eingegangen und zudem wird erläutert, auf welche Weise diese die nationalen Policies, also die Staatätigkeit, beeinflussen.

Bevor jedoch gezeigt wird, was dieses Buch inhaltlich bietet, wird zunächst kurz vorgestellt, welche konzeptionelle Ausrichtung diesem Band zugrunde liegt.

---

1 Wir möchten uns an dieser Stelle im Namen aller Autoren des Bandes bei den fleißigen Helfern bedanken, die dieses Buch erst möglich gemacht haben. Magdalena Breyer, Marlen Klaws, Lisa Lauton, Carla Mundt und Jonas Schreijäg haben uns bei der Recherche unterstützt und durch ihr sorgfältiges Korrekturlesen zur Lesbarkeit der Beiträge beigetragen. Herzlichen Dank hierfür!

Konzeptionelle Ausrichtung des Bandes

Politikwissenschaftliche Forschung fußt, wie jede andere Forschung auch, auf dem jeweiligen Weltbild des Forschers. Aus wissenschaftstheoretischer Perspektive sind zwei Teilbereiche für das jeweilige Weltbild eines Forschers von besonderer Bedeutung. Einerseits seine *ontologische* Grundhaltung und andererseits seine mit dieser eng verbundene *epistemologische* Einstellung. Die Ontologie fragt dabei nach der Natur des (menschlichen) Seins und danach, was die Welt eigentlich ist. Die Epistemologie (Erkenntnistheorie), fragt danach, was der Mensch wissen kann, sie fragt nach dem Charakter bzw. der Relevanz dieses Wissens und auf welche Weise Wissen generell generiert wird. Idealtypisch lassen sich zwei Weltbilder unterscheiden: ein positivistisches und ein in Abgrenzung hiervon entwickeltes post-positivistisches Weltbild. Holzschnittartig kann man sagen, dass Forscher mit einer positivistischen Grundhaltung sich dadurch auszeichnen, dass sie von einer real existenten Welt ausgehen, die sich beobachten, vermessen und letztlich analysieren lässt. Entsprechend dieser positivistischen Ontologie können sie gewissermaßen von außen auf die Welt schauen und ihre Messinstrumente an diese anlegen, ohne dass sich ihr Untersuchungsgegenstand hierdurch grundlegend verändern würde. Der idealtypische Post-Positivismus geht in seiner radikalsten Form hingegen davon aus, dass eine einzige, objektiv vorhandene reale Welt nicht existiert. Die ontologische Basis ist vielmehr die Annahme, dass die Welt mit all ihren insbesondere sozialen Phänomenen und Interaktionen von den sie bevölkernden Menschen konstruiert ist – man nennt diese Denkrichtung deshalb auch Konstruktivismus. Unsere Wahrnehmung dieser, durch die individuellen Sinnzuschreibungen konstruierten »Realität«, sei deshalb auch nur subjektiv möglich, d. h. sie ist immer von der Sichtweise des Beobachters abhängig. Letztlich macht sich also jeder Mensch sein eigenes Bild von dem, was er als Realität wahrnimmt, oder anders ausgedrückt: jeder Mensch betrachtet die sich ihm präsentierenden Phänomene durch die ihm eigene »Brille«. Die aus einer solchen ontologischen Grundhaltung erwachsende post-positivistische Epistemologie geht davon aus, dass ein Beobachter sozialer Phänomene und ihre Beziehungen untereinander, in seiner Wahrnehmung immer durch die sozialen Konstrukte und seine eigene subjektive »Brille« beeinflusst wird.

Die diesem Buch zugrunde liegende Weltsicht lässt sich im positivistischen Bereich des soeben aufgespannten Kontinuums ansiedeln. Gleichzeitig ist es heutzutage selbstverständlich, dass sich auch eine eher positivistisch argumentierende Forschung ihrer eigenen Subjektivität bewusst ist und diese Problematik offen thematisiert, freilich nicht um letztlich das Ziel der Objektivität aufzugeben, sondern ihm durch intersubjektive Nachvollziehbarkeit näherzukommen.

Neben der Frage des jeweiligen Weltbildes ist in der Politikwissenschaft insbesondere von Relevanz, welche Rolle Normen in der Forschung spielen. Vor allem bezogen auf diese Frage der Normativität haben sich in Deutschland seit Ende des Zweiten Weltkriegs drei Schulen der Politikwissenschaft herausgebildet, die sich zeitweise (insbesondere in den 1960er/1970er Jahren) äußerst kritisch gegenüberstanden: die normativ-ontologische, die kritisch-dialektische und die empirisch-analytische Schule. Wenn gleich dieser Positionenstreit sich in den letzten Jahrzehnten deutlich abgeschwächt hat und die großen Debatten hierzu beendet sind, so werden sich die allermeisten Politikwissenschaftler jedoch einer der drei Richtungen zuordnen.

Während normativ-ontologische Ansätze das eigentliche Ziel politikwissenschaftlicher Forschung darin sehen, gültige Normen des politischen Handelns zu erkennen, hierdurch gutes politisches Handeln vorzudenken und somit dem Gemeinwohl zu dienen, sind kritisch-dialektische Ansätze zwar ebenfalls daran interessiert, dem Menschen ein gutes Leben in der Gesellschaft zu ermöglichen, ihr Beweggrund ist aber doch ein anderer. Aufbauend auf der idealistischen Geschichtsphilosophie Hegels und den historisch-gesellschaftspolitischen Analysen von Karl Marx, versuchen kritisch-dialektische Forscher insbesondere die historisch gewachsenen sozialen Abhängigkeitsverhältnisse und Herrschaftsbeziehungen zu analysieren um hierdurch gleichsam zu deren Überwindung beizutragen.

Die empirisch-analytische Politikwissenschaft nimmt in Bezug auf Normen eine im Vergleich zu den beiden anderen Schulen konträre Position ein. Normative Aussagen werden nicht angestrebt und sie ließen sich entsprechend des Weber'schen Postulats der Werturteilsfreiheit, dem sich diese Schule verpflichtet fühlt, auch nicht aus empirischen Analysen ableiten. Empirisch-analytisch arbeitende Forscher wollen politische und soziale Phänomene kausal erklären und leiten aus den gefundenen Zusammenhängen Prognosen für die Zukunft ab. Eine Veränderung bestehender gesellschaftlicher Verhältnisse und Strukturen streben sie nicht an. Allerdings haben Vertreter der empirisch-analytischen Schulen den positivistischen Anspruch, allgemeingültige Gesetze aus der Betrachtung der Realität extrahieren zu können, größtenteils aufgegeben. Einerseits gelten ihnen die so gewonnenen Zusammenhänge stets nur als vorläufig bestätigt, bis sie durch eine gegenteilige Beobachtung falsifiziert werden, und andererseits untersuchen sie zumeist räumlich, zeitlich und inhaltlich abgegrenzte politische Phänomene. Man bezeichnet die so entstehenden sozialwissenschaftlichen Theorien deshalb als Theorien mittlerer Reichweite, im Gegensatz beispielsweise zur Gravitationstheorie in der Physik, die einen universellen Geltungsanspruch besitzt.

Dieses Buch steht eindeutig in dieser Tradition der empirisch-analytischen Politikwissenschaft – auch wenn die normativ-ontologische Schule insbesondere bei der Diskussion der theoretischen Grundlagen und Begrifflichkeiten (z. B. der Demokratie) eine gewisse Rolle spielt. Aus diesem Grund finden sich in den Kapiteln dieses Buches häufig empirische Vergleiche. Darüber hinaus ist auf den letzten Seiten des Buches eine Tabelle mit wichtigen politische Kennzahlen sämtlicher Staaten der Welt abgedruckt. Sie dient einerseits als Referenz für die einzelnen Kapitel und soll andererseits den Leser dazu ermuntern, selbst empirisch zu vergleichen.

Was dieses Buch bietet (und nicht bietet)

Ein einführender Überblicksband kann nicht alle Themen abdecken. So ist dieses Buch keine Einführung in die Methoden der Vergleichenden Politikwissenschaft. Diese hat sich methodisch in den letzten Jahren extrem ausdifferenziert und weiterentwickelt. Die Bandbreite reicht heute von interpretativen Verfahren wie der Diskursanalyse, über klassisch vergleichende Untersuchungsdesigns, bei denen relativ wenige, dafür aber gezielt ausgewählte Fälle möglichst tiefgehend und systematisch verglichen werden, bis hin zu den quantitativ-statistischen Methoden, die sich schon lange nicht mehr in einfachen Kreuztabellen und OLS-Regressionen erschöpfen. Stichworte wären hier etwa: Mehrebenenanalysen, Strukturgleichungsmodelle, Überlebenszeitanalysen oder gepoolte Zeitreihenmodelle. Eine auch nur annähernd gründliche Diskussion der von der Vergleichenden Politikwissenschaft verwendeten Methoden würde deshalb den Umfang dieses Buches sprengen. Da Methoden zumeist auch als eigenständige Veranstaltungen in den Lehrplänen auftauchen, erscheint es zudem didaktisch gerechtfertigt, an dieser Stelle auf die einschlägige Literatur zu verweisen (Wagschal 1999a, Geschwend et al. 2006, Behnke et al. 2006, Lauth et al. 2009, Behnke et al. 2010, Jahn 2013, Wenzelburger, Jäckle und König 2014).

Dieses Buch ist auch kein Lexikon der (Vergleichenden) Politikwissenschaft: Die in den 16 Kapiteln behandelten Themenbereiche stellen zwar inhaltlich einen Kernbestand der Vergleichenden Politikwissenschaft dar. Allerdings wäre es unzureichend, die zentralen Begriffe der Teildisziplin ausschließlich lexikonartig in nur wenigen Zeilen abzuhandeln. Vielmehr stellen die folgenden Kapitel die zentralen Themen der Vergleichenden Politikwissenschaft mitsamt der dort vorherrschenden Abhängigkeiten (Interdependenzen) vor, da nur auf diese Weise der Komplexität Rechnung zu tragen ist. Die Kehrseite dieses Vorgehens ist, dass eventuell einzelne, potentiell für die Vergleichende Politikwissenschaft ebenfalls relevante Unterthemen nicht ausführlich behandelt werden können, wie etwa die Transitionsforschung, der Vergleich von Entwicklungsländern oder Themen der (vergleichenden) Politischen Ökonomie. Diese finden sich aber in den einschlägigen Lexika der Politikwissenschaft (Schmidt 2010, Nohlen/Schultze 2010). Dieses Buch fokussiert auf (westliche) Demokratien, wenn gleich auch an der einen oder anderen Stelle globale Vergleiche oder der Vergleich sämtlicher Demokratien erfolgen.

Die so eingegrenzten zentralen Themen der Vergleichenden Politikwissenschaft sind in diesem Band auf 16 Kapitel aufgeteilt. Im ersten Kapitel zur **Demokratie** (Sebastian Jäckle) werden nach einem kurzen Abriss klassischer und moderner Demokratietheorien die Problematiken diskutiert, die bei der vergleichenden Messung von Demokratie auftreten. Des Weiteren werden drei empirische Anwendungsbereiche der Demokratieforschung präsentiert, welche die Wirkung demokratischen Regierens untersuchen: die Analyse des Zusammenhangs zwischen Demokratie und Entwicklung, die Transitionsforschung und die Frage, ob Demokratien friedfertiger sind als Nicht-Demokratien. Das Kapitel endet mit weiteren Klassifikationsmöglichkeiten für demokratische und autokratische Systeme.

Kapitel zwei handelt von **Macht** (Thomas Metz und Sebastian Jäckle) und widmet sich damit einer zentralen Kategorie des Politischen. Nach einer begrifflichen und historischen Verortung des Konzepts wird die für moderne Demokratien elementare Komponente der Machtbegrenzung in Form von Gewaltenteilung und -vermischung diskutiert. Anschließend wird die Vetospielertheorie nach George Tsebelis als allgemeines Modell von Macht und Gegenmacht vorgestellt.

Das dritte Kapitel trägt den Titel **Wahlen** (Philipp Weinmann und Thomas Metz). Die freie, gleiche, allgemeine, kompetitive, geheime und zumeist direkte Wahl stellt das zentrale Element demokratisch verfasster Systeme dar. Ihre Funktionen werden in diesem Kapitel ebenso beschrieben wie die konkreten Elemente der empirisch vorzufindenden Wahlsystemtypen. Welche Effekte die verschiedenen Wahlsysteme und ihre Komponenten (z. B. die Sitzzuteilungsverfahren bei der Verhältniswahl) auf die Politik und insbesondere das Parteiensystem haben, wird im Anschluss daran erläutert. Im zweiten Teil des Kapitels wechselt der Fokus von der Makroebene der Wahlsysteme auf die Mikroebene der einzelnen Wähler. Im Zentrum steht hier die Frage, wer wen warum wählt. Als Erklärungsansätze für das Wahlverhalten werden die drei prädominanten Schulen miteinander verglichen: der makro- und mikrosoziologische, der sozialpsychologische und der Rational Choice-Ansatz.

Christoph M. Haas untersucht im vierten Kapitel mit **Parlamenten** die Kerninstitutionen der repräsentativen Demokratie. Dabei werden zunächst die Bedeutung und die historische Genese des Parlamentarismus diskutiert, bevor die Funktionslogik von Parlamenten allgemein behandelt wird. Im zweiten Teil des Kapitels werden einerseits die ersten Kammern der Parlamente (also etwa der Bundestag) und anschließend die Zweiten Kammern behandelt. Diese können einerseits als Spezifikum der Staatsorganisation und andererseits als besondere Form des Parlamentarismus interpretiert werden.

In Kapitel fünf zur **Direkten Demokratie** (Uwe Wagschal) werden verschiedene Aspekte der direkten Beteiligung der Bürger erläutert. Das Kapitel stellt zunächst die unterschiedlichen direktdemokratischen Instrumente und ihre Funktionslogik dar, um daran anschließend die Anwendungshäufigkeit im internationalen und nationalen Vergleich zu diskutieren. Schließlich werden die Wirkungen von direktdemokratischen Entscheidungsverfahren untersucht, wobei ein besonderer Schwerpunkt auf den neuen Formen alternativer Beteiligungsmöglichkeiten liegt.

Das sechste Kapitel mit dem Titel **Verfassung und Verfassungsgerichtsbarkeit** (Uwe Wagschal und Maximilian Grasl) befasst sich zunächst mit der politischen Grundstruktur eines Staates: seiner Verfassung. Daran anschließend werden die Entstehungs- und Veränderungsprozesse von Verfassungen behandelt, deren »Rigidität« im internationalen Vergleich sehr unterschiedlich ist. Der zweite Teil des Beitrags befasst sich mit der »Sicherung« der Verfassung durch Verfassungsgerichte. Dabei werden das Bundesverfassungsgericht sowie die Verfassungsgerichtsbarkeit im internationalen Vergleich dargestellt. Schließlich wird noch auf die Wirkungen der Verfassungsgerichte abgehoben.

Kapitel sieben befasst sich mit **Mehrebenensystemen** (Carola Fricke und Maximilian Grasl) und diskutiert dieses Konzept anhand von zwei konkreten Anwendungsfällen: dem Föderalismus und der Europäische Union. Das Kapitel gibt daher zunächst einen Überblick über das Konzept des Föderalismus, seine konstituierenden Dimensionen und empirischen Erscheinungsformen. Es diskutiert die Vor- und Nachteile eines föderalen Staatsaufbaus (Stichwort: Politikverflechtungsfalle), stellt die Leitbilder vor, welcher sich föderale Systeme gerne bedienen (z. B. das Subsidiaritätsprinzip), und bespricht die Möglichkeiten, Föderalismus zu messen. Der zweite Teil dieses Kapitels beschäftigt sich damit, wie im Mehrebenensystem der Europäischen Union regiert wird. Dabei wird der Frage nachgegangen, was unter Mehrebenen-Governance zu verstehen ist, wie dieses neue Konzept mit den klassischen Ansätzen des Föderalismus zusammenhängt, welche Typen von Mehrebenen-Governance sich unterscheiden lassen und inwiefern Kritik am Konzept zur Weiterentwicklung desselben führt. Zuletzt wird anhand der Rolle der Regionen aufgezeigt, inwiefern die EU bereits als ein Mehrebenensystem zu verstehen ist.

Das achte Kapitel zu **Parteien** (Philipp Weinmann und Sebastian Jäckle) definiert den Begriff der Parteien in Abgrenzung zu anderen Vereinigungen sowie ihre Funktionen für das politische System. Nach einer Diskussion zur Entstehung von Parteien, welche die zentrale Bedeutung des historischen Kontexts und hierbei insbesondere die Relevanz der eine Gesellschaft prägenden Konfliktlinien verdeutlicht, erläutert der Beitrag die verschiedenen Parteitypen (z. B. Volks- und Kartellparteien) und diskutiert die große Bedeutung, die dem Medianwähler auf die ideologische Ausgestaltung des Parteienspektrums zugeschrieben wird. Die Gesamtheit der in einem politischen System beheimateten Parteien und deren Interaktionen können unter dem Begriff des Parteiensystems subsumiert werden. Wie sich Parteiensysteme unterscheiden lassen und welche Faktoren ursächlich für die empirisch vorzufindenden Ausprägungen sind, darauf gibt dieses Kapitel abschließend ebenfalls Antworten.

Kapitel neun, das mit dem Titel **Regierung** (Sebastian Jäckle und Thomas Metz) überschrieben ist, behandelt primär die exekutive Gewalt in politischen Systemen. Nach einer Definition des Regierungsbegriffs und der Beschreibung ihrer Aufgaben wird das Augenmerk auf die verschiedenen Typen von Regierungen gelegt (Kabinettssystem vs. Präsidialsystem). Um die Frage zu klären, welche Parteien nach einer Wahl die Regierung stellen, werden zudem verschiedene Koalitionstheorien (*Office-* und *Policy-Seeking*-Theorien sowie der *Portfolio-Allocation*-Ansatz) präsentiert. Daneben erläutert der Beitrag, welche Faktoren die Stabilität von Regierungen beeinflussen. Im letzten Abschnitt des Kapitels wird der Fokus dann auf den Gegenspieler der Regierung, die Opposition und deren (Kontroll-)Möglichkeiten gerichtet.

Das zehnte Kapitel zur **Politischen Kultur** (Uwe Wagschal, Rafael Bauschke) befasst sich mit einem in der Literatur vielfältig verwendeten Konzept, welches im Ruf steht eher schwammig denn konkret zu sein. Ausgehend von einer Begriffsklärung werden verschiedene Konzepte der theoretischen und empirischen Erfassung politischer Kultur diskutiert, insbesondere das Konzept der *civic culture* von Almond und Verba (1963). Neben diesen konzeptionellen und empirischen Teilen werden noch zwei Anwendungsbeispiele aus der politischen Kulturforschung vorgestellt: (1) Gibt es kulturelle Einflüsse im Hinblick auf die Homonegativität, also der Einstellung gegenüber Homosexuellen? (2) Lassen sich Kulturkonflikte identifizieren und welchen Einfluss haben kulturelle Faktoren auf gewaltsame, politische Konflikte?

Das elfte Kapitel zu **Politischen Eliten** (Rafael Bauschke, Sebastian Jäckle, Pascal König, Uwe Wagschal und Georg Wenzelburger) befasst sich im Kern mit der Frage wie und von wem Entscheidungen getroffen werden. Dabei haben die Begriffe politische Elite, Leadership und politische Strategie sowohl einen allgemeinen, umgangssprachlichen als auch einen fachwissenschaftlichen Bedeutungsinhalt. Im Mittelpunkt des Kapitels steht dabei das Verhältnis von Entscheidenden und Betroffenen, von Herrschenden und Beherrschten. So fokussiert die akteurs- bzw. personenzentrierte Leadership-Forschung auf Persönlichkeitsmerkmale der »Anführer«, was durchaus als Kontrast zu der starken System- und Institutionenorientierung in der Politikwissenschaft gesehen werden kann.

In Kapitel zwölf mit dem Titel **Verbände und Korporatismus** (Uwe Wagschal und Maximilian Grasl) werden nach einer Begriffsklärung und einer Abgrenzung des Bedeutungsinhaltes der zentralen Konzepte zunächst die Funktionen von Verbänden behandelt. Daran anschließend werden die zentralen Verbändetheorien wie etwa der Pluralismus, der Korporatismus sowie polit-ökonomische Ansätze behandelt. Der dritte Teil des Kapitels typologisiert Interessengruppen und diskutiert deren Policy-Wirkungen. Schließlich werden die Staat-Verbände-Beziehungen noch unter dem Blickwinkel unterschiedlicher Machtverhältnisse betrachtet.

Kapitel dreizehn, das sich mit **Medien** (Markus B. Siewert und Georg Wenzelburger) beschäftigt, liegt an einer zentralen Schnittstelle zwischen politischen Akteuren und der Gesellschaft – den (Massen-)Medien. Aufbauend auf Erkenntnissen der Mediennutzungsforschung stellt der Beitrag den Einfluss der Medien im politischen Entscheidungsprozess dar. Die empirische Analyse unterschiedlicher Mediensysteme – unter anderem anhand von Indikatoren wie der Stärke der Zeitungsindustrie oder der Höhe des staatlichen Interventionismus – zeigt eine deutliche Varianz im OECD-Vergleich. Der Beitrag geht zudem auf die Rolle ein, die die Medien im politischen Kommunikationsprozess einnehmen: Gibt es eine Mediatisierung der Politik? Inwiefern können die Medien beispielsweise über Agenda-Setting, Priming und Framing Einfluss auf die Politik ausüben? Als Beispiele für die empirisch-vergleichende Untersuchung politischer Kommunikation werden der Zusammenhang zwischen Medien und Demokratiequalität, die Bedeutung der Medien im Wahlkampf wie auch das Konzept der politischen Kommunikationskultur diskutiert. Abschließend geht dieses Kapitel der Frage nach, ob bzw. inwieweit das Internet die politische Kommunikation gänzlich neu erfindet oder doch nur marginal verändert.

Das vierzehnte Kapitel zu **Bürokratie und öffentlicher Verwaltung** (Carola Fricke und Markus B. Siewert) setzt in gewisser Weise da an, wo der Beitrag zur Regierung aufgehört hat, denn das eigentliche Regieren ist ohne die weitere Umsetzung der von der Exekutivgewalt vorgegebenen politischen Agenda durch eine Verwaltung bzw. Bürokratie nicht denkbar. Das Kapitel beginnt mit der Definition des Begriffs der öffentlichen Verwaltung und einer Typologisierung der unterschiedlichen Verwaltungsformen. Anschließend wird der Stand der Forschung zum Thema Verwaltung aus politik- wie rechtswissenschaftlicher Perspektive aufgezeigt. Nach einer Deskription der bundesdeutschen Verwaltungspraxis wird der Blick auf den internationalen Vergleich von Verwaltungstraditionen gelenkt. Hierbei zeigen sich beispielsweise große Unterschiede bei der Anzahl der im öffentlichen Dienst beschäftigten Personen oder auch der Offenheit des Verwaltungsapparates gegenüber Quereinsteigern. Der letzte Abschnitt dieses Beitrags diskutiert unter den Stichworten New Public Management und E-Government aktuelle Entwicklungen in der Verwaltungsforschung.

Kapitel fünfzehn mit der Überschrift **Vergleichende Staatstätigkeitsforschung** (Georg Wenzelburger und Frieder Neumann) hat den Output sowie die Outcomes politischer Prozesse zum Gegenstand. Der Beitrag definiert zunächst Staatstätigkeit und stellt Optionen vor, um diese zu messen. Im Anschluss daran werden die sechs Ansätze der Staatstätigkeitsforschung entsprechend der Heidelberger Schule erläutert. Obgleich diese gut geeignet sind, um beispielsweise die Höhe bestimmter Policy-Outcomes zu erklären, erfassen sie doch den kausalen Prozess, wie es zu einer Policy-Veränderung kommt, nur oberflächlich. Daher stellt der Beitrag mit dem *Advocacy-Coalition Framework*, dem Akteurzentrierten Institutionalismus und dem *Multiple-Streams*-Ansatz drei weitere integrative Ansätze genauer dar, die besser geeignet sind, um solche kausalen Pfade der Policy-Formulierung abzubilden.

Das sechzehnte und letzte Kapitel handelt vom **Sozialstaat und der Sozialpolitik** (Frieder Neumann und Elina Schleutker). Die Sozialpolitik stellt eines der wichtigsten, gemessen an der Zahl politikwissenschaftlicher Arbeiten wohl sogar das wichtigste Policy-Feld dar, weshalb sie in diesem Buch ein gesondertes Kapitel erhält. Der Beitrag definiert zunächst den Begriff und die Ziele des Sozialstaats (bzw. Wohlfahrtsstaats), ordnet seine Entstehungsgeschichte historisch ein und zeigt auf, entlang welcher Strukturprinzipien sich Sozialstaaten typologisieren lassen. Im Anschluss daran werden die empirisch vorzufindenden Wohlfahrtsregime verglichen, wobei eines der großen Probleme wohlfahrtsstaatlicher Forschung, nämlich die Frage, was einen starken Sozialstaat eigentlich auszeichnet, unter dem Schlagwort »Dependent Variable Problem« diskutiert wird. Abschließend werden aktuelle Entwicklungen der Wohlfahrtsstaatsforschung wie die Auswirkungen der Globalisierung oder der Europäischen Integration besprochen.

1 Demokratie: Theorie – Messung – Wirkung

Sebastian Jäckle

Einleitung

Der Begriff der Demokratie war nicht seit jeher positiv konnotiert, wie weiter unten am Beispiel des aristotelischen Demokratieverständnisses noch zu zeigen sein wird. Heute aber gilt es geradezu als Prädikat für einen Staat, als gut funktionierende, vollständig etablierte Demokratie bezeichnet zu werden, Gleichzeitig gilt es als Abwertung, wenn dem Staat demokratische Qualität abgesprochen oder er als Nicht-Demokratie tituliert wird. Die weitverbreitete Wertschätzung des Demokratiebegriffs zeigt sich auch darin, dass insbesondere Staaten, die gemeinhin nicht als Demokratien gelten, in ihre offiziellen Ländernamen die Begriffe »Demokratie« oder »demokratisch« aufnehmen, um so nach innen wie nach außen zumindest den Anschein einer Demokratie zu erwecken: Beispiele sind die *Demokratische Volksrepublik Korea* (Nordkorea), die *Demokratische Bundesrepublik Äthiopien* oder die *Demokratische Republik Kongo*, die allesamt von *Freedom House* als »nicht frei« eingestuft werden. Da die Selbstbezeichnung eines Landes offensichtlich kein guter Indikator dafür ist, ob es sich beim jeweiligen Staat wirklich um eine Demokratie handelt, sollen in den folgenden Abschnitten unter Rückgriff auf Manfred G. Schmidts umfangreiche Einführung in die Demokratietheorien (2008) zunächst unterschiedliche theoretische Konzepte dessen aufgezeigt werden, was historisch unter Demokratie verstanden wurde und aktuell in der Politikwissenschaft verstanden wird, um darauf aufbauend die Operationalisierung und Messung von Demokratie in den Blick zu rücken. Hierbei liegt das Augenmerk zunächst auf der Abgrenzung zwischen Demokratien und Autokratien, an die eine Betrachtung der feineren Unterschiede in der demokratischen Qualität zwischen den als grundlegend demokratisch identifizierten Staaten anschließt. Eine Diskussion von drei weiteren empirischen Anwendungsbereichen der Demokratieforschung – erstens der Untersuchung des Zusammenhangs zwischen Demokratie und Entwicklung, zweitens der Transitionsforschung und drittens der Frage, ob Demokratien friedfertiger sind als Nicht-Demokratien – erfolgt im Anschluss. Den Abschluss des Kapitels bildet eine Diskussion weiterer Typologisierungen demokratischer Systeme.

Ein kurzer Abriss klassischer und moderner Demokratietheorien

Der Begriff **Demokratie** stammt aus dem Griechischen. Er ist zusammengesetzt aus den Wörtern *demos* (Volk) und *kratein* (herrschen) und bezeichnet damit die Herrschaft des Volkes. Die konkrete Bestimmung dessen, was unter Demokratie genau zu verstehen ist, unterlag jedoch einem steten Wandel. **Aristoteles** (384–322 v. Chr.) begriff darunter eine Herrschaftsform, in der die freien und waffenfähigen Vollbürger der Polis (des griechischen Stadtstaates), welche größtenteils arme Bauern, Handwerker und Tagelöhner waren, sämtliche politische Entscheidungen selbst und mit gleichem Stimmrecht in der Volksversammlung zu ihrem eigenen Vorteil treffen. Damit war ein Großteil der Bevölkerung jedoch von der politischen Teilhabe ausgeschlossen: Neben Kindern und Frauen betraf dies insbesondere Sklaven sowie Metöken, die als »Ausländer mit Niederlassungsbewilligung« (Höffe 2001: 6), was im Übrigen auch für Aristoteles selbst galt, sich zwar wirtschaftlich in der Polis engagieren durften, politisch jedoch ausgeschlossen blieben. Die Vollbürger hingegen genossen alle dieselben Freiheiten und Rechte, sie wirkten durch direktdemokratische Abstimmungen an der Gesetzgebung mit und bekamen hierfür sogar Diäten ausgezahlt, wodurch es auch armen Bürgern ermöglicht wurde, an der Volksversammlung teilzunehmen. Zudem konnten alle Bürger durch Losentscheid oder – bei besonders wichtigen Ämtern, wie dem des Strategen – auch durch Wahlentscheid in politische, judikative und militärische Ämter gelangen, die nach dem Rotationsprinzip immer wieder mit anderen Bürgern besetzt wurden, wodurch einer Verfestigung der Macht einzelner Personen entgegengewirkt werden sollte (Schmidt 2008: 29).

Die Demokratie ist für Aristoteles eine von sechs möglichen Herrschaftsformen. Die von ihm entworfene Typologie basiert auf zwei Merkmalen: der Anzahl der Herrschenden sowie der Güte der Herrschaft, die er daran festmacht, ob jene dem Gemeinwohl oder nur dem Eigenwohl der Herrschenden dient und somit als gut oder als entartet zu bezeichnen sei. Tabelle 1.1 zeigt die auf diese Weise entstehende Matrix der sechs Staatsformen. Die Demokratie bezeichnet Aristoteles als entartete Herrschaft, insbesondere wenn sie einer ungezügelten, nicht durch Gesetze gebundenen Herrschaft der Armen gleich komme. Sobald sie jedoch durch allgemeine Regeln begrenzt und mit oligarchischen Elementen gemischt wird, wandelt sie sich Aristoteles nach zur guten Herrschaftsform der Politie. Hierin zeigt sich, dass Aristoteles nicht die Demokratie per se ablehnt, wie dies bei Platon noch der Fall war, sondern nur, dann, wenn die »Volksherrschaft zur Radikaldemokratie neigt« (Schmidt 2008: 40). Abwenden lässt sich dies Aristoteles zufolge, indem die Strukturmängel der Demokratie mittels institutioneller Arrangements so begrenzt werden, dass trotzdem eine gute, an das Gesetz gebundene Herrschaft entsteht.

Tab. 1.1: Typologie der Staatsformen nach Aristoteles

Anzahl der Herrschenden	gute Herrschaft	entartete Herrschaft
einer	Monarchie	Diktatur
einige	Aristokratie	Oligarchie
das Volk	Politie	Demokratie

Politische Denker des Mittelalters und der frühen Neuzeit bis hin zu **Thomas Hobbes** (1588–1679) lehnten die Demokratie zugunsten monistischer Herrschaftsvorstellungen rundheraus ab – letzterer mit der Begründung, dass diese der Demagogie Vorschub leisten, die politische Willensbildung destabilisieren und die in seinen Augen notwendige Souveränität des Herrschers (Leviathan) unterminieren würde (Schmidt 2008: 52–54). **John Locke** (1632–1704) wandte sich schließlich gegen die von Hobbes präferierte absolute Monarchie. In seinem Werk finden sich zwar weiterhin autoritäre Ideen, wie ein nur schwacher Minderheitenschutz, eine nur selektiv geltende religiöse Toleranz und eine Begrenzung der Vollbürgerschaft auf die Steuerzahlenden. Daneben stellt Locke aber auch deutliche liberale sowie einige demokratische Aspekte heraus, die für spätere Demokratietheorien wie auch Verfassungsentwürfe (z. B. USA) prägend wurden. Hierzu zählen insbesondere seine Forderungen, dass die Staatsgewalten allesamt an Recht und Gesetz gebunden und voneinander getrennt sein müssen[1] und dass jeder Bürger ein Recht auf Widerstand gegen schweren Rechtsmissbrauch seitens der Exekutive hat. Außerdem geht er davon aus, dass die Menschen von Natur aus frei und gleich sind und ein natürliches Recht auf Eigentum haben, welches für Locke sehr breit definiert neben materiellen Gütern auch das Leben und die Freiheit des Menschen umfasst (Schmidt 2008: 59). Sinn und Zweck des von Locke anvisierten Gemeinwesens ist der Schutz eben dieses dreifach bestimmten Eigentums. Das »urdemokratische Element in Lockes Theorie« (Schmidt 2008: 61) ist darin zu sehen, dass die Ausgestaltung des Gemeinwesens dem Volk obliegt. Dieses kann die Macht entweder selbst ausüben (Demokratie), sie einigen wenigen anvertrauen (Oligarchie) oder sie in die Hände eines einzigen legen (Monarchie). Locke kann damit als Vordenker der Volkssouveränität gelten. Er selbst präferierte eine konstitutionell eingehegte Monarchie mit einem starken Parlament.

Überwiegen bei Locke noch die liberalen Abwehrrechte, nimmt die demokratische Selbstbestimmung der Bürger bei **Jean Jacques Rousseau** (1712–1778) den zentralen Stellenwert ein. Dem Bürger der damaligen Stadtrepublik Genf ging es weniger um den Schutz des Privateigentums, dessen Einführung er ganz im Gegenteil als eines der Grundübel menschlichen Zusammenlebens betrachtete, als vielmehr um die Erhaltung der Freiheit des Menschen. Denn obgleich der Mensch von Natur aus frei geboren sei, läge er doch aufgrund der durch die Zivilisation entstandenen Ungleichheiten überall »in Ketten« (Rousseau 1986: 5). Rousseaus Lösung sieht vor, dass die Menschen im Naturzustand sich völlig entäußern, all ihre Rechte an das Gemeinwesen abgeben

---

1 Das Konzept der Gewaltentrennung wurde von Montesquieu aufgegriffen und zu einem ausgewogenen Modell der Gewaltenverteilung und -balance weiterentwickelt. Demnach müssen die relevanten gesellschaftlichen Kräfte (König, Fürsten und Bürgertum) wie auch die Staatsorgane (Wahlberechtigte, Volkskammer, Adelskammer, Volksgericht, Adelsgericht, Monarch und dessen Minister) alle adäquat qua Funktionen an den drei Gewalten Legislative, Exekutive und Jurisdiktion beteiligt sein. Insbesondere ist der ausschließlichen Kontrolle einer der Gewalten durch eine gesellschaftliche Schicht oder ein Staatsorgan entgegenzuwirken, um das eigentliche Ziel Montesquieus, die Freiheit der Gesellschaft, zu wahren (Schmidt 2008: 72–73).

und hierdurch nicht nur gesicherte bürgerliche Freiheiten gewinnen, sondern sich gleichsam selbst als Souverän konstituieren (Rousseau 1986: 16–20). Durch den Gesellschaftsvertrag verpflichten sie sich jedoch auch, sich dem Gemeinwillen (*volonté générale*) unterzuordnen, welcher auf das Wohl der gesamten Gemeinschaft ausgerichtet ist. Die *volonté générale* ist für Rousseau dabei mehr als die bloße Summe der einzelnen Partikularinteressen der Bürger (*volonté de tous*), sie stellt vielmehr den allgemeinen, unfehlbaren Willen des gesamten politischen Gemeinwesens dar. Die Souveränität des Volkes äußert sich bei Rousseau darin, gemeinsam selbstbestimmt entsprechend des Gemeinwillens zu handeln und ihm – und damit den sich selbst gegebenen Regeln – unbedingten Gehorsam zu leisten. Obwohl dieser Gemeinwille immer und sozusagen objektiv besteht, kann er Rousseau zufolge doch in den Hintergrund treten, wenn die Bürger von ihren Partikularinteressen geblendet werden. In diesem Zusammenhang ist die besondere Konzentration Rousseaus auf die erzieherische Funktion des Staates zu verstehen. Dieser habe staatsbürgerliche Tugenden zu fördern (sogar in Form einer Art Zivilreligion) und so statt eigeninteressierter *bourgeois* gemeinwohlorientierte *citoyen* hervorzubringen. Am ehesten offenbare sich die *volonté générale* in einer basisdemokratisch organisierten, direkten Demokratie, in der alle Bürger gemeinsam an Volksversammlungen teilnehmen und abstimmen. Jegliche Form der Repräsentation lehnt Rousseau kategorisch ab, da hierdurch die an sich unteilbare Souveränität geteilt und der Bürger sich unter den Willen eines anderen stellen würde (Rousseau 1986: 103). Im Idealfall äußert sich der Gemeinwille in einstimmigen Abstimmungen. Oftmals müsse jedoch aus praktischen Gründen auf Mehrheitsbeschlüsse zurückgegriffen werden, bei denen immer die Gefahr bestünde, dass einzelne Partikularinteressen überwiegen, was insbesondere dann zu befürchten wäre, wenn sich Parteiungen bildeten (Rousseau 1986: 31) oder der Willensbildungsprozess von ausufernden politischen Debatten geprägt sei. Rousseau selbst räumt jedoch ein, dass das von ihm entworfene Idealbild einer ausschließlich direkten Demokratie, wie er sie in der römischen Republik und im antiken Sparta verwirklicht zu sehen meinte, selbst in so kleinen Gemeinwesen wie seiner Heimatstadt Genf praktisch so gut wie nicht umzusetzen sei. Er formuliert deshalb: »Wenn es ein Volk von Göttern gäbe, würde es sich demokratisch regieren. Eine so vollkommene Regierung passt für Menschen nicht« (Rousseau 1986: 74).

In deutlichem Gegensatz zu dem sehr anspruchsvollen Demokratieverständnis Rousseaus, bei dem die Demokratie substantiell darüber definiert wird, den Gemeinwillen zu finden und umzusetzen, steht das nun folgende, sehr viel minimalistischere Demokratieverständnis. **Joseph Schumpeter** (1883–1950) und im Anschluss an ihn **Anthony Downs** (* 1930) begreifen Demokratie in Analogie zur Ökonomie als einen Markt um Wählerstimmen. Auf diesem Markt konkurrieren Parteien bzw. politisches Führungspersonal letztlich um politische Macht in Form von Ämtern. Entsprechend konzipierte Schumpeter Demokratie stark prozedural als eine Methode und nicht als Ziel oder als Wert an sich (Schmidt 2008: 184). Seinen eigenen Demokratiebegriff grenzt er von einem von ihm als klassisch bezeichneten Demokratieverständnis ab: »Hauptzweck der demokratischer Ordnung [ist nicht] [. . .], der Wählerschaft die Macht des politischen Entscheides zu verleihen« (Schumpeter 1950: 427) und dadurch ein durch das Volk auf rationale Weise zu erkennendes Allgemeinwohl umzusetzen, sondern ausschließlich die

Wahl der Repräsentanten selbst, welche dann die weiteren politischen Entscheidungen treffen. Seine Definition von Demokratie lautet demzufolge:

> »die demokratische Methode ist diejenige Ordnung der Institutionen zur Erreichung politischer Entscheidungen, bei welcher einzelne die Entscheidungsbefugnis vermittels eines Konkurrenzkampfs um die Stimmen des Volkes erwerben« (Schumpeter 1950: 428).

Eine mittlere Position im zuvor aufgespannten Spektrum an demokratietheoretischen Konzeptionen stammt von **Robert Dahl** (1915–2014). Denn dieser betrachtet grundsätzlich die prozeduralen Aspekte der Demokratie als nicht von den substantiellen trennbar – er begreift den demokratischen Prozess selbst als ein reichhaltiges Bündel substantieller demokratischer Güter (Dahl 1989: 175). Da die real existierenden Staaten dieses Bündel jedoch nicht vollständig anbieten, stellt die Demokratie für Dahl einen empirisch nicht zu erreichenden Idealtypus dar. Den entsprechenden Realtypus bezeichnet er als **Polyarchie** (griech., Herrschaft der Vielen), welche er primär prozedural, im Gegensatz zu Schumpeter jedoch stärker maximalistisch über insgesamt sieben Charakteristika bestimmt:

1. Es ist verfassungsmäßig festgeschrieben, dass sämtliche politische Entscheidungen nur durch gewählte Offizielle (Repräsentanten) getroffen werden;
2. Parlamentarier werden durch regelmäßige, freie und faire Wahlen bestimmt;
3. Praktisch alle Erwachsenen haben das Recht, an diesen Wahlen teilzunehmen;
4. Ein Großteil der Erwachsenen hat das passive Wahlrecht, darf also auch als Kandidat gewählt werden;
5. Bürger besitzen das Recht auf freie Meinungsäußerung, welches auch aktiv eingefordert werden kann und sie dürfen insbesondere Kritik an der Politik, den Herrschaftsverhältnissen usw. üben;
6. Die Bürger haben die Möglichkeit, alternative, nicht von der Regierung monopolisierte Informationsmedien zu konsumieren;
7. Die Bürger haben das Recht, unabhängige politische Vereinigungen wie Parteien zu gründen, welche beispielsweise durch die Teilnahme an Wahlen oder andere Aktionen auf Veränderungen der aktuellen Politik hinwirken können.

Diese sieben Charakteristika können auf zwei Dimensionen zurückgeführt werden, die für Dahl letztlich den Kern der Polyarchie ausmachen: Wettbewerb und Partizipation. Nur wenn erstens in einem Land Opposition zugelassen ist und diese mit der Regierung im freien, unbeschränkten Wettbewerb um die politische Macht steht sowie zweitens alle Bürger an der politischen Willensbildung teilhaben können, kann von einer Polyarchie gesprochen werden. Liegt beides nicht vor, handelt es sich um eine geschlossene Hegemonie. Länder, in denen Wettbewerb möglich ist, ein Teil der Bürger jedoch an der Partizipation gehindert wird, bezeichnet Dahl als kompetitive Oligarchien (z. B. Staaten vor der Einführung des Frauenstimmrechts – in der Schweiz auf Bundesebene erst 1971). Im umgekehrten Fall, wenn hohe Partizipationswerte mit einem sehr geringen politischen Wettbewerbsgrad einhergehen, spricht er von inklusiven Hegemonien (Beispiele wären hier kommunistische Systeme, in denen formal das ganze Volk an den Wahlen partizipiert, gleichzeitig jedoch keine reale Alternative zur herrschenden Partei besteht).

23

Demokratiemessung

Die meisten Demokratiemessungen greifen auf prozedurale Demokratiedefinitionen zurück, da substantielle, auf das Ziel der Demokratie gerichtete Definitionen wie etwa solche, die im Anschluss an Rousseau auf die Umsetzung einer *volonté générale* abzielen, stets damit zu kämpfen haben, objektive Kriterien für diese Ziele anzugeben. Minimalistisch-prozedurale Definitionen, die nach Schumpeter ausschließlich auf den Faktor Wahlen fokussieren, sind eher die Ausnahme. Häufiger verwendet werden breitere, beispielsweise an Dahl anknüpfende Definitionen, die zusätzlich verfassungsmäßig garantierte Rechte der Bürger wie auch eine Kontrolle der Exekutivmacht als konstituierende Elemente einer Demokratie begreifen.

Infobox: *Republik – Demokratie*

Nicht verwechselt werden darf die Frage nach der Demokratiequalität mit der nach der **Staatsform**. Letztere unterscheidet einzig und allein danach, ob das Staatsoberhaupt dynastisch bestimmt wird (Monarchie) oder die Staatsgewalt dagegen – zumindest formal – vom Volk ausgeht (Republik). Wie die Tabelle zeigt, sind sämtliche Kombinationen aus Demokratie und Republik/Monarchie möglich.

	Republik	**Monarchie**
Demokratie	USA, Deutschland, Frankreich, Italien, Schweiz, Türkei, Island	Großbritannien, Dänemark, Schweden, Niederlande, Japan
keine Demokratie	China, UdSSR, Kuba, Syrien unter Assad, Irak unter Saddam Hussein, DDR	Saudi Arabien, Brunei, Deutsches Kaiserreich

Historisch wurde der Begriff Republik häufig jedoch anders verwendet, was zu einer gewissen Begriffsverwirrung führen kann. Immanuel Kant etwa verstand unter Republik letztlich das, was heute als repräsentative, gewaltenteilige Demokratie bezeichnet würde. Er unterscheidet die republikanische und despotische Staatsform. Während bei letzterer die Vollziehung der Staatsgewalt in derselben Hand ist wie der Erlass der Gesetze, basiert der Republikanismus auf einer klaren Trennung zwischen Legislative und Exekutive. Aus diesem Verständnis heraus ist auch nachvollziehbar, dass laut Kant »die Demokratie, im eigentlichen Verstande des Worts, notwendig ein Despotism« sei, da das Volk als »Gesetzgeber in einer und derselben Person zugleich Vollstrecker seines Willens« (Kant 1977: 207) wäre – eine Vorstellung, die von Kant deutlich abgelehnt wird.

Vanhanen Index

Ein besonders einfach zu berechnender Demokratieindex wurde vom finnischen Politikwissenschaftler **Tatu Vanhanen** (* 1929) vorgeschlagen. Er greift die beiden zentralen Elemente aus Dahls Demokratiedefinition – Partizipation und Wettbewerb – heraus und operationalisiert beide maximal einfach. Den Partizipationsgrad eines Landes bestimmt er über die Wahlbeteiligung (genauer: den Prozentsatz der Wähler an der Gesamtbevölkerung[2] den Wettbewerb bemisst er über den Stimmenanteil der stärksten Partei bei einer Wahl, welcher von 100 abgezogen wird. Beide Werte werden zum Vanhanen Index multipliziert. Die großen Pluspunkte dieses Demokratiemaßes sind seine einfache, auf objektiven, auch über die Zeit vorhandenen Daten beruhende Konstruktion sowie seine gute Nachvollziehbarkeit. Dass Objektivität und Reliabilität (Verlässlichkeit) eines Index nicht die alleinigen Kriterien für eine qualitativ hochwertige Messung darstellen, wird beim Vanhanen Index ebenfalls deutlich. Vor allem bei der Validität, d.h. bei der Frage, ob es wirklich Demokratie ist, die dieser misst, müssen große Fragezeichen gesetzt werden. Problematisch ist dabei nicht nur, dass potentiell relevante Dimensionen der Demokratie ausgeklammert bleiben (z.B. die freie Meinungsäußerung oder der institutionelle Rahmen der politischen Willensbildung), sondern auch die verwendete Operationalisierung (Schmidt 2008: 377–378): Die Wahlbeteiligung sollte beispielsweise nicht ausschließlich auf den Wunsch der Bevölkerung an der politischen Willensbildung zu partizipieren zurückgeführt werden, sondern auch auf institutionelle Arrangements wie Wahlpflicht (z.B. in Belgien oder Griechenland) auf der einen oder verpflichtende Registrierung vor der Wahl (USA) auf der anderen Seite verweisen. Zudem benachteiligt die Standardisierung über die Gesamtbevölkerung, die Vanhanen aufgrund einer unzulänglichen Datenlage für die wahlberechtigte Bevölkerung verwendet, Staaten, in denen sich ein großer Teil der Bevölkerung noch nicht im wahlberechtigten Alter befindet. Bezüglich der Wettbewerbskomponente bevorzugt die gewählte Operationalisierung Vielparteiensysteme wie beispielsweise Frankreich oder Italien. Systeme, in denen die Macht lediglich zwischen zwei großen Parteien alterniert wie in den USA oder Großbritannien, schneiden so schlechter ab. Dieser in der Operationalisierung inhärente systematische Bias entspringt letztlich einer Überbetonung des Wettbewerbskriteriums zu Lasten des durchaus ebenfalls relevanten Kriteriums stabiler Herrschaft. Oder anders ausgedrückt: Vanhanens Demokratiemessung ist stark vom Typus des Wahlsystems abhängig und bevorzugt solche, deren Ziel eine möglichst identische Repräsentation des Wählerwillens ist und eben keine Wahlsysteme, deren Intention klare Mehrheiten im Parlament sind.[3] Hierin zeigt sich ein allgemeines Problem

---

2 In der neuesten Auflage seines Index von 2003 ergänzt er diese Messung noch durch nationale sowie subnationale Referenden, die den über Wahlen erreichten Partizipationswert eines Landes weiter erhöhen (Vanhanen 2003: 62).

3 Auf die genannten Kritikpunkte reagierte Vanhanen, indem er für die 2003er Version seines Index sowohl für den Wettbewerb als auch für die Partizipation Obergrenzen von 70 einführte, was die Plausibilität der Ergebnisse zum Teil deutlich erhöhte: So sind z.B. die USA nun vor Russland platziert (Schmidt 2008: 375–376).

der Demokratiemessung. Diese sollte grundsätzlich möglichst demokratietypenneutral sein, d. h. unterschiedliche Ausformungen der Demokratie (z. B. verschiedene Wahlsysteme) prinzipiell als gleich demokratisch ansehen. Zudem offenbart sich bei Vanhanen das fundamentale Problem eines Trade-Offs zwischen Sparsamkeit und Detailreichtum – wobei sich Vanhanen eindeutig auf die Seite der Sparsamkeit geschlagen hat – mit den beschriebenen positiven wie negativen Konsequenzen.

Freedom House – Political Rights und Civil Liberties

Ein besonders häufig verwendeter Demokratieindex stammt von der US-amerikanischen Non-Profit-Organisation *Freedom House* (siehe Tabelle im Anhang). Diese veröffentlicht seit 1971 im jährlichen Turnus Berichte über die politischen Rechte und bürgerlichen Freiheiten für nahezu alle Staaten der Welt (Freedom House 2012). Die beiden Indizes der *Political Rights* und *Civil Liberties* werden von Länderexperten anhand eines klar definierten Fragenkatalogs erstellt. Als politische Rechte werden auf diese Weise Wahlen, politischer Pluralismus und Partizipation sowie die Funktionsweise des Regierungssystems in den Blick genommen; als bürgerliche Freiheiten die Meinungs- und Glaubensfreiheit, die Versammlungs- und Vereinigungsfreiheit, die Rechtsstaatlichkeit sowie persönliche Autonomie und Individualrechte (Schmidt 2008: 382–384). Beide Indizes verfügen über einen Wertebereich von 1 bis 7, wobei ein niedriger Wert für ein Mehr an Freiheiten steht. Freedom House gruppiert die Staaten entsprechend dieser Werte in »free« (Werte zwischen 1 und 2,5), »partly free« (3 bis 5) und »not free« (5,5 bis 7).

Abbildung 1.1 zeigt, dass seit den 1970er Jahren ein relativ konstantes Anwachsen der als frei eingestuften Staaten bei gleichzeitiger Reduzierung des Anteils nicht freier und einer weitgehenden Konstanz des Anteils halbfreier Länder stattgefunden hat. Mit dem

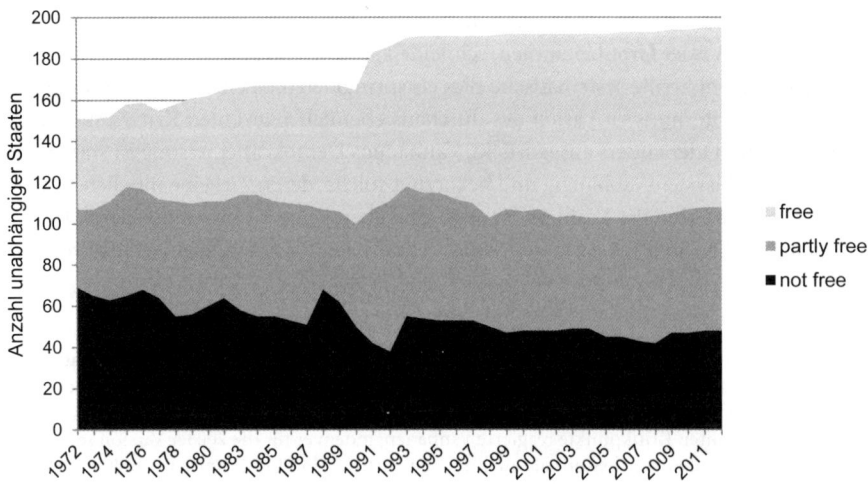

Abb. 1.1: Freie, halbfreie und nicht freie Länder nach Freedom House (1972–2002)

Ende des 20. Jahrhunderts hat sich dieser Trend hin zu mehr Demokratien allerdings deutlich abgeschwächt.

Positiv am Freedom House Index ist zweifellos dessen Länderabdeckung und vergleichsweise weite Verbreitung. Gleichzeitig ist der Index nicht ohne Kritik geblieben. Zum einen wird die ihm zugrundeliegende Konzeption als eine zu maximalistische Definition von Demokratie beanstandet[4] zum anderen insbesondere der nur schwer nachvollziehbare Mess- und Aggregationsprozess kritisiert (Munck/Verkuilen 2002: 28).

Polity IV – Kombination aus Demokratie- und Autokratieskala

Das von Michael Jaggers und Ted Gurr entwickelte Polity-Maß, welches bereits in der vierten Version vorliegt, kombiniert eine Demokratie- und eine Autokratiemessung. Das Konzept von Polity IV baut auf der Grundannahme auf, dass Staaten unterschiedliche Profile aus demokratischen und autokratischen Charakteristika aufweisen können, die sich nur getrennt voneinander adäquat erfassen lassen. Über vier Indikatoren, die den Wettbewerbsgrad der Bestellung der Exekutive, die Offenheit dieses Bestellungsvorgangs, die Machtbegrenzung der Exekutive sowie den Wettbewerbscharakter politischer Partizipation messen, wird die Demokratieskala gebildet. Für die Autokratieskala kommt zu diesen Indikatoren noch die mehr oder weniger starke Regulierung der politischen Partizipation hinzu (Marshall et al. 2011: 14–16). Beide Skalen haben einen Wertebereich von 0 bis 10, wobei 10 für eine vollständig ausgebildete Demokratie bzw. Autokratie steht. Sie können getrennt voneinander für Analysen genutzt werden, zumeist wird jedoch eine kombinierte Skala verwendet, bei der der Autokratiewert vom Demokratiewert abgezogen wird.

Ähnlich wie Freedom House liegt Polity IV für eine sehr große Zahl an Ländern und zudem auch für einen vergleichsweise langen Zeitraum (1800–2010) vor, was für die komparative Forschung von essentieller Bedeutung ist. Daneben ist auch die Nachvollziehbarkeit aufgrund klar formulierter und öffentlich zugänglicher Kodierhandbücher gut. Die Kritik, die am Polity-Projekt geübt wird, bezieht sich denn auch vor allem auf die eher minimalistische Demokratiedefinition, die relevante Aspekte wie Partizipationsrechte ausklammert (Munck/Verkuilen 2002: 28).

Die Qualität der Demokratie in etablierten Demokratien

Die drei bisher vorgestellten Demokratiemaße sind alle vergleichsweise gut geeignet, um demokratische von autokratischen Systemen abzugrenzen. Sobald es jedoch darum

---

4   In den *Freedom House Index* fließen unter anderem auch die Items »sozioökonomische Rechte«, »Eigentumsrechte« sowie »Freiheit von Krieg« ein, welche sinnvollerweise nicht als konstituierende Elemente, sondern vielmehr als mögliche *Outcomes* (Ergebnisse) von Demokratie gesehen werden sollten. Um jedoch überhaupt testen zu können, ob diese mit Demokratie zusammenhängen, dürfen sie nicht bereits Teil des Demokratiemaßes sein (Munck/Verkuilen 2002: 9).

geht, Qualitätsunterschiede unter den als grundsätzlich demokratisch eingestuften Ländern aufzuzeigen, ist ihre Messung zu grob. Die Folge ist, dass unter den westlichen Demokratien so gut wie keine Varianz in den Demokratieindizes vorliegt. David Beetham hat sich dieser Problematik angenommen, indem er mit dem *Democratic Audit* ein Instrument entwickelte, das es ermöglicht, die Qualität der Demokratie in einem Land umfassend und unter Berücksichtigung des jeweiligen landestypischen Kontextes zu erfassen. Allerdings ist das Hauptziel eines solchen *audit*-Projekts, über das umfassende Bild, das dieses von der Demokratie in einem Land zeichnet, in demselben Debatten anzustoßen und hierdurch zu einer weiteren Demokratisierung beizutragen. Ein systematischer Vergleich unterschiedlicher Länder hinsichtlich des Demokratiegrads wird nicht angestrebt (IDEA 2008). Einen solchen Vergleich sinnvoll zu ermöglichen, haben sich neuere Demokratiemaße wie die *Sustainable Governance Indicators* der Bertelsmann Stiftung oder das von Forschern des Wissenschaftszentrums in Berlin (WZB) und der Universität Zürich gemeinsam entwickelte *Democracy Barometer* auf die Fahnen geschrieben, die jeweils über ein sehr umfangreiches Set an Indikatoren zu einem differenzierteren Bild der Demokratie gelangen wollen. Auch wenn an diesen Indizes auf den Ebenen der Konzeptionalisierung, der Operationalisierung und eigentlichen Messung sowie der Aggregation durchaus Kritik geübt werden kann (Jäckle/Bauschke 2009, Jäckle et al. 2012), stellen sie doch eine Weiterentwicklung gegenüber den klassischen Demokratiemaßen dar, wobei sie sich im Gegensatz zu diesen eindeutig für Detailreichtum und gegen Sparsamkeit entschieden haben.

Demokratie in der weiteren empirischen Forschung

Die Beschäftigung mit Demokratie endet jedoch nicht damit, den Demokratiegrad eines Landes zu bestimmen. Vielmehr dienen solche Messungen oftmals als Ausgangspunkt für weitere Untersuchungen. Eine viel diskutierte Frage ist beispielsweise die nach dem Zusammenhang zwischen Demokratie und Entwicklung. So sah **Seymore Martin Lipset** (1922–2006) als Verfechter der Modernisierungstheorie wirtschaftliche Entwicklung als Basis für Demokratisierung und eine stabile Demokratie (Lipset 1960). Herbert Obinger begreift aus dem Blickwinkel der politischen Ökonomie die Demokratie bzw. einzelne ihrer Teilkomponenten wie die Rechtssicherheit in Bezug auf Eigentumsrechte umgekehrt als wichtige Erklärungsvariable für den wirtschaftlichen Erfolg eines Landes (Obinger 2004).

Die Korrelation zwischen Demokratie und Entwicklung ist jedoch bei weitem nicht so stark, wie man eventuell erwarten könnte. Abbildung 1.2, in der der von der UNO herausgegebene *Human Development Index* (HDI)[5] gegen das *Polity IV*-Maß abgetragen

---

5 In den HDI fließen neben dem Bruttonationaleinkommen pro Kopf die Lebenserwartung bei Geburt sowie die Dauer der Schulbildung mit ein. Er bietet damit ein umfassenderes Bild des Entwicklungsstandes eines Landes, als es die alleinige Fokussierung auf wirtschaftliche Entwicklung – zumeist gemessen über das BIP/Kopf – böte.

ist, zeigt vielmehr eine tendenziell u-förmige Kurve. Zwar finden sich unter den demo-kratischsten Staaten sämtliche westliche Länder, aber auch Entwicklungs- und Schwel-lenländer wie Indien liegen in Bezug auf ihren Demokratiegrad auf einer ähnlichen Ebene. Gleichzeitig existiert eine ganze Reihe an Staaten – wie beispielsweise Saudi Ara-bien, China, Singapur oder Kuba –, die zwar bereits eine ähnliche Entwicklungsstufe er-reicht haben wie westliche Länder, bezüglich der Demokratiequalität jedoch noch einen gehörigen Aufholbedarf aufweisen.

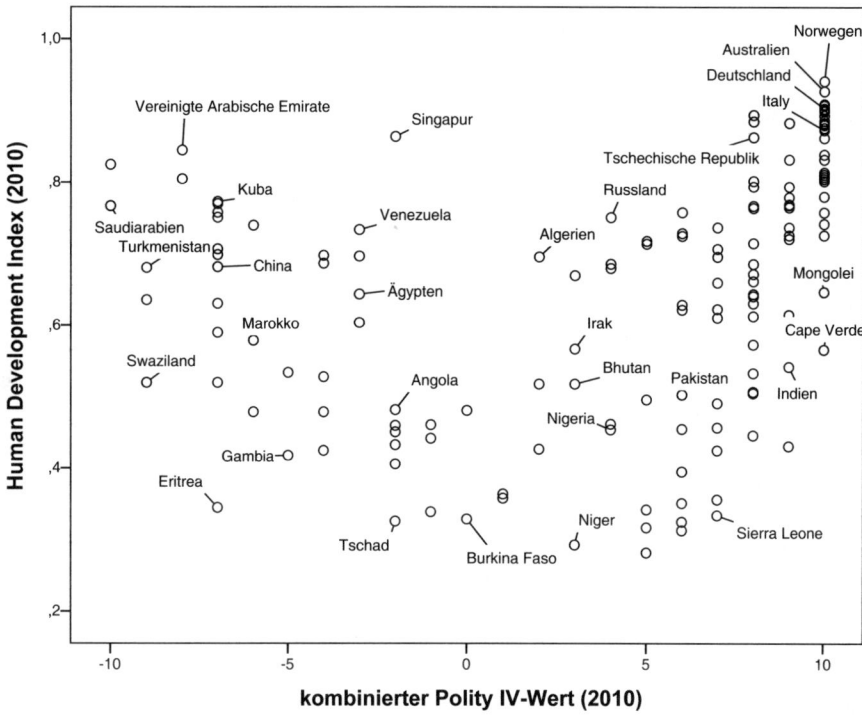

Abb. 1.2: Zusammenhang zwischen Demokratie und Entwicklung

Neben einer besseren Entwicklungsperspektive wird Demokratien oftmals auch unterstellt, sie seien friedfertiger als Autokratien. Aufgebracht hat diesen Gedan-ken **Immanuel Kant** (1724–1804), der in seiner Schrift »Zum ewigen Frieden« argu-mentiert, dass die Bürger in einer repräsentativen Demokratie (in seinen Worten: in einer Republik, vgl. Infobox) sich eher gegen einen Kriegseintritt aussprechen wür-den, da, wenn man dies selbst als Bürger entscheiden kann, niemand die eigenen Söhne gerne in den Krieg schickte. Entsprechend dieser Argumentationslinie würde man annehmen, dass Demokratien generell gegenüber allen anderen Staaten fried-fertiger sind. Dies wird als monadische Variante des demokratischen Friedens be-zeichnet. Daneben wurde aber auch die Theorie aufgestellt, dass Demokratien zwar gegenüber anderen Demokratien friedfertig sind, nicht jedoch unbedingt gegenüber Nicht-Demokratien. Für diese dyadische Variante finden sich empirisch mehr Belege, weshalb sie unter Konfliktforschern auch verbreiteter ist. Tabelle 1.2 zeigt, dass es in der Tat bislang keine rein demokratischen Dyaden gab, also Staatenpaare aus zwei Demokratien, die einen Krieg geführt hätten, wohingegen Kriege zwischen einem demokratischen und einem nicht-demokratischen Staat fast so häufig vorkamen wie Kriege zwischen rein autokratischen Dyaden. Selbstverständlich spielt die Definition sowohl von Krieg als auch von Demokratie eine große Rolle bei dieser Art der Forschung.

Tab. 1.2: Anzahl an Kriegen zwischen Demokratien und Nicht-Demokratien (1816–1991)

Art der Dyade	Anzahl an Kriegen
Demokratie vs. Demokratie	0
Demokratie vs. Autokratie	155
Autokratie vs. Autokratie	198

Daten: Rummel, R. J. (2005): Never Again Series Supplement, S. 211.

Ein weiterer Pfad der Demokratieforschung beschäftigt sich mit der Genese von Demokratie bzw. der Transition von autokratischen zu demokratischen Systemen. Wirkungsmächtig, wenn auch methodisch stark umstritten, war hier insbesondere eine Studie von **Samuel Huntington** (1927–2008), der drei Wellen der Demokratisierung ausmacht (Huntington 1991). Auf eine erste Demokratisierungswelle, die die Staaten Nordamerikas und Westeuropas im 19. Jahrhundert erfasste, folgte nach dem ersten Weltkrieg mit dem Aufstieg autoritärer und totalitärer Regime (beginnend mit Mussolini in Italien) eine erste Gegenbewegung. Die zweite Welle (1945–1962) umfasste neben den Kriegsverlierern Deutschland, Italien und Japan auch vormalige Kolonien wie Indien. Startpunkt für die dritte Demokratisierungswelle war die Nelkenrevolution gegen Salazars *Estado Novo* (portug., Neuer Staat) in Portugal 1974. Es folgte der demokratische Wandel in Griechenland, Spanien und einer Reihe lateinamerikanischer Länder. Im Gegensatz zu Huntington, der die Demokratisierungen in Mittel- und Osteuropa im Zuge des Niedergangs der Sowjetunion als weiteren Ausläufer dieser dritten Welle betrachtet, wertet **Klaus von Beyme** (* 1934) diese Transitionen als eine vierte Welle (Beyme 1994). Im Zuge dieses Übergangs sind aber nicht nur Systeme entstanden, die als vollständig ausgeprägte Demokratien gelten können – wie beispielsweise die EU-Staaten Polen, Ungarn, Estland oder die Slowakei –, sondern auch eine ganze Reihe an Systemen, die man als hybride Regime oder als Demokratien mit mehr oder weniger stark ausgeprägten Defekten in bestimmten Teilregimen der Demokratie bezeichnet (Merkel et al. 2003). Bei diesen Systemen ist der in den 1990er Jahren begonnene Transitionsprozess entweder deutlich ins Stocken geraten oder sogar tendenziell umgekehrt worden (vgl. Russland, Ukraine, Georgien oder Armenien). Inwiefern die jüngsten Umwälzungen im Rahmen des »Arabischen

Frühlings« (seit Dezember 2010) zu einer wirklichen Demokratisierung der betroffenen Länder führen werden oder ob es vielmehr zu einer weiteren Gruppe von Systemen kommt, die auf Dauer in der Grauzone zwischen Demokratie und Autokratie verharren, bleibt abzuwarten.

Weitere Typologien demokratischer und autokratischer Systeme

Unabhängig von ihrem Demokratiegrad lassen sich Staaten anhand weiterer Kriterien typologisieren. So können autokratische, d. h. nicht-demokratische, Staaten in totalitäre und autoritäre Systeme unterschieden werden. Erstere zeichnen sich aus durch eine umfassende politische Massenmobilisierung seitens der Herrschenden, eine legitimitätsstiftende, exklusive Ideologie sowie politischen Monismus, d. h. die Ablehnung einer pluralistischen Politik (z. B. UdSSR unter Stalin, Nazi-Deutschland). In autoritären Regimen wie beispielsweise Singapur oder den lateinamerikanischen Militärdiktaturen der 1970er und 1980er Jahre spielte die Ideologie hingegen eine untergeordnete Rolle. Es herrscht dort ein begrenzter politischer Pluralismus vor und auf eine Massenmobilisierung der Bevölkerung wurde verzichtet (Linz 2009). Die zuvor angesprochenen semi-demokratischen Systeme können, je nachdem, welche Teildimension der Demokratie unzureichend ausgeprägt ist, in verschiedene Typen »defekter« Demokratien unterteilt werden (Merkel 2010: 37–38): (1) Exklusiven Demokratien mangelt es an freien und fairen Partizipationsmöglichkeiten, d. h. die Wahldimension ist beschädigt; bei (2) delegativen Demokratien funktioniert die Gewaltenkontrolle nur eingeschränkt – zumeist handelt es sich hierbei um Regime, in denen Präsidenten ihre Machtbefugnisse vorbei an der Kontrolle durch Legislative und Judikative ausdehnen; in (3) Enklavendemokratien übernimmt ein demokratisch nicht legitimierter Akteur (oftmals das Militär) eine Veto-Position in bestimmten Politikdomänen und entzieht diese dadurch der demokratischen Kontrolle; und (4) in illiberalen Demokratien schließlich sind rechtsstaatliche Elemente wie die Freiheits- oder Schutzrechte des Individuums beeinträchtigt.

Für eine weitergehende Klassifikation demokratischer Systeme kann zunächst zwischen direkten und repräsentativen Demokratien unterschieden werden. Erstere gelten in ihrer Reinform, wie sie Rousseau vorschwebte, zwar als de facto nicht umsetzbar, aber politische Systeme wie die Schweiz oder auch der US-Bundesstaat Kalifornien zeigen, dass trotz einer grundsätzlich repräsentativen Organisationsform direktdemokratische Elemente wie Volksabstimmungen oder Referenden die verstärkte Einbeziehung des Souveräns in die politische Willensbildung durchaus ermöglichen. Daneben können Demokratien nach der Form des Regierungssystems grundlegend in parlamentarische und präsidentielle Systeme unterschieden werden (►Kap. 4).

Die letzte hier zu besprechende Typologisierung stammt von **Arend Lijphart** (* 1936). Aufbauend auf zehn Charakteristika demokratischer Systeme (►Tab. 1.3) grenzt er die beiden Idealtypen der **Mehrheits- und Konsensusdemokratie** voneinander ab und bestimmt für 36 Staaten empirisch, wie nahe sie diesen Idealtypen kommen

31

Tab. 1.3: Die zehn Unterscheidungscharakteristika für Mehrheits- und Konsensusdemokratien nach Lijphart (1999: 3–4)

Exekutive-Parteien-Dimension

	Konsensusdemokratie	Mehrheitsdemokratie
1.	Aufteilung der Exekutivmacht in Mehrparteienkoalitionen	Konzentration der Exekutivmacht in Einparteienregierungen
2.	Balance der Macht zwischen Exekutive und Legislative	Dominanz der Regierung über das Parlament
3.	Vielparteiensystem	Zweiparteiensystem
4.	Verhältniswahlrecht	disproportionales Mehrheitswahlsystem
5.	korporatistisches System der Interessengruppen	pluralistisches System der Interessengruppen

Föderalismus-Unitarismus-Dimension

	Konsensusdemokratie	Mehrheitsdemokratie
6.	dezentralisierter Föderalstaat	zentralisierter Einheitsstaat
7.	Aufteilung der Legislativmacht zwischen zwei gleich starken Parlamentskammern	Konzentration der Legislativmacht in einem Einkammerparlament
8.	nur durch qualifizierte Mehrheit abänderbare Verfassung	durch einfache Mehrheit abänderbare Verfassung
9.	Verfassungsgericht prüft Gesetze auf Verfassungsmäßigkeit	Parlament hat Letztendscheidungsrecht über Gesetze
10.	Zentralbank unabhängig von der Regierung	von der Exekutive abhängige Zentralbank

(Lijphart 1999).[6] Fünf Unterscheidungskriterien ordnet er dabei der »Exekutive-Partei-en-Dimension« zu, die anderen fünf einer Dimension, die die Gegensätze zwischen Föderalstaaten und Einheitsstaaten genauer beleuchtet.

Lijphart operationalisiert und misst in den 36 von ihm untersuchten Staaten alle zehn Charakteristika über einen Beobachtungszeitraum von 1945–1996, standardisiert diese Werte, sodass er sie durch Mittelwertbildung zu den beiden Dimensionen zusammenfassen kann und trägt schließlich diese beiden Dimensionen auf einer zweidimensionalen Karte der Demokratie ab (► Abb. 1.3). Mehrheitsdemokratien wie Großbritannien oder Neuseeland finden sich im oberen rechten, Konsensusdemokratien wie die Schweiz oder Deutschland im unteren linken Quadranten wieder. Zudem zeigt sich, dass es eine ganze Reihe von Staaten gibt, die auf einer der Dimensionen eher einer Mehrheitsdemokratie entsprechen, während sie auf der anderen stärker konsensdemo-

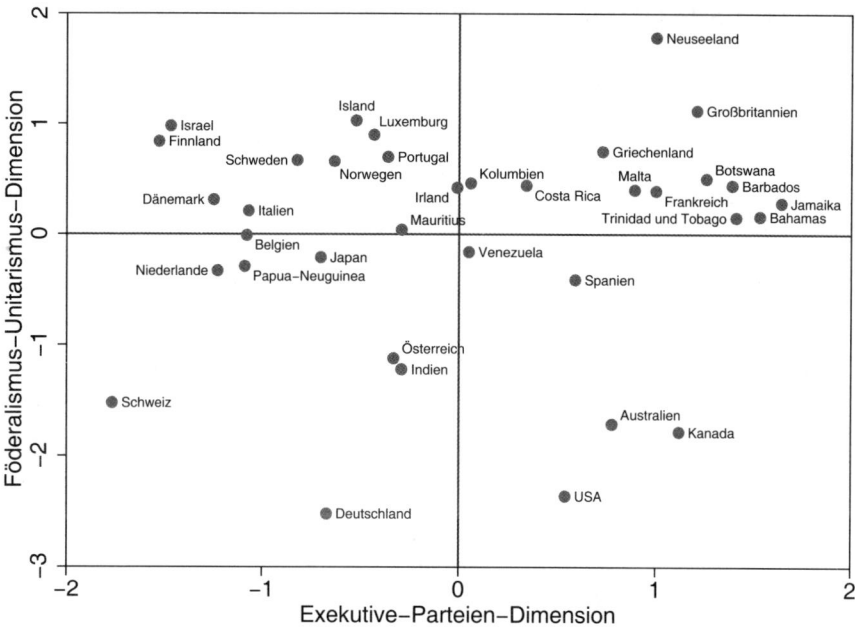

Abb. 1.3: Zweidimensionale Karte der Demokratie nach Lijphart (1999: 248)
Quelle: Lijphart 1999: 248.

---

6 Insbesondere im deutschen Sprachraum findet sich daneben die stark von Gerhard Lehmbruch mitgeprägte Begrifflichkeit der Konkordanzdemokratie. Diese weist zwar deutliche Ähnlichkeiten zu Lijpharts Konsensusdemokratie auf, ist jedoch stärker auf die institutionellen Charakteristika fokussiert, die einen Interessenausgleich mittels Verhandlungsverfahren zwischen den unterschiedlichen politischen Lagern ermöglichen sollen (Lehmbruch 1992). Das klassische Beispiel für eine solche Konkordanzdemokratie ist die Schweiz.

kratische Elemente aufweisen. Ein Beispiel wäre Israel, das auf der Exekutive-Partei-en-Dimension aufgrund des Verhältniswahlrechts, der vielen im Parlament vertretenen Parteien, der häufig anzutreffenden übergroßen Regierungen sowie eines korporatistischen Interessenvertretungssystems eindeutig dem Konsensus-Modell zuzurechnen ist, gleichzeitig aber auf der Föderalismus-Unitarismus-Dimension mit seiner ungeschriebenen Verfassung und seinem Einkammerparlament stärker mehrheitsdemokratisch organisiert ist. Kanada oder die USA hingegen können als Prototypen föderal organisierter Mehrheitsdemokratien gelten.

Trotz vieler methodischer und inhaltlicher Kritikpunkte (vgl. Schmidt 2008: 326–329) kann Lijpharts Studie als wegbereitend für eine Vielzahl weiterer Arbeiten auf dem Gebiet der Vergleichenden Politikwissenschaft gelten und auch für den Inhalt dieses Einführungsbuchs ist sie relevant.

Kommentierte Literaturempfehlungen

Schmidt, Manfred G. (2010): Demokratietheorien – Eine Einführung. Wiesbaden.
Mittlerweile in der 5. Auflage vorliegend behandelt dieses Standardwerk auf über 500 Seiten sämtliche relevanten vormodernen wie modernen Demokratietheorien sowie überblicksartig Teilbereiche der empirisch vergleichenden Demokratieforschung.
Köllner, Patrick/Kailitz, Steffen (Hrsg.) (2013): Autokratien im Vergleich (PVS Sonderheft 47). Baden-Baden.
Der Band liefert eine Vielzahl an Beiträgen zu Themen der generellen Vergleichbarkeit demokratischer und autokratischer Systeme, den Determinanten und Mechanismen autokratischer Herrschaft sowie Fragen der Systemperformanz autokratischer Staaten.
Lauth, Hans-Joachim (2012): Demokratie und Demokratiemessung. Wiesbaden.
Das Buch bietet aufbauend auf einer Diskussion demokratietheoretischer Konzepte einen guten Überblick über vorhandene Demokratiemessanlagen, unter anderem auch der bislang noch nicht so weit verbreiteten qualitativen Maße.
Merkel, Wolfgang (2010): Systemtransformation – Eine Einführung in die Theorie und Empirie der Transformationsforschung. Wiesbaden.
Der Band bietet eine systematische Einführung in die Theorien demokratischer Transition sowie umfassende empirische Analysen der Demokratisierung nach 1945 und der Systemwechsel in Südeuropa, Lateinamerika, Ostasien und Osteuropa.
Geis, Anna/Brock, Lothar/Müller, Harald (2006): Democratic Wars – Looking at the dark side of democratic peace. Basingstoke.
Dieser Sammelband beleuchtet gerade diejenigen Fälle, bei denen Demokratien doch kriegerisch handeln und ergründet die Ursachen hierfür sowohl aus der Perspektive der Internationalen Beziehungen heraus als auch unter einem polit-philosophischen sowie soziologischen Blickwinkel.

2 Macht: Grundlagen – Gewaltenteilung – Vetospieler

Thomas Metz, Sebastian Jäckle

Einleitung

Macht ist ein, wenn nicht *das* Medium der Politik und daher auch eine wichtige Kategorie bei ihrer Erforschung. Gleichwohl enthält Macht auch immer ihre eigene Begrenzung in Form der (Gegen-)Macht des anderen. Besonders sichtbar wird diese wechselseitige Bezogenheit im Begriff der Gewaltenteilung, die ein wichtiges Kennzeichen demokratischer Systeme ist. Dieses Kapitel ist den Begriffen Macht, Machtbegrenzung und Gewaltenteilung gewidmet. Nach einem Überblick über Konzepte von Macht in der Politikwissenschaft und ihren staatlichen Bezug wird das Organisationskonzept einer Gewaltenteilung als Machtbegrenzung und George Tsebelis' Vetospielertheorie als allgemeines Modell von Macht und Gegenmacht vorgestellt.

Macht

Zwar wird die Ansicht, Macht sei – genau wie Energie in der Physik – das fundamentale Konzept der Sozialwissenschaften (Russel 1948: 10), nicht von allen geteilt (Weiß 1995: 305). Dennoch war und ist das Bild der Politikwissenschaft als »science of power« (Harold D. Lasswell, zitiert nach Sontheimer 1962: 198) weit verbreitet. Diese Deutung ignoriert allerdings, dass Macht auch in anderen, nicht-politischen (z. B. privaten) Beziehungen vorkommt und daher als alleinige Abgrenzung des Fachs nicht ausreicht (Sontheimer 1962: 202). Unumstritten ist allerdings, dass Macht notwendige Voraussetzung des Politischen (Weiß 1995: 305) und daher ein bedeutendes Konzept der Politikwissenschaft ist (Isaac 1992: 56, Schmidt 2010).

Machtbegriffe in der Politikwissenschaft

Macht als Begriff lässt sich abstrakt als »aktive Wirkmöglichkeit« bzw. als »Möglichkeit i[m] S[inne] des aktiven Erbringenkönnens einer Leistung« umreißen (Weiß 1995: 306, siehe auch Isaac 1992: 56). Trotz oder vielleicht gerade wegen der intensiven Auseinandersetzung mit dem Thema findet sich in der Politischen Theorie aber kein einheitlicher Machtbegriff (Isaac 1992: 56). Das liegt wohl auch daran, dass dieser einerseits stark normativ aufgeladen, andererseits aber sehr offen auslegbar ist (Collier et al. 2006, Lukes 2005: 14, Gray 1977: 333, Morriss 1980). Vor diesem Hintergrund lassen sich nun zumindest vier Modelle von Macht unterscheiden, die jeweils an verschiedene Menschenbilder und Vorstellungen von Institutionen rückgebunden sind (Isaac 1992: 57). Allen gemein ist dabei das Motiv von Macht als »Fähigkeit sozialer Agenten, die Welt auf die eine oder andere Art zu beeinflussen« (Isaac 1992: 56).

Kernvorstellung des **voluntaristischen Modells** ist es, dass Macht eine Fähigkeit ist, aktiv seine Interessen im Konflikt mit anderen durchsetzen zu können (Isaac 1992: 59, Dahl 1957) bzw. – ins Passive gewendet – sich anderen nicht anpassen zu müssen und hierdurch eine gewisse Entscheidungsautonomie zu bewahren (Deutsch 1969). Anfänge dieser Vorstellung lassen sich bis zu Thomas Hobbes zurückverfolgen. Dieser bezeichnete Macht als den »Inbegriff aller der Mittel [die jemandem zur Verfügung stehen, d. Verf.], sich ein anscheinend zukünftiges Gut zu eigen zu machen« (Hobbes 1970: 79). Die in den Sozialwissenschaften heute am häufigsten zitierte Fassung findet sich dann bei Max Weber, der Macht definiert als

>*»jede Chance, innerhalb einer sozialen Beziehung den eigenen Willen auch gegen Widerstreben durchzusetzen, gleichviel worauf diese Chance beruht« (Weber 2013: 210).*

Macht ist in diesem Modell eine asymmetrische Beziehung (Weiß 1995: 307) zwischen Personen und/oder Gruppen, die als Ursache für deren Verhalten angesehen wird: Der Überfallene, der dem Räuber sein Geld aushändigt, tut dies, weil der Räuber ihn durch die Macht seiner Waffe dazu zwingt. Macht ist damit ein kausales Konzept und lässt sich über die Intentionen und Strategien der Akteure beschreiben (Weiß 1995: 58). Sie ist darüber hinaus auch funktional: Da Macht daran erkannt werden kann, wer sich durchsetzt, ist es irrelevant, worauf sie eigentlich basiert. Alle Machtmittel sind insofern gleichwertig – im Extremfall produziert bereits der Ruf, mächtig zu sein, eine Machtbeziehung zwischen Akteuren (Hobbes 1970: 80). Damit ist Macht die verbindende Klammer zwischen Konzepten wie Autorität (Durchsetzung ohne Zwang), Gewalt (Durchsetzung mit Zwang) oder Herrschaft (Durchsetzung aufgrund einer Legitimitätsvorstellung) (Weiß 1995: 307, Schmidt 2010: 477).

Der voluntaristische Machtbegriff ist in der neueren Forschung um Formen weniger sichtbarer Macht erweitert worden, die nicht mehr nur auf das Ergebnis konkreter Konflikte abstellen. So wurde erstens angeführt, dass derjenige mächtig ist, der (z. B. durch Nichtentscheidung) verhindern kann, dass sich aus einem unterschwelligen Konflikt eine Situation entwickelt, in der sich die Gegenseite durchsetzen könnte (Lukes 2005: 22). Zweitens ist aber auch mächtig, wer sein Gegenüber so beeinflussen kann, dass es entgegen seiner eigentlichen Interessen gar keinen Konflikt wahrnimmt (Lukes 2005: 27). Mit seinem Fokus auf individuelle Akteure wurde das voluntaristische Modell mit der behavioralistischen Revolution in der Politikwissenschaft verbreitet und ist vor allem in Theorien des methodologischen Individualismus zu finden (Isaac 1992: 60).

Im **hermeneutischen Modell** wird über eine Ursache-Wirkungs-Beziehung hinaus darauf abgestellt, dass Machtbeziehungen in ein (sprachlich ausgedrücktes) gemeinsames normatives Verständnis der Situation eingebettet sind. Nur dann wird etwa die Anweisung eines Mächtigen von den Unterworfenen auch aufgenommen und befolgt (Isaac 1992: 62). Nach Hannah Arendt beispielsweise entsteht Macht dann, wenn Menschen gemeinsam handeln (Arendt 2005: 252). Da Handeln einerseits aber Kommunikation benötigt und andererseits voraussetzt, dass andere dem Initiator einer Handlung folgen, sind der eine Handlung Beginnende und der sie Fortsetzende aufeinander bezogen, sodass niemand allein handeln und individuelle Macht besitzen kann (Arendt 2005: 235).

Auch im **strukturellen Modell** gilt Macht als eine normativ eingefasste Handlungskapazität. Gleichwohl wird argumentiert, dass sie nicht wie in den anderen Modellen allein aus der Deutung einer Situation entsteht oder vollständig dem Individuum zugeschrieben werden kann. Vielmehr ergibt sich Macht aus dem (relativ stabilen) Beziehungsmuster, in dem sich Akteure befinden, welches seinerseits aber wiederum Produkt menschlichen Handelns ist (Isaac 1992: 64). Ein Beispiel hierfür ist die Machtbeziehung zwischen einem Professor und seinem Studenten, die – neben anderen Ursachen wie z.B. dem Respekt vor Fachwissen – in wesentlichen Teilen darauf basiert, dass in der (sozial geschaffenen) Institution Universität beide Gruppen in einer Hierarchie zueinander stehen.

Das **postmoderne Modell** fokussiert erneut auf Sprache und Symbole, ist dabei aber deutlich heterogener als die restlichen Modelle. Zu ihm werden etwa feministische Ansätze gerechnet, die davon ausgehen, dass Machtvorstellungen aus dem geschlechtsspezifischen Erleben stammen und dass voluntaristische Deutungen einem maskulinen Diskurs entstammen, der feminine Aspekte von Macht wie z.B. Gegenseitigkeit überdeckt (Isaac 1992: 65). Gleichwohl hat das voluntaristische Machtmodell in der Politikwissenschaft die weiteste Verbreitung erfahren (Sontheimer 1962), weshalb sich die weitere Darstellung vor allem auf dieses konzentrieren wird.

Macht im staatlichen Verband

Bisher wurde Macht als allgemeines Element sozialer Beziehungen beschrieben, das beispielsweise auch im Privaten oder in der Wirtschaft auftreten kann. Politikwissenschaftlich relevant ist Macht jedoch vor allem als staatliche Macht. Schmidt definiert diese als **Gewaltmonopol** in Verbindung mit der »Einlösung des Anspruchs, gesamtgesellschaftlich verbindliche Entscheidungen zu treffen« (Schmidt 2010: 763 f.). Ein Staat entfaltet Macht folglich dadurch, dass er einerseits beansprucht, für seine Bürger verbindliche Entscheidungen zu treffen und andererseits diese Entscheidungen auch durchsetzt – notfalls gegen den Willen der Bürger. Ersteres Element einer Befehlsgewalt, das etwa in privaten Machtbezügen nicht zu finden ist, galt auch schon Max Weber als spezifisches Kennzeichen staatlicher Herrschaft, die er deshalb als Sonderfall von Macht verstand (Weber 2005: 135).

Letzteres Element – die Verankerung der Staatsmacht bzw. staatlicher Herrschaft im Gewaltbegriff – wird in Webers Staatsbegriff sichtbar, der analog zur staatsrechtlichen Perspektive den Staat definiert als

»diejenige menschliche Gemeinschaft, welche innerhalb eines bestimmten Gebietes [...] das Monopol legitimer physischer Gewaltsamkeit für sich (mit Erfolg) beansprucht.« (Weber 1992: 158 f.).

Zwar können Staaten ihre Entscheidungen auch mit anderen Mitteln umsetzen (z. B. mit steuerlichen Anreizen), der Einsatz von Zwang ist aber allein ihnen vorbehalten. Gewalt ist damit die für Staaten spezifische Machtressource (auch wenn sie natürlich an andere Akteure delegiert werden kann) und Politik als »Streben nach Machtanteil oder nach Beeinflussung der Machtverteilung« (Weber 1992: 159) der Versuch, dieses Gewaltmonopol zu kontrollieren. Parallel dazu gelagert ist der Begriff der Staatsgewalt, der einerseits die Gesamtheit der öffentlichen Gewalt – also ihre Äußerung in Bildung, Anwendung und strittiger Entscheidung staatlichen Rechts (Steffani 1997: 19) – erfasst, andererseits aber auch deren Grundlage auf der Basis von Macht, nämlich als »kraft eigenen Rechts gegebene Anordnungs- und Zwangsgewalt« (Schmidt 2010: 760).

Das Gewaltmonopol ist die Art und Weise, in der sich Staatsmacht bzw. Staatsgewalt funktional äußert. Ihre Begründung findet sie dabei im Anschluss an die Lehre Bodins in der Souveränität als selbstbestimmte Gestaltungsmacht nach innen und außen (Abromeit 1995: 49, Schmidt 2010: 722). Die Grundlagen der Staatsmacht erscheinen aus dieser Sicht aber auch in gewisser Weise »vor-staatlich« (Abromeit 1995: 49), weshalb das Souveränitätskonzept von politikwissenschaftlicher Seite her eher als Letztentscheidung begriffen wird bzw. als Kompetenz, »dem normalen Gang der Dinge legitimerweise ein Bein« stellen zu dürfen (Abromeit 1995: 50). Da die Kompetenz der Letztentscheidung aber wiederum davon abhängt, wie staatliches Handeln legitimiert wird, unterscheidet Abromeit (1995) die Realmodelle Parlaments- (z. B. Großbritannien), Verfassungs- (Deutschland) und Volkssouveränität (Schweiz).

Machtbegrenzung durch Gewaltenteilung

Zwar gilt Staatsgewalt als prinzipiell unteilbar (Steffani 1997: 19), gleichzeitig wird aber ihre Einhegung als absolute Selbstverständlichkeit angesehen. Ein wichtiger Ansatz hierzu ist das Organisationsprinzip der Gewaltenteilung. Sein Kerngedanke ist die Verteilung der Teilhabe an staatlicher Macht auf mehrere Träger und ihre Einbettung in ein System aus Kooperation, gegenseitiger Kontrolle und der Bildung von Gegenmacht. Ziel der Gewaltenteilung ist es, eine monopolartige Ausübung von Macht zu verhindern, um das Risiko despotischer Herrschaft zu begrenzen und eine freiheitliche Existenz zu ermöglichen (Steffani 1997: 28 f.). Daneben wird die Gewaltenteilung teils auch im Zusammenhang mit Fragen der Effizienz (optimale Gewaltenorganisation) und Integration gesellschaftlicher Interessen diskutiert (Kropp/Lauth 2007: 10–12).

Ideengeschichtliche Ursprünge der Gewaltenteilung

Gewaltenteilung gehört heute zur »institutionellen Regelausstattung« demokratischer Systeme (Holtmann 2007: 110). Ihren ideengeschichtlichen Ursprung findet sie im revolutionären England des 17. Jahrhunderts, wo sie als Gegenentwurf zu absolutistischen Herrschaftsansprüchen entwickelt wurde. Anschließend an Jean Bodins Begriff der Souveränität hatten Autoren wie Thomas Hobbes oder Jean-Jacques Rousseau eine starke Ballung staatlicher Macht befürwortet. So sah Hobbes beispielsweise in der Monarchie den verlässlichsten Weg, für Friede und Wohlstand zu sorgen, da in ihr eine Einzelperson in der Lage wäre, effizient zu einem einheitlichen und konsistenten Willen zu gelangen und diesen auch umzusetzen (Schmidt 2008: 52 f.). Aber auch basisdemokratisch argumentierende Autoren wie Rousseau lehnten eine Aufteilung staatlicher Macht ab, da sie die Souveränität eines als unteilbar gedachten Gemeinwillens verletze (Rousseau 1986: 28 f.).

Gegen diese Ballung von Macht wurde – zuerst von John Harrington, danach von **John Locke** – die Trennung der bereits seit der Antike unterschiedenen Staatsfunktionen Gesetzgebung, Vollzug und Rechtsprechung mit der Vorstellung eines Gleichgewichts der Kräfte verbunden, das durch eine Verfassungsmischung erreicht werden sollte (Boldt 1995: 152 f.). Ihre klassische und einflussreichste Form erhielt die Lehre der Gewaltenteilung aber erst durch **Montesquieu**, die bei ihm jedoch fälschlicherweise oft auch als Trennung und Abschottung der Staatsgewalten gelesen wurde.

In seinem Buch »Vom Geist der Gesetze« vertritt Montesquieu das Prinzip einer Verteilung der Staatsgewalt auf mehrere Träger, die er mit der Sozialstruktur seiner Zeit (Krone, Adel und Bürgertum) verbindet (Schmidt 2008: 72). Grundidee dabei ist, dass Macht durch Teilung begrenzt und so ihr Missbrauch eingedämmt werden kann. Ausgangspunkt ist ein skeptisches Menschenbild, nach dem alle Menschen grundsätzlich zum Missbrauch von Macht neigen, wenn ihnen keine Grenzen aufgezeigt werden (Riklin 1989: 431). Konkret unterscheidet Montesquieu mit Legislative (Gesetzgebung), Exekutive (Vollzug) und Judikative (Rechtsprechung) drei Gewalten sowie deren Befugnisse, die über Staatsorgane (hierzu zählt er die wahlberechtigten Bürger selbst, eine Volks- und eine Adelskammer, ein per Los periodisch bestimmtes Volksgericht, ein Adelsgericht sowie die Krone nebst Ministern) den sozialen Kräften König, Adel und Bürgertum zugeordnet werden (Schmidt 2008: 73). Die Zuordnung erfolgt dabei so, dass keine Kraft und kein Organ exklusive Kontrolle über eine Gewalt hat, aber jede Kraft an den Gewalten beteiligt ist, denen sie unterworfen ist (Riklin 1989: 429). Die Legislative liegt hauptsächlich bei der Volkskammer, die aber nicht ohne Krone und Adelskammer entscheiden kann (siehe Riklin 1989: 433). In der Exekutive hat dagegen die Krone die stärkste Rolle, kann aber wiederum vom Parlament eingeschränkt werden. Die Judikative hingegen verteilt sich auf Bürger und Adel gleichermaßen, wobei das Adelsgericht als Ausschuss der Adelskammer mit dem Parlament verbunden ist, während das Volksgericht allein rechtsprechende Aufgaben hat. Aufgrund der gegenseitigen Beteiligung kontrolliert kein Organ eine der Gewalten alleine, sodass »ein System ineinandergreifender Vetorechte« (Schmidt 2008: 74) einen Machtausgleich erzwingt. Zudem sind die Gewalten an unterschiedliche soziale Träger gekoppelt, wobei Montesquieu entgegen häufiger Deutung nicht unbedingt an einer beherrschenden Rolle des Bürgertums und damit der Demokratie gelegen war (Schmidt 2008: 74). In jedem Fall aber war ihm nicht an einer strikten Trennung und Abschottung der Gewalten, sondern vielmehr an einer »Gewaltenverteilungslehre« (Schmidt 2008: 74) gelegen, die ohne eine entsprechende Verzahnung unvollständig wäre.

Der Grundgedanke einer Machtkontrolle durch Gewaltenteilung wurde auch in den berühmten **Federalist Papers** (Hamilton et al. 1994) aufgegriffen, in denen Alexander

Hamilton, James Madison und John Jay um die Ratifikation der US-Verfassung warben. Auch hier sollte Gewaltenteilung und -verschränkung der Sicherung von Freiheit dienen, wobei die Gewalten zwar stärker unabhängig, aber durch Kontrolle im System der *checks and balances* (Stüwe 2008) dennoch verbunden gesehen wurden (Fed. Paper 51). So dient beispielsweise die Teilung des US-Kongresses in zwei Häuser einerseits der Verhinderung einer tyrannischen Mehrheit und der Stärkung des Präsidenten (Fed. Paper 51), der die Legislative zudem durch sein Veto beschränkt (Fed. Paper 73), macht aber zugleich den Weg für eine Teilung der Macht entlang territorialer Grenzen durch die Repräsentation der Bundesstaaten im Senat frei (Fed. Paper 62), der wiederum den Präsidenten – z.B. bei Ämtervergabe – kontrollieren kann (Fed. Paper 76). Als stärker losgelöst betrachten die Federalist Papers dagegen den obersten Gerichtshof, der eher in der Rolle eines Schiedsrichters erscheint (Fed. Paper 78). Darüber hinaus sehen sie auch in der breit gefächerten Sozialstruktur der USA und ihrer Abbildung in einer föderalen Ordnung ein Hindernis für das Entstehen einer tyrannischen Mehrheit (Fed. Paper 51).

Gewaltenteilung in der pluralistischen Demokratie

In der Politikwissenschaft sind neuere Arbeiten zur Gewaltenteilung selten, auch wenn sich mit der Demokratisierung des ehemaligen Ostblocks oftmals Fragen nach der Organisation der Staatsgewalten gestellt haben. Eine einflussreiche Formulierung neueren Datums stammt von **Winfried Steffani** (Steffani 1997: 19–55). Neben einem engen Begriff von Gewaltenteilung, der die konkrete Ausgestaltung eines politischen Systems bezeichnet, systematisiert er vor allem den bisher noch wenig konkretisierten weiten Begriff der Gewaltenteilung als Organisationsprinzip (Steffani 1997: 29). Dieser gliedert sich in vier Bereiche: Erstens ist funktional zu klären, welche Teilaspekte staatlicher Gewalt voneinander unterschieden werden. Zweitens muss sozial-strukturell geklärt werden, welche Akteure (Parteien, Organisationen, Bevölkerungsgruppen usw.) als Teilnehmer des politischen Prozesses gelten und damit in der Gewaltenteilung eine Rolle spielen. Drittens ist zu fragen, wie der Zugriff dieser Akteure auf die Teilaspekte institutionell geregelt werden soll und viertens muss berücksichtigt werden, dass sich durch diese Verbindung ein zu organisierendes System ergibt, in dessen Wechselspiel die Akteure in den Institutionen zu Kooperation und Kontrolle gezwungen werden. Da die Teilgewalten in diesem System einerseits gestaltend tätig sind, andererseits aber auch auf das Handeln anderer reagieren, ist Gewaltenteilung niemals statisch, sondern ein sich ständig entwickelndes Geflecht, dessen Dynamik bisher aber nur wenig systematisch erforscht wurde (Holtmann 2004, Holtmann 2007).

Zur Systematisierung der konkreten Gewaltenteilung eines Landes unterscheidet Steffani sechs »Teilungslehren« als Dimensionen von Gewaltenteilung, mit deren Hilfe die konkrete Organisation der Staatsgewalt erfasst werden kann (Steffani 1997: 37–55):

1. In Anknüpfung an Montesquieu unterscheidet er die **staatsrechtliche** (»**horizontale**«) **Gewaltenteilung**. Die Rechtsetzung liegt dabei bei der Legislative, die unstrittige Rechtsanwendung ist Aufgabe der Exekutive und die strittige Rechtsanwendung

mit ihrer primär bewahrenden Wirkung wird bei der Judikative verortet. Legislative und Exekutive sind allerdings insofern verknüpft, als dass die zur Rechtssetzung nötige Planung Aufgabe der Regierung als Teil der Exekutive ist, während die das Recht in Kraft setzende Zustimmung zu einem Gesetz bei der Legislative liegt (Steffani 1997: 39). Auch das primäre Unterscheidungskriterium zwischen parlamentarischen und präsidentiellen Systemen (▶ Kap. 4), die Abberufbarkeit der Regierung durch das Parlament, kann als eines der wichtigsten Beispiele für eine Durchbrechung der horizontalen Gewaltenteilung gelten. Generell gilt die horizontale Teilung als Kern des Gewaltenteilungsprinzips (Holtmann 2007: 111).

2. Die **temporale Teilung** fragt danach, ob die Ausübung von Staatsgewalt zeitlich beschränkt ist, beispielsweise durch verfassungsmäßig festgeschriebene Amtszeitbeschränkungen wie beim Bundesverfassungsgericht (zwölf Jahre, keine Wiederwahlmöglichkeit) oder dem Bundespräsidenten (fünf Jahre, eine Wiederwahl möglich) oder durch Wahlzyklen. So werden etwa in den USA Abgeordnete des Repräsentantenhauses alle zwei Jahre, Senatoren alle sechs und der Präsident alle vier Jahre gewählt. Die hierdurch bestehende ständige Möglichkeit für die Opposition, an die Macht zu gelangen und hierdurch wechselnde Akteurskonstellationen innerhalb der Institutionen zu generieren, erneuert auch immer wieder den Zwang zu Kooperation und gegenseitiger Kontrolle (Steffani 1997: 42 f.).

3. Die **föderative (»vertikale«) Teilung**, fragt nach der Aufteilung entlang territorialer Einheiten, wie sie in Deutschland zwischen Bund und Ländern oder auf internationaler Ebene zwischen EU und Nationalstaaten vorherrscht. Die Form der Gewaltenteilung kann insofern variieren, als sich die Zuständigkeitsbereiche und Kompetenzen der föderalen Einheiten bei Verwaltung, Gesetzgebung und Mitwirkung auf der höheren, d. h. beispielsweise zentralstaatlichen oder EU-Ebene unterscheiden können(Steffani 1997: 45). Die beiden bekanntesten Prinzipien der föderalen Organisation sind das Verbund- und das Trennmodell (▶ Kap. 7).

4. Staatsmacht äußert sich in gesetztem Recht. Die **konstitutionelle Teilung** verteilt dieses auf verschiedene Rechtsebenen, die in einer Rangfolge stehen (z. B. sind Verordnungen Gesetzen untergeordnet, die wiederum dem Verfassungsrecht unterstehen) und deren Normen jeweils von verschiedenen Institutionen erlassen werden können (z. B. Gesetze im Parlament, Verordnungen durch die Regierung). Über die Einhaltung wachen normalerweise Verfassungsgerichte als Schiedsinstanzen (Steffani 1997: 46). Keine Unterscheidung zwischen den Ebenen des Verfassungsrechts und der Gesetze und damit keine konstitutionelle Teilung gibt es zum Beispiel in Großbritannien. Aufgrund der dort vorherrschenden Parlamentssouveränität besitzt jedes britische Gesetz gleichsam Verfassungsrang. In Deutschland sind Gesetze hingegen nur dann gültig, wenn sie mit der Verfassung in Einklang stehen.[1] Desweite-

---

1 Dass die einzelnen Gewaltenteilungsdimensionen miteinander verbunden sind, wird unter anderem daran deutlich, dass eine vertikale Trennung in Bund und Länder es nötig macht, deren jeweilige Kompetenzen in einer Verfassung niederzuschreiben (konstitutionelle Teilung) und dass diese dann von einem Verfassungsgericht ausgelegt wird (funktionale Teilung).

ren können direktdemokratisch erlassene Regelungen eine besondere Rolle bezüglich der konstitutionellen Teilung spielen (►**Kap.5**).

5. Die dezisive Teilung verbindet die Akteure des nichtstaatlichen mit den Institutionen des politischen Raums, sodass eine effektive Gewaltenteilung erst entstehen kann (Steffani 1997: 48 f.).[2] Hier kann vor allem gefragt werden, wie einerseits Wähler durch ihre Wahlentscheidung oder soziale Gruppen (z. B. Gewerkschaften, Verbände oder Innungen) über Lobbyarbeit durch Parteien vermittelt ihre Interessen in die einzelnen Institutionen tragen.

6. Während die dezisive Teilung die Vermittlung zwischen nichtstaatlichem und staatlichem Raum betrifft, fragt die soziale Teilung, wie diese Vermittlung im nichtstaatlichen Bereich verankert ist, also welche Gruppen sich in den Institutionen gegenüberstehen, wie deren Kräfteverteilung aussieht und auf welche Weise soziale Auseinandersetzungen in Bahnen gelenkt werden, die einen geordneten Austrag ermöglichen (Steffani 1997: 53 f.). Hierzu zählen für Steffani zum Beispiel auch die Effekte des Wirtschaftssystems (Steffani 1997: 55).

Gewaltenteilung im parlamentarischen Regierungssystem

Eine besondere Rolle spielen Fragen der horizontalen Gewaltenteilung in parlamentarischen Regierungssystemen: Anders als im präsidentiellen System wird die Regierung hier durch eine Mehrheit im Parlament im Amt gehalten, woraus sich für die Abgeordneten der Regierungsmehrheit der Druck ergibt, als (mittels Fraktionsdisziplin) geschlossene Gruppe aufzutreten. Dadurch aber stehen Legislative und Exekutive automatisch unter gemeinsamer Kontrolle der gleichen Regierungspartei bzw. -koalition. Insofern ist die horizontale Teilung in diesem Punkt wenn auch nicht formell, so doch inhaltlich eingeschränkt (Sternberger 1960, Schütt-Wetschky 2000), zumal die Regierungspartei als Mehrheit alle wichtigen Funktionen des Parlaments kontrolliert. Eine solche **Gewaltenvermischung** diagnostizierte zum Beispiel Walter Bagehot schon früh für das britische Regierungssystem (Boldt 1995: 155) und Montesquieu hat es als Gefahr für die Freiheit abgelehnt, die Exekutive aus der Legislative hervorgehen zu lassen (Schmidt 2008: 74). Dies jedoch als ein Ende der Gewaltenteilung zu sehen, wäre zu kurz gegriffen: Anders als bei Montesquieu, wo sich König und Volk gegenüberstanden, verläuft die Spaltung heute zwischen der Bevölkerung und ihren gewählten Repräsentanten. Da diese abgewählt werden können, steht in parlamentarischen Systemen die Regierungsmehrheit stets im Wettbewerb mit einer Opposition, deren Hauptaufgabe es neben der öffentlichen Kritik immer auch ist, ein alternatives Angebot für eine Re-

---

2 Wie wichtig diese Verbindung ist, wird daran deutlich, dass Machtmissbrauch auch in einem ausgefeilten Institutionengefüge möglich ist, wenn alle Institutionen von der gleichen Gruppe kontrolliert werden. Ein Beispiel für einen solchen »Kurzschluss« wäre eine Diktatur, in der die staatlichen Institutionen formell einander weiterhin gegenüberstehen, de facto aber alle von derselben Partei kontrolliert werden.

gierung zu stellen. Diese oft als verfassungspolitische oder »neue« Teilung bezeichnete Trennung überlagert insofern die »alte«, verfassungsrechtliche Teilung, ohne sie aber komplett aufzuheben (Steffani 1997: 24–26).[3]

Vetospieler als Verallgemeinerung von Macht, Machtbegrenzung und Gewaltenteilung

Bisher findet sich keine Formalisierung einer Theorie von Macht und Gegenmacht als Kernprinzip der Gewaltenteilung. Ein Ansatz, der die geschilderten Konzepte jedoch relativ gut erfasst, ist die Vetospielertheorie von **George Tsebelis** (Tsebelis 2002). Als neoinstitutionalistische Theorie erfasst sie nicht nur die Entscheidungssituationen innerhalb politischer Institutionen, sondern liefert indirekt auch Aussagen über die möglichen Ergebnisse der dort ablaufenden *Policy-Making*-Prozesse. Die Theorie fußt insofern auf dem voluntaristischen Machtmodell, als die in ihr untersuchten Entscheidungen konflikthaft sind, Akteure ihre Präferenzen umsetzen wollen und zudem keine Annahmen darüber gemacht werden, wieso die Akteure entscheiden – lediglich, wer sich durchsetzt, ist von Interesse. Im Folgenden wird zuerst die klassische Vetospielertheorie vorgestellt und dann diskutiert, wie sie bisher mit Fragen der Gewaltenteilung verbunden worden ist (Stoiber 2007).

Die Vetospielertheorie

Kern der Vetospielertheorie ist die Beobachtung, dass eine bestehende Policy nur verändert werden kann, wenn bestimmte Akteure zustimmen (Tsebelis 2002: 19). Für die Theorie ist dabei unwichtig, ob es sich bei diesen Akteuren um das Parlament, den Präsidenten, die Regierungspartei oder andere handelt – wichtig ist allein deren Macht, eine Entscheidung verhindern zu können. Akteure, die einer Policy-Änderung zustimmen müssen, werden als Vetospieler bezeichnet. Diese können dabei einerseits als **institutionelle Vetospieler** in der Verfassung verankert sein (wie das Parlament) oder als **parteipolitische Vetospieler** (z.B. als Mehrheitspartei) aus dem politischen Prozess hervorgehen (Tsebelis 2002: 19 f.). Daneben unterscheidet Tsebelis zwischen **individuellen** (z.B. US-Präsident) und **kollektiven**, d.h. aus mehreren Akteuren zusammengesetzten Vetospielern wie beispielsweise dem Bundestag (Tsebelis 2002).

Die Vetospielertheorie geht davon aus, dass sich die aktuelle Policy (der **Status Quo**) sowie die Präferenzen der politischen Akteure als Punkte entlang unterschiedlicher Policy-Dimensionen in einem mehrdimensionalen Raum verorten lassen – beispielsweise

---

3 Hier muss angemerkt werden, dass diese Teilung in dem Moment hinfällig wird, wenn der Wettbewerb zwischen Regierungsmehrheit und Opposition zu schwach ist, beispielsweise wenn sich beide aus einer sich als homogene Gruppe begreifenden »politischen Klasse« rekrutieren.

zweidimensional über eine sozialpolitische Dimension einerseits und eine umweltpolitische Dimension andererseits.[4] Da Akteure anstreben, idealerweise ihre eigene Politikposition durchzusetzen, finden sie eine Politik umso weniger attraktiv, je weiter sie von ihrem Idealpunkt entfernt ist. Entsprechend kann um jeden Spieler unter der Annahme, dass beide Dimensionen für ihn gleich relevant sind, eine kreisförmige **Indifferenzkurve** gezogen werden, die durch den Status Quo verläuft. Alle auf diesem Kreis liegenden Policy-Optionen sind für den Vetospieler gleich attraktiv, da sie dieselbe Entfernung von seinem Idealpunkt haben. Alle Optionen innerhalb des Kreises sind dagegen attraktiver und werden von ihm gegenüber dem Status Quo bevorzugt; Punkte außerhalb des Kreises sind entsprechend weniger attraktiv und werden abgelehnt (Tsebelis 2002: 20 f.). Lehnt ein Spieler eine vorgeschlagene Policy ab, weil sie außerhalb seiner Indifferenzkurve liegt, kommt kein Politikwechsel zustande und der Status Quo bleibt bestehen.

Schneiden sich die Indifferenzkurven von verschiedenen Vetospielern wie in Abbildung 2.1, zeigt die als **Winset** bezeichnete Überlappung (dunkelgrau markiert) einen Bereich an Policy-Optionen an, der von allen Spielern dem Status Quo vorgezogen wird. Policy-Vorschlag X würde entsprechend von allen Vetospielern angenommen und der Status Quo würde sich hierhin verschieben. Vorschläge, die außerhalb des Winsets liegen (z.B. X'), würden dagegen abgelehnt, da sie für mindestens einen der Spieler (hier A) eine Verschlechterung bedeuten würden (Tsebelis 2002: 21).

Aus dieser Beschreibung lassen sich mehrere Vorhersagen zur Politikstabilität ableiten, d.h. wie wahrscheinlich es ist, dass ein Status Quo durch eine neue Politik ersetzt wird. Erstens: Je kleiner das Winset ist, desto größer ist die Stabilität, da ohnehin nur

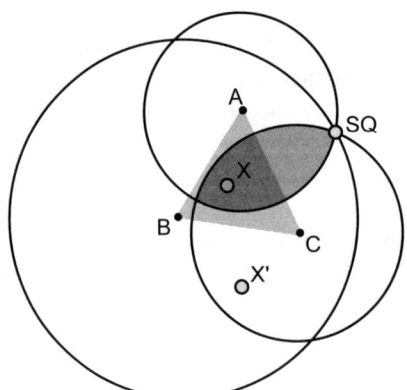

Abb. 2.1: Winset und Core bei drei Vetospielern

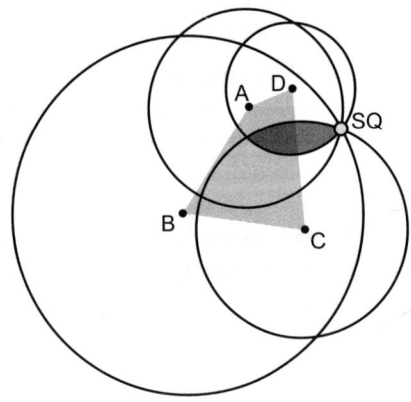

Abb. 2.2: Winset und Core bei vier Vetospielern

---

4 Die Reduzierung auf zwei Dimensionen, die hier im Folgenden wie auch bei Tsebelis zur Illustration der Vetospielertheorie Verwendung findet, ist einzig der besseren grafischen Darstellungsmöglichkeit geschuldet. Grundsätzlich lässt sich die Theorie jedoch problemlos auf Räume mit beliebig vielen Dimensionen übertragen.

wenige Optionen mit Aussicht auf Erfolg existieren, die zudem noch so nahe am Status Quo liegen, sodass der Aufwand einer Änderung kaum lohnt. Zweitens besteht keinerlei Option zu Policy-Veränderungen, sofern der Status Quo innerhalb des sogenannten **Core** liegt, der durch die Idealpositionen der Vetospieler begrenzt wird (in ▸**Abb. 2.1** das hellgraue Dreieck zwischen A, B und C). Läge der Status Quo im Core (z.B. auf Position X) würden sich die Indifferenzkurven allesamt nur noch an diesem einen Punkt schneiden. Jegliche Policy-Veränderung würde folglich immer mindestens einen Spieler schlechter stellen und von ihm per Veto verhindert (Tsebelis 2002: 21).

Als dritter Aspekt der Stabilität kann zudem die Zahl der Vetospieler selbst gelten, da der Core umso größer und das Winset umso kleiner wird, je mehr Spieler hinzukommen (Tsebelis 2002: 24). Abbildung 2.2 zeigt dies. Daneben wächst der Core und verkleinert sich das Winset, je weiter die Positionen der Vetospieler auseinander liegen (Tsebelis 2002: 30). Liegt ein Vetospieler allerdings zwischen den Positionen der anderen Vetospieler, d.h. in ihrem Core wie Spieler D in Abbildung 2.3, verläuft seine Indifferenzkurve vollständig im Winset der anderen Spieler. Mit anderen Worten: Er würde allen Vorschlägen zustimmen, welche diese auch akzeptieren – er wird quasi von den anderen »absorbiert« und muss nicht extra berücksichtigt werden (Tsebelis 2002: 28).

Neben der eigentlichen Abstimmung fokussiert die Theorie auch auf Akteure, die als Agenda-Setter einen Policy-Vorschlag zur Abstimmung stellen können (z.B. in Form einer Gesetzesinitiative), während andere dem gemachten Vorschlag lediglich zustimmen oder ihn ablehnen können, aber keinen eigenen einbringen dürfen. Unter der Annahme vollständiger Informiertheit (d.h. der Agenda-Setter kennt die Präferenzen der anderen Spieler) wird der Agenda-Setter einen Vorschlag machen, der ihm maximalen Gewinn verspricht und gleichzeitig von den übrigen Vetospielern gerade noch angenommen wird. Würden zum Beispiel nur die Spieler A und X in Abbildung 2.4 entscheiden, wäre es für X als Agenda-Setter optimal, die Policy X1 vorzuschlagen. Käme hingegen B als weiterer Vetospieler hinzu, müsste X auf den Vorschlag X2 ausweichen, der sowohl für A als auch für B akzeptabel ist (Tsebelis 2002: 34).

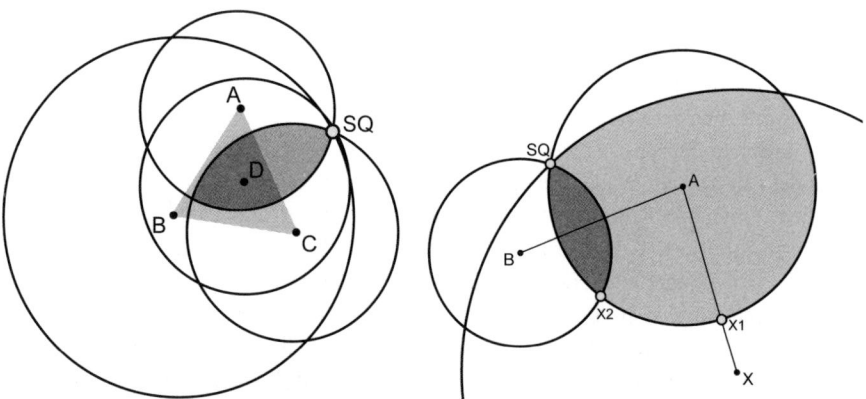

Abb. 2.3: Die Absorptionsregel   **Abb. 2.4:** Die Macht des Agenda-Setzers

Grundsätzlich ähnelt das Verhalten kollektiver Vetospieler dem individueller (Tsebelis 2002: 45), allerdings müssen die Präferenzen der einzelnen Mitglieder abgebildet werden, um den internen Entscheidungsprozess erfassen zu können. Dabei ergeben sich insbesondere dann komplexe Formen von Winset und Core, wenn die kollektiven Akteure nicht einstimmig, sondern nach Mehrheitsregel entscheiden. Auch kann der Core bei niedrigeren Mehrheitserfordernissen gänzlich verschwinden. Insofern kann das Verhalten kollektiver Vetospieler als Ganzes nur noch näherungsweise bestimmt werden. Zudem kann es passieren, dass die Entscheidung kollektiver Spieler von der Reihenfolge abhängt, in der über die zur Wahl stehenden Alternativen abgestimmt wird (Tsebelis 2002: 60 f.). Und schließlich bestimmt die ideologische Distanz zwischen den Individuen (die ideologische Kohäsion des kollektiven Spielers) die Policy-Stabilität.

Weiterentwicklungen und Probleme der Vetospielertheorie bezogen auf Macht und Gegenmacht

Aufgrund ihrer großen Resonanz ist die Vetospielertheorie mehrfach erweitert worden. Prominente Überlegungen waren dabei etwa, dass sich der Charakter von Vetospielern je nach Situation ändern kann: So sollten beispielsweise Koalitionspartner in einer Regierung weitaus eher zur Zusammenarbeit bereit sein (**konsensuale Vetospieler**) als Parteien, die sich innerhalb eines stark polarisierten Wettbewerbs gegenüberstehen (**kompetitive Vetospieler**) (Wagschal 1999b). André Kaiser beschränkt mit dem von ihm entwickelten Ansatz die Theorie nicht mehr auf Spieler mit realer Entscheidungsmacht, sondern lässt unter dem Begriff der **Vetopunkte** auch Akteure zu, die keine institutionell garantierte Vetomacht besitzen, sondern diese nur in bestimmten Situationen faktisch innehaben (Kaiser 1998).

Die Vetospielertheorie ist auch im Hinblick auf Gewaltenteilung erweitert worden, vor allem weil der Aspekt gemeinsamer Entscheidung gut zur Vorstellung Montesquieus passt, Gewalten nicht zu trennen, sondern zur Kooperation zu zwingen (Stoiber 2007: 123). Im Kontext der Gewaltenteilung ist zudem das Konzept parteipolitischer Vetospieler von zentraler Bedeutung. Dieses erlaubt es, die Kontrolle einzelner Spieler durch die gleiche Partei und damit durch die ihr zugrunde liegenden gesellschaftlichen Gruppen darzustellen (Stoiber 2007: 127), was der dezisiven und sozialen Teilungslehre Steffanis mitunter sehr nahe kommt.

Ein Problem der Vetospielertheorie als Theorie von Macht und Gegenmacht ist jedoch, dass sie vor allem konkrete Abstimmungsmacht berücksichtigt und damit primär dem einfachen, voluntaristischen Machtbegriff folgt und alternative Machtverständnisse ignoriert. Weder erfasst sie strategisches Handeln, noch lässt sie für das Verhalten der Akteure eine andere Erklärung als *Policy-Seeking* zu – dass Akteure zum Beispiel nach Ämtern streben und dafür ihre Policy-Ideale opfern, ist nicht vorgesehen (Merkel 2003: 188). Allerdings lässt sich zumindest die Macht des Agenda-Setters nicht nur als verschränkendes Element (wie z. B. bei einer Gesetzesinitiative der Regierung) verstehen, sondern auch als Möglichkeit, eine Abstimmung gezielt zu verlieren und damit – weil der Status Quo bestehen bleibt – eine Nichtentscheidung zu produzieren. Die Macht, sein Gegenüber über seine eigenen »wahren Interessen« zu täuschen, entspräche hingegen der Möglichkeit, die Position eines Vetospielers bestimmen zu können. Zumindest dieser Aspekt ist noch nicht in die Theorie integriert.

Für die empirische Forschung ist zudem unklar, wie sich die Präferenzen der Vetospieler konzeptionalisieren und operationalisieren lassen und wie relevante Vetospieler in einem konkreten politischen System identifiziert und darauf aufbauend politische Systeme entsprechend ihrer Vetospieler unterschieden werden können[5]. Zudem stellt sich die Frage, ob alle Vetospieler wirklich funktional identisch sind oder es nicht verschiedene Typen gibt (Ganghof 2003).

Fazit

Macht als zentrales Konstrukt des Politischen ist ein wichtiger Faktor in nahezu allen politikwissenschaftlichen Untersuchungen. Aus der Vielzahl unterschiedlicher theoretischer Ansätze, welche den Begriff der Macht genauer fassen wollen, ist vor allem der voluntaristische Machtbegriff für die Politikwissenschaft von Relevanz. Nach ihm ist Macht letztlich die Fähigkeit, seinen Willen gegenüber anderen durchzusetzen. Zwar wurden Staaten mit dem Westfälischen Frieden völkerrechtlich souverän – heutzutage natürlich eingeschränkt durch die Einbindung in supranationale Organisationen wie die EU –, spätestens seit Montesquieu wird aber eine Teilung bzw. teilweise Verschränkung staatlicher Macht nach Innen zum Kennzeichen moderner Staatlichkeit. Hierdurch soll einer undemokratischen Machtkonzentration entgegengewirkt werden. Allerdings ist dabei auch zu beachten, dass zusätzliche Machtverschränkungen im Sinne der Vetospielertheorie zu Policy-Stabilität und im schlimmsten Fall zu Politikblockaden führen können.

Kommentierte Literaturempfehlungen

Lukes, Steven (2005): Power – A Radical View. Houndmills.
Grundlegende Einführung in die theoretische Debatte um den Machtbegriff und die von Lukes so bezeichneten three faces of power: decision making power, non-decision making power und ideological power.
Steffani, Winfried (1997): Gewaltenteilung und Parteien im Wandel. Wiesbaden, insb. S. 17–55.
Gute theoretische Einführung zum Thema Gewaltenteilung, in der insbesondere die unterschiedlichen Ebenen und Verflechtungsmöglichkeiten schön ausdifferenziert werden.

---

5 Zumeist wird ein einfacher additiver Index der Anzahl an Vetospielern gebildet (z. B. Huber et al. 1993, Schmidt 1996, Wagschal 2005). Je höher dieser für ein Land ausfällt, desto weniger Policy-Veränderungen werden erwartet. Die Komplexität von Tsebelis' Vetospielertheorie was die Mehrdimensionalität des Policy-Raumes sowie die Spezifika kollektiver Vetospieler anbelangt, kann ein solcher Index jedoch immer nur ansatzweise erfassen.

Kropp, Sabine/Lauth, Hans-Joachim (Hrsg.) (2007): Gewaltenteilung und Demokratie. Konzepte und Probleme der horizontal accountability im internationalen Vergleich. Baden-Baden.
Umfassende aktuelle Diskussion zum Thema horizontale Gewaltenteilung, die einen guten Überblick über die Theorie der Gewaltenteilung wie auch deren empirische Ausprägungen gibt.

Tsebelis, George (2002): Veto Players – How Political Institutions Work. Princeton.
Der erste Teil des Buchs (S. 1–64) ist der klassische Einführungstext in die Vetospielertheorie; teilweise recht komplex geschrieben, allerdings unverzichtbar für ein tieferes Verständnis der Theorie, insbesondere wenn es um kollektive Vetospieler geht. Im zweiten Teil des Buchs (S. 65–290) wendet Tsebelis die Vetospielertheorie an und identifiziert unter anderem Effekte von Vetospielern auf Policies.

Ganghof, Steffen (2003): Promises and Pitfalls of Veto Player Analysis, in: Swiss Political Science Review Vol. 9 (2), S. 1–25.
Überblicksartikel, der insbesondere die Probleme, denen Forscher bei der empirischen Umsetzung der Vetospielertheorie gegenüberstehen, gut erläutert.

3   Wahlen: Funktionen – Systeme – Wahlverhalten

Philipp Weinmann, Thomas Metz

Einleitung

Die Präsidentschaftswahlen 2000 in den USA endeten mit einem dramatischen Tau-ziehen: Zwar erhielt der Demokrat Al Gore ungefähr 500 000 Stimmen mehr als sein republikanischer Konkurrent George W. Bush. Dennoch wurde Bush und nicht Gore zum Sieger der Wahl erklärt, da Bush mehr Wahlmänner als Gore gewonnen hatte. Das Wahlergebnis stand außerdem nicht wie üblich direkt nach dem Wahl-tag fest, da es in Florida wochenlang Nachzählungen gab, die erst mit einem kont-roversen Urteil des Supreme Court (Oberster Gerichtshof) endeten. Dieses Beispiel zeigt, wie umstritten und umkämpft Wahlen sein können und wie groß der Einfluss von Wahlsystemen auf das Ergebnis sein kann. Zum besseren Verständnis ist es da-her unabdingbar, sich ausführlicher mit Wahlen, Wahlsystemen und Wahlverhalten zu beschäftigen.

Dieses Kapitel definiert im ersten Abschnitt den Begriff der Wahl und behandelt an-schließend Arten und Auswirkungen von Wahlsystemen. Der dritte Abschnitt stellt die zentralen Theorien des Wahlverhaltens dar.

Wahlen

Grundsätzlich kann man einen weiten, rein technischen Wahlbegriff sowie ein eng ge-fasstes Konzept von Wahlen als demokratische Methode unterscheiden. Nohlen defi-niert den weiten Begriff als Verfahren, um gewaltfrei Körperschaften zu bilden und/ oder Personen in ein Amt zu bestellen (Nohlen 2004: 1088). Wahlen stellen hier ledig-lich eine Alternative zu Mechanismen wie Erbfolge oder Auslosung dar und können so verstanden auch in autokratischen Systemen stattfinden.[1] Anders ist das Verständnis von Wahlen als demokratische Methode: Hier bestellen Wahlen eine legitime politische Führung und können somit als zentrales Kennzeichen demokratischer Systeme gelten (Nohlen 2009: 25 f.).

---

1   In Autokratien und totalitären Systemen (▶ **Kap. 1**) dienen Wahlen meist dem Zweck, die Be-völkerung zu mobilisieren (Nassmacher 2010: 37 f.), Solidarität mit der herrschenden Elite zu demonstrieren oder den Anschein einer gerechten Ämtervergabe zu erwecken (Bernauer et al. 2009: 184 f.).

Ein Kernkonzept demokratischer Wahlen

Rein sprachlich bedeutet »wählen« zweierlei: Erstens steht eine Menge von Optionen zur Verfügung, aus der zweitens eine Auswahl getroffen wird (Schmitt 2005: 7 f., Nohlen 2009: 25). Insofern muss für eine **freie** Wahl die Auswahlmenge im Prinzip alle verfügbaren Alternativen umfassen, zugleich darf die Auswahl aus ihr nicht systematisch eingeschränkt werden. Verstöße wären zum Beispiel, wenn eine Oppositionspartei nicht zur Wahl zugelassen wird, um die Chancen der Regierungspartei zu erhöhen, oder wenn ihren Wählern Gewalt droht, sobald sie sich beteiligen. Um dies zu ermöglichen, erfolgt die Wahl **geheim** und, um die Auswahl nicht zu verzerren, **direkt**, d. h. beispielsweise ohne Wahlmänner.

Das freie Angebot und die freie Auswahl ermöglichen einen pluralistischen Wettbewerb, der wiederum die getroffene Entscheidung legitimiert (Nohlen 2009: 24, 26). Ermöglicht und aufrechterhalten werden beide durch einen Kanon an Freiheitsrechten wie Meinungs-, Presse-, Versammlungs- und Vereinigungsfreiheit und durch verfassungspolitische Prinzipien wie die Freiheit des Wahlvorschlags, den Wettbewerb der Kandidaten, Chancengleichheit und Wahlfreiheit oder die Wahl auf Zeit (Nohlen 2009: 24, 26). Entsprechend eingebettete Wahlen heißen **kompetitiv** und gelten als Kennzeichen liberal-demokratischer Systeme. In Autokratien ist mindestens eine der beiden Komponenten eingeschränkt (semi-kompetitiv), in totalitären Systemen sind beide aufgehoben (nicht-kompetitiv) (Nohlen 2009: 25 f.). Insofern markiert der Wettbewerb bei Wahlen die Systemgrenze zwischen den Regimetypen.

Demokratische Wahlen sollen aber nicht nur kompetitiv, sondern auch **allgemein** sein (Nohlen 2009: 24). Implizit im sprachlichen Begriff enthalten ist nämlich auch, dass eine Wahl (individuelle) Präferenzen ausdrückt. Bei einer kollektiven Entscheidung können aber nie die Präferenzen aller umgesetzt werden (sonst müsste man nicht wählen), sodass immer Einzelne ein Ergebnis hinnehmen müssen, das nicht ihren Wünschen entspricht. Der Effekt ist unvermeidbar, daher kann nur die Zahl derer minimiert werden, die davon potenziell betroffen sind. Hierzu zählen auch Individuen, die an der Wahl nicht beteiligt, vom Ergebnis aber betroffen sind. Um die Präferenzen möglichst vieler zu erfassen, ist daher zu fordern, dass Wahlen für die betroffene Gruppe – meist den Nationalstaat – allgemein sind (siehe auch Nohlen 2009: 24, Schmitt 2005: 5). Wahlen funktionieren als kollektive Entscheidung zudem unabhängig von den Präferenzen der Abstimmenden. Insofern ist im Konzept der Wahl nicht enthalten, dass eine bestimmte Präferenz mehr oder weniger Gewicht haben sollte bzw. umgekehrt formuliert: Wahlen müssen unabhängig von Kriterien wie etwa Geschlecht, Hautfarbe oder Herkunft **gleich** sein. In gleicher Hinsicht muss gelten, dass Wahlen dem Mehrheitsprinzip folgen, die Entscheidung verbindlich ist (keine nachträgliche Abänderung), sie regelmäßig stattfinden (ohne periodische Wahl wären später hinzukommende Wähler an ein Ergebnis gebunden, das sie nicht mitbestimmt haben) und dass die Überstimmten das Ergebnis als legitim anerkennen (keine Rebellion gegen eine demokratisch gewählte Regierung).

Wahlen in der Demokratie

Wieso sind Wahlen demokratisch, wenn sie kompetitiv und allgemein sind? In der politischen Theorie variiert die Rolle von Wahlen je nachdem, was unter Demokratie verstanden wird (Schmitt 2005). Die in der Wahlforschung genannte Rolle von Wettbewerb (*contestation*) und allgemeiner Teilhabe (*participation*) entstammt dem Polyarchiekonzept von Dahl (1971). Für ihn ist Demokratie als Herrschaftsform nie vollends erreichbar, sodass in der Praxis »nur« Polyarchien vorliegen. Diese aber sind gekennzeichnet durch einen gewissen Grad an »public contestation and the right to participate« (Dahl 1971: 5) – eben jene Elemente, die oben als Ausweis demokratischer Wahlen genannt wurden (▶ **Kap. 1**).

In der Literatur werden viele Funktionen genannt, die Wahlen in realen Demokratien erfüllen (siehe z. B. Schmitt 2005: 10, Nohlen 2009: 33–35, Katz 2000). Die wichtigsten sind:

1. **Repräsentation und Aggregation**: Wahlen artikulieren Interessen in der Bevölkerung und aggregieren sie zu einer aktionsfähigen, kollektiven Entscheidung.
2. **Investitur und Rekrutierung**: Wahlen vergeben Machtpositionen zur Umsetzung dieser Entscheidung und erlauben so moderne, arbeitsteilige Massendemokratien.
3. **Legitimation**: Wahlen verleihen Entscheidungen Verbindlichkeit.
4. **Opposition**: Wahlen drücken auch Widerspruch in der Bevölkerung aus.
5. **Innovation**: Die Opposition als Produzent von Alternativen (Personal, Positionen usw.) zwingt die Regierung in einen Innovation fördernden Wettbewerb.
6. **Kontrolle**: Wahlen begrenzen durch die Androhung von Abwahl die Macht politischer Führung.
7. **Befriedung**: Die Chance einer Machtübernahme durch die Opposition kanalisiert Konflikte im System.
8. **Edukation**: Wahlen konfrontieren die Bürger mit Alternativen und verbessern so deren politischen Kenntnisstand.
9. **Integration**: Wahlen stärken das Zugehörigkeitsgefühl zum System und erlauben die Mobilisierung für politische Ziele.

Wahlsysteme

Den rechtlichen Rahmen für den Ablauf von Wahlen bildet das Wahlsystem. Darunter versteht man die Regeln, nach denen Wähler ihre Präferenzen in Form von Stimmen ausdrücken können und die Art und Weise, wie diese in Mandate umgerechnet werden (Rae 1971: 14).

Wahlsystemtypen und -elemente

Traditionell unterscheidet man **Mehrheits- und Verhältniswahlsysteme** (für einen weltweiten Überblick über die Wahlsysteme, siehe Tabelle im Anhang). Über die Ausgestaltung von Wahlsystemen wird oft heftig gestritten, da sie verschiedene Demokratieverständnisse widerspiegeln (Powell 2000). Während Mehrheitswahlsysteme versuchen, die Bildung einer stabilen und direkt den Wählern verantwortlichen Regierung zu erleichtern, streben Verhältniswahlsysteme die spiegelbildliche Repräsentation aller gesellschaftlichen Gruppen und kooperative Entscheidungsmechanismen an. Da nicht alle realen Systeme eindeutig einer der beiden Klassen zugeordnet werden können und auch innerhalb beider Gruppen große Unterschiede bestehen, ist man dazu übergegangen, mehr als zwei Wahlsystemtypen zu unterscheiden (z. B. Nohlen 2009: 174 ff.). Diese sind gemäß dem Baukastenprinzip aus mehreren Elementen zusammengesetzt (Nohlen 2009: 87 ff.): Kandidaturform und Stimmgebung regeln, wie sich Parteien und Kandidaten zur Wahl aufstellen und wie Wähler Stimmen für diese abgeben können. Die Stimmenverrechnung bestimmt, wie Wählerstimmen in Mandate umgerechnet werden.

Der wichtigste Baustein ist die Wahlkreiseinteilung. Unter Wahlkreis (*district, constituency*) versteht man die räumliche Einheit, in der die Wählerstimmen in Mandate umgerechnet werden. Sein zentrales Kennzeichen ist die **Wahlkreisgröße** (*district magnitude*). Sie bezeichnet die Anzahl an Mandaten, die im Wahlkreis vergeben werden (Rae 1971: 19) und sollte nicht mit der Bevölkerung oder Fläche des Wahlkreises verwechselt werden. Die Wahlkreisgröße kann von eins bis zur Anzahl der zu wählenden Repräsentanten variieren, woraus sich in Kombination mit der Stimmenverrechnung vier Grundtypen von Wahlsystemen ableiten lassen:

1. Beträgt die Wahlkreisgröße in allen Wahlkreisen eins (Einerwahlkreise), liegt ein Mehrheitswahlsystem vor. Bei **relativer Mehrheitswahl** (*single-member plurality, first-past-the-post*) gewinnt der Kandidat mit den meisten Stimmen, alle anderen Bewerber gehen leer aus. Dieser Typus ist insbesondere im anglo-amerikanischen Raum verbreitet (z. B. USA, Kanada, Großbritannien, Indien).
2. Bei **absoluter Mehrheitswahl mit Stichwahl** (*two-round-system*), die ebenfalls in Einerwahlkreisen stattfindet, gewinnt der Kandidat, der mehr als die Hälfte der Stimmen erhalten hat. Erreicht keiner diese Schwelle, findet eine Stichwahl statt. Dieses Verfahren wird in Frankreich für Parlamentswahlen und vielerorts für Präsidentschaftswahlen angewandt.
3. Beträgt die Wahlkreisgröße mehr als eins, können die Mandate auf mehrere Parteien verteilt und damit Verhältniswahl (*proportional representation*, PR) angewendet werden. Sogenannte »**unreine**« **Verhältniswahlsysteme** benutzen mehrere Wahlkreise, die oft den Verwaltungseinheiten oder Gliedstaaten entsprechen. Abhängig von Bevölkerungs- oder Wahlberechtigtenzahl variieren auch die Wahlkreisgrößen. Beispiele für diesen in Europa vorherrschenden Typ sind die Schweiz, Spanien, Finnland sowie (mit Besonderheiten) die Wahlen zum Europäischen Parlament.
4. In »**reinen**« **Verhältniswahlsystemen** schließlich werden alle Mandate in einem nationalen Wahlkreis vergeben, wodurch die Wahlkreisgröße maximiert ist. Die Niederlande, Israel und die Slowakei verwenden dieses System.

Außerdem gibt es komplexere Typen und Mehrebenensysteme, auf die wir nicht näher eingehen (siehe hierzu Shugart/Wattenberg 2001 sowie die Literaturempfehlungen). Zu letzteren gehört auch das Wahlsystem Deutschlands.

Infobox: *Das Wahlsystem Deutschlands*

Deutschland besitzt ein **personalisiertes Verhältniswahlsystem mit 5 %-Sperr-hürde.** Insgesamt werden 598 Mandate vergeben, dazu kommen noch Überhang- und Ausgleichsmandate. Das Bundesgebiet ist in 299 Einerwahlkreise aufgeteilt. Jeder Wähler kann eine Erststimme für einen Kandidaten im Wahlkreis abgeben. **Entscheidend für die Sitzverteilung ist die Zweitstimme** für die Landesliste einer Partei. Die Mandatsvergabe erfolgt in mehreren Schritten (für das Wahlrecht vor der Reform 2013 s. Korte 2013: 51 ff., Behnke 2007: 177 ff.):

1. In jedem Wahlkreis gewinnt der Kandidat mit der relativen Mehrheit der Erststim-men das Direktmandat. Das ist das Personalisierungselement des Wahlsystems.
2. Zur weiteren Verteilung werden nur Parteien zugelassen, die mindestens 5 % der gültigen Zweitstimmen oder drei Direktmandate errungen haben.
3. Zur Vorbereitung des nächsten Schritts werden in einer Ausgangsverteilung Min-destsitzzahlen für jede Partei berechnet, die entscheidend dafür sind, wie groß der Bundestag wird (für die Details s. Behnke 2013, Weinmann 2013). Dabei werden noch keine Mandate vergeben.
4. Die Größe des Bundestages wird solange erhöht, bis jede Partei in der Oberverteilung nach Schritt 5a mindestens so viele Sitze wie ihre Mindestsitzzahl aus Schritt 3 erhält.
5. Endgültige Mandatsvergabe: a) Alle Mandate werden anhand der bundesweiten Zahl der Zweitstimmen nach Sainte-Laguë proportional auf die Parteien verteilt (Oberverteilung). b) Innerhalb jeder Partei werden die ihr zustehenden Sitze pro-portional nach Sainte-Laguë auf die Landeslisten der Partei verteilt (Unterverteilung). Seit 2013 findet dies mit der Zusatzbedingung statt, dass keine Landesliste weniger Sitze erhalten darf, als die Partei in diesem Land Direktmandate errun-gen hat (direktmandatsbedingte Divisormethode). c) Von der einer Landesliste zustehenden Sitzzahl wird die Anzahl der von der Partei in diesem Land gewon-nenen Direktmandate abgezogen. Die restlichen Mandate werden in der Reihen-folge der Landesliste vergeben.

Das Wahlsystem wurde 2013 als Folge von zwei Urteilen des Bundesverfassungsge-richts reformiert. Dabei wurden die Schritte 3 und 4 neu eingefügt und die Unter-verteilung in Schritt 5b verändert.

Vor 2013 war es möglich, dass eine Partei in einem Bundesland mehr Direktman-date erringen konnte, als ihr nach den Zweitstimmen Sitze in diesem Bundesland zustehen (Schritt 5c). Diese überschüssigen Sitze durfte sie als Überhangmandate behalten, was den Parteiproporz verzerrte und das Phänomen des negativen Stimm-gewichts hervorrufen konnte (dazu Korte 2013: 70 ff.). Seit 2013 findet wie bei den meisten Landtagswahlsystemen ein Ausgleich der Überhangmandate statt, der einer-seits extern auf Kosten einer Vergrößerung des Bundestages (Schritte 3 und 4), ande-rerseits parteiintern auf Kosten von Verschiebungen zwischen den Landeslisten vor-genommen wird (Schritt 5b).

Wirkungen von Wahlsystemen

Wahlsysteme können direkt oder indirekt das Parteiensystem, das Verhalten von Parteien, Kandidaten, Abgeordneten und Wählern, die Machtverteilung innerhalb der Parteien, die Repräsentation von Minderheiten sowie die Regierungsbildung beeinflussen (Gallagher 2005). Vor allem Duverger (1959: 219, siehe auch 1986) hat in seinen berühmten Thesen einen starken Einfluss auf das Parteiensystem behauptet:

> »1. Die Verhältniswahl führt zu einem Vielparteiensystem mit starren, unabhängigen und stabilen Parteien (außer im Falle von plötzlich aufflammenden Bewegungen).
> 2. Die Mehrheitswahl mit Stichwahl führt zu einem Vielparteiensystem mit elastischen, abhängigen und verhältnismäßig stabilen Parteien (in allen Fällen).
> 3. Die einfache [d.h. relative, d. Verf.] Mehrheitswahl führt zu einem Zweiparteiensystem mit sich abwechselnden großen und unabhängigen Parteien.«

Als Ursachen nennt Duverger mechanische und psychologische Effekte von Wahlsystemen (Duverger 1959: 238–240). Der **mechanische Effekt** bezeichnet die Bevorzugung bzw. Benachteiligung von Parteien durch die Umrechnung von Stimmen in Mandate. Dadurch kann der Mandatsanteil s_i einer Partei größer bzw. kleiner ausfallen als deren Stimmenanteil v_i. Diese Verzerrung des gleichen Stimmgewichts wird als **Disproportionalität** bezeichnet und kann durch folgenden Index gemessen werden, der von 0 (völlig proportional) bis 100 (völlig disproportional) variiert (Gallagher 1991):

$$D = \sqrt{\frac{1}{2} \sum_i \left(s_i - v_i\right)^2}$$

Der **psychologische Effekt** besteht darin, dass Akteure den mechanischen Effekt vorhersehen und ihr Verhalten strategisch anpassen (Cox 1997: insb. 30):

- Wähler möchten ihre Stimme nicht verschwenden und werden daher nicht für aussichtslose Kandidaten oder Parteien stimmen. Stattdessen wählen sie entgegen ihrer Erstpräferenz einen aussichtsreichen Bewerber.
- Kandidaten und Parteien, die keine Erfolgsaussichten haben, sollten sich entweder zusammenschließen, um ihre Chancen zu verbessern oder ihre Kandidatur aufgeben und sich den bestehenden Parteien anschließen. Auch Unterstützer wie zum Beispiel Sponsoren, Interessengruppen oder Medien werden ihre knappen Ressourcen (Zeit, Geld, Aufmerksamkeit etc.) eher aussichtsreichen Bewerbern zukommen lassen. Da Kandidaturen vor einer Wahl erklärt werden müssen, handeln die Eliten zuerst. Die Wähler können erst danach aus den tatsächlich Angetretenen auswählen.

Beide Effekte hängen zusammen: Passen die Akteure ihr Verhalten *nicht* an die Anreizstruktur des Wahlsystems an, kommt es zu hoher Disproportionalität. Je stärker aber der psychologische Effekt wirkt, desto schwächer fällt der mechanische Effekt aus (Benoit 2002). Langfristig wäre daher zu erwarten, dass nur die nicht benachteiligten Parteien übrig bleiben. Inwieweit trifft dies zu? Im Folgenden werden für alle vier Grundtypen die Auswirkungen des Wahlsystems dargestellt.

Relative Mehrheitswahl

Bei relativer Mehrheitswahl ist der mechanische Effekt im Wahlkreis sehr stark, da der Sieger oft weniger als die Hälfte der Stimmen, aber den einzigen Sitz (also 100 %) bekommt (▶ Tab. 3.1). Die Disproportionalität für diesen Wahlkreis lässt sich nach obiger Formel ermitteln, indem man zunächst die Differenzen zwischen Sitz- und Stimmenanteilen berechnet. Diese werden quadriert und aufsummiert, das Ergebnis halbiert und die Quadratwurzel gezogen. Die Berechnung ergibt eine sehr hohe Disproportionalität von 43,6 (▶ Tab. 3.1).

Tab. 3.1: Wahlergebnis 2010 im Wahlkreis The Wrekin, Großbritannien

Kandidat	Partei	Stimmen-anteil (in %)	Sitze	Sitzanteil (in %)	Differenz	Differenz im Quadrat
Mark Pritchard	Conserva-tive	47,7	1	100	52,3	2.735,3
Paul Kalinauckas	Labour	27,1	0	0	-27,1	734,4
Ali Cameron-Daw	Liberal Democrat	17,4	0	0	-17,4	302,8
Malcolm Hurst	UKIP	4,5	0	0	-4,5	20,3
Susan Harwood	BNP	3,3	0	0	-3,3	10,9
					Summe	3.803,6
					halbieren	1.901,8
					Wurzel ziehen	43,6

Quellen: Electoral Commission 2012, BBC 2012.

Darauf sollten die Akteure reagieren: Die chancenlosen letzten drei Kandidaten müssten ihre Kandidatur aufgeben, während der Zweitplatzierte sich noch Hoffnungen machen kann, deren Wähler zur taktischen Stimmabgabe für ihn zu bewegen und damit den Erstplatzierten einzuholen. Tendenziell wäre also eine Konzentration auf die beiden stärksten Kandidaten zu erwarten. Die Voraussetzungen dafür sind aber zahlreich (Cox 1997: 69 ff.): Es darf keinen sicheren Sieger geben (das ist oben der Fall), die Wähler müssen kurzfristig nutzenorientiert sein und klar erkennen können, wer eine realistische Gewinnchance hat und nicht zu viele dürfen indifferent zwischen den beiden stärksten Kandidaten sein. Allerdings verhalten sich Wähler nicht immer nutzenmaximierend, weshalb die erwartete Konzentration nicht immer auftritt.

Der psychologische Effekt hängt also entscheidend vom Verhalten der Akteure ab. Will man den Einfluss des Wahlsystems auf das Parteiensystem empirisch prüfen, sind daher stets Kontrollvariablen wie zum Beispiel *Cleavages* oder das Handeln der Akteure mit aufzunehmen. So finden aktuelle Studien auch einen **kombinierten Effekt** aus Wahlsystem und Gesellschaftsstruktur (Clark/Golder 2006, Singer/Stephenson 2009). Das Wahlsystem ist also nicht Ursache des Parteiensystems, sondern wirkt vielmehr wie ein Filter für gesellschaftliche Faktoren, der eher durchlässig (Verhältniswahl) oder eher undurchlässig (Mehrheitswahl) sein kann (Sartori 1986, vgl. Duverger 1959: 219).

Außerdem gibt es im Wahlkreis zwar eine Tendenz zur Konzentration auf zwei Kandidaten, diese müssen aber nicht in allen Wahlkreisen von denselben zwei Parteien kommen (Sartori 1986, Cox 1997: 27 f., schon Duverger 1959: 237). Die relative Mehrheitswahl begünstigt daher zwar ein Zweiparteiensystem im Wahlkreis, nicht aber notwendigerweise auch auf nationaler Ebene. Verfügen nämlich kleine Parteien wie in Kanada und Indien über **regionale Hochburgen**, werden sie durch das Wahlsystem nicht mehr benachteiligt. Auch in Großbritannien sind kleine Regionalparteien aus Schottland, Wales und Nordirland proportional repräsentiert, während nicht regional konzentrierte Kleinparteien wie UKIP, BNP oder Greens marginalisiert werden (▶ Tab. 3.2). Selbst die mit 23 % der Stimmen recht starken Liberal Democrats werden massiv unterrepräsentiert.

Tab. 3.2: Wahlergebnis 2010 in Großbritannien insgesamt

Partei	Stimmenanteil	gewonnene Sitze	Sitzanteil
Conservative	36,1 %	307	47,2 %
Labour	29,0 %	258	39,7 %
Liberal Democrat	23,0 %	57	8,8 %
UK Independence Party (UKIP)	3,1 %	0	0,0 %
British National Party (BNP)	1,9 %	0	0,0 %
Scottish National Party (SNP)	1,7 %	6	0,9 %
Green	1,0 %	1	0,2 %
Sinn Fein	0,6 %	5	0,8 %
Democratic Unionist Party (DUP)	0,6 %	8	1,2 %
Plaid Cymru	0,6 %	3	0,5 %

Tab. 3.2: Wahlergebnis 2010 in Großbritannien insgesamt – Fortsetzung

Partei	Stimmenanteil	gewonnene Sitze	Sitzanteil
Social Democratic & Labour Party (SDLP)	0,4 %	3	0,5 %
Alliance Party	0,1 %	1	0,2 %
Andere und Unabhängige	1,9 %	1	0,2 %

Anmerkungen: Regionalparteien sind *kursiv* gesetzt. Die Disproportionalität nach Gallagher (1991) beträgt 15,1.
Quellen: Electoral Commission 2012, BBC 2012.

Durch die vielen Wahlkreise (in Großbritannien 650) wird ein Teil der Disproportionalität ausgeglichen, da zum Beispiel in einem Wahlkreis ein konservativer, in einem anderen ein Labour-Kandidat gewinnt. Dennoch wird die größte Partei deutlich bevorzugt, was die Regierungsbildung vereinfacht. Relative Mehrheitswahl tendiert daher zu einer *manufactured majority*, d. h. einer Parlamentsmehrheit für eine Partei, die über keine Stimmenmehrheit verfügt (Lijphart 1994: 95 ff.). Die Wahlergebnisse aus Tabelle 3.2 zeigen jedoch, dass selbst die relative Mehrheitswahl nicht zwangsläufig zu einer Einparteienregierung führen muss. So mussten die Konservativen 2010 trotz der Bevorzugung durch das Wahlsystem eine Koalition mit den Liberalen eingehen.

Da die Verteilung der Wähler auf die Wahlkreise entscheidend für den Machterwerb und -erhalt ist, können die Parteien versuchen, diese zu manipulieren, indem sie sichere Hochburgen bilden oder gezielt Wählerschaften mehrerer Parteien in einem Wahlkreis zusammenlegen. Diese politisch motivierte, demokratietheoretisch höchst fragwürdige Wahlkreiseinteilung heißt *Gerrymandering* und ist in den USA weitverbreitet. Gleichzeitig ist es jedoch auch nicht ratsam, die Wahlkreiseinteilung nie zu ändern. Denn bei gleicher Wahlkreisgröße hat die Stimme eines Wählers umso mehr Gewicht, je weniger Wahlberechtigte es in dem Wahlkreis gibt. Dieses *Malapportionment* kann etwa durch Migration entstehen und ebenfalls erhebliche Verzerrungen auslösen. Daher ist eine regelmäßige Anpassung der Wahlkreisgrenzen durch unabhängige Gremien essentiell, um systematische Wettbewerbsvorteile für einzelne Parteien zu verhindern.

Absolute Mehrheitswahl mit Stichwahl

In Frankreich erlangen nur wenige Kandidaten im ersten Wahlgang die absolute Mehrheit der Stimmen, sodass ein zweiter Wahlgang folgt. Bei Präsidentschaftswahlen sind dazu nur die beiden stärksten Kandidaten zugelassen, bei Parlamentswahlen zusätzlich diejenigen, die im ersten Wahlgang von mindestens 12,5 % der Wahlberechtigten gewählt wurden, was meist aber nur die beiden stärksten Bewerber erreichen. Ist es prinzipiell möglich, dass mehr als zwei Bewerber den zweiten Wahlgang erreichen, spricht man auch von romanischer Mehrheitswahl.

Kleine, wenig konzentrierte Parteien haben somit nur eine Chance, wenn sie Bündnisse mit großen Parteien eingehen, die ihnen Wahlkreise überlassen. Solche Bündnisse kommen zustande, weil die absolute Mehrheit sie auch für große Parteien interessant macht: Ohne die Kooperation mit kleinen, politisch nahestehenden Parteien besteht zum Beispiel das Risiko, im eigenen Lager zu viele Kandidaten aufzustellen, sodass sich die Stimmen auf diese verteilen und keiner die zweite Runde erreicht. Ein aufsehenerregendes Beispiel für eine solche Fehlkoordinierung war die Präsidentschaftswahl 2002, als statt des Sozialisten Jospin überraschend der Rechtsextreme Le Pen in die Stichwahl gelangte. Neben der Aufstellung kooperieren Parteien, indem sie vor der zweiten Runde eigene Kandidaten zurückziehen und Wahlempfehlungen für Verbündete aussprechen.

Diese **Kooperationsanreize**, die durch die doppelte Verwendung der absoluten Mehrheitswahl für Präsidentschafts- und Parlamentswahlen entstehen, haben in Frankreich zur Entstehung eines bipolaren Parteiensystems beigetragen, in dem zwei große Blöcke gegeneinander antreten (Duverger 1986, Elgie 2005). Dabei werden extremistische Parteien wie die Front National bislang benachteiligt, da mit diesen kaum kooperiert wird.

Verhältniswahl in mehreren Wahlkreisen

Bei »unreiner« Verhältniswahl werden die Mandate in den Wahlkreisen nach einem Zuteilungsverfahren vergeben. Von den üblichen Verfahren gelten Sainte-Laguë und Hare-Niemeyer als proportional, während d'Hondt größere Parteien leicht bevorzugt.

Infobox: *Sitzzuteilungsverfahren bei Verhältniswahlen*

Jedes Verhältniswahlverfahren steht vor der Aufgabe, eine Anzahl von Sitzen S so auf die Parteien zu verteilen, dass deren Sitzanteile s_i jeweils möglichst genau deren Stimmenanteilen v_i entsprechen. Im Idealfall gilt also für alle Parteien $s_i = v_i$. Die genaue Sitzanzahl S_i, auf die eine Partei im Idealfall Anspruch erheben kann, ergibt sich dann durch einfachen Dreisatz als $S_i = s_i * S = v_i * S$. Die Tabelle zeigt ein Beispiel mit vier Parteien und fünf Sitzen. Da jedoch nur ganze Sitze zugeteilt werden können, muss ab- oder aufgerundet werden.

Das Quotenverfahren von Hare-Niemeyer rundet die Idealansprüche ab und ermittelt wie viele Sitze dadurch zu wenig vergeben werden (im Beispiel sind es 2). Diese Sitze werden an die Parteien mit dem größten Überrest im Idealanspruch vergeben (kursiv hervorgehoben). Anders verfahren die Divisorverfahren von d'Hondt und Sainte-Laguë: Die Stimmenanteile werden sukzessive durch Divisoren geteilt. Dann werden die Sitze der Reihe nach an die Parteien mit den größten sich so ergebenden Zahlen vergeben. Bei d'Hondt wird zunächst durch 1 geteilt, was die Stimmenanteile nicht verändert. Partei A hat mit 40 % den höchsten Stimmenanteil und bekommt daher den ersten Sitz (gekennzeichnet durch die 1 in Klammern). Ihr Stimmenanteil wird nun durch 2 geteilt, was 20 % ergibt. Größer sind jedoch die

---

30 % von Partei B, sodass diese den zweiten Sitz erhält. Daraufhin wird auch deren Stimmenanteil durch 2 geteilt. Nun kommt wieder Partei A mit 20 % zum Zug und erhält den dritten Sitz, woraufhin der Stimmenanteil durch 3 geteilt wird. So wird fortgefahren bis alle Sitze vergeben sind. Sainte-Laguë verfährt genauso, benutzt allerdings die Divisorenreihe 1, 3, 5, usw.

Partei		A	B	C	D	Gesamt
Stimmenanteil		40 %	30 %	18 %	12 %	100 %
Idealanspruch	bei 5 Sitzen	2,00	1,50	0,90	0,60	5
Hare-Niemeyer	abrunden	2	1	0	0	3
	größte Reste	0,00	0,50	*0,90*	*0,60*	2
	gesamt	**2**	**1**	**1**	**1**	**5**
d'Hondt	:1	40 % (1)	30 % (2)	18 % (4)	12 %	
	:2	20 % (3)	15 % (5)	9 %		
	:3	13 %				
	gesamt	**2**	**2**	**1**	**0**	**5**
Sainte-Laguë	:1	40 % (1)	30 % (2)	18 % (3)	12 % (5)	
	:3	13 % (4)	10 %	6 %		
	:5	8 %				
	gesamt	**2**	**1**	**1**	**1**	**5**

Tabelle: Sitzzuteilungsverfahren: Berechnungsbeispiel

Der Vergleich der Ergebnisse zeigt, dass d'Hondt der kleinsten Partei D kein Mandat zuteilt, sondern stattdessen ein zweites Mandat an Partei B vergibt. Diese Tendenz gilt auch allgemein: Das d'Hondt-Verfahren begünstigt größere Parteien leicht, während Hare-Niemeyer und Sainte-Laguë weitgehend proportionale Ergebnisse liefern. Neben diesen drei wichtigsten existieren noch zahlreiche weitere Verfahren (ausführlich Behnke 2007: 115 ff., Wahlrecht.de 2012).

Weit wichtiger als das Verrechnungsverfahren ist aber die Wahlkreisgröße: In Einerwahlkreisen entspricht die Verhältniswahl der relativen Mehrheitswahl und ein Kandidat benötigt bis zu 50 Prozent der Stimmen, um ein Mandat zu erlangen. Mit wachsender Wahlkreisgröße geht jedoch die **natürliche Sperrhürde**, also der für das erste Mandat benötigte Stimmenanteil, zurück und die Mandate können immer proportionaler verteilt werden. Abbildung 6.1 zeigt diese Beziehung. Die obere und die untere Linie grenzen den Bereich ein, in dem der Gewinn des ersten Mandats für eine Partei wahrscheinlich ist.

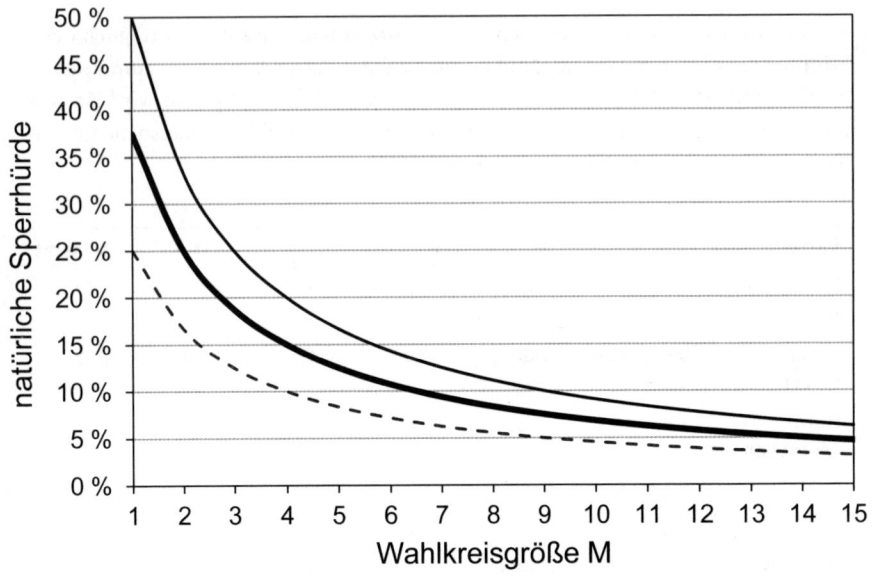

Abb. 3.1: Durch Wahlkreisgröße hervorgerufene natürliche Sperrhürde

Anmerkungen und Quellen: d'Hondt-Verfahren angewandt, für die Formeln siehe Gallagher 1992. Obere Linie: natürliche Sperrhürde unter den ungünstigsten Bedingungen. Hervorgehobene Linie: Näherungsformel T = 75 % / (M+1) (Taagepera 1998). Gestrichelte Linie: natürliche Sperrhürde unter sehr günstigen Bedingungen (bei M+3 gleichstarken Bewerbern, d. h. 2 mehr als nach der M+1-Regel).

Da *jedes* Wahlsystem durch die jeweiligen Wahlkreisgrößen natürliche Sperrhürden erzeugt, können Verhältniswahl- und relative Mehrheitswahlsysteme auf einem **Kontinuum** entsprechend der Wahlkreisgröße verortet werden (Rae 1971, Sartori 1986, Taagepera/Shugart 1989). Insbesondere kleine Wahlkreisgrößen wirken sich – obgleich formell ein Verhältniswahlsystem – sehr restriktiv auf kleine Parteien aus und kommen damit der relativen Mehrheitswahl nahe.

Der psychologische Effekt hängt ebenfalls von der Wahlkreisgröße ab: Nach der **M+1-Regel** können in einem Wahlkreis der Größe M höchstens M+1 Parteien auf Dauer existieren, da strategisch handelnde Wähler und Eliten sich nach und nach von allen weiteren Bewerbern abwenden sollten (Cox 1997: 99 ff.). Dies stellt eine Verallgemeinerung des psychologischen Effekts der relativen Mehrheitswahl dar.

Weil es Wahlkreise verschiedener Größen gibt, haben natürliche Sperrhürde und psychologischer Effekt **ungleiche Wettbewerbsbedingungen** in den Wahlkreisen zur Folge, wie anhand des Beispiels der spanischen Parlamentswahlen 2011 in Tabelle 3.3 zu sehen ist.

In den kleinen Wahlkreisen haben kleinere Parteien keine Chance auf ein Mandat und erhalten daher auch weniger Stimmen, im großen Wahlkreis Madrid sind sie dagegen proportional vertreten. Gleichzeitig sinkt die Disproportionalität ab und die Fragmentierung des Parteiensystems steigt. Außerdem tritt *Malapportionment* auf: In Melilla hat eine Wählerstimme ein mehr als doppelt so starkes Gewicht wie in Madrid.

Tab. 3.3: Wahlergebnis 2011 in drei spanischen Wahlkreisen

Melilla M = 1 54.690 WB pro Mandat			Ciudad Real M = 5 80.953 WB pro Mandat			Madrid M = 36 129.272 WB pro Mandat		
Partei	v_i	S_i	s_i	**Partei**	v_i	S_i	s_i	**Partei**	v_i	S_i	s_i

Partei	v_i	S_i	s_i	**Partei**	v_i	S_i	s_i	**Partei**	v_i	S_i	s_i
PP	68%	1	100%	PP	56%	3	60%	PP	52%	19	53%
PSOE	26%	0	0%	PSOE	32%	2	40%	PSOE	26%	10	28%
UPyD	4%	0	0%	IU-LV	5%	0	0%	UPyD	10%	4	11%
				UPyD	4%	0	0%	IU-LV	8%	3	8%
Disproportionalität:			29,2	Disproportionalität:			7,9	Disproportionalität:			2,1
effektive Parteienzahl:			1,89	effektive Parteienzahl:			2,36	effektive Parteienzahl:			2,84

Anmerkungen: Wahlkreisgröße (M), Wahlberechtigte (WB), Stimmenanteil (v_i), gewonnene Sitze (S_i), Sitzanteil (s_i). Disproportionalität berechnet nach Gallagher (1991), effektive Parteienzahl nach Laakso/Taagepera 1979 (▶ **Kap. 8**).
Quelle: Ministerio del Interior 2012.

Verhältniswahl in einem einzigen landesweiten Wahlkreis

Da die Wahlkreisgröße bei »reiner« Verhältniswahl der Parlamentsgröße entspricht, ist die natürliche Sperrhürde sehr niedrig. Sie wird aber meist durch eine **gesetzliche Sperrhürde** erhöht, die von nur 0,67 % in den Niederlanden über 2 % in Israel bis zu 5 % in der Slowakei oder 10 % in der Türkei reichen kann.

Da es nur einen Wahlkreis gibt, tritt weder *Malapportionment* noch *Gerrymandering* auf. Hochburgen bieten keinen überproportionalen Vorteil, sodass jede Stimme unabhängig vom Ort der Stimmabgabe gleichviel zählt. Allerdings besteht auch eine große räumliche Distanz zwischen Wählern und Kandidaten, die tendenziell die Parteiführung stärkt.

Wahlverhalten

Die Forschung zum Wahlverhalten versucht die prägnante Frage zu beantworten: »Wer hat wen gewählt und warum?« (Roth 2008: 11). Dabei werden mit soziologischen, sozialpsychologischen und Rational Choice-Ansätzen drei große theoretische Modelle unterschieden, wobei das soziologische Modell noch in mikro- und makrosoziologische Ansätze unterteilt wird.

Der mikrosoziologische Ansatz

Der mikrosoziologische Ansatz (*Columbia School*) wurde in zwei Studien zu den US-Präsidentschaftswahlen 1940 und 1948 entwickelt (Berelson et al. 1966, Lazarsfeld et al. 1969). Beide Arbeiten konnten zeigen, dass die Wahlentscheidung stark vom **sozialen**

Umfeld beeinflusst wurde. Theoretisch knüpften die Autoren an Simmels Theorie der sozialen Kreise an (Roth 2008: 29 f., Schoen 2005: 137 f.). Danach lebt der Einzelne in sozialen Zusammenhängen (Kreisen) wie Familie, Freunden oder Kollegen, in denen bestimmte Normen gelten. Die Wahlentscheidung wird im Kontakt mit anderen Menschen entwickelt und richtet sich daher nach den persönlichen Kreisen und ihren Normen – einerseits, weil der Einzelne im Einklang mit seinem Umfeld leben will, andererseits, weil das Umfeld die Einhaltung von Normen belohnt bzw. Verstöße sanktioniert.

Eine zentrale Rolle spielt dabei persönliche Kommunikation. Die Autoren fanden heraus, dass die meisten Gespräche über die Wahl im Familien- und Freundeskreis stattfanden, wo sie ein einheitliches Meinungsklima erzeugten (Berelson et al. 1966: 101–103), in dem politische Ansichten fast wie »Tischmanieren« weitergegeben wurden (Berelson et al. 1966: 93). Je einheitlicher die Meinung im Umfeld war, desto leichter fiel dem Einzelnen die Entscheidung für eine Partei (Berelson et al. 1966: 98 f.). Zugleich rekrutierte sich das Umfeld meist aus Personen mit einer ähnlichen Position in der Sozialstruktur (Berelson et al. 1966: 103 f.). Als Folge neigten Sozialgruppen wie Arbeiter, Schwarze oder Katholiken mehrheitlich derselben Partei zu und die individuelle Wahl konnte gut durch einen Index aus ökonomischem Status, Religion und Wohnort vorhergesagt werden (Lazarsfeld et al. 1969: 60–62). Ähnlich führten auch Vereine oder Gewerkschaften Menschen von gleichem Status zusammen und beförderten so die Orientierung an der eigenen Gruppe, weshalb die Autoren folgerten: Die Wähler »schließen sich der Herde an, zu der sie gehören« (Lazarsfeld et al. 1969: 110).

Verstärkt wurden diese Effekte, weil vor allem jene den Wahlkampf verfolgten, die bereits eine feste Meinung hatten und die zugleich vor allem die Wahlwerbung der eigenen Partei beachteten (Lazarsfeld et al. 1969: 132). Statt einen freien »Markt der Ideen« zu schaffen und den politischen Gegner zu überzeugen, dienten die Wahlkämpfe deswegen vor allem der Aktivierung der eigenen Anhänger (Berelson et al. 1966: 253 f.). Allerdings lebten nicht alle Befragten in homogenen sozialen Kreisen. Waren Wähler gegenläufigen Einflüssen (*cross-pressures*) ausgesetzt, beispielsweise der Zugehörigkeit zu unterschiedlich wählenden Sozialgruppen oder Meinungsdifferenzen in der Familie (Lazarsfeld et al. 1969: 92–97), stellte sich die Entscheidung für sie konflikthaft dar. Sie verloren daraufhin oft das Interesse, entschieden sich später oder gar nicht (Lazarsfeld et al. 1969: 98 f.).

Der Ansatz hat neben Zustimmung auch Kritik erfahren. So wurde vorgebracht, dass die Autoren für ihre Beobachtungen kaum Erklärungen anboten (Falter et al. 1990: 31). Problematisch ist auch, dass der zur Vorhersage verwendete Index nicht die tatsächlichen sozialen Bezüge des Einzelnen erfasste (Schoen 2005: 142). Dieses Problem ist heute umso größer, als das persönliche Netzwerk immer weniger nur innerhalb einer Großgruppe liegt (Huckfeldt 2007: 116). Auch gibt das Modell keinen Hinweis, ob die Wahlentscheidung ohne orientierende Kraft des Umfelds mehr wäre als ein »zielloses Fluktuieren« (Schoen 2005: 144). Mit Beginn der Surveyforschung trat der mikrosoziologische Ansatz in den Hintergrund. Neue Arbeiten aus der Netzwerkanalyse zeigen aber, dass Wahlverhalten weiterhin stark sozial eingebettet ist (vgl. etwa Huckfeldt/Sprague 1995, Pattie/Johnston 2001, Beck et al. 2002, Huckfeldt et al. 2004, Mutz 2006, Zuckerman et al. 2007, Campus et al. 2008).

Der makrosoziologische Ansatz

Der makrosoziologische Ansatz von Lipset und Rokkan (1967) konzentriert sich statt auf Individuen auf die Beziehungen zwischen sozialen Großgruppen und politischen Parteien und führt die Parteiensysteme Europas auf Entwicklungen zur Zeit der Nationalstaatsbildung und Industrialisierung zurück. Beide Prozesse haben sozialstrukturelle Konfliktlinien (*Cleavages*) hinterlassen, deren gesellschaftliche Konfliktgruppen unterschiedlichen Parteien zuneigen. Lipset und Rokkan unterscheiden mit den Cleavages Zentrum–Peripherie, Staat–Kirche, Stadt–Land und Arbeit–Kapital insgesamt vier Konfliktlinien (ausführlich ▶ Kap. 8). Cleavages übertragen sich ins Parteiensystem, wenn sich die Mitglieder der beteiligten Sozialgruppen organisieren (z. B. als Gewerkschaft) und eine Partei ihre Interessen parlamentarisch vertritt. Als Erklärung für Wahlverhalten ist das Modell relevant, da erwartet wird, dass Mitglieder einer **Konfliktgruppe** mehrheitlich für »ihre« Partei stimmen.

Das Konzept von Lipset und Rokkan selbst macht kaum Angaben darüber, wieso Wahlverhalten den Cleavages folgt. Daher sind mehrere Mechanismen denkbar: Ein Erklärungsansatz geht davon aus, dass sich die Interessen des Einzelnen aus seiner sozialstrukturellen Position ableiten, sodass Individuen gleich wählen, weil sie unabhängig voneinander gleiche Präferenzen besitzen (Kohler 2002: 57–80). Eine Verbindung zum mikrosoziologischen Modell wäre dagegen die Überlegung, dass die sozialen Kreise des Einzelnen innerhalb einer Konfliktgruppe liegen und so die Festlegung auf eine Partei fördern können. Als dritte Alternative kann sich der Einzelne aber auch mit seiner Konfliktgruppe und »ihrer« Partei verbunden fühlen (Schoen 2005: 151 f.), was zu dem Befund passt, dass die Anhänger der gegensätzlichen Seiten eines Cleavage ihre jeweilige Position mit übergeordneten Werten begründen (Niedermayer 2009: 32), die als Ausweis einer Identität verstanden werden können.

Bis heute stehen zahllose Studien in der Tradition des makrosoziologischen Ansatzes und untersuchen die Rolle sozialstruktureller Merkmale bei der Wahlentscheidung. Für Deutschland sind vor allem das Arbeit–Kapital-Cleavage sowie eine konfessionelle Konfliktlinie (heute vor allem: Religiöse vs. Säkulare) wichtig, von denen vor allem SPD und CDU profitieren. Eine beliebte Maßzahl für die Stärke des Arbeit–Kapital-Cleavage ist dabei der Alford-Index (Alford 1962), der den Grad erfasst, in dem Arbeiter eher für »ihre« (linken) Konfliktparteien stimmen als Mitglieder anderer Sozialgruppen. Neben der Auseinandersetzung mit der Frage, ob sich neue Cleavages bilden (▶ Kap. 8), haben diese Studien auch gezeigt, dass einerseits die Größe klassischer Wählergruppen wie Arbeiter oder religiöse Katholiken zurückgeht und dass andererseits die Mitgliedschaft in einer Großgruppe ihren orientierenden Effekt bei der Wahl teilweise einbüßt. So kann etwa steigender Wohlstand das Arbeit – Kapital-Cleavage abtragen (Evans 2000: 405 f.) und tatsächlich neigen Arbeiter heute auch seltener dazu, links zu wählen (Arzheimer/Schoen 2007, Pappi/Brandenburg 2008, Schoen 2009). Der Trend ist in Europa aber nicht einheitlich (Nieuwbeerta/Graaf 1999, Evans 2000, Elff 2007). Nachlassende Religiosität sollte hingegen das Staat – Kirche-Cleavage betreffen, der empirische Befund ist hier aber weniger klar (Wüst/Stöver 2006: 303 f., Arzheimer/Schoen 2007: 21).

Der sozialpsychologische Ansatz

Soziologische Ansätze berücksichtigen Faktoren, die zeitlich stabil sind. Der in Ann Arbor (Michigan) entwickelte sozialpsychologische Ansatz (Campbell et al. 1960) berücksichtigt darüber hinaus auch kurzfristige Einstellungen, die aber zugleich langfristig verankert sind.

Der Ansatz sieht die Wahl als Konsequenz von drei Erklärungsfaktoren. Je einheitlicher diese für eine Partei sprechen, desto eher wählt man diese. Fundament des Modells ist die **Parteiidentifikation**, das Zugehörigkeitsgefühl zu einer Partei, das die Wahlentscheidung langfristig stabilisiert. Daneben stehen **kurzfristige Einstellungen**, die bewirken können, dass man eine Wahl entgegen der Parteiidentifikation trifft. Die prominentesten Einstellungen sind dabei die Haltung zu politischen Sachfragen (*Issues*) bzw. zum Kandidatenangebot der Parteien. Die Kombination aus stabiler Parteiidentifikation und flexiblen Einstellungen erlaubt es, auch gezielte Wechselwahl theoretisch schlüssig zu erklären.

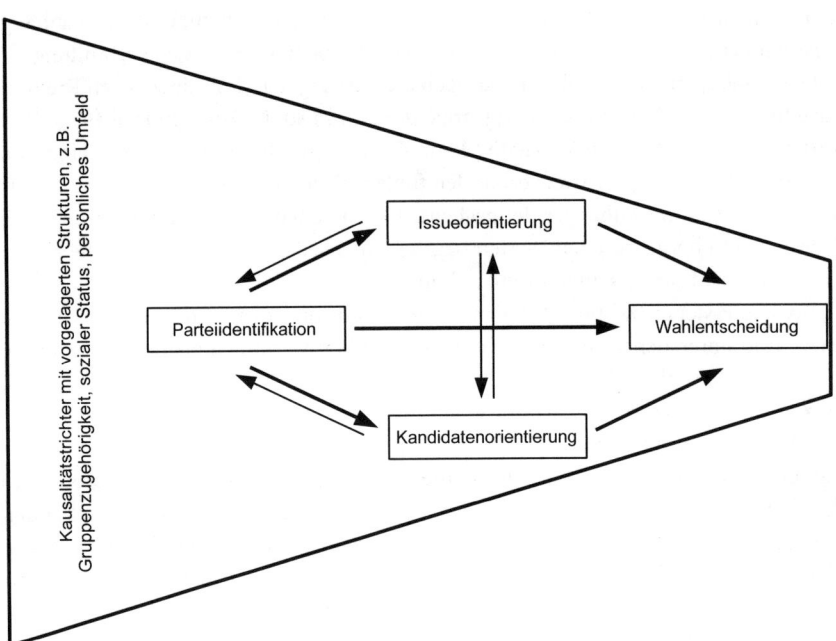

Abb. 3.2: Die Struktur des sozialpsychologischen Ansatzes
Quelle: eigene Darstellung in Anlehnung an Roth 2008: 47.

Die Parteiidentifikation ist eine psychologische Identifikation, die der Einzelne mit »seiner« Partei empfindet (Campbell et al. 1960: 121f.), der gegenüber er deswegen als Wähler loyal ist. Als stabile »psychologische Parteimitgliedschaft« (Roth 2008: 43) färbt sie

Wahrnehmung und Einstellungen zugunsten der »eigenen« Partei: So finden Anhänger »ihren« Kandidaten sympathischer (Schoen/Weins 2005: 212) und folgen bei politischen Themen der Parteilinie (Cohen 2003). Die Parteiidentifikation wird in der Sozialisation angelegt (Niemi/Jennings 1991, Zuckerman et al. 2007), aber auch durch aktuelle soziale Kontakte beeinflusst (Kenny 1991, Kenny 1994, Ikeda et al. 2005). Sie ist stabil, aber nicht unveränderlich: Vor allem krisenhafte politische Ereignisse, ein Wechsel des Umfeldes, aber auch konstant abweichende Einstellungen können sie langsam verändern.

Im Hinblick auf Sachfragen werden meist Valenz- und Positionsissues unterschieden. Bei Valenzissues wird das Ziel allgemein geteilt (z.B. wenig Arbeitslosigkeit), seine Erreichung ist aber umstritten, bei Positionsissues dagegen ist das Ziel selbst umstritten (z.B. für/gegen Atomenergie). Bezüglich der Haltung zu Kandidaten unterscheidet man dagegen rollennahe (z.B. Führungskompetenz) und rollenferne Charakteristika (z.B. Sympathie) des Kandidaten (Campbell et al. 1960: 55–59). Die neuere Forschung stellt zusätzlich auf Eigenschaften ab, die Kandidaten als Vertreter von Parteien ausweisen, wie etwa deren Haltung in Sachfragen (Schoen/Weins 2005: 235).

Parteiidentifikation und Einstellungen sind über den »Kausalitätstrichter« (*funnel of causality*) langfristig rückgebunden. Dieser erfasst alle Ursachen, die die Einstellungen des Einzelnen formen (Campbell et al. 1960: 24). Er vermittelt daher auch – über die aus ihnen resultierende Haltung zu den Parteien – beispielsweise sozialstrukturelle Einflüsse. An seinem Ende steht die Wahlentscheidung, sodass Parteiidentifikation und Einstellungen nahe der Trichtermündung liegen (Campbell et al. 1960: 33). In den Trichter fließt ein, was der Einzelne subjektiv als politisch relevant ansieht: So kann etwa der Verlust des Arbeitsplatzes als unpolitisches, persönliches Unglück oder als Folge einer verfehlten Wirtschaftspolitik angesehen werden, die der Regierungspartei angelastet wird.

Der Ansatz hat den Vorzug, neben langfristigen auch kurzfristige Erklärungsfaktoren zu berücksichtigen, allerdings ist (bis auf die Parteiidentifikation) unklar, wie diese gewichtet sind (Roth 2008; 46 f.). Ein Problem ist auch, dass die untersuchten Einstellungen nahe an der zu erklärenden Wahlentscheidung stehen: Einerseits ist es naheliegend, dass Menschen eine Partei wählen, mit der sie sich identifizieren, andererseits werden sie nicht freimütig eingestehen, wenn sie in einigen Punkten eine andere Haltung vertreten, wodurch die Erklärungskraft des Ansatzes größer erscheinen kann, als sie tatsächlich ist (Wüst/Stöver 2006: 298).

Der Rational Choice-Ansatz

Die dritte Schule ist der Rational Choice-Ansatz, der die Wahlentscheidung als Akt **individueller Nutzenmaximierung** erklärt. Politik wird als Markt gesehen, auf dem Parteien von Wählern mit Stimmen für ihre politischen Entscheidungen »bezahlt« werden. Praktisch alle Arbeiten des Ansatzes stehen in der Tradition von Anthony Downs (1957). In seinem Modell handeln Wähler ökonomisch rational, indem sie nach einer optimalen Erreichung ihrer Präferenzen streben. In der Analogie des Marktes bedeutet dies, dass ein rationaler Wähler jenes Produkt erkennt und kauft, das seinen Ansprüchen am besten genügt.

In einem Zweiparteiensystem bewertet ein Wähler dabei beide Parteien, indem er ihnen im Licht seiner Präferenzen je einen Nutzenwert zuweist und diese dann voneinander abzieht. Je nach Vorzeichen dieses **Parteiendifferenzials** verspricht eine Partei mehr Nutzen, der er dann seine Stimme gibt. Ist das Ergebnis null, ist er indifferent und enthält sich. Komplizierter wird die Entscheidung bei mehr als zwei Parteien: Hier kann die Oppositionspartei mit dem höchsten Nutzen zu klein sein, um regieren zu können. Wollen Wähler ihre Stimme nicht verschenken, müssen sie deshalb strategisch für eine größere Partei mit weniger Nutzen stimmen, was es aber nötig macht, die Wahlentscheidung der anderen Wähler mit zu berücksichtigen (für die daraus entstehenden Probleme siehe Braun 1999: 66).

Während der Ansatz durch argumentative Klarheit beeindruckt, produziert die Logik der Nutzenmaximierung die als Wahlparadox bekannte Vorhersage, dass rationale Wähler nicht wählen gehen würden. Einerseits verursacht Wählen nämlich Kosten (z. B. für politische Information oder die aufgewendete Zeit), andererseits liefert die Stimme des Einzelnen nur einen minimalen Beitrag zum Ergebnis. Berücksichtigt man dies, indem man das Parteiendifferenzial mit der – in modernen Massendemokratien verschwindend geringen – Wahrscheinlichkeit gewichtet, die entscheidende Stimme abzugeben, wären einem rationalen Wähler sogar minimale Kosten zu hoch, sodass er sich enthalten müsste – ein offensichtlicher Widerspruch zur alltäglichen Erfahrung.

Bisher findet sich keine befriedigende Lösung des Wahlparadoxes (für eine Übersicht über die Lösungsvorschläge siehe Arzheimer/Schmitt 2005: 286–293), weshalb auch vermutet wird, dass die Wahlhandlung selbst einen Nutzen bringen könnte (z. B. die Befriedigung, als guter Demokrat zu erscheinen). Entsprechende Überlegungen sind aber stets gezwungen, die rein ökonomische Logik des Modells zu verlassen und sozialpsychologische Motive mitaufzunehmen.

Fazit

Alle präsentierten Ansätze haben ihre spezifischen Stärken und Schwächen. Daher sollten sie auch nicht als einander ausschließende, rivalisierende Erklärungen begriffen werden, sondern vielmehr als sich gegenseitig ergänzende Modelle. In der Praxis wird daher für die Erklärung von Wahlergebnissen auch gewöhnlich eine Kombination mehrerer Theorien verwendet. Und neue Arbeiten haben sogar gefragt, ob die einzelnen Wähler nicht vielleicht sogar unterschiedlich stark im Sinne eines der Ansätze »funktionieren« könnten (Bartle 2005).

Kommentierte Literaturempfehlungen

Falter, Jürgen W./Schoen, Harald (Hrsg.) (2014): Handbuch Wahlforschung. 2. Aufl., Wiesbaden.
   Das Handbuch liefert einen guten Überblick über alle Ansätze zur Erklärung von Wahlverhalten, zur Rolle von Wahlen in der Demokratie und zur Wahlsystemforschung. Zusätzlich werden spezielle Teilgebiete wie z. B. die Wahl extremer Parteien, Wahlenthaltung oder die Wirkung von Wahlkämpfen behandelt.

Nohlen, Dieter (2014): Wahlrecht und Parteiensystem. Zur Theorie und Empirie der Wahlsysteme. 7. Aufl., Opladen/Farmington Hills.

Das Standard-Lehrbuch zum Thema Wahlrecht und Wahlsysteme mit Länderbeispielen sowie Übersichtstabellen zu allen Staaten der Welt.

Korte, Karl-Rudolf (2013): Wahlen in Deutschland. 8. Aufl., Bonn.

Für den Aufbau von Grundlagenwissen sehr gut geeignet.

Gallagher, Michael/Mitchell, Paul (Hrsg.) (2008): The Politics of Electoral Systems. Oxford.

Sammelband mit guter Einführung in die Wahlsystemforschung und umfassenden Länderstudien ausgewiesener Experten.

Falter, Jürgen W./Gabriel, Oscar W./Weßels, Bernhard (Hrsg.) (verschiedene Jahre): Wahlen und Wähler. Analysen aus Anlass der Bundestagswahl. Wiesbaden.

Diese sogenannten »Blauen Bände« erscheinen regelmäßig zu jeder Bundestagswahl seit 1980 und untersuchen spezifische Fragestellungen der Wahlforschung (bis 2001 waren Hans-Dieter Klingemann und Max Kaase Herausgeber).

Roth, Dieter (2008): Empirische Wahlforschung. Ursprung, Theorien, Instrumente und Methoden. 2. Aufl., Wiesbaden.

Der Band gibt eine gut verständliche Einführung in die wichtigsten Teilbereiche der Wahlforschung, darunter die theoretischen Modelle sowie einige der gebräuchlichsten Methoden.

www.wahlrecht.de

Diese von einigen Wahlrechtsexperten privat betriebene Internetseite wird aufgrund der hohen Verlässlichkeit und des fundierten Fachwissens auch von Journalisten und Wissenschaftlern genutzt. Hier findet man stets aktuelle Umfrageergebnisse aller Institute sowie Hintergrundinformationen zur Funktionsweise verschiedener Wahlsysteme im In- und Ausland.

4 Parlamente: Funktionen – Strukturen – Machtfülle

Christoph M. Haas

Einleitung

In nahezu allen politischen Systemen und deren Organisationsebenen gibt es eine Institution, die als Parlament bezeichnet wird. Auf lokaler Ebene wird etwa synonym zum Begriff des Gemeinde- oder Stadtrats vom Kommunalparlament gesprochen, in föderalen oder dezentral organisierten Staaten gibt es Landes- oder Regionalparlamente, in Nationalstaaten schlicht das Parlament und im supranationalen Institutionengefüge der Europäischen Union das Europäische Parlament. Von Parlamenten ist in demokratischen, autokratischen und diktatorischen Gemeinwesen gleichermaßen die Rede. Derart verwendet suggeriert der Begriff des Parlaments, dass dieser Institution in allen politischen Systemen die gleiche Bedeutung und Funktion zukommt. Das trifft jedoch nicht zu; vielmehr ist aufgrund des Facettenreichtums der Rolle und der Aufgaben von Parlamenten ein umfassender Vergleich ein nahezu unmögliches Unterfangen.

Unabhängig von der Reichweite der durch einen Parlamentsvergleich angestrebten Aussagen ist eine Systematisierung unumgänglich. Diese erfolgt zunächst durch eine begriffliche Klärung, indem verschiedene Bedeutungsebenen des Wortes »Parlament« identifiziert werden. Ausgehend hiervon kann die Rolle von Parlamenten nach der Funktionslogik verschiedener Typen von (demokratischen) Regierungssystemen analytisch unterschieden werden. Damit einher geht die Einordnung der Aufgaben bzw. Funktionen, die Parlamenten zugeschrieben werden. Diese wiederum können von einer Parlamentskammer allein (Unikameralismus) oder auch von zwei Kammern (Bikameralismus) in Abhängigkeit von verfassungsrechtlichen Vorgaben und verfassungspraktischen Umsetzungen in unterschiedlicher Ausprägung ausgeübt werden. Demzufolge ist eine Klassifizierung von Parlamenten auch entlang der Trennung von Ein- und Zweikammersystemen möglich. Sachlich kann die Unterscheidung von Uni- und Bikameralismus aus der Perspektive der Staatsorganisation betrachtet oder als Gegenstand der internen Organisationsstruktur von Parlamenten verstanden werden. Zu letzterem zählt auch die Frage nach dem Selbstorganisationsrecht eines Parlamentes – respektive einer einzelnen Kammer im Bikameralismus –, worunter u. a. die hierarchische Ordnung, die Prozeduren der Entscheidungsfindung, die Rechte des einzelnen Abgeordneten oder auch das Ausschusswesen fallen. Deutlich wird bei all den im Folgenden kursorisch behandelten Aspekten, dass die Parlamentsanalyse eng mit den anderen Themenbereichen der Vergleichenden Politikwissenschaft verknüpft ist.

Begriffsklärung

»Parlament« und »Legislative« werden häufig synonym und als Sammelbegriffe benutzt. Sie bezeichnen eine Institution, bei der es sich im weitesten Sinne um eine Versammlung handelt, die in ihrer Gesamtheit und in Gestalt ihrer – sei es durch Wahlen oder einen anderen Modus bestellten – Mitglieder eine wie auch immer geartete Repräsentationsfunktion ausübt – in der Regel die Vertretung des Volkes – und die eine gewisse, gegebenenfalls rein akklamatorische, Rolle bei politischen Entscheidungen, etwa bei der Gesetzgebung eines Gemeinwesens spielt.

Im engsten Sinne ist die Nutzung des Begriffes Parlament nur bei parlamentarischen Demokratien angebracht. Besonders sichtbar in der englischen Verfassungsgeschichte und dort ursprünglich als beratende Instanz zur Beratung des Königs bzw. des Fürsten eingerichtet, entwickelt sich das Parlament zum Machtzentrum und aus dem Kreis seiner Mitglieder wird die Regierung gebildet (Kluxen 1983)[1]. Die Handlungseinheit von Parlamentsmehrheit und Regierung ist das zentrale Merkmal des gewaltenverschränkenden, parlamentarischen Regierungssystems. Die Regierung ist vom Vertrauen des Parlaments abhängig und kann von ihm jederzeit aus dem Amt abberufen werden. Im Gegensatz hierzu ist für das präsidentielle Regierungssystem gemäß diesem engen, klar definierten Verständnis die Nutzung des Begriffs Parlament unangemessen. Die gesetzgebende und die vollziehende Gewalt haben hier jeweils eigene Legitimationsstränge und die Trennung der Institutionen sowie deren Bezeichnung nach ihrer Hauptfunktion ganz im Sinne der Gewaltenteilungslehre ist beabsichtigt. In den für den Typus des präsidentiellen Regierungssystems Pate stehenden Vereinigten Staaten von Amerika spricht man nicht vom Parlament, sondern auf der gliedstaatlichen Ebene jeweils von der *legislature* bzw. auf Bundesebene vom *Congress*. Die Exekutivspitze, der Gouverneur eines Einzelstaats bzw. der Präsident, wird nicht von der Legislative, sondern vom Volk gewählt – eine Handlungseinheit zwischen Mehrheit im Kongress und dem Präsidenten besteht nicht.

Auch für den Begriff des **Parlamentarismus** gibt es eine weitere und eine engere Definition. Unter ihm lassen sich weit gefasst einerseits parlamentarische und präsidentielle Systeme subsumieren, denn unter Parlamentarismus wird

> »in einem allgemeinen Sinne [...] ein Repräsentativsystem verstanden, in dessen politischem Entscheidungsprozeß das Parlament eine signifikante, d. h. eine für die Gesetzgebung, Haushaltsentscheidung und Kontrolle der Regierung wesentliche Rolle spielt. Parlamente sind Versammlungen, die dazu ermächtigt bzw. autorisiert sind (z. B. durch Wahlen), für andere verbindliche Entscheidungen zu fällen und deren Mitglieder über ein ihre rechtliche Unabhängigkeit garantierendes freies Mandat verfügen« (Steffani 1983: 390).

Andererseits bezieht sich der Begriff Parlamentarismus im engeren Sinne nur auf den Typus des parlamentarischen Systems, während Präsidentialismus umgekehrt für ein

---

1 Zur Geschichte des Parlamentarismus in Deutschland vgl. Boldt (1978) und darüber hinaus in anderen europäischen Staaten vgl. Beyme (1970).

präsidentielles Regierungssystem steht. Zentrales Unterscheidungsmerkmal zwischen den beiden Regierungssystemen ist nach Steffani (1983) die Abberufbarkeit der Regierung durch das Parlament: In **parlamentarischen Systemen** ist diese gegeben (z. B. durch Misstrauensvotum o. ä.), in **präsidentiellen Systemen** nicht (ausgenommen formalrechtliche Amtsenthebungsverfahren, wie z. B. das *Impeachment* des US-amerikanischen Präsidenten). Folgt man nicht der strikten Dichotomisierung Steffanis, lassen sich weitere Regierungssystemtypen unterscheiden. So differenzieren Shugart und Carey (1992) zwischen parlamentarisch-präsidentiellen und präsidentiell-parlamentarischen Systemen. In ersteren sind der Regierungschef sowie sein Kabinett kollektiv ausschließlich dem Parlament gegenüber verantwortlich. Bereits 1980 hat Maurice Duverger eben diesen Typus prototypisch anhand der V. Französischen Republik als **Semipräsidentialismus** beschrieben – eine Begrifflichkeit, die auch heute noch weit verbreitet ist. Weitere Beispiele für semipräsidentielle Staaten sind Finnland, Rumänien oder Polen. Präsidentiell-parlamentarische Systeme zeichnen sich dadurch aus, dass Regierungschef und Kabinett zusätzlich zum Parlament auch dem Staatsoberhaupt verantwortlich sind und das Staatsoberhaupt sogar gegen den Willen des Parlaments die Regierung abberufen kann (z. B. Russland). Eine Ausnahme, die sich nicht sinnvoll in das bislang präsentierte Raster an Regierungssystemen eingliedern lässt, stellt die Schweiz dar. In deren Direktorialsystem wird die Regierung (der schweizerische Bundesrat) zwar vom Parlament gewählt, kann dann jedoch während der Legislaturperiode nicht abberufen werden.

Funktionen von Parlamenten

In seiner Analyse der englischen Verfassungspraxis von 1867 legte Walter Bagehot (2001: 99–104) einen Katalog von fünf Funktionen des Unterhauses (*House of Commons*) vor, der für nachfolgende Systematisierungen von Parlamentsaufgaben zur Grundlage wurde. So beziehen sich Bagehots Ausführungen zwar auf das parlamentarische Regierungssystem Großbritanniens, jedoch kann sein Funktionskatalog ebenso auf andere Parlamente angewandt werden. Die Rangfolge der Bedeutung der von Bagehot identifizierten Parlamentsfunktionen wird dann jedoch je nach Ausgestaltung des Parlaments im jeweiligen Verfassungsgefüge unterschiedlich ausfallen. Die wichtigste Funktion des *House of Commons* ist laut Bagehot die **Wahlfunktion** (*elective function*). Die Aufgabe des Unterhauses ist es demnach die Regierung zu wählen bzw. gegebenenfalls wieder abzuwählen. Mit der Wahl des Premierministers (formal wird der von der Mehrheit bestimmte Parteichef durch die Ernennung des Königs bzw. der Königin zum Premierminister) überträgt das Parlament – genau genommen dessen Mehrheitsfraktion – an ihn die politische Führung der Nation. Das vom Premierminister gebildete Kabinett versteht Bagehot zudem als den Hauptausschuss des Parlaments, dem die Aufgabe der Exekutive übertragen wird. Aus der Wahlfunktion ergibt sich für Bagehot außerdem die Notwendigkeit der Existenz von Parteien bzw. Fraktionen, unter deren Dach sich Abgeordnete zusammenfinden. Sie bringen nicht nur die Regierung ins Amt, sondern sorgen durch disziplinierten Zusammenhalt und homogenes Abstimmungsverhalten für die Mehrheiten bei der Verabschiedung von Gesetzen. Als zweite Funktion des Unterhauses nennt Bagehot die Funktion der **Meinungsäußerung** (*expressive function*). Aufgabe des Parlaments ist es demnach auch, die im Volk vorhandenen Gedanken und Meinungen zum Ausdruck zu bringen, gleichsam also verschiedene Auffassungen und Interessen zu artikulieren. Die **Lehrfunktion** (*teaching function*) nennt Bagehot als dritte Aufgabe des Unterhauses. Darunter versteht er, dass das Parlament den gesellschaftlichen Wandel zum besseren hin vorantreiben sollte und die Nation lehrt, was sie bislang nicht weiß. Die Debatten und die parlamentarische Arbeit sollen demnach zur politischen Bildung des Volkes beitragen. Zum vierten kommt dem *House of Commons* die *informing function* zu. Damit meint Bagehot jedoch in erster Linie nicht, die Öffentlichkeit über die Vorgänge im Parlament und dessen Entscheidungen zu informieren. Vielmehr versteht er darunter die Aufgabe der Abgeordneten, sowohl der Regierung als auch der Nation vor Augen zu führen, welche Dinge im Argen liegen, und den Beschwerden aus der Bevölkerung Gehör zu verschaffen. Es geht bei dieser **Beschwerdefunktion** nicht wie bei der *expressive function* um die Artikulation verschiedener Interessen, sondern ganz dezidiert darum, sich sowohl mit eingebrachten Petitionen auseinanderzusetzen als auch aktiv Probleme anzugehen. Dazu soll das Parlament diese möglichst frühzeitig erkennen und nach geeigneten politischen Lösungen suchen. Eine große, aber in normalen Zeiten dennoch geringere Bedeutung als der *elective* und der *informing function* misst Bagehot der **Gesetzgebungsfunktion** (*legislative function*) zu. In dieser sieht er zudem die Finanzfunktion, also die Hoheit über das Budget und die Steuererhebung integriert und führt sie daher nicht gesondert auf (wie es in manch anderen Funktionskatalogen der Fall ist). Die *legislative function* als parlamentarische Aufgabe ist für Bagehot in der Rangfolge aus zwei Gründen weniger wichtig. Erstens liege die Hauptlast der Ausarbeitung und Einbringung insbesondere von Finanzgesetzen bei der Regierung und nicht beim Parlament. Und zweitens sei ein Großteil der Gesetze zudem nur kosmetische Arbeit. Sie regelten vor allem Detailfragen, beispielsweise von wo nach wohin eine Eisenbahnlinie zu verlegen sei, und weniger die übergreifenden Grundsätze, etwa nach welcher Maßgabe eine Eisenbahn zu bauen sei. Trotz dieser Einschränkungen stellt Bagehot die große Bedeutung der Gesetzgebungsfunktion für das Parlament jedoch insgesamt nicht in Abrede.

Ein Blick auf gegenwärtige Kataloge von Parlamentsfunktionen (vgl. etwa Ismayr 2012: 34–42; Marschall 2005: 145–186; Patzelt 2003: 16–47) zeigt, dass Bagehots Liste als Grundlage für diese gedient hat und selbst die nunmehr als eigenständige Funktionen geführten Parlamentsaufgaben aus ihr abgeleitet werden können. Ohne Anspruch auf Vollständigkeit bzw. in Nuancen unterschiedlich formuliert liest sich der Funktionenkatalog von Parlamenten heute wie folgt:

Repräsentationsfunktion: Das Parlament repräsentiert das Volk und übt der demokratischen Repräsentationstheorie zufolge dessen Souveränität aus. Entscheidungen des Parlaments werden demgemäß dem gesamten Volk zugeschrieben und erhalten durch diesen Akt der Repräsentation ihre Legitimation. Dies geschieht unabhängig davon, ob die Zusammensetzung des Parlaments ein Spiegelbild der gesellschaftlichen Struktur darstellt, wie dies in Systemen mit Verhältniswahlsystemen angestrebt wird, oder ob die Sitzverteilung die Stimmergebnisse der letzten Parlamentswahl nur sehr verzerrt wiedergibt, wie dies in Mehrheitswahlsystemen häufig der Fall ist. Die Repräsentationsfunktion des einzelnen Abgeordneten bezieht sich auf zweierlei: Einerseits ist er Vertreter seines Wahlkreises, andererseits seiner Partei. Diese doppelte Repräsentation kann bei Abstimmungen zu (Gewissens-)Konflikten führen, wenn Wahlkreis- und Parteiinteresse zuwider laufen.

Wahlfunktion: Nach Steffani (1983: 392) ist das wesentliche Unterscheidungsmerkmal zwischen parlamentarischen und präsidentiellen Regierungssystem das Recht zur Abberufung der Regierung (Misstrauensvotum) aus politischen Gründen. Kann das Parlament dergestalt die Regierung stürzen, so handelt es sich um ein parlamentarisches Regierungssystem. Für parlamentarische Systeme mit **positivem Parlamentarismus** gilt darüber hinaus, dass das Parlament – genauer: die Parlamentsmehrheit – die Regierung ins Amt bringt (Investiturabstimmung). In der Bundesrepublik Deutschland etwa wählt der Bundestag den Kanzler und kann ihn auf dem Wege des konstruktiven Misstrauensvotums, d. h. mittels der Wahl eines neuen Kanzlers, aus dem Amt auch wieder abberufen. Von **negativem Parlamentarismus** spricht man, wenn eine explizite Investiturabstimmung durch das Parlament für die Amtsübernahme der Regierung nicht erforderlich ist. So ernennt in Ländern wie Dänemark, Norwegen, Großbritannien oder Kanada – allesamt parlamentarische Monarchien – das Staatsoberhaupt formal den Premierminister ohne gesonderte Zustimmung durch das Parlament (Bergman 1995: 41–44). Im präsidentiellen System entfällt die Funktion der Wahl des Regierungschefs, da dieser unabhängig vom Parlament vom Volk gewählt wird. Die US-Verfassung behält dem Repräsentantenhaus in dieser Hinsicht jedoch eine Reservefunktion vor. Erhält keiner der Präsidentschaftskandidaten die Mehrheit der Stimmen im Wahlgremium (*electoral college*), fällt die Wahl des Präsidenten dem House of Representatives und die des Vizepräsidenten dem Senat zu.[2] Das Recht der Abwahl des Präsidenten aus politischen Gründen, d. h. fehlender Zustimmung zu dessen politischer Programmatik oder Amtsführung, besitzt der US-Kongress jedoch nicht. Durch die Verfassung ist ihm jedoch die Möglichkeit der Amtsenthebung (*impeachment*) des Präsidenten gegeben. Die Einleitung eines Amtsenthebungsverfahrens mag politisch motiviert und aufgeladen sein, ist aber rein rechtlicher Natur. Demnach hat das Repräsentantenhaus das Recht, den Präsidenten sowie andere Mitglieder der Exekutive und Bundesrichter wegen Verfassungs- und Rechtsverstößen vor dem Senat anzuklagen, der mit einer Zweidrittelmehrheit seiner Mitglieder die Amtsenthebung beschließen kann. Die Wahlfunktion eines Parlaments bzw. einer Legislative kann sich zudem auch auf andere Ämter erstrecken. So wird beispielsweise vom Deutschen Bundestag und Bundesrat jeweils die Hälfte der Richter des Bundesverfassungsgerichts gewählt. In den USA bedarf es bei Ernennungen des Präsidenten für die Besetzung eines vakanten Richterstuhls am Obersten Gericht oder an Bundesgerichten, der Kabinettsmitglieder sowie anderer Leiter oberster Bundesbehörden der Zustimmung des Senats.

---

2 Allerdings ist dann nicht die Mehrheit der Abgeordneten bzw. Senatoren entscheidend, sondern die Mehrheit der Einzelstaatsdelegationen, wobei jede Abgeordnetendelegation eines Einzelstaates eine Stimme besitzt.

Rekrutierungsfunktion: Mit dieser Funktion ist gemeint, dass sich aus den Reihen des Parlaments Personen für andere Ämter rekrutieren lassen. Üblicherweise gilt dies vor allem für langgediente Abgeordnete, die sich über mehrere Legislaturperioden hinweg Expertise, Erfahrung und politisches Durchsetzungsvermögen erworben haben, und hierdurch etwa als Kandidat für ein Ministeramt oder gar des Regierungschefs in Frage kommen. Insbesondere in demokratischen Systemen hat das exekutive Führungspersonal zumeist eine mehrjährige Parlamentskarriere durchlaufen.

Gesetzgebungsfunktion: Parlamente sind Gesetzgebungsorgane: sie verabschieden Gesetze. Ihre Mitglieder oder die von diesen gebildeten Fraktionen haben grundsätzlich ein Gesetzesinitiativrecht. In parlamentarischen Demokratien ist es geradezu systembedingt, dass das Parlament Gesetze initiiert – bringt die Parlamentsmehrheit die Regierung doch gerade zum Zwecke der Umsetzung ihres eigenen Programms erst ins Amt. In der Praxis wird die weit überwiegende Zahl der Gesetze in parlamentarischen Systemen jedoch von der Regierung formuliert und eingebracht. Der Grund hierfür liegt in den begrenzten Ressourcen, die Parlamentariern zur Ausarbeitung von Gesetzen zur Verfügung stehen. Daher stammen die meisten Gesetze aus der Feder der vom Regierungschef bzw. Kabinett geleiteten Ministerialbürokratie. Ähnliches gilt für das präsidentielle System der USA, wo der Präsident formalrechtlich zwar keine Gesetze im Kongress einbringen darf und dies ist nur den Abgeordneten und Senatoren möglich ist. Jedoch wird vom Präsidenten eigene Gesetzesinitiative erwartet und seine Entwürfe werden der Konvention nach automatisch im Kongress eingebracht, so dass auch hier in der Praxis ein Großteil der verabschiedeten Gesetze den Ursprung bei der Regierung hat.

Kontrollfunktion: Bei Bagehot versteckt sich diese Funktion im Kern in der *elective function*. Denn die Möglichkeit zur Absetzung des Regierungschefs bedeutet die letzte Konsequenz bei der Kontrolle der Regierung. Dennoch wird diese Funktion im Gegensatz zu Bagehots Katalog üblicherweise eigens geführt, zumal die Kontrolle der Regierung durch das Parlament vielschichtig und in vielerlei Form vonstattengeht. Parlamentarische Regierungskontrolle kann mittels konkreter Instrumente erfolgen: Etwa durch Anfragen, zu denen die Regierung schriftlich oder in der öffentlichen Debatte Stellung nehmen muss. Oder durch eigens eingesetzte Untersuchungsausschüsse, die der Aufklärung rechtlich fragwürdiger Vorgänge wie etwa ungemäßem Amtsgebrauch dienen. Daneben kann die Aufsicht über die Regierungsarbeit auch unabhängig von konkreten Maßnahmen als mitlaufende Kontrolle ausgeübt werden: In Sitzungen der Mehrheitsfraktion(en) wird die Regierungstätigkeit hinterfragt; Ausschüsse führen Anhörungen durch, kontrollieren dadurch den Gesetzesvollzug und gestalten die Gesetzgebung aktiv mit; nicht zuletzt stellt die Möglichkeit der Opposition, eigene Gesetzesinitiativen oder -änderungen einzubringen, eine gewisse Form der Kontrolle dar, zumal sie dadurch die Regierung bzw. die Mehrheitsfraktion(en) zur Auseinandersetzung mit bestimmten Themen und gegenläufigen Argumenten zwingt, auch wenn diese mehrheitlich abgelehnt werden und sich der Gesetzesoutput dadurch letztlich nicht oder nur unwesentlich ändert.

Artikulations-/Aggregationsfunktion: Bei Bagehot als die *expressive function* bezeichnet, meint die Artikulationsfunktion die Einspeisung der verschiedenen Interessen der Bevölkerung in den politischen Prozess. Die Wahlkreisarbeit der Abgeordneten oder auch die Interaktion mit Interessengruppen spielt dabei eine wichtige Rolle. Allerdings kommt den Mandatsträgern nicht nur die Aufgabe zu, die Interessen zu artikulieren, sondern auch diese in der gemeinsamen parlamentarischen Arbeit zu bündeln und in Einklang zu bringen. Diese Interessenaggregation erfordert in ihrer Konsequenz einen Aushandlungsprozess, als dessen Ergebnis im günstigen Fall gemeinsam getragene Kompromisse entstehen, die wiederum in der Gesetzgebung sichtbar werden. Die von Bagehot genannte *informing function* lässt sich in diesem Kontext ebenfalls einbetten. Zum Beispiel ist durch das Grundgesetz mit dem Petitionsausschuss im Deutschen Bundestag ein eigener Ausschuss eingerichtet (Art. 45c), der Eingaben und Beschwerden aus der Bevölkerung behandelt. In den USA können Petitionen an den Kongress als Ganzem, an das Repräsentantenhaus, den Senat oder an einen einzelnen Abgeordneten bzw. Senator gerichtet werden. Sie werden dann an den Ausschuss überwiesen, in dessen Jurisdiktion die Beschwerdematerie fällt.

Kommunikationsfunktion/Öffentlichkeitsfunktion: Schließlich gilt es für Parlamente, die getroffenen Beschlüsse an die Bevölkerung zu kommunizieren und die Positionen transparent zu machen, die im Entscheidungsprozess durch einzelne Abgeordnete oder Fraktionen vertreten wurden. Hierdurch soll wiederum der Willensbildungsprozess in der Gesellschaft gefördert werden, um so etwa die Wahlentscheidung beim nächsten Urnengang zu erleichtern. Nicht zuletzt geht es bei der Kommunikationsfunktion auch darum, den Bürger über die politischen Vorgänge ins Bild zu setzen und somit politische Bildung ganz im Sinne von Bagehots *teaching function* zu betreiben. Die Öffentlichkeit von Plenardebatten ist in demokratischen Systemen eine Selbstverständlichkeit, macht die Meinungsvielfalt sichtbar und dokumentiert somit den Grundsatz des Pluralismus. Jedoch sind nicht alle parlamentarischen Vorgänge öffentlich. Ausschusssitzungen etwa werden nur in manchen Systemen der Öffentlichkeit zugänglich gemacht: So sind zum Beispiel im kanadischen Parlament Ausschusssitzungen in der Regel öffentlich und werden auch als *Podcasts* bereitgestellt. Im Deutschen Bundestag finden sie hingegen meist hinter verschlossenen Türen statt. Während einerseits für die Öffnung der Sitzungen die derart geförderte politische Bildungsmöglichkeit spricht, ist andererseits die Gefahr der zunehmenden Informalisierung des Meinungsaustausches unter den Akteuren gegeben, da deren Verhalten unter dem Blick der Öffentlichkeit anderen Zwängen gehorcht. Aushandlungsprozesse und Absprachen fänden dann außerhalb der Ausschüsse auf anderen, nichtöffentlichen Kommunikationswegen statt. Ganz unabhängig von solchen Abwägungen der Vor- und Nachteile öffentlicher Ausschusssitzungen werden bestimmte Materien, wie etwa Fragen der nationalen Sicherheit, grundsätzlich unter Ausschluss der Öffentlichkeit beraten.

Wie und inwieweit Parlamente diese Funktionen ausüben, sind zentrale Fragen der Parlamentsforschung, zumal je nach Systemtypus und verfassungsrechtlicher Stellung die Erfüllung dieser den Parlamenten zugedachten Aufgaben sehr unterschiedlich ausfallen kann. Nicht zuletzt hängt dies auch davon ab, wie ein Parlament (verfassungs-)rechtlich strukturiert und organisiert ist.

Struktur und interne Organisation von Parlamenten

Ein- und Zweikammersysteme

Sichtbarstes Merkmal der Organisationsstruktur eines Parlamentes ist, ob es aus einer oder zwei Kammern besteht. Von den 195 Staaten der Welt haben gegenwärtig 81 ein Zweikammersystem (siehe Tabelle im Anhang). Im Wesentlichen lassen sich zwei Gründe für die Aufteilung des Parlamentes in zwei Häuser nennen. Erstens kommt im Hinblick auf die Repräsentation der zweiten Parlamentskammer entweder die Reflexion von territorialen Einheiten innerhalb des Landes zu (▶ Kap. 7: Mehrebenensysteme) oder es wird mit ihr der ersten Kammer eine Institution beigestellt, die über die Repräsentation des Volkes hinaus bestimmten Interessen oder gesellschaftlichen Minderheiten eine Stimme verleiht (Haas 2010a: 9–10). Zweitens ist die bikamerale Parlamentsstruktur ein zusätzliches Element der Gewaltenteilung. Ausgehend von der Annahme, dass in einem demokratischen Regierungssystem die Legislative die stärkste der drei Gewalten darstellt, ist die Teilung in zwei Häuser eine zusätzliche Absicherung gegen Machtanhäufung, wie etwa die Autoren der *Federalist Papers* im Einklang mit vielen anderen politischen Philosophen argumentieren.:

> »In einem republikanischen Regierungssystem dominiert notwendig die Legislative. Eine mögliche Abhilfe für dieses Problem ist es, die Legislative in unterschiedliche Kammern aufzuteilen und deren Gemeinsamkeiten durch einen unterschiedlichen Wahlmodus und unterschiedliche Grundsätze für ihre Tätigkeit so weit zu reduzieren, wie es das Wesen der gemeinsamen Abhängigkeit von der Gesellschaft zulässt.« (Hamilton et al. 1994: 315)

Insofern sollte der Theorie nach eine zweite Kammer als ein Teil des Parlaments über die oben bereits für Parlamente allgemein genannten Aufgaben hinaus eine **besondere Repräsentationsfunktion** und eine **zusätzliche Kontrollfunktion** wahrnehmen. Inwieweit die Zweite Kammer in der Praxis diese besonderen Rollen ausübt, hängt für die Repräsentationsfunktion von der Art und Weise ihrer Bestellung und für die Kontrollfunktion von ihrer Kompetenzausstattung ab. Entlang dieser Maßgaben klassifiziert Arend Lijphart (2012: 192–198) Zweikammersysteme und ordnet sie nach den Kriterien der **Symmetrie** bzw. Asymmetrie sowie der **Kongruenz** bzw. Inkongruenz. Symmetrisch nennt Lijphart eine bikamerale Struktur, wenn beide Häuser über dieselben oder nur wenig abweichende verfassungsrechtliche Kompetenzen sowie demokratische Legitimation verfügen. Kongruent sind die beiden Kammern des Parlaments, wenn ihre Repräsentationsbasis weitgehend übereinstimmt. Inkongruenz liegt nach Lijphart vor, wenn die Zusammensetzung der Zweiten Kammer durch einen von der Ersten Kammer verschiedenen Wahlmodus festgelegt wird oder so angelegt ist, dass bestimmte Minderheiten überrepräsentiert werden. Der höchste Grad an Überrepräsentation findet sich in föderalen Staaten, wenn den Gliedstaaten in der Zweiten Kammer unabhängig von deren Bevölkerungszahl dieselbe Anzahl an Sitzen zusteht. Von starkem Bikameralismus spricht Lijphart bei Zweikammersystemen, in denen die Häuser symmetrisch und inkongruent sind; schwacher Bikameralismus liegt dagegen bei asymmetrischen und kongruenten Kammern vor (▶ Tab. 4.1). Je stärker der Bikameralismus, desto geringer

75

ist die Machtkonzentration, was wiederum bedeutet, dass die politische Entscheidungs-findung erschwert ist. Ein solches Gefüge neigt sich dem von Lijphart als konsensde-mokratisch bezeichnetem politischen Systemtypus zu. Nach Tsebelis und Money (1997: 211) üben jedoch auch jene Zweite Kammern, die als schwach oder insignifikant cha-rakterisiert werden, Einfluss aus und haben ein gewisses Vetospielerpotential (Riescher/ Ruß 2010). Eine vollständige Konzentration aller Parlamentsaufgaben besteht aus-schließlich in unikameralen Systemen.

Tab. 4.1: Klassifizierung von Zweikammersystemen nach Arend Lijphart

Kammern sind...	symmetrisch	asymmetrisch
kongruent	*Mittelstarker Bikameralismus* (z. B.: Belgien, Italien, Japan, Niederlande, Uruguay)	*Schwacher Bikameralismus* (z. B.: Bahamas, Barbados, Irland, Jamaika, Österreich, Trinidad)
inkongruent	*Starker Bikameralismus* (z. B.: Argentinien, Australien, Deutschland, Schweiz, USA)	*Mittelstarker Bikameralismus* (z. B.: Frankreich, Indien, Kanada, Spanien)

Quelle: Lijphart 2012: 199.

Größe und Zusammensetzung von Parlamenten

Die Tabelle im Anhang dokumentiert die Größe der jeweiligen Nationalparlamente bzw. derer beiden Häuser in bikameralen Systemen. Unter den demokratischen Staa-ten wartet Großbritannien mit den mitgliederstärksten Kammern auf. Betrachtet man das *House of Commons* mit seinen 650 Mitgliedern, so wird die Zahl von 600 Abge-ordneten ansonsten nur von Italien und – bezieht man die sich aufgrund des Wahlsys-tems ergebenden Überhang- und Ausgleichsmandate mit ein – von Deutschland über-troffen. Auch die über die Jahre stark variierende Größe des *House of Lords* stellt unter den »Oberhäusern« (nicht nur in dieser Hinsicht) eine Besonderheit dar, zumal Zweite Kammern in aller Regel deutlich kleiner sind. Die kleinsten Nationalparlamente finden sich in den pazifischen und karibischen Inselstaaten. Grenada zum Beispiel hat bei einer Einwohnerzahl von knapp über 100 000 nur 15 gewählte Abgeordnete im Repräsentan-tenhaus und 13 ernannte Senatsmitglieder und somit ein Parlament, welches kleiner ist als etwa der Gemeinderat einer Stadt dieser Größe in Baden-Württemberg oder Bayern.

Sowohl die Zahl der Abgeordneten als auch die soziostrukturelle Komposition eines Parlaments beruhen neben den gewachsenen historischen Gegebenheiten auf verschie-denen Überlegungen, die von Verfassungs- und Gesetzgebern angestellt wurden, um ein bestimmtes Repräsentationsziel zu erreichen. In der Tendenz etwa wird ein Mehrheits-wahlsystem eher dazu führen, dass eine Partei die parlamentarische Mehrheit stellt, wäh-rend ein Verhältniswahlsystem wahrscheinlicher Koalitionsbildungen nach sich zieht und zudem die verschiedenen gesellschaftlichen Gruppen und Interessen besser widerspiegelt (▶ **Kap. 3**: Wahlen und Wahlsysteme). Mehrheitsentscheidungen erfordern im Proporzsystem die Herstellung von Konsens, welcher wiederum in der Regel langfristig stabilere Politikresultate zeitigt. Auch hinter der Art der Wahlkreiseinteilung verbirgt sich eine Repräsentationsidee, wodurch wiederum Größe und Zusammensetzung des Parlaments beeinflusst werden. Die mögliche Spannbreite reicht dabei idealtypisch von der Fokussierung auf die **individuelle Responsivität** bis hin zur Betonung der **kollektiven Responsivität** aller Parlamentsmitglieder (Carey 2006: 436–438). Gibt es etwa nur einen nationalen Wahlkreis, in dem wie zum Beispiel in Israel oder in der Slowakei eine fixierte Zahl von Abgeordneten gewählt wird, soll dadurch zugleich die kollektive Verantwortung aller Parlamentsmitglieder gegenüber der Gesamtnation zumindest ideell deutlich gemacht werden. Streben Parteien nach breiter Zustimmung in allen Landesteilen, sind sie in derartigen Systemen bei der Zusammenstellung ihrer Wahllisten gezwungen, Kandidaten aus den verschiedenen Regionen und gesellschaftlichen Strömungen zu platzieren. Nichtsdestotrotz werden die einzelnen Abgeordneten sich individuell einer Region und deren Interessenlage verbunden fühlen und diese bei der Wahrnehmung ihrer parlamentarischen Aufgaben einbringen. Das Prinzip der individuellen Responsivität korrespondiert von vorneherein mit der Einrichtung zahlreicher Ein- aber auch Mehrpersonenwahlkreise. Das Repräsentationsziel besteht in diesem Modell darin, die Interessen, die in den einzelnen Distrikten vorherrschen, durch den dort gewählten Abgeordneten im Parlament zu spiegeln. Ein kollektives Verantwortlichkeitsgefühl droht sich jedoch in diesem dem imperativen Mandat zuneigenden *delegate*-System weniger leicht zu entwickeln. Dies steht ganz im Gegensatz zum Verständnis des Abgeordneten als *trustee*, welches Edmund Burke in einer Rede an seine Wähler in Bristol für das britische *plurality*-System in Einpersonenwahlkreisen zum Ausdruck gebracht hatte. Demnach schulde der Abgeordnete seinem Wahlkreis zwar Dank und die Bereitschaft zum Meinungsaustausch, er habe bei seiner Parlamentsarbeit und in seinem Abstimmungsverhalten ganz im Sinne des freien Mandates jedoch zuallererst dem Wohle der Gesamtnation zu dienen (vgl. Hofmann/Riescher 1999: 87–93, Jäger 1978: 481–482, Marschall 2005: 103–106).

Zusammenfassend ergibt sich, dass aufgrund unterschiedlicher Repräsentationskonzeptionen die Größe und Zusammensetzung von Parlamenten zwischen den Staaten zum Teil erheblich variiert. Dies hat wiederum Konsequenzen – sowohl für die Entscheidungsfindung innerhalb eines Parlaments, als auch für die interne Organisation von Parlamenten.

Selbstorganisation, hierarchische Ordnung und Ausschusswesen

Die interne Organisation eines Parlamentes, worunter vor allem die Regelung der parlamentarischen Arbeit und die den Abgeordneten zukommenden Rechte und Pflichten fallen, ist dem Parlament bzw. in bikameralen Systemen seinen beiden Häusern weitgehend selbst überlassen und wird in einer **Geschäftsordnung** festgehalten. Übergeordnetes Recht – wie etwa die Verfassung oder Gesetze – kann hierzu gegebenenfalls Vorgaben machen. Zum Beispiel schreibt Artikel 40 des Grundgesetzes dem Bundestag vor, seinen Präsidenten, dessen Stellvertreter und die Schriftführer zu wählen, sowie sich eine Geschäftsordnung zu geben. Zudem nennt das Grundgesetz einige Ausschüsse, die vom Bundestag verpflichtend einzurichten sind: der Ausschuss für Europäische Angelegenheiten (Art. 45), die Ausschüsse für Auswärtiges und Verteidigung (Art. 45a) sowie der Petitionsausschuss (Art. 45c). In Artikel 46 wird den Abgeordneten Indemnität und Immunität[3] garantiert. Artikel I der US-Verfassung hält zur internen Organisation des Kongresses fest:

>»Each House may determine the rules of its proceedings, punish its members for disorderly behavior, and with the concurrence of two thirds, expel a member. Each House shall keep a journal of its proceedings, and from time to time publish the same, excepting such parts as may in their judgment require secrecy; and the yeas and nays of the members of either House on any question shall, at the desire of one fifth of those present, be entered to the journal. Neither House, during the session of Congress, shall, without the consent of the other, adjourn for more than three days, not to any other place than that in which the two Houses shall be sitting.«

Diese beispielhaft ausgewählten Verfassungsklauseln geben Hinweise, welche Sachverhalte in Geschäftsordnungen geregelt werden. Unter anderem werden Sitzungsperioden terminiert, Ausschüsse eingerichtet und ihre Besetzungsmodalitäten sowie ihre Jurisdiktion beschlossen, Rechte und Pflichten des einzelnen oder von Gruppen von Abgeordneten (Fraktionen) festgelegt, der Ablauf von Plenardebatten beispielsweise in Bezug auf Redezeiten oder Abstimmungsprozeduren geregelt und festgehalten, wie Plenar- und Ausschussprotokolle sowie Abstimmungsergebnisse bekanntzugeben sind.

In der konstituierenden Sitzung nach einer Parlamentswahl ist einer der ersten parlamentarischen Akte die Verabschiedung der Geschäftsordnung. Üblicherweise dient die Geschäftsordnung der vorangegangenen Legislaturperiode als Grundlage für die neue Fassung, deren Modifikationen gleichwohl von der – gegebenenfalls neuen – Parlamentsmehrheit bestimmt werden. Die Gestaltung der Geschäftsordnung stellt ein nicht zu unterschätzendes (Macht-)Instrument zur Lenkung des Parlaments und seiner (gesetzgeberischen) Aktivitäten dar, da sie die parlamentarische Praxis regelt. Für das US-Repräsentantenhaus brachten der ehemalige Republikanische Minderheitsführer Robert Michel (1981–1995) und der langjährige Demokratische Abgeordnete John Dingell (von 1955 bis 2014 ununterbrochen Repräsentant und damit Rekordhalter) die Bedeutung der parlamentarischen Verfahrensregeln wie folgt auf den Punkt:

>»Who rules House procedures rules the House – and to a degree, rules the kind and scope of political debate in this country.« (Michel)

>»If you let me write the procedure, and I let you write the substance, I'll [beat] you every time.« (Dingell, beide zitiert nach Oleszek 2014: 12–13.)

---

3 Die Immunität schützt den Abgeordneten für die Zeit der Ausübung seines Mandats vor jeglicher Strafverfolgung. Dieser Schutz kann durch das Parlament aufgehoben werden – im Gegensatz zur Indemnität. Diese besagt, dass Abgeordnete zu keinem Zeitpunkt – auch nicht nach dem Ausscheiden aus dem Parlament – wegen ihrer Äußerungen oder ihrer Abstimmungen im Parlament strafrechtlich verfolgt werden dürfen. Davon ausgenommen sind verleumderische Beleidigungen. Vgl. ausführliches Glossar des Deutschen Bundestags unter <http://www.¬ bundestag.de/service/glossar/I/immunitaet/245460> sowie <http://www.bundestag.de/service/¬ glossar/I/indemnitaet/245466> [24.06.2014].

Aus Gründen der Arbeitsteilung sind Parlamente in Ausschüssen organisiert, die die Entscheidungen des Plenums vorbereiten und inhaltliche Empfehlungen vorlegen. Während Ausschüsse in einem Redeparlament wie dem britischen Unterhaus eine geringe Bedeutung haben und die Plenardebatte im Zentrum der Parlamentstätigkeit steht, stellen sie in Arbeitsparlamenten – etwa dem US-Kongress – gewissermaßen die Maschinenräume dar, in denen die auf Sachgebiete spezialisierten Parlamentarier Gesetze beraten und mitlaufende Kontrolle des Gesetzesvollzugs ausüben. Ausschüsse und deren Besetzung lassen sich mittels dreier Blickrichtungen analytisch ordnen (Deering/Smith 1997: 2–5). Die **interessendominierte Perspektive** (*distributive committees perspective*) lenkt das Hauptaugenmerk darauf, inwiefern die Abgeordneten Ausschüssen angehören, die ihren Spezialgebieten gerecht werden und in denen sie die Interessen ihres Wahlkreises in besonderer Weise vertreten können. Demnach werden zum Beispiel Parlamentarier aus agrarisch geprägten Regionen versuchen, in den Landwirtschaftsausschuss zu kommen. Als Ergebnis solcher Bestrebungen entstehen relativ autonome Ausschüsse, deren Politikvorgaben sich an den Präferenzen ihrer Mitglieder ausrichten und letztlich auch das Plenum dominieren können, dem dann wenig Spielraum zur Politikgestaltung bleibt. Die **parteiendominierte Perspektive** (*party-dominated perspective*) konzentriert sich auf die Rolle der Parteien. Ausschussmitglieder werden hierbei vor allem als Vertreter ihrer Parteien gesehen, die die Besetzung der Ausschüsse kontrollieren. Zusätzlich bestimmen die Parteiführer die Tagesordnung des Plenums und entscheiden, inwieweit Gesetzesvorlagen aus den Ausschüssen zur Diskussion und Abstimmung gelangen. Faktisch unterliegen die Ausschüsse also dem Willen der Mehrheitspartei, durch die die Ausschussarbeit und deren Ergebnisse gesteuert werden. Die **dritte Perspektive ist institutionellen Charakters**, da hierbei Ausschüsse insbesondere in ihrer Funktion der Organisation der Kammer gesehen werden (*chamber-dominated perspective*). Die Aufgabe von Ausschüssen ist unter diesem Aspekt die effektive Arbeitsteilung bei der Ausarbeitung von Gesetzen. Das Plenum soll mittels der Expertise der Ausschüsse fundierte Entscheidungen treffen können. Insofern wird von den Ausschüssen verlangt, mögliche Reaktionen der Kammer zu antizipieren und mehrheitsfähige Vorlagen zu erstellen (Haas 2010b: 43–44).

Im Rahmen der Politikfeldanalyse rückten Parlamentsausschüsse als zentrale Akteure der *issue networks* seit den 1960er Jahren in den Blickpunkt politikwissenschaftlicher Analysen. Zunächst als Akteursdreieck aus Ausschüssen, Interessengruppen und Ministerialbürokratie, später als Viereck unter Einschluss der Gebietskörperschaften insbesondere in föderalen Staaten und schließlich seit den 1990er Jahren als Fünfecke unter Einbeziehung der Parteigremien (z. B. Arbeitsgemeinschaften) identifiziert (▶ Abb. 4.1), versuchen sie als Policy-Koalitionen ihre Ziele sowohl im Gesamtparlament als auch gegenüber der Exekutivspitze durchzusetzen (Beyme 2010: 274–275). Wenngleich für andere Staaten wegen einer weniger bedeutsamen Rolle von Ausschüssen nicht in gleichem Ausmaß zutreffend, wurde insbesondere für die USA gezeigt, dass die Kongressausschüsse auch mittels informaler Beziehungen zur Ministerialbürokratie wirksam in die Gesetzesimplementierung eingreifen und Besitzstände in ihren Politikfeldern zu verteidigen oder gar auszubauen verstehen.

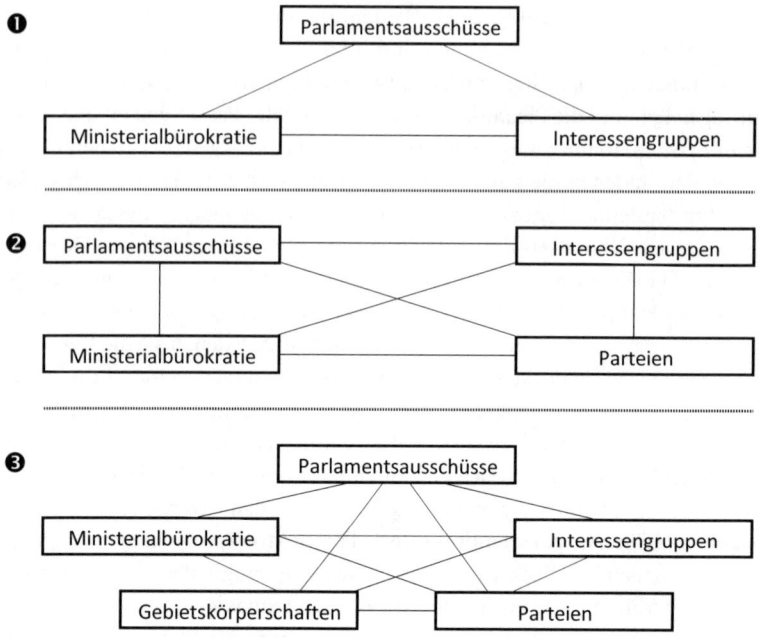

Abb. 4.1: Parlamentsausschüsse als Teil der *Issue Networks*
Quelle: eigene Darstellung

Parlamente und ihre Machtfülle

Eine der beständigen Fragen der Politikwissenschaft ist die nach der Machtfülle der Akteure in einem Regierungssystem. Die Macht eines Parlaments wird überwiegend in Relation zur Exekutive beurteilt: je mächtiger die Exekutive, desto schwächer das Parlament. Beide wiederum können in ihrer Gestaltungsfreiheit von anderen Institutionen beschnitten sein. Inwieweit jedoch zum Beispiel ein Verfassungsgericht oder eine Zentralbank den Handlungsspielraum und damit auch die Macht der Exekutive bzw. des Parlaments einschränken, hängt nicht zuletzt davon ab, welche Kompetenzen diesen (verfassungs-)rechtlich zugewiesen sind und ob sie eine institutionell weitgehend unabhängige Position innehaben. Zur Beurteilung der Macht eines Parlaments hat sich eine Sichtweise etabliert, wonach entsprechend der oben beschriebenen Repräsentations- und Kontrollfunktion sowie der Rolle des Parlamentes in der Gesetzgebung unterschieden wird. Das Ausmaß, in dem ein Parlament im Gesetzgebungsprozess eine aktive und effektive oder eine eher passive, sich auf seine Repräsentations- und Kontrollaufgaben begrenzende Rolle einnimmt, wird nach Kreppel (2011: 135) vom **Grad seiner Autonomie** bestimmt. Zwei Aspekte sind hierbei von Bedeutung: die Unabhängigkeit der Institution als Ganzes sowie die Unabhängigkeit der einzelnen Parlamentsmitglieder. Erstere kann als eine Funktion des Regierungssystemtyps verstanden werden, letztere hängt vor allem vom Wahl- und Parteiensystem ab.

In parlamentarischen Systemen stehen Exekutive und Parlament(smehrheit) in einem Abhängigkeitsverhältnis, denn erstere ist eine »Kreatur« (McGann 2006: 444) des zweiten. In dieser Hinsicht muss dem Parlament im Gegensatz zu präsidentiellen Systemen eine machtvolle Position attestiert werden. Zugleich verliert das Parlament seine Unabhängigkeit bzw. seinen Einfluss auf die Policy-Initiativen, die es in die Hand der von ihm gewählten Regierung gibt. Stützt die Mehrheit die Regierung nicht beständig bei deren Gesetzesvorhaben und behält sich das Parlament eine weitgehende Autonomie in der Gesetzgebung vor, stellt es zugleich die Existenz der Regierung in Frage. In letzter Konsequenz bedeutete dies den Sturz der Regierung und gegebenenfalls Parlamentsneuwahlen. Die Stabilität der Regierung steht daher in Abhängigkeit der Fähigkeit der Mehrheitspartei(en) ihre Abgeordneten auf ein homogenes Abstimmungsverhalten einzuschwören. Hierin wird bereits deutlich, dass auch im Hinblick auf die Autonomie eines Abgeordneten die Stärke einer Partei eine zentrale Rolle spielt. Geht man davon aus, dass ein Abgeordneter sowohl seine Wiederwahl als auch einen Einfluss auf den Policy-Output anstrebt, so hängen beide Ziele von der Partei ab: Die Wiederwahlchance davon, ob die Kandidatenaufstellung von der Parteizentrale aus gesteuert wird oder in den Händen der lokalen Parteiorganisation liegt; und der Policy-Einfluss davon, ob ein Abgeordneter von der Parteiführung im Parlament etwa in parteiinterne Leitungspositionen eingebunden wird oder den gewünschten Ausschuss(vor)sitz erhält. Für beide Fälle gilt demnach: Je zentralisierter und hierarchischer die Parteiorganisation, desto geringer ist die Unabhängigkeit des einzelnen Parlamentariers. Diese Feststellungen zum Verhältnis Partei-Abgeordnete können gleichermaßen in präsidentiellen Systemen zutreffen.

Die Frage nach der Machtfülle eines Parlaments stellt sich typusbedingt in präsidentiellen anders als in parlamentarischen Systemen. Bei parlamentarischen Systemen stehen der Dualismus zwischen Parlamentsmehrheit und Opposition sowie die Kontrollrechte der Opposition stärker im Zentrum der politikwissenschaftlichen Forschung. Bei präsidentiellen Systemen dagegen wird der Fokus intensiver auf das Verhältnis zwischen Exekutive und Legislative gerichtet bleiben. Ein bikamerales Parlament wird in beiden Fällen die Machtkonstellationen verändern, gleiches gilt für die Rolle der Parteien im jeweiligen Systemkontext. Daneben können verfassungsrechtlich garantierte Sonderrechte oder historisch gewachsene Konventionen, die dem einen Parlament eingeräumt, einem anderen jedoch nicht zugestanden werden, verallgemeinernde Forschungsaussagen zu Parlamenten zusätzlich erschweren.

Dies gestehen auch Fish/Kroenig (2009) ein, die trotz der hier nur knapp angerissenen Schwierigkeiten einen *Parliamentary Powers Index* (PPI) präsentieren, der abgesehen von einigen Kleinstaaten die Machtfülle der Nationalparlamente von 158 Ländern in einer Ordinalskala erfasst. Den Index gewinnen sie aus den Ergebnissen einer Umfrage unter Parlamentsexperten aus diesen Staaten (*Legislative Powers Survey*). Die insgesamt 32 mit Ja oder Nein zu beantwortenden Fragen werden in vier Kategorien unterteilt (Fish/Kroenig 2009: 4–13). Neun Fragen zielen auf den Einfluss des Parlaments auf die Exekutive, zum Beispiel, ob das Parlament den Präsidenten des Amtes entheben bzw. den Regierungschef absetzen kann, ob es den Regierungschef und/oder die Minister ernennt bzw. ob diese von ihm bestätigt werden müssen, ob Parlamentsmandat und

Regierungsamt kompatibel sind. Weitere neun Fragen richten sich auf die institutionelle Autonomie des Parlaments, wie zum Beispiel ob es einem Auflösungsrecht seitens der Exekutive unterliegt oder ob Abgeordnete Immunität genießen. Eine Gruppe von acht Fragen thematisiert besondere Parlamentsrechte, wie etwa ob es ein parlamentarisches Zustimmungserfordernis zu Militäreinsätzen, zu internationalen Verträgen, zur Ernennung von obersten Richtern oder zum Leiter der Zentralbank gibt. Ein letztes Bündel von sechs Fragen gilt der institutionellen Kapazität: Hält das Parlament regelmäßig Sitzungen ab, hat jeder Abgeordnete Mitarbeiter, gibt es ein uneingeschränktes Recht auf Wiederwahl eines Abgeordneten. Jede der Fragen wird mit »1« kodiert, wenn sie mit »Ja« beantwortet wird und somit das Parlament die Kompetenz aufweist, mit »0«, wenn die entsprechende Eigenschaft nicht vorliegt. Der Indexwert eines Landes ergibt sich schließlich aus der Anzahl der »Ja«-Antworten geteilt durch die Gesamtzahl der Fragen. Die Ergebnisse zeigen an, dass Parlamente in parlamentarischen Systemen mächtiger (d. h. näher an der 1,0) sind (z. B. Deutschland, Großbritannien, skandinavische Länder) als die Legislativen in präsidentiellen Systemen (z. B. Argentinien, Brasilien, Mexiko, USA; ▶ Tab. 4.2).

Tab. 4.2: *Parliamentary Powers Index* (PPI) ausgewählter parlamentarischer und präsidentieller Regierungssysteme

parlamentarisch	Power Index	präsidentiell	Power Index
Deutschland	0,84	Peru	0,66
Italien	0,84	Uruguay	0,66
Dänemark	0,78	USA	0,63
Großbritannien	0,78	Kolumbien	0,56
Niederlande	0,78	Paraguay	0,56
Finnland	0,72	Brasilien	0,56
Norwegen	0,72	Chile	0,56
Österreich	0,72	Ecuador	0,53
Schweden	0,72	Argentinien	0,50
Spanien	0,72	Mexiko	0,44

Quelle: Fish/Kroenig 2009: 574–575.

Die Kritik am PPI stellt vor allem auf die fehlende Gewichtung der einzelnen Fragen ab (Desposato 2012: 394, Melia 2010: 167). So erhält zum Beispiel der Deutsche Bundestag ebenso wie der US-Kongress eine »1« dafür, dass der einzelne Abgeordnete über einen Mitarbeiterstab verfügt. Dass dieser im Kongress über zehnmal größer ist als im

Bundestag, dem Kongressmitglied somit eine ungleich größere Arbeitskapazität zur Verfügung steht, wird hier nicht berücksichtigt. Ganz zu schweigen davon, dass im US-Kongress auch den Ausschüssen und der Institution als ganzer deutlich größere Mitarbeiterstäbe zuarbeiten, was im *Legislative Powers Survey* gar nicht abgefragt wird. Des Weiteren lässt sich aus dem Index zwar das parlamentarische Machtpotential insbesondere gegenüber der Exekutive ablesen; inwiefern in der Praxis von den zur Verfügung stehenden Kompetenzen Gebrauch gemacht wird, kann aus ihm jedoch nicht erschlossen werden. Nichtsdestotrotz stellen Fish und Kroenig mit ihrem Handbuch eine umfassende Datengrundlage zu den institutionellen Rahmenbedingungen bereit, die für weitere Parlamentsforschung als Ausgangspunkt genutzt werden kann. Jedoch scheinen die Antworten auf Fragen nach der potentiellen oder tatsächlichen operativen Macht von Parlamenten bei der Gesetzgebung bzw. deren Beeinflussung wegen der disparaten Kontexte politischer Systeme für eine generalisierende Theorie wenig ergiebig.

Die neuere vergleichende Parlamentsforschung schlägt daher eine Richtung ein, die auf die Ergründung der **legislativen Performanz** – d. h. bei der Formulierung und Beratung von Gesetzen sowie bei der Kontrolle der Regierung bei der Gesetzesimplementation – abzielt, um Parlamente hinsichtlich ihrer Machtfülle vergleichend klassifizieren zu können (Arter 2006). McGann (2006) schlägt vor, die Frage nach der Macht bzw. dem Einfluss von Parlamenten zu verwerfen und stattdessen in den Mittelpunkt der Forschung zu rücken, inwieweit Parlamente signifikante Foren für öffentliche Beratung und die politische Entscheidungsfindung darstellen. Signifikant wären Parlamente nach McGann (2006: 458) dann, wenn sie und nicht andere Institutionen als Plattform für die Aushandlungsprozesse zwischen den Parteien fungieren und dergestalt auch die nationale Agenda prägen, oder in anderen Worten also dann, wenn sie die normative Forderung erfüllen, die schon Bagehot an das britische Parlament stellte: Der zentrale Ort der Deliberation einer Nation zu sein.

Kommentierte Literaturempfehlungen

Fish, M. Steven/Kroenig, Matthew (2009): The Handbook of National Legislatures. A Global Survey. Cambridge.
Umfassende Dokumentation des Legislative Powers Survey, in der vor allem das Verhältnis von Parlament und Regierung in 158 Ländern erfasst und daraus der Parliamentary Powers Index erstellt wird.
Kluxen, Kurt (Hrsg.) (1980): Parlamentarismus. Königstein.
Sammlung von »klassischen« Aufsätzen zur Theorie, den geschichtlichen Grundlagen und anderen Aspekten des Parlamentarismus.
Marschall, Stefan (2005): Parlamentarismus. Eine Einführung. Baden-Baden.
Als Lehrbuch konzipierte grundlegende Einführung in die Thematik.
Riescher, Gisela/Ruß, Sabine/Haas, Christoph M. (Hrsg.) (2010): Zweite Kammern. 2. Aufl., München/Wien.
Lehr- und Studienbuch mit einführendem und abschließendem Überblickskapitel sowie Beiträgen zu 21 Ländern, in denen die Rolle und Funktion von Zweiten Kammern detailliert analysiert wird.

Shugart, Matthew S./Carey, John M. (1992): Presidents and Assemblies. Constitutional Design and Electoral Dynamics. Cambridge u. a.

Standardreferenzwerk zur Typologie von Regierungssystemen und zur Bedeutung von Wahlsystemen für die Kooperation von Präsidenten und Parlamenten insbesondere in (semi-)präsidientiellen Regierungssystemen.

Tsebelis, George/Money, Jeanette (1997): Bicameralism. Cambridge.

Standardwerk mit umfassender Darstellung der Entstehung und Geschichte des Bikameralismus und mit analytischem Schwerpunkt auf der Interaktion der beiden Kammern

5 Direkte Demokratie: Instrumente – Policy-Wirkungen – neue Formen der Bürgerbeteiligung

Uwe Wagschal

Einleitung

Politische Macht kann durch das Volk grundsätzlich auf zwei Arten ausgeübt werden: entweder direkt durch eine Volksabstimmung bzw. einen Volksentscheid oder durch gewählte Vertreter in einer repräsentativen Demokratie (▶ **Kap. 4**: Parlamente). Demokratische Systeme legitimieren sich durch Verfahren, die auf solche direkte oder indirekte (repräsentative) Entscheidungsmechanismen zurückgeführt werden können. In beiden Fällen ist das Konzept der **Volkssouveränität** das entscheidende Bindeglied zwischen den Regierenden und den Regierten. Eine Reinform »direkter Demokratie« gibt es in realen politischen Systemen nicht. Selbst die Schweiz als Land mit den meisten Volksabstimmungen weltweit kann bestenfalls als »semidirektdemokratisch« charakterisiert werden (Linder 1999), sodass es sich bei der Analyse und Darstellung direktdemokratischer Verfahren immer um supplementäre Verfahren von im Grundsatz repräsentativen Systemen handelt. Obwohl die generelle Systemfrage zwischen repräsentativer oder plebiszitärer Demokratie kaum gestellt wird (Rüther 1996), genießen Verfassungen und Entscheidungen, die die Weihen einer Volksabstimmung erfahren haben, in der demokratietheoretischen Literatur eine deutlich höhere Zuschreibung an Legitimität (Barber 1994). Dies schlägt sich allerdings nicht in den zahlreichen Demokratieindizes nieder, die versuchen die Qualitätsunterschiede innerhalb von etablierten Demokratien zu messen oder die Unterschiede zwischen Demokratien und Autokratien zu erfassen. Demokratieindizes wie *Polity IV*, *Freedom House*, das Demokratiebarometer oder der Bertelsmann-Transformationsindex sind eindeutig auf Elemente und Indikatoren repräsentativer Demokratien fokussiert (Wagschal 2013). Lediglich die neueste Variante des Vanhanen-Index sowie der *Sustainable Governance Indicator* der Bertelsmann-Stiftung von 2014 sind hier Ausnahmen, da sie zumindest teilweise direktdemokratische Verfahren berücksichtigen (Vanhanen 2003).

In den vergangenen Dekaden ist ein eindeutiger Trend hin zu mehr Direktdemokratie zu beobachten. Die Zahl der Volksabstimmungen hat seit den 1970er Jahren stark zugenommen, die wissenschaftliche Beschäftigung mit dem Untersuchungsgegenstand ebenfalls (Butler/Ranney 1994, Möckli 1994, Gallagher/Uleri 1996, Schiller/Mittendorf 2002, LeDuc 2002, Freitag/Wagschal 2007). Der vorliegende Beitrag zielt darauf ab, vier zentrale Fragen zu beantworten, die wiederum die Gliederung des Artikels widerspiegeln:

1. Welche direktdemokratischen Instrumente gibt es und nach welcher Logik funktionieren sie?

2. Wie verbreitet sind direktdemokratische Instrumente im internationalen und nationalen Vergleich und wie sind sie ausgestaltet?
3. Wie wirken direktdemokratische Entscheidungsverfahren?
4. Welche neuen Formen alternativer Beteiligungsmöglichkeiten gibt es und was sind ihre Besonderheiten?

Instrumente und Funktionslogik direktdemokratischer Entscheidungen

Aus systemtheoretischer Perspektive setzt die Funktionslogik direktdemokratischer Entscheidungen an vier Phasen des politischen Prozesses an (Möckli 1994, Schiller/Mittendorf 2002, Vatter 2007): (1) dem *Input*, (2) dem Durchfluss (im Sinne von Eastons *Throughput*), (3) dem *Output* sowie (4) der Rückkopplung.

Der *Input* des politischen Systems hängt dabei stark von der Ausgestaltung der einzelnen direktdemokratischen Elemente ab. Im Gegensatz zu ausschließlich repräsentativ verfassten Systemen sind solche mit direktdemokratischen Beteiligungsformen grundsätzlich »offener«. Das institutionelle Set der Beteiligungsmöglichkeiten ist größer, was von Befürwortern direktdemokratischer Entscheidungen mit einer höheren politischen Systemlegitimität verbunden wird. Neben obligatorischen Referenden sind dabei als weitere Instrumente die fakultativen Referenden sowie Plebiszite und Volksinitiativen zu berücksichtigen.

Der Durchfluss (*Throughput*) des politischen Systems fokussiert auf die Akteursebene sowie auf die Parteien und Interessengruppen. Insbesondere für die Schweiz konnten dabei gravierende Auswirkungen auf die Art des politischen Systems mit der Entwicklung hin zu einer Konkordanzdemokratie beobachtet werden (Neidhart 1970). Es sind also Strukturen der Entscheidungsfindung entstanden, die auf einem konsensualen Prinzip und auf der Logik der Integration von Oppositionskräften und Vetospielern beruhen, um das Blockaderisiko zu verringern (Neidhart 1970). Die Veränderung des politischen Wettbewerbs hin zu einem konkordanzdemokratischen System, welches auf Aushandlungen beruht, ist ohne Frage eine der Folgewirkungen der Einführung direktdemokratischer Entscheidungsverfahren.

Starke direktdemokratische Elemente bedeuten gleichzeitig eine Schwächung anderer Entscheidungszentren der repräsentativen Demokratie, insbesondere der Regierung und des Parlaments. Konsequent weiter gedacht bedeutet dies, dass der Output und die Outcomes direktdemokratischer Entscheidungen sich von denjenigen repräsentativer Organe unterscheiden müssten. Diese Überlegungen stehen seit geraumer Zeit im Mittelpunkt eines eigenen Forschungszweiges zu den Policy-Wirkungen direktdemokratischer Verfahren (Kirchgässner et al. 1999, Wagschal/Obinger 2000, Matusaka 2004). Hierbei geht es insbesondere um die Frage, wie direktdemokratische Entscheidungen auf Kernindikatoren der Staatstätigkeit (Staatsausgaben, Steuern, Verschuldung etc.) wirken, aber auch darum, ob durch direktdemokratische Entscheidungen Innovation ins politische System eingespeist oder eher der Status Quo gestärkt wird (wofür eine Interpretation der Direktdemokratie als Vetospieler bzw. Vetopunkt spricht (Tsebelis 2002, Hug/Tsebelis 2002).

Die Ergebnisse direktdemokratischer Entscheidungen, die dann als *Impacts* auf das System zurückwirken (Vatter 2007: 105), haben gesellschaftliche Auswirkungen, etwa im Hinblick auf das Sozialkapital einer Gesellschaft, auf die soziale Integration (z. B. von Minderheiten) oder auf die finanziellen Handlungsspielräume von Regierungen. Aus diesem Grund können sich die Präferenzen für direktdemokratische Entscheidungen im Laufe der Zeit wandeln, wie sich am Beispiel der Schweiz nachweisen lässt. So hat Christmann (2009) gezeigt, dass sich dort »linke« Hoffnungen, die mit direktdemokratischen Entscheidungen verbunden wurden, oft nicht erfüllt haben und daher auch deren Initiierung sich in den letzten Jahren abgeschwächt hat.

Im Hinblick auf das Mischungsverhältnis direkt- und repräsentativdemokratischer Verfahren gibt die Politische Ökonomie hilfreiche Hinweise. Nach dem Interdependenzkosten-Ansatz von Buchanan und Tullock (1962) lassen sich demokratische Entscheidungen dahingehend unterscheiden, welche Art von Kosten bei ihnen anfallen. Generell treten Entscheidungskosten (*decision costs*) sowie Kosten des Demokratiedefizits auf. Die Gesamtsumme dieser Kosten sind die sogenannten Interdependenzkosten. Bei repräsentativ-demokratischen Entscheidungen liegen die Kosten des Demokratiedefizits (= externe Nachteile) am höchsten, während die Entscheidungskosten vergleichsweise gering ausfallen. Direktdemokratische Entscheidungen dagegen besitzen hohe Entscheidungskosten bei relativ geringen Kosten des Demokratiedefizits. Das Optimum einer repräsentativ oder direktdemokratisch getroffenen Entscheidung liegt nach Buchanan und Tullock dort, wo die Interdependenzkosten minimal sind.

Aus diesem Modell kann man ableiten, dass bei zunehmender Komplexität des Entscheidungsgegenstands eher Repräsentativorgane die Entscheidung treffen sollten (Bernholz/Breyer 1984: 252). Auch mit steigender Zahl der Gruppenmitglieder nehmen die Interdependenzkosten zu, weshalb hier ebenfalls Parlamente eher für Entscheidungen geeignet sind. Die zu wählende Entscheidungsregel hängt aber auch von den zu erwarteten externen Nachteilen der Entscheidung ab. Je wichtiger die Probleme, desto größer sind die externen Nachteile, falls man zu der überstimmten Minderheit gehört. Daraus folgt, dass mit steigender Bedeutung der gesellschaftlichen Probleme ein größerer Teil der Bevölkerung zustimmen sollte. Buchanan und Tullock argumentieren dabei auch mit betroffenen Minderheiten: Je wichtiger die Probleme für die Gruppenmitglieder sind, etwa Fragen der staatlichen Unabhängigkeit oder der Verfassungsgebung, desto stärker sollte das Zustimmungsquorum ansteigen und somit direktdemokratische Entscheidungen bevorzugt werden.

Die institutionelle Ausgestaltung direktdemokratischer Entscheidungsverfahren lässt sich anhand verschiedener Kriterien systematisieren. Generell kann dabei nach der Auslösungskompetenz zwischen *Top-Down-* und *Bottom-Up-*Instrumenten unterschieden werden. Ferner kann nach dem Verbindlichkeitsgrad in beratende oder zur Entscheidung führende Verfahren (Schiller/Mittendorf 2002: 14) sowie nach dem Abstimmungsgegenstand (z. B. Verfassung, Gesetze, Verträge, Personen) differenziert werden. *Top-Down-*Instrumente sind etwa **obligatorische Referenden**, die bei einer Änderung der Verfassung automatisch durchgeführt werden müssen. Auch das **Plebiszit**, das ein Staatspräsident aus politisch-strategischen Gründen anberaumt, zählt zu diesen *Top-Down-*Instrumenten: Obwohl nach der Verfassung oft konsultativ (z. B.

in Frankreich), entfaltet es bei erfolgreichem Ausgang einen starken Verbindlichkeitscharakter.

Im Gegensatz dazu ist die **Volksinitiative** ein *Bottom-Up*-Instrument, das die Bevölkerung zur Änderung der Verfassung oder eines Gesetzes lancieren kann. Dabei existieren gewichtige Unterschiede zwischen den konkreten Verfahrensregelungen. So gibt es auf der einen Seite die Möglichkeit unverbindlicher Anregungen (z.B. in Österreich oder auf europäischer Ebene beim Vertrag von Lissabon) und auf der anderen Seite verbindliche Volksbegehren, bei denen sich das Parlament mit der Abstimmungsmaterie befassen muss.

Besonders deutlich wird der Unterschied zwischen *Top-Down* und *Bottom-Up* beim **fakultativen Referendum**. Mit diesem direktdemokratischen Instrument wird gegen ein Gesetz, das üblicherweise von der Exekutive eingebracht und von der Legislative verabschiedet wird, durch eine Unterschriftensammlung von »unten« vorgegangen. Entscheidet sich eine Mehrheit gegen dieses Gesetz, so ist es gescheitert; oftmals ist dabei jedoch eine Mindestbeteiligung, ein sogenanntes Quorum, erforderlich. Während die Volksinitiative bestimmte Interessen in das politische System einspeist und ihm somit eine besondere *Input*-Funktion innewohnt, ist das fakultative Referendum oft ein zentrales Vetoinstrument der politischen Opposition.

Schließlich können Volksabstimmungen sich nicht nur auf Sachentscheide, sondern auch auf Personen beziehen. Die Direktwahl des Präsidenten oder auch dessen Abberufung (*Recall*) gehören ebenfalls zum Institutionenset der Direktdemokratie, was allerdings in der Fachliteratur nicht einheitlich gesehen wird (ablehnend bei Schiller 2002, zustimmend bei Möckli 1994). *Recall* und **Direktwahl von Personen** werden zu den direktdemokratischen Instrumenten gerechnet, da erstens das Volk unmittelbar entscheidet, sie zweitens historisch zur Entwicklungsgeschichte direktdemokratischer Instrumente zu zählen sind und drittens ähnliche Effekte auf den Politikprozess und auf Politikinhalte zu beobachten sind.

Im Folgenden stehen jedoch die direktdemokratischen Instrumente im Zusammenhang mit Sachentscheidungen im Mittelpunkt, die nach folgenden weiteren Kriterien differenziert werden können: (1) Themenbeschränkungen bzw. Themenausschlüsse, (2) Hürden zur Initiierung von Volksentscheiden bzw. Volksinitiativen, (3) Mehrheitserfordernisse (Quoren) bei der Zustimmung (Zustimmungsquorum) bzw. der Beteiligung (Beteiligungsquorum) sowie (4) die Möglichkeit des Parlaments, Gegenvorschläge zu lancieren. Schließlich können noch (5) Kriterien wie die Fristen und die Form der Unterschriftensammlung sowie (6) die Regulierung der Finanzierung von Volksabstimmungen betrachtet werden (vgl. Schiller 2007). So können gerade Quoren, die dann im politischen Prozess taktisch adressiert werden, zu einer Delegitimation des Instruments und mitunter zu einem Scheitern einer Vorlage führen, obwohl eine Mehrheit bei den Abstimmenden erreicht wurde.

Entwicklung und Ausgestaltung der direktdemokratischen Instrumente im Vergleich

Der Anstieg direktdemokratischer Beteiligungsmöglichkeiten (*Rules in Form*) und Beteiligungshäufigkeiten (*Rules in Use*) ist auffällig (▶ **Tab. 5.1**). Gerade etwa in den neuen

Demokratien Mittel- und Osteuropas, den MOE-Staaten, wurden nach 1991 besonders umfangreich direktdemokratische Elemente eingeführt (Auer/Bützer 2001, Wagschal 2011), die damit oftmals ein höheres Beteiligungsangebot als westeuropäische Demokratien bieten. Wertet man die Volksabstimmungen seit 1848 aus, entfallen knapp die Hälfte aller Volksabstimmungen in Europa und den wichtigsten außereuropäischen Demokratien auf die Schweiz (▶ **Abb. 5.1**). Dort wurden – mit unterschiedlicher Variation über die Zeit und insbesondere ansteigend seit Beginn der 1970er Jahre – rund 3,4 Volksabstimmungen pro Jahr abgehalten und damit knapp 40 mal mehr als im Durchschnitt aller anderen europäischen Länder (ohne Berücksichtigung der kantonalen und gemeindlichen Ebene).

Tab. 5.1: Entwicklung direktdemokratischer Abstimmungen in Europa

Volksabstimmungen im Zeitraum	Summe über alle Länder und Jahre	Durchschnitt über alle Länder pro Jahr
1848 bis 1945	225	0,05
1945 bis 1969	137	0,11
1970 bis 1989	229	0,24
1990 bis 2010	464	0,31
1848 bis 2010	1.055	0,13

Anmerkung: 48 europäische Länder in der Betrachtung, eigene Erhebung entsprechend der Daten des Zentrums für Demokratie (www.c2d.ch)

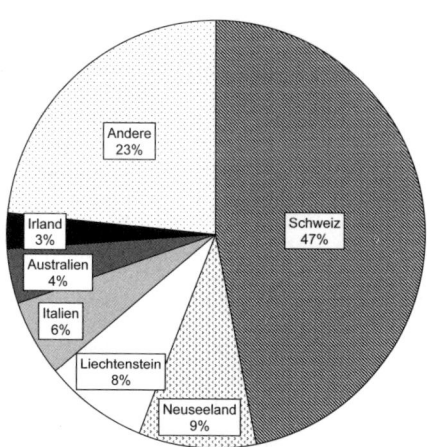

Abb. 5.1: Verteilung der Volksabstimmungen im internationalen Vergleich (1848–2012)
Anmerkung: 54 Länder in der Auswertung: 48 Europäische Länder sowie die USA, Kanada, Japan, Australien, Neuseeland und Mexiko, Zeitraum seit 1848. Es wird nur die nationalstaatliche Ebene betrachtet. Datenquelle: www.c2d.ch

Analysiert man die institutionellen Grundlagen der direktdemokratischen Verfahren (*Rules in Form*) in 41 europäischen Ländern (► **Tab. 5.2**, die auf den aktuellen Verfassungen (Stand 2010) basiert) zeigt sich eine bemerkenswerte West-Ost-Differenz: Insgesamt haben die 21 post-sozialistischen Untersuchungsländer ein deutlich größeres direktdemokratisches Beteiligungsangebot, was auf zwei Faktoren zurückzuführen ist: Zum einen brachten die »demokratischen Revolutionen« in der Neuformulierung der Verfassungen mehr partizipatorische Elemente (Systembruchthese); und zum anderen führte die Orientierung vieler Verfassungen am Semipräsidentialismus Frankreichs zu einer weiten Verbreitung des Plebiszits im post-sozialistischen Raum (Adamovich 2004).

Die am häufigsten vorkommenden direktdemokratischen Instrumente (*Rules in Form*) sind (1) das Plebiszit, (2) das fakultative Referendum und die Volksinitiative (n = 21 für beide) sowie (4) das obligatorische Referendum. Weist man jeder der fünf Beteiligungsformen aus Tabelle 5.2 eine »1« zu, dann kommen Serbien, Lettland, Litauen, Rumänien, Slowakei, die Schweiz, Montenegro und die Ukraine auf das größte Partizipationsangebot (Summe = 5 bzw. 4).

Am häufigsten sind Plebiszite, die entweder vom Präsidenten oder vom Parlament anberaumt werden können. Diese Form der Volksabstimmung existiert in 35 der 41 betrachteten Länder (= 85,4 Prozent der Länder, davon in 80 Prozent der westeuropäischen und in 90,5 osteuropäischen Länder). Bemerkenswert sind bei einer weiteren Detailanalyse jedoch die Unterschiede in der Anwendungshäufigkeit von Plebisziten: In den EU-Staaten liegt der Plebiszitanteil deutlich niedriger als in den Nicht-EU-Staaten. Gerade in »defekten Demokratien« wie Russland und der Ukraine, aber auch im autokratischen System Weißrusslands dominiert diese spezielle Form der Volksentscheide, die einen populistischen und manipulativen Kern aufweist und der Regierung einen instrumentalisierenden Spielraum ermöglicht (Erne 2002, Wagschal 2011).

Tab. 5.2: Institutionelle Grundlagen direktdemokratischer Instrumente in Europa

Land	Jahr[a]	Obligatorisches Referendum (OR)[b]	Plebiszit (P)[c]	Fakultatives Referendum (FR)[d]	Alternativ-Vorschlag beim FR (FAV)[e]	Volksinitiative (VI)[f]
		27 EU-Mitgliedsländer				
Belgien	17.02.1994	Nein	Nein	Nein	Nein	Nein
Bulgarien	12.07.1996	Nein	Ja	Nein	Nein	Nein
Dänemark	05.06.1953	Ja	Ja	Nein	Nein	Nein
Deutschland	23.05.1949	Ja[g]	Nein	Nein	Nein	Nein
Estland	29.06.1992	Ja	Ja	Nein	Nein	Nein
Finnland	01.03.2000	Nein	Ja	Nein	Nein	Nein

Tab. 5.2: Institutionelle Grundlagen direktdemokratischer Instrumente in Europa – Fortsetzung

Land	Jahr[a]	Obligatorisches Referendum (OR)[b]	Plebiszit (P)[c]	Fakultatives Referendum (FR)[d]	Alternativ-Vorschlag beim FR (FAV)[e]	Volksinitiative (VI)[f]
Frankreich	04.10.1958	Nein	Ja	Nein	Nein	Nein
Griechenland	09.07.1975	Ja	Ja	Nein	Nein	Nein
Irland	22.12.2001	Ja	Ja	Nein	Nein	Nein
Italien	25.05.1970	Nein	Ja	Ja	Nein	Ja
Kroatien	22.12.1990	Nein	Ja	Ja	Nein	Nein
Lettland	06.07.1993	Ja	Ja	Ja	Nein	Ja
Litauen	30.11.1992	Ja	Ja	Ja	Nein	Ja
Luxemburg	19.12.2003	Nein	Ja	Nein	Nein	Nein
Malta	21.09.1964	Nein	Ja	Nein	Nein	Nein
Niederlande	05.10.2004	Nein	Ja	Ja	Nein	Nein
Österreich	01.03.2010	Ja	Ja	Nein	Nein	Ja
Polen	17.10.1997	Nein	Ja	Ja	Nein	Ja
Portugal	02.04.1976	Nein	Ja	Nein	Nein	Ja
Rumänien	08.12.1991	Ja	Ja	Ja	Nein	Ja
Schweden	01.12.1994	Nein	Ja	Nein	Nein	Nein
Slowakei	01.10.1992	Ja	Ja	Ja	Nein	Ja
Slowenien	23.11.1991	Nein	Ja	Ja	Nein	Ja
Spanien	29.12.1978	Ja	Ja	Nein	Nein	Ja
Tschechien	01.01.1993	Nein	Ja	Ja	Nein	Nein
Ungarn	23.10.1989	Nein	Ja	Ja	Nein	Ja
Ver. Königreich	30.11.2000	Nein	Ja	Nein	Nein	Nein
Zypern	06.04.1960	Nein	Nein	Nein[h]	Nein	Nein
28 EU-Länder	11	25	11	0	11
Nicht-Mitgliedsländer der EU						
Island	16.06.1944	Ja	Ja	Nein	Nein	Nein

Tab. 5.2: Institutionelle Grundlagen direktdemokratischer Instrumente in Europa – Fortsetzung

Land	Jahr[a]	Obligatorisches Referendum (OR)[b]	Plebiszit (P)[c]	Fakultatives Referendum (FR)[d]	Alternativ-Vorschlag beim FR (FAV)[e]	Volksinitiative (VI)[f]
Liechtenstein	11.04.1984	Ja	Nein	Ja	Nein	Ja
Norwegen	04.11.1814	Nein	Ja	Nein	Nein	Nein
Schweiz	01.07.1976	Ja	Nein	Ja	Ja	Ja
Albanien	21.10.1998	Nein	Ja	Ja	Nein	Ja
Bos.-Herzegow.	21.11.1995	Nein[i]	Nein	Nein	Nein	Nein
Mazedonien	17.11.1991	Nein	Ja	Ja	Nein	Ja
Moldawien	29.07.1994	Nein	Ja	Ja	Nein	Ja
Montenegro	19.10.2007	Ja	Ja	Ja	Nein	Ja
Russland	12.12.1993	Nein	Ja	Ja	Nein	Ja[j]
Serbien	29.10.2006	Ja	Ja	Ja	Ja	Ja
Ukraine	28.06.1996	Ja	Ja	Ja	Nein	Ja
Weißrussland	15.03.1995	Nein	Ja	Ja	Nein	Ja
13 Nicht-EU-Länder		6	10	10	2	10
Gesamt (alle 41 Länder)		17	35	21	2	21

Anmerkungen: a = Datum, an dem die aktuell gültigen Regelungen (01.01.2010) zu direktdemokratischen Instrumenten in Kraft traten; b = rechtlich zwingend vorgesehener Volksentscheid über einen Parlamentsbeschluss; c = Abstimmung, die von der Regierung, dem Staatspräsidenten oder dem Parlament initiiert werden kann; d = Abstimmung über einen Parlamentsentscheid; e = Abstimmung über einen Alternativvorschlag, der im Kontext eines Referendums formuliert wurde; f = Abstimmung über einen vom Volk initiierten Gesetzesentwurf; g = nur im Fall von Länderneugliederungen Art. 29 (2) GG und bei einer Verabschiedung einer neuen Verfassung Art 146 GG; h = 2004 Plebiszit zur Wiedervereinigung abgelehnt, durch Annan-Plan angeregt; i = einziges Referendum 1992 extern initiiert; j = die Volksinitiative wurde im Juni 2004 eingeführt. Datenquellen: Kaufmann et al. 2007, Kaufmann et al. 2004; eigene Recherchen in den Verfassungstexten. Stand: 01.12.2010.

In der **Schweiz**, als demjenigen Land mit der häufigsten Anwendung direktdemokratischer Elemente, bestehen drei verschiedene Instrumente der direkten Demokratie, die dem Souverän auf Bundesebene die regelmäßige Partizipation am politischen Willensbildungs- und Entscheidungsprozess ermöglichen: das obligatorische Referendum, das fakultative Referendum und die Volksinitiative. Referenden und Volksinitiativen bestehen auf allen staatlichen Ebenen, also auch auf Gemeinde- und Kantonsebene, jedoch mit deutlichen Unterschieden zwischen Deutschschweiz sowie dem Tessin und der Romandie. Generell gilt, dass die Entscheidungsmitwirkung des Volkes mit zunehmender materieller Bedeutung von Rechtsnormen ansteigt: Während Verordnungen und einfache Parlamentsbeschlüsse ohne Mitwirkung des Souveräns verabschiedet werden können, unterliegen Verfassungsänderungen ausschließlich der Letztentscheidungsgewalt des Volkes.

Seit 1848 muss jede auf dem Wege der Bundesgesetzgebung vorgenommene Verfassungsänderung sowie, seit 1977, ein Beitritt zu einer supranationalen Organisation einem obligatorischen Referendum unterzogen werden. Jede Änderung der Bundesverfassung benötigt dabei sowohl die bundesweite Zustimmung des Volkes (»Volksmehr«) als auch die Zustimmung einer Mehrheit der Kantone (»Ständemehr«).

Das zweite zentrale Instrument der direkten Demokratie ist das 1874 eingeführte fakultative Gesetzesreferendum. Durch die Sammlung von 50 000 Unterschriften innerhalb einer Frist von 100 Tagen oder auf Verlangen von acht Kantonen, müssen Bundesgesetze, allgemeinverbindliche Bundesbeschlüsse sowie bestimmte völkerrechtliche Verträge (unkündbare Staatsverträge, Beitritt zu einer internationalen Organisation) einer Volksabstimmung unterworfen werden, wobei die einfache Volksmehrheit entscheidet.

Schließlich kann durch Sammlung von 100 000 Unterschriften innerhalb einer Rahmenfrist von 18 Monaten eine Volksinitiative auf Erlass, Aufhebung oder Abänderung bestimmter Artikel der Bundesverfassung initiiert werden. Dieses Begehren auf Teilrevision der Bundesverfassung kann entweder in Form einer allgemeinen Anregung oder als ausgearbeiteter Entwurf eingebracht werden. Wird das Initiativbegehren in Form einer allgemeinen Anregung eingebracht und stimmt das Parlament diesem Begehren zu, so ist vom Parlament eine entsprechende Vorlage auszuarbeiten und diese dem Volk und den Ständen zur Abstimmung zu unterbreiten. Lehnt das Parlament die Anregung ab, wird die Frage der Teilrevision dem Volk unterbreitet. Stimmt es einer Partialrevision zu, so ist diese im Sinne des Volksbeschlusses auszuarbeiten.

Wird eine Initiative in Form eines konkret ausgearbeiteten Entwurfs eingebracht, was meistens der Fall ist, und stimmt das Parlament dem Inhalt zu, ist die Vorlage dem Volk und den Ständen zur Abstimmung zu unterbreiten. Im gegenteiligen Fall kann das Parlament die Verwerfung der Vorlage verlangen oder einen eigenen Gegenentwurf ausarbeiten. Der Ablehnungsantrag oder der Gegenentwurf gelangt dann gemeinsam mit der Initiative zur Abstimmung. Unterbreiten Bundesrat und Parlament einen Gegenentwurf, so müssen die Stimmberechtigten entscheiden, welchen Entwurf sie dem geltenden Recht vorziehen. Anschließend müssen sie darüber entscheiden, welche der beiden Vorlagen in Kraft treten soll, falls Initiative und Gegenentwurf angenommen werden. Ein solches Doppel-Ja war bis 1987 unzulässig.

In der **Bundesrepublik Deutschland** sind Volksabstimmungen im Grundgesetz in nur zwei sehr speziellen Fällen vorgesehen: (1) Im Falle der Länderneugliederung sowie (2) bei der Ablösung des Grundgesetzes durch eine andere (neue) Verfassung (Art. 146 GG). Die Landesgründung 1952 in Baden-Württemberg war konfliktreich und ist historisch bemerkenswert: Denn kein anderes Bundesland wurde nach einer Volksabstimmung aus mehreren anderen Bundesländern gebildet. Spätere Versuche, wie etwa der Vorschlag einer Fusion von Berlin und Brandenburg (1996), scheiterten an der Stimmurne oder schon im Entstehungsprozess. Auf Länderebene gab es in der alten Bundesrepublik nach 1945 in acht der elf ursprünglichen Bundesländer (Baden-Württemberg ab 1952) direkt-demokratische Beteiligungsmöglichkeiten – lediglich in Hamburg, Niedersachsen und Schleswig-Holstein standen den Bürgern keine unmittelbaren Volksrechte zur Verfügung. Die deutschen Länder wiesen dabei große Unterschiede auf (Kost 2011, Weixner 2002): Hessen, Nordrhein-Westfalen, Rheinland-Pfalz und das Saarland hatten hohe Hürden für ein Volksbegehren und Volksentscheid festgelegt (20 Prozent Unterschriftenquorum). In Berlin, Baden-Württemberg und im Saarland kam es bis 1990 zu Veränderungen des direktdemokratischen Instrumentariums: In Berlin wurde die ohnehin nur theoretische Möglichkeit zur Durchführung der Volksgesetzgebung 1974 ganz gestrichen, sodass die einzig verbliebene Möglichkeit noch die Auflösung des Abgeordnetenhauses per Volks-entscheid war. In Baden-Württemberg wurde 1974 die Volksgesetzgebung eingeführt – hier hatten vorher nur Plebiszit, arbitrierendes Referendum (ein Referendum bei Unent-schiedenheit in der Landesregierung) und Abberufung existiert (Wehling 2005: 15 f.). Das Saarland ersetzte 1979 das fakultative Referendum durch die Volksgesetzgebung.

Generell kann man auf Bundesländerebene zwischen zwei- und dreistufigen Ver-fahren der Volksgesetzgebung unterscheiden. Dabei stellt die »Volksinitiative«, die auf keinen Fall mit der Schweizer Volksinitiative verwechselt werden darf, die erste Stufe in einem dreistufigen Verfahren bis zum Volksentscheid dar (kritisch zu dieser Unter-scheidung siehe Eder/Magin 2007). Die **bundesrepublikanische Volksinitiative** zwingt lediglich die Parlamente sich mit einer Vorlage zu beschäftigen, kommt also einem An-hörungsrecht gleich. Generell können Initiatoren dabei wählen, ob der Landtag sich unverbindlich mit dem Anliegen befassen soll oder ob gleich ein Volksgesetzgebungs-verfahren mit dem Ziel eines Volksentscheides initiieren werden soll. Generell weisen Volksinitiativen geringere Anforderungen (Unterschriftenzahl) auf als Volksbegeh-ren. Auf der Stufe des **Volksbegehrens** liegt die Zahl der erforderlichen Unterschriften deutlich höher. Sie reicht von 3,8 Prozent (Brandenburg) bis 20 Prozent der Stimmbe-rechtigten (Hessen, Saarland) mit unterschiedlichen Fristen was die Eintragung in die Unterschriftenlisten anbelangt (z. B. 14 Tagen in Bayern und sechs Monaten Sachsen). Zudem spielt es eine Rolle ob man eine Amtseintragung der Unterschriften (z. B. Bayern und Baden-Württemberg) vornehmen muss oder diese frei sammeln kann (z. B. Sach-sen, Sachsen-Anhalt). Zudem unterliegen in Bayern und Hessen alle Verfassungsände-rungen dem **obligatorischen Referendum**, während dies in Berlin nur für Änderungen im Hinblick auf direktdemokratische Vorschriften gilt.

Auf Bundesländerebene wurden von 1946 bis Ende 2012 insgesamt 278 direkt-demokratische Verfahren (Anträge auf Volksbegehren bzw. Volksinitiativen) eingeleitet. Von diesen gelangten 78 zum Volksbegehren und hiervon wiederum 19 zum Volksent-scheid (Mehr Demokratie 2012: 7). Hinzu kamen 49 unverbindliche Volkspetitionen, bei denen das jeweilige Landesparlament angeregt wird, sich mit dem Abstimmungs-gegenstand zu befassen. Die Interessenorganisation »Mehr Demokratie« bewertet zu-dem seit mehreren Jahren vergleichend die Regelungen auf Bundesländerebene sowie auf kommunaler Ebene (Mehr Demokratie 2013, ▶ **Tab. 5.3**). Die Einstufung für die je-weilige Ebene basiert auf einem differenzierten Bewertungsschema, mit einer allerdings etwas fragwürdigen Gleichgewichtung aller zugrundeliegenden Kriterien.

Tab. 5.3: Gesetzliche Regelungen der direkten Demokratie auf Landes- und Kommunalebene

Platz im Ranking	Bundesland	Gesamtbewertung	Länderebene (in Klammer Note und Platz)	Kommunalebene (in Klammer Note und Platz)
1	Hamburg	gut (2,15)	gut (2,0; 1)	gut (2,3; 5)
2	Bayern	gut (2,35)	befriedigend (3,0; 3)	gut (1,7; 1)
3	Bremen	befriedigend (2,55)	befriedigend (2,7; 2)	gut (2,4; 6)
4–5	Schleswig-Holstein	befriedigend (2,9)	ausreichend (3,9; 6)	gut (1,9; 3)
4–5	Thüringen	befriedigend (2,9)	ausreichend (4,0; 7–9)	gut (1,8; 2)
6	Berlin	befriedigend (3,0)	ausreichend (4,0; 7–9)	gut (2,0; 4)
7	Nordrhein-Westfalen	befriedigend (3,1)	ausreichend (3,5; 4)	befriedigend (2,7; 7)
8	Sachsen	ausreichend (3,65)	ausreichend (3,8; 5)	ausreichend (3,5; 8)
9	Rheinland-Pfalz	ausreichend (4,0)	ausreichend (4,3; 11–13)	ausreichend (3,7; 9–10)
10	Hessen	ausreichend (4,1)	mangelhaft (4,5; 14)	ausreichend (3,7; 9–10)
11	Brandenburg	ausreichend (4,2)	ausreichend (4,3; 11–13)	ausreichend (4,1; 11)
12	Mecklenburg-Vorpommern	ausreichend (4,25)	ausreichend (4,2; 10)	ausreichend (4,3; 12–13)
13	Niedersachsen	ausreichend (4,3)	ausreichend (4,3; 11–13)	ausreichend (4,3; 12–13)
14	Sachsen-Anhalt	ausreichend (4,4)	ausreichend (4,0; 7–9)	mangelhaft (4,8; 15)
15	Saarland	mangelhaft (4,85)	mangelhaft (4,7; 15)	mangelhaft (5,0; 16)
16	Baden-Württemberg	mangelhaft (4,9)	mangelhaft (5,3; 16)	mangelhaft (4,5; 14)

Quelle: Volksentscheidsranking Mehr Demokratie 2013: 8.

Im Ergebnis zeigt sich, dass Hamburg in der Gesamtwertung und bei den Ländern die am weitesten ausgebauten Beteiligungsmöglichkeiten aufweist. Auf Kommunalebene liegt Bayern vor Thüringen und Schleswig-Holstein. Am Ende des Rangfolgenvergleichs liegt Baden-Württemberg, sowohl in der aggregierten Betrachtung als auch für die Bundesländer. Im Hinblick auf die Themen der Volksgesetzgebungsverfahren (Eder/Magin 2007) entfallen rund 75 Prozent der Verfahren auf die drei Themen (1) Bildung, (2) Staatsordnung sowie (3) Gesundheit und Soziales.

Policy-Wirkungen der direktdemokratischen Instrumente

Die Wirkung direktdemokratischer Entscheidungsverfahren auf andere politische Variablen, wie etwa Ergebnisse der Staatstätigkeit, gehören zu einem jüngeren Strang der
wissenschaftlichen Beschäftigung mit den Effekten der Direktdemokratie. Historisch
wird der Direktdemokratie zugeschrieben, dass sie die politische Legitimation von Entscheidungen aber auch die politische Partizipation erhöhte. Vor dem Hintergrund der
Auswirkung auf die **politische Systemstabilität** gibt es zwei unterschiedliche Sichtweisen. Zum einen wird vor dem Hintergrund der Erfahrungen der Weimarer Republik argumentiert, dass direkte Demokratie »eine Prämie für Demagogen« (so ein berühmtes
Diktum von Theodor Heuß im Parlamentarischen Rat) sei. Daneben kann jedoch auch
argumentiert werden, dass die Möglichkeit, sich stärker direkt an politischen Entscheidungen zu beteiligen, generell die Systemstabilität erhöht und die Demokratiequalität
insgesamt verbessert (Wagschal 2011).

Eine Umfrage der Bertelsmann Stiftung aus dem Jahr 2011 zu dem Wunsch nach
mehr direktdemokratischen Verfahren zeigt eine deutliche Mehrheit von 78 Prozent
der Befürworter solcher Beteiligungsverfahren (Bertelsmann Stiftung 2011). Auf Seiten der Gegner werden die »**Weimarer Erfahrungen**« stets als Argumente gegen die
Einführung direktdemokratischer Elemente auf Bundesebene in Deutschland hervorgebracht (Schiffers 2002). Fraglich ist jedoch dabei, ob dieses Argument überhaupt zu-
trifft. Insgesamt gab es in Weimar fünf unterschiedliche Wege, die zu einem Volksentscheid führen konnten: zum Beispiel konnte der Reichspräsident dem Volk ein Gesetz
vorlegen (Artikel 73 Absatz 1 Weimarer Reichsverfassung) oder es konnte ein Zehntel
der Stimmberechtigten für ein Volksbegehren Unterschriften sammeln. Aber auch das
Parlament (ein Drittel der Reichstagsabgeordneten waren hier notwendig) konnte ein
Volksbegehren verlangen (Artikel 73 Absatz 2 WR). Die empirische Erfahrung solcher
Volksentscheide ist in Weimar jedoch sehr begrenzt. Es wurden lediglich zwei Volksentscheide durchgeführt, 1926 zur sogenannten Fürstenenteignung sowie 1929 zum
Young-Plan, der die Frage der Reparationen regelte. Beide Volksentscheide scheiterten
jedoch an dem geltenden 50 Prozent Beteiligungsquorum in der Weimarer Republik.
Beide dieser Volksabstimmungen hatten zwar einen hohen Ja-Stimmanteil (Fürstenenteignung 96,1 %, Young-Plan 94,5 %); allerdings haben die Gegner der beiden Volksabstimmungen, einmal die politische Rechte sowie die politische Linke, aufgrund ihrer
Empfehlung, nicht an der Abstimmung teilzunehmen, das Beteiligungsquorum strategisch genutzt. Daher können diese beiden Beispiele nicht als Beleg dafür dienen, dass
die direkte Demokratie wesentlich zum Scheitern der Weimarer Republik beigetragen
hätten. Dagegen spricht allein der Zeitpunkt der Volksabstimmungen während der sta-
bilsten Phase Weimars. Auch andere Abstimmungen, die in Weimar lanciert wurden,
wie etwa über das Verbot des Baus von Kriegsschiffen, sogenannten Panzerkreuzern,
welches die KPD 1928 initiierte, scheiterten. So fanden sich nicht einmal 10 Prozent
der Stimmberechtigten, die für ein Volksbegehren notwendig gewesen wären. Insgesamt
lässt sich also festhalten, dass die Weimarer Republik sicherlich nicht an der direkten
Demokratie scheiterte, sondern die Volksbegehren und Volksentscheide eher Ausdruck
und nicht Ursache der Krise waren.

Dennoch gibt es Beispiele für die demagogische und damit **demokratiekritische Nutzung** von Volksabstimmungen, die jedoch meist in Form von Plebisziten auftreten. Besonders auffällig ist Weißrussland, dessen hohe Zahl von nationalen Volksabstimmungen nach 1991 (12) überwiegend auf Präsidialplebiszite (9) zurückzuführen ist. Diese werden als politisch-strategisches Instrument des seit 1994 amtierenden Staatspräsidenten Lukaschenko verwendet (z. B. Russisch als Amtssprache, keine Abschaffung der Todesstrafe u. a.) und verschleiern so auf den ersten Blick die hoch defizitäre Demokratiequalität des Landes. Aber auch in Frankreich wurde in der Vergangenheit das Plebiszit strategisch eingesetzt, um neben der Legitimation einer politischen Entscheidung noch eine zusätzliche Mobilisierung und Unterstützung des Staatspräsidenten herzustellen. Will man die Wirkung von Direktdemokratie auf die Systemstabilität einschätzen, sollte daher nach *Top-Down-* und *Bottom-Up-*Instrumenten differenziert werden.

Ein weiterer Forschungsstrang beschäftigt sich mit den **Wirkungen der direkten Demokratie** auf die Staatstätigkeit, wie beispielsweise auf Staatsausgaben (Wagschal 1997, Matusaka 2004, Freitag/Wagschal 2007) oder die Sozialpolitik (Obinger 1998). Dabei stehen sich aus theoretischer Perspektive zwei gegensätzliche Argumentationen gegenüber. Denn geht man davon aus, dass die Demokratie an sich eine steigernde **Wirkung** auf die Ausgaben und Einnahmen eines Landes hat, dann ist es auf der einen Seite plausibel anzunehmen, dass die direkte Demokratie als unmittelbarste Form der Herrschaft des Volkes eine vergleichsweise stärkere Wirkung entfalten kann. Je größer die Partizipation der Bürger und je stärker ihr möglicher Einfluss auf den Entscheidungs- und Willensbildungsprozess ist, desto größer ist die Wahrscheinlichkeit für eine Umverteilungspolitik. Dies ist der sogenannte Robin Hood-Effekt der Demokratie (Downs 1968: 291). Auf der anderen Seite kann theoretisch auch eine **restriktive Wirkung** erwartet werden. Hierfür sprechen gleich mehrere Argumente: (1) Die direkte Demokratie ist ein **Vetoinstrument** gegen die Macht von Regierungen, die Staatsausgaben und Steuern als ein Instrument für ihre Wiederwahl nutzen können (dazu auch: Tsebelis/ Hug 2002). Speziell ist die Direktdemokratie ein wirksames Instrument zur Artikulierung von Widerstand gegen Steuern und Abgaben. (2) Politiker haben eine höhere soziale Diskontrate als Wähler (Kirchgässner/Pommerehne 1996), das heißt, die politische Elite weist – auf Grund wahltaktischer Zwänge – nur einen kurzen Zeithorizont mit entsprechend hohen Präferenzen für die Gegenwart auf. Dadurch, dass die Wähler in der direkten Demokratie eine niedrigere soziale Diskontrate besitzen, werden sie weniger für eine kurzfristig orientierte Politik stimmen. (3) Die Stimmbürger haben in einer repräsentativen Demokratie viel höhere Kosten, um ihre Präferenzen und Interessen zu artikulieren (Frey 1992). (4) Die direkte Demokratie kann in Analogie zum Marktmechanismus interpretiert werden. In der direkten Demokratie findet ein intensiverer Wettbewerb um die Stimmen der Bürger statt. Durch die engere Verknüpfung zwischen den Wählern und der Entscheidung ist auch die fiskalische Äquivalenz viel stärker, also die annähernde Deckungsgleichheit von Kosten und Nutzen eines Projektes. (5) Direkte Demokratie hat eine Blockadefunktion. Einzelne Projekte sind leichter zu blockieren als das ganze Staatsbudget. Um das gesamte Budget oder Teile des Haushalts zu verändern, muss in repräsentativen Demokratien die Regierung abgelöst werden, was in der Regel über Wahlen erfolgt. In der direkten Demokratie kann dagegen ein unerwünschtes

Projekt durch einen Abstimmungssieg der Opponenten verhindert werden, ohne dass damit der Sturz der Regierung einhergeht.

Empirische Befunde zeigen, dass die Auswirkungen auf die Staatstätigkeit stark von der Ausgestaltung der direktdemokratischen Instrumente abhängen. So ist etwa eine dämpfende Wirkung auf die Höhe der Staatsausgaben bzw. Sozialausgaben belegt (Freitag 2003, Wagschal/Obinger 2000). Zudem konnte bei der Analyse sozialpolitischer Entscheidungen in der Schweiz festgestellt werden, dass sich die liberale Ausgestaltung des Schweizer Sozialstaates auch auf die direkte Demokratie zurückführen lässt, indem die Präferenzen einer bürgerlichen Mehrheit der Abstimmenden hier ihren Niederschlag finden (Obinger 1998, Freitag/Wagschal 2007). Auch auf andere sozialpolitische Themen wie etwa Abtreibung (Gindulis 2003) lässt sich ein eindeutiger Effekt, in diesem Fall ein strukturkonservativer Effekt, direktdemokratischer Entscheidungen nachweisen. Schließlich konnte Obinger (1998) zeigen, dass es einen Zeitverschiebungseffekt direktdemokratischer Verfahren gibt, wenn es um die Verabschiedung von Gesetzen geht. So musste in der Schweiz zunächst einmal eine Verfassungskompetenz für die wichtigsten sozialpolitischen Maßnahmen implementiert werden. Die Ausführungsgesetze wurden dann später mit dem fakultativen Referendum attackiert, sodass in allen Fällen eine Verschiebung zwischen 15 und 50 Jahren beobachtet werden konnte (Obinger 1998: 171ff.).

Für die USA konnten zudem weitere Effekte im Bereich der Besteuerung identifiziert werden. Die Steuerrevolte in Kalifornien von 1978 (Proposition 13) und die zahlreichen Verschuldungsgrenzen auf Bundesstaatenebene haben es für die Exekutive erschwert, einerseits sich stärker zu verschulden und andererseits Steuern zu erhöhen (Billerbeck 1989). Gleichzeitig befinden sich die öffentlichen Finanzen in Kalifornien jedoch in einer schlechteren Verfassung als in vergleichbaren anderen Bundesstaaten.

Kritische Auswirkungen der Direktdemokratie sind im Hinblick auf den **Minderheitenschutz** zu beobachten. So wurde beispielsweise 1996 die Schulbildung für Migrantenkinder in Kalifornien in einer Volksabstimmung abgelehnt und auch die Entscheidung in der Schweiz gegen den Bau von Minaretten bei Moscheen erzielte internationale Aufmerksamkeit (2009). Empirisch vergleichende Analysen kommen für die USA (Gamble 1997) zu einem ebenfalls negativen Befund. Rund 75 Prozent aller Entscheidungen fallen zu Lasten von Minderheiten aus. Insbesondere werden dabei Homosexuelle, Ausländer, Migranten – aber auch Frauen – negativ betroffen (dazu auch Christmann [2012] und Vatter [2011]). Dagegen gibt es keine negativen Effekte der Direktdemokratie auf die Schweizer Minderheiten: weder die italienisch- noch die französischsprechenden Schweizer werden benachteiligt (Bolliger 2007). Die jüngste Entscheidung im Tessin, welche es Muslima verbietet Burka zu tragen (2013), ist ein weiteres Indiz für die Asymmetrie direktdemokratischer Entscheidungen im Hinblick auf den Minderheitenschutz. Sowohl für die USA als auch die Schweiz lässt sich feststellen, dass sogenannte »deserving« Minderheiten, also jene, die zur Herrschaftsgesellschaft gehören und »Verdienste« aufweisen (z.B. Veteranen, Soldaten aber auch Blinde), nicht negativ betroffen sind. Andere Minderheiten müssen jedoch sehr deutlich das scharfe Schwert von Volksentscheidungen fürchten. Daher sollte bei der Implementation direktdemokratischer Verfahren darauf geachtet werden, dass ein ausgebauter Rechtsstaat sowie eine starke Verfassungsgerichtsbarkeit als Korrektiv eingreifen können, um Grundrechte zu schützen. Allerdings muss man differenzierend hinzufügen, dass auch parlamentarisch repräsentative Systeme Entscheidungen zu Lasten von Minderheiten treffen.

Neue Formen der Bürgerbeteiligung

E-Government, interaktive Beteiligung durch Web 2.0 und durch soziale Medien wie Facebook und Twitter, Online-Beteiligungsverfahren, Bürgerhaushalte und vieles mehr werden unter dem Stichwort »neue Formen der Bürgerbeteiligung« diskutiert und evaluiert (Nanz/Fritzsche 2012). Diesen Verfahren wohnt das Versprechen inne, neue alternative Beteiligungsformen anzubieten und so ein Heilmittel gegen Politik- und Parteienverdrossenheit zu sein. Vor dem Hintergrund von Bau- und Großprojekten, etwa der Erweiterung des Flughafens Frankfurt oder die Tieferlegung des Stuttgarter Hauptbahnhofs, wird solchen alternativen Verfahren ein hohes Potenzial zugebilligt. Als Vorteile solcher neuer Formen der Bürgerbeteiligung werden dabei genannt:

(1) Bürgerbeteiligung kann als Ressource dienen: Sie kann die Qualität von Entscheidungen verbessern, die Legitimation von Entscheidungen erhöhen und möglicherweise nachgelagerte Proteste verhindern. (2) Bürgerbeteiligung ist ein demokratischer Wert an sich und kann Interesse an Politik wecken, Mitverantwortung stärken und helfen, die Politik zu entlasten. (3) Bürgerbeteiligung hat keine thematischen und räumlichen Grenzen. Auch »unbequeme« Themen können angegangen und im Konsens entschieden werden. (4) Ergebnisfindung ist möglich, auch bei komplexen bzw. kontroversen Themen.

Das **Infrastrukturprojekt Stuttgart 21** gilt geradezu als paradigmatischer Fall, in dem unterschiedlichste Formen der politischen Beteiligung und Auseinandersetzung zum Tragen kamen, wie die parlamentarische Verabschiedung, Volksabstimmung und Bürgerbegehren, Demonstrationen, rechtliche Klageschritte aber auch Innovationen wie die Schlichtung zu Stuttgart 21 (Frick 2013) oder der Filderdialog (bei dem es um die Frage der Anbindung von Flughafen und Region ging). Im Zuge der Stuttgart-21-Demonstrationen wurde sogar ein neuer *homo politicus* identifiziert: der Wutbürger. Kurbjuweit, der Wortschöpfer, definiert diesen folgendermaßen:

> »Der Wutbürger buht, schreit, hasst. Er ist konservativ, wohlhabend und nicht mehr jung. Früher war er staatstragend, jetzt ist er zutiefst empört über die Politiker. Er zeigt sich bei Veranstaltungen mit Thilo Sarrazin und bei Demonstrationen gegen das Bahnhofsprojekt Stuttgart 21« (Kurbjuweit 2010: 26).

Die empirische Sozialforschung hat jedoch in Befragungen der S21-Demonstranten schnell mit diesem Mythos aufgeräumt: Lediglich neun Prozent wählten bei der letzten Bundestagswahl die CDU, 49 Prozent stimmten hingegen für die Grünen und bei der kommenden Wahl würden sogar 75 Prozent die Grünen wählen (Baumgarten 2010: 2). Die Sozialstruktur der Demonstranten ist mitnichten vom konservativen Milieu geprägt, sondern vielmehr von Aktivisten gekennzeichnet, die mit hohem Bildungsabschluss bereits zahlreiche Protesterfahrungen in der Vergangenheit haben (vgl. Rucht et al. 2010).

Eine wichtige Funktion direktdemokratischer Verfahren aber auch neuer Beteiligungsverfahren ist die **Ventilfunktion**: Fatke und Freitag (2012) haben jüngst in einer bemerkenswerten Analyse für die Schweiz gezeigt, dass der Direkten Demokratie eine solche Ventilfunktion innewohnt. Es wird also nicht nur die Legitimation von Entscheidungen erhöht, sondern auch die politische Auseinandersetzung befriedet. Dies deckt sich mit Ergebnissen der Umfrage von Faas und Schmitt-Beck zu Stuttgart 21 (2012). Auf die Frage, ob die grün-rote Landesregierung von Baden-Württemberg das Ergebnis der Volksabstimmung zu »Stuttgart 21« in jedem Fall akzeptieren müsse, stimmten in einer Umfrage vor der Abstimmung nur 6,5 Prozent der Befragten dieser Aussage nicht zu (6 Prozent der Befürworter von S21 und 7,9 Prozent der Gegner von S21). In einer Umfrage nach der Abstimmung lag dieser Anteil nur noch bei 4,1 Prozent der Befragten (2,1 % Befürworter S21, 7,7 % der Gegner S21). Gabriel und Faden-Kuhne (2011) haben zudem gezeigt, dass gerade für die Gegner von S21 die Durchführung des Volksentscheids wichtig war (65 % der Befragten).

Generell stehen bei den Bürgerbeteiligungs- und Planungsbeteiligungsverfahren Kosten- und Nutzen-Überlegungen im Hintergrund, die bei Infrastrukturprojekte individuell höchst unterschiedlich ausfallen. Daher kann die Ablehnung dieser Projekte auch als »rationales« Verhalten erklärt werden, weil man zum Beispiel Verschlechterungen erwartet. So ist die Vermutung plausibel, dass regionale Vorhaben mit (vermeintlich) negativen externen Effekten (z. B. Flughäfen, Autobahnen, Mülldeponien, Atomkraftwerke, Kindergärten) stärker abgelehnt werden als Maßnahmen mit positiven externen Effekten (z. B. Theater, Solaranlagen). Dies wird in der Literatur als **NIMBY-Verhalten** (Akronym für »*Not in My Back Yard*« = »Nicht in meinem Garten«) bezeichnet (Thomsett 2004). Allerdings können auch bei offensichtlich großen negativen externen Effekten eines Projektes hohe Zustimmungsraten in Abstimmungen erzielt werden, wenn die individuelle Kosten-Nutzen-Bilanz (etwa durch schnelle Verkehrsanbindung) positiv ist. Ein NIMBY-Effekt für das Bahnprojekt Stuttgart 21 konnte allerdings nicht nachgewiesen werden (Wagschal 2012). Stimmbürger aus dem Großraum Stuttgart zeigten eine signifikant höhere Wahrscheinlichkeit, dem Projekt zuzustimmen.

Tab. 5.4: Zentrale Merkmale neuer Beteiligungsverfahren

Verfahren	Ziel/Funktion	Typische Themen	Dauer	Teilnehmeranzahl und -auswahl
21st Century Town Meeting	Beratung von Entscheidern, Konsultation, Mitentscheidung	verbindliche Entscheidungen oder Feedback zu Fragen der Lokalentwicklung und -politik	1 Tag bzw. einmalige Zusammenkunft	500 – 5 000 Personen, aufgeteilt in Kleingruppen à 10 – 12 Personen; gezielte Auswahl
Bürgergutachten Planungszelle	Beratung von Entscheidern, Beeinflussung öffentlicher Diskussionen	konkrete lokale oder regionale Probleme und Planungsaufgaben	mind. 4 aufeinander folgende Tage	in der Regel 100 Personen; 4 Gruppen à 25 Personen; zufällige Auswahl

Tab. 5.4: Zentrale Merkmale neuer Beteiligungsverfahren – Fortsetzung

Verfahren	Ziel/Funktion	Typische Themen	Dauer	Teilnehmer-anzahl und -auswahl
Bürgerhaushalt	Beratung von Entscheidern, Konsultation, bürgerschaftliche Entscheidung	Kommunalfinanzen (komplett oder teilweise)	1 Tag bis mehrere Jahre	100 – 20 000 Personen; Selbstselektion
Bürgerrat	Beeinflussung öffentlicher Diskussionen, Konsultation, Beratung von Entscheidern	konkrete lokale Probleme und Planungsaufgaben	2 Tage pro Bürgerrat, ca. 4 Monate, später neuer Bürgerrat (mit anderen Personen)	8 – 12 Personen; zufällige Auswahl
Charrette	Beeinflussung öffentlicher Diskussionen, Beratung von Entscheidern	konkrete lokale oder regionale Probleme und Planungsaufgaben	mind. 4 Tage (plus je 1 Tag für öffentl. Vor- und Nachbereitung), mehrere Zusammenkünfte (2 – 4)	keine Vorgaben, je mehr Beteiligte, umso repräsentativer die Ergebnisse; Selbstselektion, zudem auch gezielte Auswahl (ggf. mit Nachrekrutierung)
Konsens-konferenz/ Bürgerkonferenz	Beeinflussung öffentlicher Diskussionen, Konsultation, Beratung von Entscheidern	kontroverse Themen von öffentlichem Interesse	3-tägige Konferenz, 2 Vorbereitungs-treffen	10 – 30 Personen; zufällige Auswahl
Mediation	Beeinflussung öffentlicher Diskussionen, Konsultation, Beratung von Entscheidern	kontroverse Themen von öffentlichem Interesse	1 – 2 Tage bis mehrere Jahre	10 – 100 Personen; gezielte Auswahl
Szenario-Workshop/Konferenz	Einflussnahme auf Öffentlichkeit und Gesellschaft, Beratung von Entscheidern	Antizipieren künftiger Entwicklungen und Ableiten von Empfehlungen in Bezug auf diverse Themen	1- bis 3-tägige Blockveranstaltung oder mehrere Treffen	25 – 30 Personen pro Gruppe, mehrere Gruppen können parallel arbeiten; gezielte Auswahl
World Café	Einflussnahme auf Öffentlichkeit und Gesellschaft	Vielseitig einsetzbar	mehrere Gesprächsrunden à 20 – 30 Minuten	12 – 1200 Personen; Selbstselektion

Tab. 5.4: Zentrale Merkmale neuer Beteiligungsverfahren – Fortsetzung

Verfahren	Ziel/Funktion	Typische Themen	Dauer	Teilnehmer- anzahl und -auswahl
Zukunftswerk- statt, Zukunfts- konferenz	Einflussnahme auf Öffentlichkeit und Gesellschaft, Beratung von Entscheidern	Antizipieren künftiger Ent- wicklungen, Ab- leiten von Emp- fehlungen in Bezug auf di- verse Themen	2 – 3 Tage	5 – 200 Perso- nen; Selbstselek- tion (innerhalb einer natürlichen Gruppe)

Quelle: nach Nanz/Fritsche 2012: 84 f.

In der Literatur und Praxis (vgl. Nanz/Fritzsche 2012) finden sich zahlreiche Beteiligungsverfahren (▶ Tab. 5.4), die als »neue« Formen der Bürgerbeteiligung diskutiert
werden. Manche dieser Verfahren wie etwa Bürgerhaushalte, bei denen es zumeist um
die Zusammensetzung und Höhe des Kommunalhaushaltes geht, können noch sehr
viel weiter differenziert werden. Gerade das Verfahren zu Bürger- bzw. Beteiligungs-
haushalten hat nach einer ersten Durchführung 1989 in Porto Alegre (Brasilien) eine
breite Aufmerksamkeit erlangt. Allerdings lassen die gemachten Erfahrungen und die
Beteiligungsquoten in Deutschland das Instrument zunehmend kritisch erscheinen.

Kommentierte Literaturempfehlungen

Kirchgässner, Gebhart/Feld, Lars P./Savioz, Marcel R. (1999): Die direkte Demokratie. Modern,
erfolgreich, entwicklungs- und exportfähig. München.
Aus ökonomischer Perspektive geschriebenes Lehrbuch mit Fokus auf die Schweiz.
Freitag, Markus/Wagschal, Uwe (Hrsg.) (2007): Direkte Demokratie. Bestandsaufnahmen und
Wirkungen im internationalen Vergleich. Berlin.
*Umfassendes Lehrbuch, welches die unterschiedlichen Dimensionen der Institutionen, des politi-
schen Prozesses und der Staatstätigkeit betrachtet.*
Nanz, Patrizia/Fritsche, Miriam (2012): Handbuch Bürgerbeteiligung. Verfahren und Akteure,
Chancen und Grenzen. Bonn.
*Bisher das erste Werk, welches alternative und neuere Formen der Bürgerbeteiligung in den Blick
nimmt.*
Christmann, Anna (2012) Die Grenzen direkter Demokratie. Volksentscheide im Spannungsver-
hältnis von Demokratie und Rechtsstaat. Baden-Baden.
*Aktuelle Analyse zum Problem der Minderheitenbehandlung in direktdemokratischen Abstimmun-
gen.*
Schiller, Theo/Mittendorf, Volker (2002): Direkte Demokratie. Forschung und Perspektiven. Wies-
baden: Westdeutscher Verlag.
Standardwerk und Übersichtsband zur Direktdemokratietie.

6 Verfassung und Verfassungsgerichtsbarkeit: Funktionen – historische Entwicklung – internationaler Vergleich

Uwe Wagschal, Maximilian Grasl

Einleitung

Eine Verfassung stellt die politische Grundstruktur eines Staates dar (Schmidt 2010: 832) und ist damit Ausdruck des institutionellen Rahmens bzw. der *Polity*-Dimension eines politischen Systems. Zumeist sind Verfassungen kodifiziert und in einem (z. B. USA) oder mehreren Dokumenten (z. B. Schweden) niedergelegt. Doch gibt es auch Staaten, die keine (einheitliche) schriftliche Verfassung besitzen (z. B. Großbritannien, Israel, Neuseeland). Dies ist jedoch nur in unitarischen Staaten möglich, da hier kein Bedarf für eine explizite normierte Kompetenzverteilung – wie in föderalen Systemen – besteht. Selbstverständlich existiert auch in diesen Ländern eine politische Grundordnung, die sich aus der Summe mehrerer Dokumente sowie ungeschriebener Normen zusammensetzt. Sehr plastisch macht dies der Titel *Die Englische Verfassung* von Walter Bagehot, der eine Analyse des britischen Regierungssystems vornimmt und zwischen *efficient parts* und *dignified parts of the constitution* unterscheidet. Während die *efficient parts* die tatsächlich entscheidungsbeeinflussenden Institutionen und Akteure betreffen, beziehen sich die *dignified parts* auf altehrwürdige, öffentlichkeitswirksame Einrichtungen, die ohne politischen Einfluss sind, jedoch dazu beitragen, die Loyalität zu einem politischen System zu festigen. Insofern besitzt auch das Vereinigte Königreich eine »Verfassung«, wenngleich diese nicht gänzlich in schriftlicher Form niedergelegt ist.

Damit sind die beiden Hauptfunktionen von Verfassungen erfasst: Zum einen müssen sie die Regeln des politischen Entscheidungsfindungsprozesses vorgeben, zum anderen den Zusammenhalt der einer politischen Ordnung unterliegenden Akteure garantieren und damit für ausreichende Legitimation der verbindlich getroffenen Entscheidungen sorgen.

Verfassungsgerichte, die hier im Anschluss an die Verfassungen erörtert werden, stehen zunächst nicht direkt im Zusammenhang mit Verfassungen, denn eine staatliche Grundstruktur kann auch ohne ein Verfassungsgericht ausgestaltet sein. Historisch zeigt sich auch, dass in Ländern ohne geschriebene Verfassungen die Verfassungsgerichtsbarkeit unüblich war. In Großbritannien, als paradigmatischem Fall für die angelsächsische Rechtstradition, wird dieser Trend mit der Einführung einer zumindest verfassungsgerichtsähnlichen Institution, dem Obersten Gerichtshof des Vereinigten Königreiches (seit 1.10.2009) in jüngerer Zeit durchbrochen. Für den amerikanischen Präsidenten Thomas Jefferson bestand sogar die Gefahr, dass ein starkes Verfassungsgericht eine Verfassung so sehr nach seinem Willen formen würde, »als sei sie Wachs in seinen Händen« (Jefferson 1955: 153). Andererseits sind jedoch Verfassungsgerichte eng mit demokratischen Verfassungen verbunden, denn kein autoritäres Regime lässt eine unabhängige Prüfung seiner Normen zu. So stellen die in manchen autoritären Systemen bestehenden Verfassungsgerichtshöfe lediglich Legitimationsfassaden dar.

Im Folgenden wird zunächst die Bedeutung von Verfassungen dargestellt, die Entstehungs- und Veränderungsprozesse von Verfassungen und speziell des Grundgesetzes erörtert. Im zweiten Teil werden dann die Verfassungsgerichte zunächst national und international vergleichend dargestellt. Ein weiterer Schwerpunkt ist die Untersuchung von Policy-Effekten durch Verfassungsgerichte.

Definition und Funktionen von Verfassungen

Eine Verfassung definiert, wer an der politischen Willensbildung teilhat. Sie grenzt damit das Wahlvolk von nicht-wahlberechtigten Bewohnern des Staates ab und definiert zudem den Zuschnitt der Verfassungsorgane in Legislative, Exekutive und Judikative. Daneben legt eine Verfassung fest, wie und unter welchen Bedingungen allgemein verbindliche Entscheidungen verfassungskonform getroffen werden können. Hierzu schreibt sie formale Mehrheitsanforderungen vor und macht zumeist auch inhaltliche Staatszielvorgaben – je nach Verfassung in unterschiedlichen Detaillierungsgraden. Darüber hinaus nennt sie die Gegenstandsbereiche, die in der Kompetenz der jeweiligen staatlichen Ebene liegen oder als bürgerliche Freiheitsrechte bzw. unveränderlicher Verfassungskern der staatlichen Regelung entzogen sind. Schließlich ordnet eine Verfassung an, wie die getroffenen Entscheidungen umzusetzen sind und bindet somit auch das Verwaltungshandeln an verfassungsrechtliche Normen.

Durch diesen Handlungsrahmen verhindert eine Verfassung Willkürherrschaft und garantiert rechtsstaatliche Politik durch die Verpflichtung der getroffenen Entscheidungen auf ein übergeordnetes Recht. Abhängig davon, welche Schwerpunkte die Verfassung setzt, sind unterschiedliche Arten von Rechtsstaaten möglich: Falls die Entscheidungshoheit bei einem inhaltlich unumschränkten Parlament liegt und das verfassungsmäßige Zustandekommen der Entscheidungen alleine nach den Verfahrensvorgaben (Mehrheitsregel) erforderlich ist, spricht man von **Parlamentssouveränität** (z. B. Großbritannien) bzw. wenn das Volk im Prinzip die letzte Entscheidungskompetenz hat von **Volkssouveränität** (z. B. Schweiz). Falls die Verfassung jedoch zusätzlich inhaltliche Vorgaben – wie beispielsweise die Grundrechte in Deutschland – enthält, lässt sich von **Verfassungssouveränität** sprechen (Abromeit 1995).

Entstehungs- und Veränderungsprozesse von Verfassungen

Da das Verfassungsrecht stärker als andere Rechtsgebiete auf Stabilität ausgerichtet ist – es werden schließlich Normen festgelegt, die auf Dauer gelten und schwer veränderbar sein sollen – kommt den Entstehungsprozessen von Verfassungen eine zentrale Rolle zu[1] (von Beyme 1984: 12). Die ersten schriftlichen Fixierungen von Verfassungsregeln stammen aus der schwedischen »Regierungsform« (1634) und Oliver Cromwells »Instrument of Government« (1654) (Hübner 2007: 149). Eine wichtige Neuerung wurde in der Verfassung der Vereinigten Staaten von 1787 realisiert, als hier erstmals das Prinzip der Volkssouveränität festgeschrieben wurde. Dieses Konzept geht auch auf die Ideen der Französischen Revolution zurück und ist eng mit Emmanuel Joseph Sieyès verbunden. Dieser trat vehement für die Volkssouveränität ein, weil er annahm, dass eine Nation den staatlichen Organen zeitlich vorausgeht und sich deshalb nur selbst eine Verfassung geben kann, aus der dann die Körperschaften der gesetzgebenden und vollziehenden Gewalten hervorgehen, ohne dass sie selbst die Befugnis haben, das Verfassungsrecht zu beeinflussen (Sieyès 1981). In der Praxis führen jedoch unterschiedliche Wege zur Verfassungsgebung (vgl. Schmidt 2010: 833): Diese kann – wie im Falle der USA (1787) oder Deutschlands (1949) – durch Vereinbarung zwischen verschiedenen Trägern staatlicher Souveränität zur Bildung eines neuen Staates erfolgen; durch einen Vertrag zwischen den bisherigen Herrschaftsträgern mit neuen politischen Kräften (z. B. in Großbritannien durch die *Bill of Rights*); durch Niederwerfung der alten Herrschaftsordnung und Vereinbarung der neuen Kräfte (z. B. die französische Verfassung von 1791) oder schließlich durch Gewährung bestimmter Rechte seitens der bisherigen Herrschaftsträger an die nachfolgenden (z. B. die deutsche Verfassungsbewegung). Häufig ist daneben das Wahlvolk an der Verfassungsgebung beteiligt, indem es Delegierte per Wahl dazu legitimiert, eine Verfassung zu erarbeiten (z. B. die Philadelphia Convention von 1787) oder den von einem beratenden Ausschuss entworfenen Verfassungstext in einem Volksentscheid annimmt. Die Ratifizierung des Vertrags über eine *Verfassung für Europa* (VVE) in den Jahren 2004 und 2005 wäre hierfür ein Beispiel. Dieser Prozess wurde in den einzelnen Ländern der Europäischen Union entweder parlamentarisch oder direktdemokratisch durchgeführt bzw. es gab in einigen Ländern auch die Kombination beider Verfahren. Durch die ablehnenden Volksentscheide in Frankreich und den Niederlanden im Jahre 2005 scheiterte jedoch dieser Integrationsschritt.

Eine einmal erlassene Verfassung ist selten in der Lage, den sich ändernden Regelungserfordernissen und gesellschaftlichen Dynamiken auf Dauer gerecht zu werden. Zwei Anpassungsmöglichkeiten bestehender politischer Grundstrukturen lassen sich deshalb ausmachen: Zum einen kann die **Verfassungswirklichkeit** vom statischen Verfassungstext abweichen, wenn etwa die Regeln eines identischen Verfassungstextes in unterschiedlichen Kontexten und Rahmenbedingungen zu einer variierenden Verfassungswirklichkeit führen. So musste beispielsweise der Verfassungstext zu den Kompetenzen und Befugnissen eines Bundeskanzlers (v.a. Art. 65 GG) zunächst vom ersten Bundeskanzler mit einem konkreten Amtsverständnis gefüllt werden und wird seitdem von den verschiedenen Amtsinhabern entsprechend ihrer Persönlichkeit unterschied-

---

1 Thomas Jefferson forderte, dass Verfassungen nach Ablauf einer Frist automatisch erlöschen sollten, um zu vermeiden, dass die toten den lebenden Generationen Regeln und Pflichten auferlegten (Brief an James Madison 1789, Quelle: http://press-pubs.uchicago.edu/founders/documents/v1ch2s23.html [12.09.2012]).

lich interpretiert (Niclauß 2004). Die Notwendigkeit zur Interpretation einer schriftlichen Verfassung ist immanent und eine detaillierte Normierung aller Eventualitäten nicht möglich. Napoleon Bonaparte wird der Satz zugeschrieben: »[E]ine Verfassung muss kurz und dunkel sein.« Nur so habe sie die notwendige Flexibilität, auch für unvorhergesehene Fälle Antworten zu liefern und Orientierung zu geben, ohne selbst in Frage gestellt zu werden. Der Bedarf nach einer unabhängigen Instanz zur Lösung von Interpretationsdisputen führte zur Gründung unabhängiger Verfassungsgerichte (s. Abschnitt zur Verfassungsgerichtsbarkeit). Solche Veränderungen in der Auslegung lassen sich natürlich durch eine politikwissenschaftliche Verfassungsanalyse besser erfassen als durch verfassungs- oder staatsrechtliche Analysen.

Zum anderen kann sich der Text der Verfassung selbst ändern, indem ihm *amendments* (Zusätze) angefügt oder bestehende Teile neu formuliert werden. Dabei gilt es, das richtige Gleichgewicht zwischen Änderungsdynamik und Stabilitätsbewahrung zu finden: Manche sprechen von Reformstau, wenn es der Politik nicht gelingt, notwendige Änderungen vorzunehmen und durch zu hohe Verfassungshürden gesellschaftlicher Wandel behindert wird. Andererseits besteht die Tendenz, dass temporäre Mehrheiten momentane Errungenschaften dadurch zu schützen versuchen, dass sie sie nicht nur über einfache Gesetze, sondern über die höheren Verfassungshürden kodifizieren, um sie vor späteren Änderungen und Rückbau zu sichern. Eine überlange Verfassung kann demnach ein Anzeichen dafür sein, dass der Text mehr Vorschriften enthält, als zur Festlegung der staatlichen Grundstruktur zwingend notwendig sind. Dem deutschen Grundgesetz kann man diesen Vorwurf nur teilweise machen, da es etwa zum Wahlrecht lediglich Grundsätze vorgibt (Art. 38 GG) und auf konkrete Spezifizierungen völlig verzichtet, obgleich es zu den elementaren Grundregeln des politischen Willensbildungsprozesses gehört. Andererseits zeigt der häufig geänderte Art. 23 GG zu den Mitwirkungsrechten von Bundestag und Bundesrat in Angelegenheiten der EU, der auch zu den detail- und umfangreichsten Artikeln des Grundgesetzes gehört, wie schwierig und instabil die Konsensfindung auf dem Feld der Länderbeteiligung an der europäischen Integrationspolitik ist.

Nur wenigen Verfassungen gelingt es mehrere Jahrzehnte formal unverändert zu bleiben – etwa der südkoreanischen, die seit 1987 nicht verändert wurde, oder der japanischen, die sogar seit ihrer Verabschiedung im Jahr 1946 keine Änderung erfahren hat.

In allen anderen Verfassungen finden mehr oder weniger häufig Textänderungen statt (Lutz 1994). Diese sind stark begründungspflichtig, da sie den übergeordneten und dauerhaften Charakter der Verfassung in Frage stellen. Um das Ausmaß an Verfassungsänderungen zu beschränken und der Verfassung einen besonderen rechtlichen Status zu verleihen, werden bei Verfassungsänderungen besondere Normsetzungsregeln und -verfahren angewendet, welche diese erschweren, wie etwa die Erfordernis von 2/3-Mehrheiten im Bundestag und Bundesrat. Das Gleichgewicht zwischen Stabilität und Anpassungsfähigkeit kann auch dadurch bewahrt werden, dass bestimmte Verfassungsinhalte grundsätzlich von Veränderungen ausgenommen werden, wie beispielsweise die »Ewigkeitsgarantie« des Art. 79 Abs. 3 im Grundgesetz. Hinsichtlich der formalrechtlichen Änderungshürden reicht das Spektrum vom Fehlen besonderer Anforderungen in Ländern ohne schriftliche Verfassung bis hin zu sehr schwer änderbaren Verfassungen, die eine Mehrzahl von Änderungshürden vorsehen (z. B. USA oder Dänemark). Ein detaillierter Katalog von angewandten institutionellen Hürden für Verfassungsänderungen findet sich bei Lutz (1994), wobei empirisch am häufigsten besondere Mehrheitserfordernisse (etwa 2/3-Mehrheit), die Zustimmung von zusätzlichen Gremien, die nicht am normalen Gesetzgebungsverfahren beteiligt sind (Zustimmung einer zweiten Kammer oder eines neugewählten Parlaments; in Dänemark), sowie Referenden über Änderungsvorschläge vorkommen.

Grundgesetzänderungen

Neben einem inhaltlichen Vergleich des materiellen Gehalts von Verfassungen, der das Zusammenspiel der Verfassungsorgane betrifft und vorrangig bei der Analyse von Regierungssystemen erfolgt (▶ **Kap. 9**), gewinnt der Vergleich von Reformprozessen und -bedingungen in der Politikwissenschaft an Bedeutung. Dem quantitativen Verfassungsvergleich sind subtile Interpretationsverschiebungen kaum zugänglich, sodass sich diese Forschungsrichtung auf manifeste Textänderungen stützen muss. Über die Zählung der Verfassungsänderungen kann allerdings die Verfassungsrigidität (Lijphart 2012: 207) bestimmt werden und damit indirekt Aufschluss über die Wandlungsfähigkeit eines politischen Systems gegeben werden (Grasl/Detzer 2009, Lutz 1994, Lorenz/ Seemann 2009).

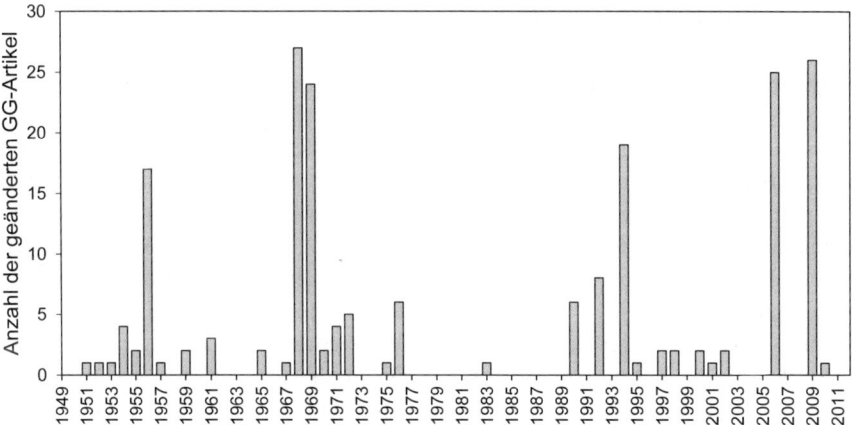

Abb. 6.1: Grundgesetzänderungen in Deutschland
Quelle: eigene Erhebung und Darstellung

Aus Abbildung 6.1, die die Anzahl geänderter Verfassungsartikel im Grundgesetz im Zeitverlauf zeigt, ist zu erkennen, dass die Änderungen nicht stetig, sondern eher in Phasen erfolgt sind. Die Reformen der frühen 1950er Jahre werden in der Literatur als Folge des provisorischen Charakters des Grundgesetzes gesehen (vgl. Batt 2003, Bryde 1982, Busch 1999). Aufgrund des Zeitdrucks und der Bedingungen des Besatzungsregimes blieb die Arbeit des Parlamentarischen Rates unvollendet und es gelang nicht, die Materien der neuen Verfassungsordnung abschließend zu regeln. Beispiele für diese »nachgeholte Verfassungsgesetzgebung« sind das Strafrechtsänderungsgesetz – Gegenstand der Verfassungsreform 1951 – oder das Gesetz zur Änderung und Ergänzung der Finanzverfassung 1955. Eine zweite größere Reformwelle lässt sich Ende der 1960er Jahre ausmachen. Sie konzentrierte sich vor allem auf das Haushaltsrecht, die Finanzverfassung und die Neujustierung der Gesetzgebungskompetenzen. Brachte die Deutsche Einheit mit einer Anpassung der Präambel, der Artikel 23, 51, 135a, 143 und 146 GG verfassungstechnisch wenig Reformbedarf mit sich, ist die nächste Häufung von Änderungen 1992 bis 1994 zu beobachten. Sie war Antwort auf die fortschreitende europäische Integration und Ergebnis der Gemeinsamen Verfassungskommission, die eine umfassende Überarbeitung des Grundgesetzes zum Ziel hatte. Die beiden jüngsten Änderungsphasen wurden durch die Föderalismusreformen und die Grundgesetzanpassungen im Zuge der Eurokrise eingeleitet. Im Ergebnis zeigt sich damit für Deutschland, dass sich ein oftmals unterstellter Reformstau nicht mit zu starren Verfassungsvorgaben begründen lässt, da das Grundgesetz im internationalen Vergleich eine durchschnittliche Änderungshäufigkeit aufweist (Grasl/Detzer 2009). Als bestimmende Faktoren konnten – so der Befund des internationalen Vergleichs – bislang Änderungshürden auf Seiten hemmender Faktoren ermittelt werden, während der Anpassungsbedarf von Alter und Länge eines Verfassungstextes abhängt (Lutz 1994, Grasl/Detzer 2009).

Verfassungsgerichtsbarkeit

Definition und Funktionen von Verfassungsgerichten

Im Vergleich zu Verfassungen handelt es sich bei starken und unabhängigen Verfassungsgerichten um historisch junge Entwicklungen. Zwar wurde die erste und älteste verfassungsrechtliche Instanz, der *Supreme Court* der USA, bereits 1789 (erste Zusammenkunft 1790) gebildet, doch blieb diese Innovation sehr lange ohne weitere Verbreitung. Abgesehen von der Schweiz (dessen Bundesgericht nur eingeschränkte Verfassungsrechtskompetenzen besitzt) und Tschechien wurde erst 1920 in Österreich ein Verfassungsgericht eingerichtet, das zudem entsprechend Hans Kelsens Verfassungsrechtstheorie erstmals ausschließlich für Verfassungsfragen zuständig war. Vor allem nach den Erfahrungen faschistischer Diktaturen in Europa und der darauf folgenden Einrichtung des Bundesverfassungsgerichts (BVerfG) in Deutschland ist eine zügige Verbreitung festzustellen, die sich nach dem Fall des Eisernen Vorhangs in Mittel- und Osteuropa weiter fortgesetzt hat. Heute besitzen fast alle etablierten Demokratien auch Einrichtungen zur Verfassungsjurisprudenz, die sich jedoch in formaler Ausgestaltung und Kompetenzen unterscheiden und am schwächsten ausgeprägt sicherlich in Großbritannien (seit 2009 als Nachfolger des *House of Lords*: Oberster Gerichtshof von Großbritannien) und der Schweiz zu finden sind. Bemerkenswert ist dieser Schritt gerade in Großbritannien, wo dem Obersten Gericht verschiedene verfassungsrechtliche Zuständigkeiten übertragen wurden. So ist es zuständig für Kompetenzstreitigkeiten zwischen den drei Regionalregierungen (Nordirland, Schottland und Wales) und der britischen

Regierung, aber auch Fragen im Zusammenhang mit der *Europäischen Menschenrechtskonvention* obliegen ihm. Gleichwohl ist die Verfassungsgerichtsbarkeit in Großbritannien immer noch sehr schwach ausgeprägt.

Ein Zusammenhang zwischen der Existenz eines Verfassungsgerichts und einer Verfassung ergibt sich freilich daraus, dass dort, wo Verfassungen materiell die Staatsorgane an ein »höheres Recht« binden auch unabhängige Verfassungsgerichte über dessen Einhaltung wachen müssen. Solche Verfassungsgerichte gelten auch als vergleichsweise stark, denn ihnen kommt eine **materielle Rechtsprüfung** zu, während schwache Verfassungsgerichte nur über **formale Fragen** der Entscheidungsfindung, d. h. die Einhaltung des vorgeschriebenen Verfahrens oder des Kompetenzrahmens, zu urteilen haben. Hinzu kommt als wichtige Aufgabe von Verfassungsgerichten noch die **Sicherung von Grundrechten.**

Neben diesen eher **juristischen und staatsrechtlichen Funktionen** lassen sich zudem noch **politische Funktionen** der Verfassungsgerichtsbarkeit identifizieren. Die Delegation von Entscheidungen und Entscheidungsbefugnissen an ein Verfassungsgericht stellt zunächst einen Verlust von Souveränitätsrechten der Exekutive dar. Jedoch kann dieser Souveränitätsverlust durchaus Sinn ergeben, wenn sich etwa die politischen Entscheidungsträger (z. B. im Fall einer starken Opposition) nicht einigen können oder die Regelungsmaterie politisch sehr konfliktgeladen ist (z. B. die Frage der Anerkennung der gleichgeschlechtlichen Ehe). Aus der Sicht der Vetospielertheorie (Tsebelis 2002) fungiert ein Verfassungsgericht auch als Schranke gegen Mehrheitsentscheidungen – ein Gedanke, der schon bei Tocqueville (1959: 113) formuliert wurde. Schließlich sichert das Verfassungsgericht auch Minderheiten Rechte, die sonst möglicherweise der Tyrannei der Mehrheit (Tocqueville 1959: 174) ausgeliefert wären.

Das Bundesverfassungsgericht

Das 1951 gegründete Bundesverfassungsgericht mit Sitz in Karlsruhe lässt sich als eine machtvolle Institution bezeichnen. Die Wertschätzung und das Vertrauen der Bevölkerung in das Verfassungsgericht sind weit größer als bei anderen Institutionen wie etwa dem Bundestag oder der Bundesregierung. Dem Verfassungsgericht obliegt die Einhaltung des Grundgesetzes. Seine Entscheidungen sind unanfechtbar. Alle Staatsorgane sind an seine Rechtsprechung gebunden, allerdings wird es nur auf Antrag tätig. Das Bundesverfassungsgericht gliedert sich in zwei Senate, einen **Grundrechts- und einen Staatsrechtssenat**, wobei die Zuständigkeiten insbesondere für Verfassungsbeschwerden und Normenkontrollen heute auf beide Senate verteilt sind. Seit 1963 bestehen beide Senate nur noch aus jeweils acht Verfassungsrichtern, die von einem Wahlausschuss des Bundestages sowie vom Bundesrat jeweils mit 2/3-Mehrheit gewählt werden.

Das Verfassungsgericht besitzt eine Vielzahl von Zuständigkeiten, die es bei Anrufung wahrnehmen kann. Die Kontrolle des Gesetzgebers geschieht durch die abstrakte und konkrete Normenkontrolle. Bei der **abstrakten Normenkontrolle** (Art. 93 Abs. 1 Nr. 2 GG) sind lediglich die Bundesregierung, Landesregierungen und ein Drittel der

Mitglieder des Bundestages antragsberechtigt. Dieses Instrument stellt ein »scharfes Schwert« der Opposition dar, die mit dem »Gang nach Karlsruhe« (Landfried 1984, Stüwe 1996) mitunter versucht, ein Reformvorhaben der jeweiligen Regierung im Nachhinein zu verhindern oder zumindest in ihrem Sinne zu verändern. Beispiele sind der Grundlagenvertrag von 1972, das Schwangeren- und Familienhilfegesetz 1992 oder das Finanzausgleichsgesetz 1999. Bei der **konkreten Normenkontrolle** sind Gerichte der Bundesrepublik Deutschland vorlageberechtigt, d. h. bei einem Zweifel an der Verfassungsmäßigkeit kann ein Gericht anhand eines konkreten Falls (z. B. *Numerus Clausus* Entscheidung 1972, Aussetzung der Wehrpflicht 2002) das Verfassungsgericht auffordern, das zugrunde liegende Gesetz zu prüfen.

Die erstmals mit dem Bundesverfassungsgericht verwirklichte Möglichkeit, das positive Recht eines normalen Gesetzgebungsverfahrens abstrakt, d. h. noch vor der Anwendung des Rechts und einer damit möglicherweise einhergehenden Rechtsverletzung, an den verfassungsrechtlichen Maßstäben zu prüfen (die materielle Normenkontrolle), stellt eine Durchbrechung des demokratischen Mehrheitsprinzips und der Parlamentssouveränität dar und ist aus der historischen Erfahrung Deutschlands zu erklären: Ein lediglich formaler Rechtsstaat, wie es der NS-Staat war, bietet keine Sicherung dagegen, dass das Recht der Mehrheit zu gesetzlichem Unrecht führt. Aus diesem Grund gilt das Recht der Mehrheit in der Bundesrepublik nicht immer, sondern wird letztendlich auf höheres Verfassungsrecht verpflichtet und Menschenrechte wie Grundfreiheiten sind ihrem Zugriff gänzlich entzogen.

Die Kontrolle von Behörden und Gerichten erfolgt vor allem durch die Möglichkeit der **Verfassungsbeschwerde**. Diese erlauben es jeder natürlichen Person, das Bundesverfassungsgericht formlos anzurufen, wenn sie sich durch staatliches Handeln in ihren Grundrechten verletzt sieht (z. B. Kopftuch-Urteil 2003, Kruzifix-Urteil 1993, Maastricht-Urteil 1993). Die Verfassungsbeschwerde ist mit deutlichem Abstand das am häufigsten vorkommende Verfahren (▶ **Tab. 6.1**) und stellt ein wesentliches Grundrecht der Bürger dar. Allerdings gibt es seit 1993 eine Missbrauchsgebühr, falls die Verfassungsbeschwerde ungerechtfertigt beantragt wurde, was eine Ausnahme von der grundsätzlichen Kostenfreiheit einer Verfassungsbeschwerde darstellt. Weitere Zuständigkeitsbereiche des Bundesverfassungsgerichts sind Verfassungsstreitigkeiten zwischen staatlichen Organen – sogenannte **Organstreitigkeiten** zwischen obersten Bundesorganen (z. B. um die Auflösung des Bundestags 1983) –, **Bund-Länder-Streitigkeiten** (z. B. der ZDF-Fernsehstreit 1961) sowie die Ausübung der Verfassungsrechtsprechung für das Land Schleswig-Holstein mangels eines eigenen Verfassungsgerichts bis 2007. Im Lissabon-Urteil, Folge einer Organklage des Bundestages, wurde 2009 die Verfassungsmäßigkeit des Vertrags von Lissabon festgestellt, der der Europäischen Union eine einheitliche Struktur und Rechtspersönlichkeit geben soll. Zugleich verstößt nach dem Urteil aber das deutsche Begleitgesetz teilweise gegen das Grundgesetz. Bemängelt wurden die unzureichenden Beteiligungsrechte des Bundestages und des Bundesrats. Die Ratifizierung des Vertrags durfte erst mit der gesetzlichen Ausgestaltung der nötigen Beteiligungsrechte erfolgen.

Darüber hinaus trifft das Bundesverfassungsgericht Entscheide über **Wahlprüfungsverfahren** des Bundestages. So erklärte es im November 2011 die Fünf-Prozent-Klausel in § 2 Abs. 7 des Gesetzes über die Wahl der Abgeordneten des Europäischen Parlaments aus der Bundesrepublik Deutschland bei Europawahlen für nichtig, da diese Regelung einen Eingriff in den Wahlgrundsatz der gleichen Wahl und in die Chancengleichheit der Parteien darstelle, der nicht zu rechtfertigen sei. Die Wiederholung der Europawahl 2009 wurde jedoch nicht angeordnet. Für die Europawahl 2014 wurde durch einen Verfassungsgerichtsentscheid die zuvor verabschiedete Sperrklausel von drei Prozent aufgehoben. Bereits durch ein vorhergehendes Urteil von 2008 war die Fünf-Prozent-Hürde im Kommunalwahlrecht des Landes Schleswig-Holstein durch das Gericht abgeschafft worden.

Schließlich liegen beim Verfassungsgericht noch die Zuständigkeit für Anklagen gegen den Bundespräsidenten und gegen Richter sowie die Nachprüfung von Völkerrecht (z. B. Lagerung von Atomraketen).

Ein besonders »scharfes Schwert« der wehrhaften Demokratie sind die besonders im Fokus der Öffentlichkeit stehenden Entscheidungen über **Parteienverbote** (Art. 21 Abs. 2 GG). 1952 wurde die Sozialistische Reichspartei SRP – eine Nachfolgepartei der NSDAP – und 1956 die Kommunistische Partei Deutschlands KPD verboten, während 2003 das Verbotsverfahren gegen die NPD gescheitert ist. Ende 2013 wurde vom Bundesrat ein erneuter Verbotsantrag gestellt. Dieser ist aktuell beim BVerfG anhängig. Für Parteienverbote ist, wie auch für den Entzug von Grundrechten bei Personen, die gegen die freiheitlich demokratische Grundordnung der Bundesrepublik gehandelt haben (Art. 18 Satz 2 GG), eine 2/3-Senatsmehrheit nötig.

Tab. 6.1: Verfahrenseingänge und -erledigungen des Bundesverfassungsgerichts (1951–2012)

Verfahrensart	Anzahl der eingegangenen Verfahren	Anzahl der erledigten Verfahren
Organstreit	194	174
abstrakte Normenkontrolle	175	166
konkrete Normenkontrolle	3.539	3.477
Bund-Länder-Streitigkeiten	45	45
Verfassungsbeschwerden	194.005	190.634
Parteiverbotsverfahren	8	8
Sonstiges	2.999	2.994
GESAMT	200.965	197.498

Quelle: http://www.bundesverfassungsgericht.de/organisation/gb2012/A-I-1.html [12.03.2013].

Eine für Politikwissenschaftler zentrale Fragestellung ist, ob es in Bezug auf das Verfassungsgericht einen systematischen Bias (Verzerrung) für eine politische Richtung bzw. eine Partei gibt. Ein solcher Verdacht drängte sich bereits 1951 auf, als sich im Ersten Senat unter den zwölf Richtern sechs mit SPD-Parteibuch befanden, weshalb sich die Bezeichnung »roter Senat« einbürgerte. Dagegen wurden in den Zweiten Senat zunächst mehr Richter gewählt, die von der CDU/CSU vorgeschlagen wurden (»schwarzer Senat«). Gleichsam als Korrektiv waren die Vorsitze beider Senate jedoch mit Vertretern der jeweils anderen Partei bzw. des anderen politischen Lagers besetzt.

Die Opposition hatte, abgesehen von Zeiten Großer Koalitionen, immer eine Sperrminorität im Ausschuss des Bundestages zur Wahl der Bundesverfassungsrichter inne. Auch die Mehrheitsverhältnisse im Bundesrat, dem zweiten Wahlorgan der Bundesverfassungsrichter, bedingten bislang stets den Zwang zum Kompromiss zwischen den beiden großen Volksparteien. Keine Partei besaß je die Zweidrittelmehrheit im Bundesrat zur Durchsetzung eines Vorschlags. Entsprechend der Intention der Verfassungsväter dominiert bei der Wahl der Verfassungsrichter deshalb Konkordanz.

Um zum Bundesverfassungsrichter gewählt zu werden, schreiben die Amtsanforderungen in § 3 BVerfGG ein Mindestalter von 40 Jahren, die Wählbarkeit in den Deutschen Bundestag sowie die Befähigung zum Richteramt vor. Hinzu kommt, dass mindestens drei Richter jedes Senats vorher an einem der obersten Bundesgerichte tätig gewesen sein müssen. Außerdem dürfen die Richter am Bundesverfassungsgericht keine politischen Ämter innehaben. Kommt es innerhalb von zwei Monaten nach Ausscheiden bzw. Ablauf der Amtszeit zu keiner Entscheidung, legt das Bundesverfassungsgericht den jeweiligen Wahlorganen einen 3er-Vorschlag vor, an den die Gremien jedoch nicht gebunden sind.

Die Besetzung der Richterstellen erfolgt faktisch unter parteipolitischen Erwägungen (▶ Tab. 6.2). Mitunter kann es zu Auseinandersetzungen kommen, wenn ein Vorschlag als zu parteipolitisch exponiert erscheint. Die wohl kontroverseste Richterwahl betraf die Nachfolge von Richter Mahrenholz (Jahr 1993/1994), für die die SPD ihre stellvertretende Parteivorsitzende Hertha Däubler-Gmelin vorschlug. Die CDU/CSU blockierte die Wahl Däubler-Gmelins mit dem Argument, die Kandidatin sei eine »ausgesprochene Parteipolitikerin«. Man stritt über ein Jahr, bis schließlich Jutta Limbach als Kompromisskandidatin gewählt wurde. Generell kann man aber beobachten, dass immer wieder auch Spitzenpolitiker als Verfassungsrichter gewählt werden. Beispiele hierfür sind Roman Herzog, der vor seiner Verfassungsrichterkarriere Kultus- und Innenminister in Baden-Württemberg war, oder Gebhard Müller, der in den 1950er Jahren vom Amt des baden-württembergischen Ministerpräsidenten aus nach Karlsruhe in den zweiten Senat gewechselt war.

Auch Parteilose sind, was betont werden muss, nicht notwendigerweise politisch neutral. Sie werden von den politischen Parteien vorgeschlagen und ihre politischen Standpunkte sind bei der Wahl bekannt. Hatten die Parteilosen bei der Erstbesetzung noch einen Anteil von knapp 42 Prozent, so sank dieser im Laufe der Zeit schnell ab. In den letzten Jahren wurden jedoch wieder mehr parteilose Richter gewählt, gegenwärtig sind es zehn der 16 Richter (= 62,5 %) ein Anteil so hoch wie nie in der Geschichte des Gerichts. Parteipolitisch besonders exponiert sind aktuell allerdings nur der ehemalige Ministerpräsident des Saarlandes Müller (CDU) sowie der ehemalige Innenminister Thüringens Huber (CSU).

Tab. 6.2: Parteipolitische Färbung des Bundesverfassungsgerichts (09/1951 bis 12/2012)

	BVerfG insgesamt	Erster Senat	Zweiter Senat
CDU/CSU-Mitglieder	28,7	26,5	30,9
FDP-Mitglieder	3,0	3,4	2,5
Parteilose	37,2	33,1	41,4
SPD-Mitglieder	30,8	36,4	25,1
Anteil vakanter Stellen	0,4	0,6	0,1

Anmerkungen: Auswertung auf Monatsbasis, d. h. die Situation, die innerhalb eines Monats am längsten vorherrschte, wurde zur Klassifikation herangezogen. Rundungsbedingt kann sich ein Wert abweichend von 100 ergeben.
Quellen: Frank 1987; Stüwe 1996; Kommers 1997; Landfried 1984; 1994; Ley 1991; Kommers 1976; eigene Recherchen.

Bei der Besetzung der Leitungspositionen fällt ein »Kreuzstich« zwischen den beiden großen Volksparteien bzw. zwischen Regierung und Opposition auf: Wurde der Präsident von der CDU/CSU vorgeschlagen und dann gewählt, so wurde ein SPD-Mitglied der Stellvertreter (▶ Tab. 6.3). Je ein Präsident und Vizepräsident waren Mitglied der FDP, während der parteilose Otto Seidl von der CDU/CSU vorgeschlagen wurde und der aktuell parteilose Andreas Voßkuhle von der SPD. Lange Zeit war das Präsidentenamt mit dem Vorsitz im Ersten Senat gekoppelt. Diese Regelung wurde 1983 aufgegeben. Seitdem wird immer der Vizepräsident zum Nachfolger des Präsidenten gewählt.

Der Frauenanteil ist im langfristigen Vergleich mit 14,3 Prozent sehr gering, insgesamt waren nur 15 von 105 Richtern weiblich. Aktuell ist jedoch ein deutlicher Zuwachs (5 von 16 = 31,25 %) zu beobachten. Dabei sind die meisten Frauen auf dem »Ticket« der SPD (sowie im Fall von Baer auf Vorschlag der Grünen) ins Verfassungsgericht gelangt. Auf Vorschlag der CDU/CSU gelangten nur zwei weibliche Richter seit Gründung des Bundesverfassungsgerichts ins Amt.

Tab. 6.3: Die Besetzung der Leitungsorgane des Bundesverfassungsgerichts

Präsident	Senat	Partei	Amtszeit	Vizepräsident	Senat	Partei	Amtszeit
H. Höpker-Aschoff	1	FDP	07.09.51–15.01.54	Rudolf Katz	2	SPD	06.09.51–23.07.61
Josef Wintrich	1	CDU	23.03.54–19.10.58	Fr. Wagner	2	SPD	15.12.61–18.10.67
Gebhard Müller	1	CDU	08.01.59–08.12.71	Walter Seuffert	2	SPD	18.10.67–07.11.75
Ernst Benda	1	CDU	08.12.71–20.12.83	W. Zeidler	2	SPD	07.11.75–19.12.83

Tab. 6.3: Die Besetzung der Leitungsorgane des Bundesverfassungsgerichts – Fortsetzung

Präsident	Senat	Partei	Amtszeit	Vizepräsident	Senat	Partei	Amtszeit
W. Zeidler	2	SPD	20.12.83–16.11.87	Roman Herzog	1	CDU	13.10.83–16.11.87
Roman Herzog	1	CDU	16.11.87–30.06.94	E. Mahrenholz	2	SPD	16.11.87–24.03.94
				Jutta Limbach	2	SPD	24.03.94–13.09.94
Jutta Limbach	2	SPD	14.09.94–10.04.02	J. F. Henschel	1	FDP	29.09.94–13.10.95
				Otto Seidl	1	PL	13.10.95–27.02.98
				H.-J. Papier	1	CDU	27.02.98–10.04.02
H.-J. Papier	1	CDU	11.04.02–16.03.10	W. Hassemer	2	PL	10.04.02–02.05.08
				A. Voßkuhle	2	PL	02.05.08–16.03.10
Andreas Voßkuhle	2	PL	16.03.10–heute	Ferd. Kirchhof	1	CDU	16.03.10–heute

Für seine Entscheidungen nutzt das Bundesverfassungsgericht eine Reihe von Entscheidungsformen oder Tenorierungsvarianten, die entweder für die jeweilige Verfahrensart vorgesehen sind oder die es selbst entwickelt hat, um nicht mehr in die Gestaltungsspielräume des Gesetzgebers einzugreifen, als nötig ist. Zu nennen sind:

1. Nichtigkeitsfeststellungen,
2. Unvereinbarkeitserklärungen,
3. Appellentscheidungen,
4. Weitergeltensanordnungen,
5. richterlich normvertretendes Übergangsrecht und
6. die verfassungskonforme Auslegung.

Das stärkste Instrument sind die **Nichtigkeitsentscheidungen**, durch die ein Gesetz bzw. eine Norm für nichtig erklärt wird, wenn das Bundesrecht nicht mit dem Grundgesetz oder das Landesrecht nicht mit dem Grundgesetz bzw. sonstigem Bundesrecht vereinbar ist (Herter 1994). Die Nichtigkeit wird deklaratorisch festgestellt, d. h. das Bundesverfassungsgericht hebt die Gesetze nicht auf, sondern erklärt sie für unwirksam und der Gesetzgeber streicht die beanstandeten Normen aus den Gesetzen. Nichtigkeitsfeststellungen des Bundesverfassungsgerichts dominierten bis Mitte der 1960er Jahre, wurden jedoch ab 1967 vor allem durch die **Unvereinbarkeitserklärungen** abgelöst. Erlässt das Bundesverfassungsgericht eine Unvereinbarkeitserklärung, dann obliegt es dem Gesetzgeber, eine verfassungskonforme Neuregelung für den Zeitpunkt zu schaffen, von dem an das Gesetz mit dem Grundgesetz kollidiert. **Appellentscheidungen** unterscheiden sich von Unvereinbarkeitserklärungen insofern, als das überprüfte Gesetz zwar noch verfassungsgemäß ist, jedoch an den Gesetzgeber appelliert wird, tätig zu werden, um einen voll verfassungsgemäßen Zustand herzustellen bzw. eine drohende Verfassungswidrigkeit abzuwenden. Bei Appellentscheidungen hat der Gesetzgeber die Wahl, dem Appell zu folgen oder untätig zu bleiben. Beide Optionen hat der Gesetzgeber in der Vergangenheit zu verschiedenen Gelegenheiten gewählt. Aufgrund der häufigen Wahl der zweiten Option sind Appellentscheidungen selten. Die genannten Entscheidungsarten erfordern zusätzliche Vorgaben darüber, welches Recht in der Übergangszeit bis zur Neuordnung gelten soll. Die **Weiter- oder Fortgeltungsanordnung** ermöglicht als Übergangsregelung die weitere Anwendung eines als prinzipiell verfassungswidrigen Gesetzes bis zu dessen Neuregelung. Sollte die Verwerfung einer Norm per Nichtigkeitsfeststellung unvermeidlich sein, so kann das Bundesverfassungsgericht mittels **richterlichen normvertretendes Übergangsrechts** die entstehende Gesetzeslücke bis zur Neuordnung dieses Rechtsbereichs sogar vorübergehend selbst mit einer Norm ausfüllen. Eine besondere Form der Nichtigkeitsfeststellung ist die **verfassungskonforme Auslegung** eines Rechtsbestandes. Hierbei werden bestimmte Auslegungsalternativen als verfassungswidrig verworfen, das Gesetz selbst bleibt jedoch unverändert bestehen.

Auch die anderweitigen Kompetenzen, die die Stärke eines Verfassungsgerichts bestimmen, lassen sich am Beispiel des Bundesverfassungsgerichts gut erkennen: Neben der konkreten Normenkontrolle (Art. 100 GG) zeichnet das Bundesverfassungsgericht aus, dass es bereits vor der Verletzung subjektiver Rechte, also ohne einen persönlich betroffenen Kläger (= abstrakt), über Gesetzesvorhaben urteilen kann. Um jedoch tätig werden zu können, sind Gerichte davon abhängig, angerufen zu werden. Dementsprechend zeichnen sich starke Gerichte durch niedrige Anrufungshürden aus. Die zahlenmäßig bedeutsamste Aufgabe des Bundesverfassungsgerichts wurde dementsprechend die Entscheidung über Verfassungsbeschwerden (Art. 93 Abs. 1 Nr. 4a GG).

Eine generell einheitliche oder einstimmige Rechtsprechung des Bundesverfassungsgerichts existiert allerdings nicht. So lassen zahlreiche **Minderheitsvoten**, die die Verfassungsrichter neben den Urteilen veröffentlichen, vermuten, dass sich mit juristischen Methoden divergierende Urteile ableiten und begründen lassen und sich eine eindeutige Verfassungsvorgabe nicht immer erkennen lässt. Die politische Wirkung von Verfassungsgerichten ist darüber hinaus auch sehr subtil, denn wenn der Gesetzgeber (Parlament und Regierung) eine spätere Klage vor dem Verfassungsgericht – etwa durch die Opposition – antizipiert und deshalb bereits im Vorfeld versucht, seine Gesetze »gerichtsfest« zu machen, stärkt dies die Position des Gerichtes.

Verfassungsgerichte im internationalen Vergleich

Verfassungsgerichte können aus unterschiedlichen Blickwinkeln kategorisiert und verglichen werden. Hönnige (2007) hat in einer international vergleichenden Studie die formalen Unterschiede – vor dem Hintergrund der Vetospielertheorie von Tsebelis (2002) verglichen. Dabei zeigte sich, dass die politischen Mehrheitsverhältnisse für die Erfolgswahrscheinlichkeit von Oppositionsklagen von großer Bedeutung sind. Verfassungsrichter, so ein Befund, der sich mit Wagschal (2005) deckt, wirken dabei weniger als Reforminitianten, sondern eher als Blockierer.

Kneip (2009), zurückgehend auf Shapiro und Stone (2002), unterscheidet zudem spezialisierte und diffuse Verfassungsgerichtsbarkeit. Dabei sortiert er sowohl die west- als auch osteuropäischen Verfassungsgerichte in diese beiden Kategorien ein. Dabei hebt sich das amerikanische Modell der »diffusen« Verfassungsgerichtsbarkeit vom kontinentaleuropäischen Modell bzw. österreichisch-deutschen Modell (»spezialisierte« Verfassungsgerichtsbarkeit) durch verschiedene Kriterien, wie etwa die Gerichtsorganisation oder die Kompetenz zur Normenkontrolle ab. So ist in den USA der *Supreme Court* nicht nur für Verfassungsfragen zuständig, sondern auch gleichzeitig Letztinstanz und damit oberste Instanz für alle Rechtsbereiche. Das Bundesverfassungsgericht ist dagegen keine »Superrevisionsinstanz«, die in der Bundesrepublik bei den spezialisierten Höchstgerichten (z. B. Bundesgerichtshof, Bundesarbeitsgericht, Bundesfinanzhof u. a.) endet.

Neben dem Vergleich von Kompetenzkatalogen wird zur Typologisierung von Verfassungsgerichten auf Kelsens Verfassungstheorie (1925) zurückgegriffen und zwischen zentralisierten bzw. dezentralisierten Verfassungsgerichten unterschieden. **Zentralisierte Verfassungsgerichte** konzentrieren sich alleine auf Verfassungsfragen und haben ein Monopol auf die Beurteilung von Verfassungsangelegenheiten, während daneben gesonderte Oberste Gerichte höchstrichterliche Aufgaben (insbesondere Revisionsaufgaben) übernehmen, die nicht das Verfassungsrecht betreffen. Das Bundesverfassungsgericht folgt dem zentralisierten Modell einer spezialisierten Verfassungsgerichtsbarkeit, die gesondert neben der Fachgerichtsbarkeit besteht. Mit seinen starken Kompetenzen verkörpert es diesen Typus idealtypisch. **Dezentralisierte Verfassungsrechtsprechung** hingegen konzentriert die Anwendung des Verfassungsrechts nicht auf ein spezialisiertes Gericht, sondern spricht auch anderen Gerichten die Kompetenz zu, nach Verfassungsmaßstäben zu urteilen. Im Gegenzug ist in diesem System das Oberste Gericht neben der letztinstanzlichen Behandlung des Verfassungsrechts auch für die Revision anderer Rechtsarten zuständig. Als Musterfall für diesen Typus ist der *Supreme Court* der USA anzuführen, der als Oberstes Gericht weiter gefasste Zuständigkeiten als die Verfassungsrechtsprechung hat.

Vor allem in politischen Systemen mit einer starken Verfassungsrechtsprechung wird der Vorwurf einer »Justizialisierung der Politik« erhoben. Bereits Rudolf Wildenmann (1969) hat das Bundesverfassungsgericht in diesem Sinne mit dem Terminus *Contre-Gouvernement* belegt während Landfried (1984) vor allem den vorauseilenden Gehorsam beschreibt, den die Politik dem Gericht gegenüber an den Tag legt. Andere verweisen auf die Blockadewirkung und das Vetopotenzial von Verfassungsgerichten (Tsebelis 2002). So gibt es verschiedene Studien, die entweder anhand eines Einzelbeispiels wie etwa Italiens oder Deutschlands (Volcansek 2001, Ganghof 2004) bzw. anhand eines Ländervergleichs (Alivizatos 1995, Cooter/Ginsburg 1996, Stone Sweet 2000, Wagschal 2006) den Vetospielercharakter von Verfassungsgerichten untersuchen.

Wie ist die Vetomacht von Verfassungsrichtern im internationalen Vergleich einzuschätzen? Drei quantitative Studien, welche Verfassungsgerichtsbarkeit komparativ bewerten, ragen heraus: die Klassifikationen von Alivizatos (1995), von Cooter und Ginsburg (1996) sowie von Lijphart (2012). Die jeweiligen Ergebnisse für die Untersuchungsländer sind in Tabelle 6.4 dargestellt. Entgegen der »harten« Vetospielerdefinition von Tsebelis, nach der ein Vetospieler einer Entscheidung aktiv zustimmen muss, ist Alivizatos der Auffassung, dass die Vetomacht einerseits nachträglich ausgeübt werden kann – so bei Verfassungsgerichten. Andererseits gibt es eine »implizite« Vetomacht, die in Form von Gesetzesinterpretationen und der Reaktion des Gesetzgebers auf Urteile besteht (Alivizatos 1995: 568). Nach Tsebelis (2002), würden Verfassungsgerichte unter die sogenannte Absorptionsregel fallen und nicht als Vetospieler zu zählen sein. Durch die Wahl, in der Regel durch die Regierungsmehrheit, wären demnach keine Urteilssprüche gegen die Regierung zu erwarten.

Alivizatos führt zwei Klassifikationskriterien ein: das System der Verfassungskontrolle und den Grad der Politisierung der Verfassungsgerichte. Dabei kann das System der Verfassungskontrolle entweder dezentralisiert (1) oder zentralisiert (2) sein. Der Grad der Politisierung, also der politisch bedeutsamen Urteile und der Folgewirkungen durch die Urteile, kann vier verschiedene Ausprägungen annehmen (▶ Tab. 6.4):

Grad der Politisierung des Verfassungsgerichts:

1 = niedrig (*judicial restraint*)
2 = schwach bis mittel
3 = mittel bis hoch
4 = hoch (*judicial activism*)

Ein Problem bei dieser Klassifizierung ist die Variation über die Zeit, denn obwohl Institutionen selten geändert werden, finden doch institutionelle Reformen statt. Alivizatos stellt jedoch für die von ihm untersuchten 18 westeuropäischen Länder fest, dass diese Institutionen während der vergangenen 20 Jahre kaum reformiert wurden.

Lijphart hingegen klassifiziert Länder (zeitlich gewichtet) auf Basis des folgenden vierstufigen Indikators:

1 = keine Verfassungskontrolle
2 = schwache Verfassungskontrolle
3 = mittelstarke Verfassungskontrolle
4 = starke Verfassungskontrolle

Eine dritte Art der empirischen Messung schlagen Cooter und Ginsburg (1996) vor. Sie erheben auf Basis einer Expertenbefragung den »juristischen Wagemut« (*judicial daring*) von Verfassungsgerichten. Voraussetzung für die Klassifizierung eines Landes war, dass mindestens drei Experten ihre Einschätzung abgaben, was die geringe Fallzahl erklärt. Das Vorgehen von Cooter und Ginsburg ist letztlich nicht reproduzierbar, was auch eine Nachkodierung unmöglich macht.

Beim Vergleich des Grades der Politisierung (nach Alivizatos), des Lijphart'schen Indikators sowie des »juristischen Wagemuts« nach Cooter/Ginsburg fallen einige Divergenzen auf, so etwa bei Frankreich[2] den Niederlanden, Belgien oder auch Italien. Diese Unterschiede zeigen sich in den teilweise schwachen bivariaten Korrelationen: So beträgt die (stärkste) Spearman-Rangkorrelation zwischen dem Index von Lijphart und dem von Alivizatos 0,69. Die Indizes von Lijphart und Cooter/Ginsburg korrelieren jedoch nur schwach ($r_s = 0{,}22$) und zwischen Alivizatos und Cooter/Ginsburg ist die Beziehung lediglich mittelstark ($r_s = 0{,}46$). Diese Befunde sind im Hinblick auf die Reliabilität der Indikatoren kritisch zu werten. Es ist also davon auszugehen, dass der Indikator von Cooter/Ginsburg etwas anderes misst.

Tab. 6.4: Verfassungsgerichtsbarkeit im internationalen Vergleich

Land	Grad der Politisierung der Gerichte (nach Alivizatos: 1 = niedrig; 4 = hoch)	System der Verfassungskontrolle (nach Alivizatos: 1 = dezentralisiert, 2 = zentralisiert)	Stärke des Verfassungsgerichts (nach Lijphart: 1 = schwach; 4 = stark)	*judicial daring* (nach Cooter/ Ginsburg: 1 = wenig wagemutig; 5 = sehr wagemutig)
Finnland	1	1	1,0	n. a.
Großbritannien	2	1	1,0	2,10
Luxemburg	1	1	1,0	n. a.
Neuseeland	n. a. (2)	n. a. (2)	1,0	2,00
Niederlande	2	1	1,0	4,20
Schweiz	2	1	1,0	n. a.
Belgien	3	2	1,8	3,50
Dänemark	1	1	2,0	n. a.
Griechenland	2	1	2,0	n. a.
Irland	2	1	2,0	n. a.
Island	1	1	2,0	n. a.
Japan	n. a. (3)	n. a. (2)	2,0	2,17
Norwegen	1	1	2,0	n. a.
Portugal	3	2	2,0	n. a.
Schweden	2	1	1,0	2,50

---

2 Betrachtet man die Kompetenzen und die zunehmende Bedeutung des *Conseil Constitutionnel* in Frankreich (Fromont 1986), ist die Einstufung Lijpharts diskussionswürdig.

Tab. 6.4: Verfassungsgerichtsbarkeit im internationalen Vergleich – Fortsetzung

Land	Grad der Politisierung der Gerichte (nach Alivizatos: 1 = niedrig; 4 = hoch)	System der Verfassungskontrolle (nach Alivizatos: 1 = dezentralisiert, 2 = zentralisiert)	Stärke des Verfassungsgerichts (nach Lijphart: 1 = schwach; 4 = stark)	*judicial daring* (nach Cooter/ Ginsburg: 1 = wenig wagemutig; 5 = sehr wagemutig)
Frankreich	4	2	2,4	3,70
Italien	4	2	2,1	3,33
Australien	n. a. (3)	n. a. (1)	3,0	2,33
Österreich	3	2	3,0	n. a.
Spanien	3	2	3,0	2,00
Kanada	n. a. (3)	n. a. (2)	3,4	2,33
Deutschland	4	2	4,0	3,46
USA	n. a. (4)	n. a. (2)	4,0	4,42

Anmerkungen: Index der Verfassungsänderung und der Verfassungsgerichte nach Lijphart (2012: 215); System der Verfassungskontrolle und der Politisierung der Gerichte (1975–1994) nach Alivizatos (1995: 575); n. a. = nicht verfügbar; Werte in Klammern = eigene Ergänzungen auf Basis von Länderstudien; *judicial daring* = Durchschnittswerte der Expertenbefragungen (Cooter/Ginsburg 1996: 300).

Als besonders einflussreich gelten im internationalen Vergleich neben dem Bundesverfassungsgericht der US-amerikanische *Supreme Court* und mit Abstrichen auch der österreichische Verfassungsgerichtshof (VfGH). Dieses älteste europäische Verfassungsgericht (Limbach 2001: 14) besteht aus einem Präsidenten, einem Vizepräsidenten sowie zwölf weiteren Mitgliedern und sechs Ersatzmitgliedern, die alle vom Bundespräsidenten ernannt werden, welcher jedoch an die Vorschläge von Bundesregierung, Nationalrat und Bundesrat gebunden ist. Die Bundesregierung schlägt den Präsidenten, den Vizepräsidenten, sechs weitere Mitglieder sowie drei Ersatzmitglieder vor, der Nationalrat drei Mitglieder und zwei Ersatzmitglieder und der Bundesrat drei Mitglieder sowie ein Ersatzmitglied. An dieser Methode wird eine eindeutige Dominanz der Exekutive bei der Besetzung des österreichischen Verfassungsgerichts deutlich. Eine zur Regierung gegenläufige parteipolitische Färbung des Verfassungsgerichtshofes entsteht somit erst nach einem Machtwechsel. Im Gegensatz zum Bundesverfassungsgericht werden die Richter am österreichischen Verfassungsgerichtshof nicht auf eine bestimmte Zeit gewählt, sondern das Amt endet mit der Vollendung des 70. Lebensjahres (Öhlinger 1999: 413). Dies garantiert eine weitgehende Unabhängigkeit der Richter. Alles in allem ist das Vetopotenzial des VfGH beachtlich, wenn man den Anteil der aufgehobenen und teilweise aufgehobenen Gesetze an allen Normprüfungsfällen berechnet (Obinger 2001).

Das höchste Bundesgericht der USA, der *Supreme Court*, ist gleichzeitig auch das Verfassungsgericht, das neben erstinstanzlichen Kompetenzen auch die Kompetenz zur Normenkontrolle besitzt. Seit 1849 besteht es aus neun Richtern, wobei alle Bundesrichter auf Lebenszeit vom Präsidenten ernannt werden, nachdem sie zuvor durch den Senat mit einfacher Mehrheit bestätigt wurden. Die Kandidaten müssen zuvor zudem ein intensives Anhörungsverfahren im Justizausschuss des Senats durchlaufen. Seit 1877 (ab diesem Zeitpunkt liegen Daten hierfür vor) besitzen überwiegend republikanische Richter die Mehrheit im *Supreme Court*, was weitreichende Konsequenzen für die Rechtsprechung, die Durchsetzung sozialpolitischer Programme (Shell 1996: 154) und den Umfang der Staatstätigkeit hatte. Der *Supreme Court* sah sich meist als Verfechter einer Begrenzung der Bundesmacht und der Wahrung von Eigentumsrechten. Der Anfang des 19. Jahrhunderts dominierende Streit zwischen *Federalists* und *Anti-Federalists* manifestierte sich auch in der Besetzung des *Supreme Court* und seiner Rechtsprechung. Erst in der zweiten Hälfte des 19. Jahrhunderts wurden Entscheidungen getroffen, die die Kompetenzen der Bundesebene stärkten. Zentral war die Entscheidung McCulloch vs. Maryland, bei der es vordergründig um eine Besteuerungsfrage ging, letztlich aber um Bundeskompetenzen (*Implied Powers*). Maryland wollte eine durch den Kongress eingerichtete Bundesbank in Baltimore besteuern, und zwar mit einer Steuer von zwei Prozent auf alle Geschäftsvorgänge (Filzmaier/Plasser 1997: 145). Diese Steuer wurde für verfassungswidrig erklärt, wodurch das Prinzip der *National Supremacy*, d. h. des bundesstaatlichen Vorrangs, erstmals gesichert war.

Demokratische Richter hatten nur in zwei Phasen der US-amerikanischen Geschichte die Mehrheit im *Supreme Court* inne: Ab 1937, kurz nachdem das *court packing* (also der Versuch, die Mehrheitsverhältnisse über Besetzungen neuer Richter zu ändern) Roosevelts gescheitert war, änderte sich aufgrund von Tod, Rücktritt und Meinungswandel einiger Richter die Mehrheit im *Supreme Court* (Brünneck 1992: 63). Damit wurde auch die vorherige restriktive Rechtsprechung gegen Roosevelts New Deal-Programm beendet und der *Supreme Court* schwenkte auf eine sozialpolitisch expansive Rechtsprechung ein. Dies führte zu einer Ausweitung seiner Kompetenzen und auch der Staatstätigkeit. Die zweite Phase der Mehrheit demokratischer Richter im *Supreme Court* folgte unter Lyndon B. Johnson in den 1960er Jahren, als nach jahrzehntelanger Zurückhaltung in Fragen der Gleichstellung die Affirmative Action-Programme und sozialpolitisch expansive Programme nicht mehr blockiert wurden (Shell 1996: 159).

Die politische Bedeutung des *Supreme Court* zeigt sich auch daran, dass bei der Bestätigung durch den Senat insgesamt mehr *Supreme Court*-Richter abgelehnt wurden als Kandidaten für Ministerämter. Hat ein Präsident die Möglichkeit, mehrere Ernennungen in kurzer Zeit durchzuführen, so kann er die ideologische Ausrichtung des *Supreme Court* für längere Zeit bestimmen. Franklin D. Roosevelt ernannte immerhin neun Richter während seiner 13-jährigen Amtszeit. Derzeit ist das Gericht eindeutig republikanisch dominiert, denn seit Johnson (1967) konnte erst Clinton im Jahr 1993 wieder eine Demokratin als Richterin im *Supreme Court* ernennen. Deshalb ist auch für die Zukunft zu erwarten, dass der *Supreme Court* seine Rolle als konservativer »Bremser« weiterhin erfüllt. Die Parteizugehörigkeit der Verfassungsrichter ist in der Regel bekannt und spielt auch bei den Nominierungen eine wichtige Rolle. Durch das Anhörungsverfahren kommt es allerdings selten dazu, dass extreme Richter berufen werden. Bemerkenswert ist, dass sich der *US Supreme Court* – auf Basis einer *Political Question Doctrine* und eines *Judicial Self-Restraint* – dem Zwang entziehen kann urteilen zu müssen, indem es Klagen als politisch und nicht justiziabel einstuft. Das Bundesverfassungsgericht hingegen muss jede zulässige Materie auch letztinstanzlich entscheiden und damit zum Teil hochpolitische Urteile fällen.

Der Europäische Gerichtshof (EuGH)

Der 1952 gegründete EuGH mit Sitz in Luxemburg, der sich aus 28 Richtern (je einer aus einem EU-Mitgliedsland) zusammensetzt ist das zuständige Organ der Europäischen Union zur Wahrung des Gemeinschaftsrechts. Neben dem EuGH, seit 1957 für alle drei grundlegenden Vertragswerke zuständig, besteht mittlerweile das Gericht erster Instanz, welches zur Entlastung des EuGH 1988 gegründet wurde sowie einem Gericht für den öffentlichen Dienst (tätig seit 2005). Der EuGH ist nicht mit dem Europäischen Gerichtshof für Menschenrechte zu verwechseln. Dieses Gericht (gegründet 1959) mit Sitz in Straßburg verhandelt Klagen, die auf Basis einer möglichen Verletzung der Europäischen Menschenrechtskonvention (EMRK) erhoben werden. Dabei werden Akte der Gesetzgebung, Rechtsprechung und Verwaltung in Bezug auf die Verletzung der Konvention in allen Unterzeichnerstaaten überprüft, d. h. es handelt sich im Prinzip um eine Grundrechtsprüfung. Ein wichtiges Urteil der vergangenen Jahre war die Verurteilung Deutschlands im Jahr 2009 durch den Europäischen Menschenrechtsgerichtshof wegen der Praxis der Sicherungsverwahrung. Dieses Urteil, welches massive Folgen für die Justiz und den Gesetzgeber hatte, beanstandete die Vorschrift zur Sicherungsverwahrung. Demnach sei die Sicherungsverwahrung auch eine Strafe, und Strafen dürften nicht rückwirkend verhängt werden, wenn es das Gesetz zum Zeitpunkt der Erstverurteilung noch nicht gab. Infolgedessen mussten knapp hundert Sicherheitsverwahrte freigelassen werden. Im Mai 2011 erklärte daraufhin auch das Bundesverfassungsgericht die Regelung der Sicherungsverwahrung für verfassungswidrig.

Das EuGH dagegen ist für die einheitliche Auslegung und Anwendung des Gemeinschaftsrechts zuständig und entscheidet in Konflikten zwischen den Gemeinschaftsorganen. Seine Rechtsprechungsbefugnisse erstrecken sich auf folgende sechs unterschiedliche Klagekategorien (Herdegen 2003):

- Klagen wegen **Vertragsverletzung**, welche von der Kommission oder durch die Klage eines Mitgliedstaates gegen ein anderes Mitgliedsland eingeleitet werden;
- **Nichtigkeitsklagen** gegen Rechtsakte eines Unionsorgans, die durch Mitgliedstaaten, Gemeinschaftsorgane sowie Einzelpersonen initiiert werden;
- **Untätigkeitsklagen** gegen Unionsorgane, die von Mitgliedstaaten oder anderen EU-Organen erhoben werden, wenn diese nicht ihrer Pflicht nachkommen über eine Sache zu entscheiden.

- **Schadensersatzklagen** gegen Organe der EU, also etwa Klagen von Privaten und Unternehmen gegen Entscheidungen und Handlungen der Gemeinschaft oder ihrer Bediensteten.
- **Vorabentscheidungsverfahren**, wenn nationale Gerichte eine Überprüfung der Vereinbarkeit der jeweiligen nationalen Rechtsvorschriften mit dem Gemeinschaftsrecht überprüfen lassen.
- **Sonstige Verfahrensarten.**

Die politische Wirkung des EuGH für die Europäische Integration wurde früh erkannt (Pinder 1968; Scharpf 1985). Das EuGH ist der Motor einer »negativen« politischen Integration, die auf Beseitigung von Marktschranken (Zölle, tarifäre und nicht-tarifäre Handelsbeschränkungen und Behinderungen des freien Wettbewerbs) abzielt. Diese Integration durch Recht entfaltete in gewissen Phasen eine stärkere Integrationsdynamik als die positive Integration. Diese wird etwa durch neue Rechtsakte ermöglicht und erfordert die aktive (positive) Zustimmung der relevanten Entscheidungsakteure. Sie wirkt im Wesentlichen marktschaffend. Das bedeutendste Urteil des EuGH war im Bereich des freien Warenverkehrs. Nach dem »Cassis de Dijon«-Urteil aus dem Jahre 1979 ist jeder Mitgliedsstaat verpflichtet, Produkte in seinem Hoheitsgebiet zu akzeptieren, die legal in einem anderen Mitgliedsstaat der Gemeinschaft hergestellt und vermarktet werden. Von dieser Regelung sind nur wenige Bereiche ausgenommen, wie etwa der Gesundheitsschutz.

Weitere deutliche Wirkungen des EuGH sind im Politikfeld Steuern zu beobachten. Im Bereich der direkten Steuern besitzt die EU keine unmittelbaren Kompetenzen, weshalb sich der weitaus überwiegende Teil der Steuerrechtsprechung des EuGH auf die indirekten Steuern (Mehrwertsteuer sowie Verbrauchsabgaben) und die Zölle bezieht. So ist etwa auch eine Häufung bei Entscheiden zu einheitlichen Bemessungsgrundlagen, Ausnahmetatbeständen der Umsatzbesteuerung und Mehrwertsteuerrichtlinien zu beobachten. Politisch agiert der EuGH mit seinen Urteilen als Integrationsmotor, der durchgängig für die Umsetzung der vier Binnenmarktfreiheiten sorgt. Die zunehmend extensive Rechtsprechung des EuGH wirkt dabei als Harmonisierungsmotor für die nationale Steuergesetzgebung. So wurde etwa die Wegzugsbesteuerung für Unternehmen, die die Niederlassungsfreiheit behinderten (Artikel 43 EGV), im Jahr 2004 gekippt. Dabei erklärte der EuGH in einer Vorabentscheidung, die vom französischen *Conseil d'Etat* vorgelegt wurde, die Wegzugsbesteuerung in Frankreich für europarechtswidrig. Damit werden analoge Tatbestände in vielen EU-Ländern, so auch im deutschen Außensteuerrecht, hinfällig.

Neben den starken Effekten bei den indirekten Steuern sind auch im Bereich der direkten Besteuerung in jüngerer Zeit verstärkte Auswirkungen des EuGH zu beobachten (Bieg 1997, Weiser 1998, Laule 2003). Das Einfallstor für diese Kompetenzaneignung sind die Grundfreiheiten im europäischen Binnenmarkt: »Although direct taxation does not as such fall within the purview of the Community, the powers retained by the Member States must nevertheless be exercised consistently with Community law« (EuGH C-279/93 vom 14. Februar 1995). In diesem Urteil zur Einkommensbesteuerung stellte der EuGH beispielsweise fest, dass Bürgern aus EU-Staaten bei grenzübergreifenden Tätigkeiten bzw. steuerlich relevanten Tatbeständen (z. B. Ehegatte in einem anderen EU-Staat) keine gravierenden Nachteile im Vergleich zu Inländern entstehen dürfen.

Neben der Einkommensbesteuerung sind zahlreiche Entscheide des EuGH zum Ertragssteuerrecht gefallen (bzw. noch anhängig). Oftmals geht es hierbei um die Auslegung der Mutter-Tochter-Richtlinie der EU, d. h. um die Frage danach, wie es sich mit der steuerlichen Behandlung von ausländischen Tochterunternehmen verhält. So führt diese Praxis zu Steuerausfällen in Milliardenhöhe, weil Verluste von (auch deutschen) Tochterunternehmen mit dem Mutterkonzern im Ausland (z. B. in Luxemburg und Großbritannien) verrechnet werden durften.

Generell ist der EuGH ein zunehmend wichtiger Vetospieler gegenüber den Nationalstaaten geworden. Scheunemann (2005: 25) konstatiert sogar: »Auf diese Weise entwickelt sich der Luxemburger Gerichtshof gleichsam zu einem zweiten Steuergesetzgeber, obwohl die Europäische Union keine Zuständigkeit für die direkten Steuern besitzt.« Kritik wie etwa von Roman Herzog (2008) legen den Fokus darauf, dass der EuGH europäisches Unionsrecht in unzulässiger Weise auf nationale Rechtsfelder ausdehnt.

Kommentierte Literaturempfehlungen

Jestaedt, Matthias et al. (2011): Das entgrenzte Gericht: Eine kritische Bilanz nach sechzig Jahren Bundesverfassungsgericht. Frankfurt a. M.
Eine kritische Auseinandersetzung mit dem Gericht durch jüngere Staatsrechtslehrer, die sich wohltuend von den üblichen Jubiläumsbänden absetzt.
Limbach, Jutta (2010): Das Bundesverfassungsgericht. 2. Aufl., München.
Sehr kurzes, aber lesenswertes Überblicksbändchen der ehemaligen Präsidentin des Verfassungsgerichts.
Schlaich, Klaus/Korioth, Stefan (2012): Das Bundesverfassungsgericht: Stellung, Verfahren, Entscheidungen. 9. Aufl., München.
Umfassendes juristisches Standardlehrbuch zum Bundesverfassungsgericht.
Stüwe, Klaus (2008): Das Bundesverfassungsgericht: Eine Einführung. Wiesbaden.
Aus der Perspektive eines Politikwissenschaftlers geschriebenes kenntnisreiches Übersichtsbuch über Spruchpraxis und institutionelle Besonderheiten des BVerfG. Sehr zu empfehlen.

7 Mehrebenensysteme: Föderalismus – Europäische Union

Carola Fricke, Maximilian Grasl

Einleitung

Der Föderalismus ist so alt wie das moderne Staatswesen selbst. Einige der ältesten demokratischen Staaten wie die USA gründeten sich zunächst als Staatenbund, bestehend aus mehreren Gliedstaaten. Trotz seiner langen Praxis liegen dem Regieren im Mehrebenensystem noch immer zahlreiche Probleme inne. So bergen politische Entscheidungen, die auf mehreren Ebenen getroffen werden, eine größere Blockadegefahr und weisen oft eine längere Beratungszeit auf. Weitere Kritikpunkte am Föderalismus sind die Intransparenz oder die konkurrierende Legitimation der Entscheidungsebenen. Doch welche Merkmale können die langanhaltende»Karriere« des Regierens im Mehrebenensystem – zu erkennen beispielsweise an den jüngeren Entwicklungen innerhalb der Europäischen Union – erklären?

Die folgende Auseinandersetzung mit dem Föderalismus erfasst zunächst – ausgehend von einer allgemeinen Definition – seine Erscheinungsformen sowie wichtige Dimensionen begrifflich. Daran anschließend werden Vor- und Nachteile in den Blick genommen, die dieses grundlegende Staatsorganisationsprinzip mit sich bringt sowie Orientierungspunkte vorgestellt, anhand derer sich eine optimale Form des Föderalismus ableiten lässt. Zum Abschluss des ersten Teils werden wichtige empirische Messkonzepte vorgestellt, derer sich die international vergleichende Föderalismusforschung bedient.

Der zweite Teil dieses Kapitels geht der Frage nach, wie im Mehrebenensystem der Europäischen Union regiert wird. Neben seinem Ursprung in föderalistischen Ansätzen diskutiert der Abschnitt den Begriff und verschiedene Typen von Mehrebenen-Governance sowie Weiterentwicklungen und Kritik daran. Anhand der Rolle der Regionen wird gezeigt, inwiefern die Europäische Union bereits als ein Mehrebenensystem zu verstehen ist.

Föderalismus

Ein grundlegendes institutionelles Strukturmerkmal vieler Staatsordnungen ist der Föderalismus. Darunter versteht man einen Staatsaufbau, »der aus (mehr oder minder selbstständigen) Gliedstaaten und dem durch ihren Zusammenschluss gebildeten Bund besteht« (Schmidt 2010: 260). Die Verfassungsorgane der Exekutive, Legislative und Judikative müssen demnach mehrfach – also auf der zentral- und der gliedstaatlichen Ebene – dauerhaft vorhanden sein, um die im Rahmen der föderalen Kompetenzordnung jeweils dort angesiedelten autonomen Entscheidungskompetenzen wahrzunehmen. Die Dauerhaftigkeit dieser Strukturen gewährleistet, dass nicht eine staatliche Ebene durch eine andere aufgehoben wird (vgl. Ewigkeitsgarantie des Art. 79 Abs. 3 GG).[1] In Einheitsstaaten hingegen haben die substaatlichen Gliederungseinheiten lediglich Vollzugskompetenzen und damit auch keinen Bedarf an Institutionen demokratischer Willensbildung. Weitere Erfordernisse eines föderalen Staatswesens sind der Bestand einer dauerhaften (d. h. schwer zu verändernden) Verfassungsordnung, die die Kompetenzverteilung zwischen dem Zentral- und den Einzelstaaten regelt, ein unabhängiges Verfassungsgericht, das nicht ausbleibende Kompetenz- und Interpretationsstreitigkeiten zwischen den beteiligten Ebenen schlichtet sowie sehr häufig eine zweite Legislativkammer durch die die Teilstaaten an der Willensbildung des Bundes beteiligt werden (Lijphart 2012: 187).

Der Begriff »föderal«[2] wird im modernen Sprachgebrauch nicht einheitlich verwendet. Während im deutschen Sprachgebrauch Föderalismus zur Betonung der gliedstaatlichen Unabhängigkeit der Bundesländer gebraucht wird, bezeichnet *federalism* im Englischen einen starken Zentralstaat. Dementsprechend groß können die diplomatischen Verwirrungen sein, wenn von deutscher Seite für die Entwicklung der Europäischen Union »Mehr Föderalismus!«, also mehr mitgliedsstaatliche Autonomie gefordert wird, und die britische Öffentlichkeit die Übersetzung »More federalism!« als Forderung nach einem mächtigen europäischen Superstaat deutet.[3]

Um diese Schwierigkeiten zu vermeiden, bedient sich die Politikwissenschaft eines Fachterminus, der das Über- bzw. Unterordnungsverhältnis zwischen Zentral- und Einzelstaaten sowie insbesondere die Dynamik in diesem Verhältnis beschreibt: Unter **Zentralisierung** versteht man die Verlagerung von Kompetenzen an die übergeordnete Ebene, unter **Dezentralisierung** dagegen deren Verlagerung auf die untergeordnete Ebene (Schmidt 2010: 919). Würde die deutsche Forderung in obigem Beispiel also mit »Mehr Dezentralisierung!« formuliert, wäre sie auch nach der Übersetzung ins Englische nicht misszuverstehen. Dezentralisierung steht jedoch auch für die Ergebnisse solcher Prozesse und bezeichnet dann das Ausmaß autonomer Handlungsfähigkeit staatlicher Gliederungseinheiten. Somit gibt es empirisch ebenso föderale Staatswesen mit einem hohen Zentralisierungsgrad wie unitarische Staaten, die stark dezentralisiert sind (Ehlert et al. 2007: 244).

Typen von Föderalismen

Die eingangs vorgestellte Definition macht deutlich, dass es sich beim Föderalismus um ein grundlegendes staatliches Organisationsprinzip handelt, das zur Lösung des Dilem-

---

1 Aus diesem Grund lässt sich trotz des Schottland, Wales und Nordirland 1998 gewährten Autonomierechts nicht von Föderalismus in Großbritannien sprechen, da dieses durch ein einfaches Gesetz des britischen Unterhauses jederzeit wieder entzogen werden kann.
2 Abgeleitet von lateinisch *foedus* für Bündnis und Bündnispartner.
3 Eine hierarchische Ordnung findet sich in diesem Föderalismusbegriff noch immer, da der Zentralstaat über den Mitgliedsstaaten steht.

mas zwischen *self-rule* und *shared-rule* (Elazar 1987) dient und sich real in sehr vielen unterschiedlichen Erscheinungsformen manifestiert. Somit gibt es keinen Föderalismus schlechthin und die dichotome Unterscheidung zwischen föderalen Systemen und Einheitsstaaten greift zu kurz. Vielmehr ist von einem Kontinuum unterschiedlicher Föderalismusformen auszugehen und danach zu fragen: Welcher Föderalismustyp liegt vor und in welchem Ausmaß ist er verwirklicht? Die nachfolgende Abbildung 7.1 stellt ein Spektrum unterschiedlicher Ausprägungen des Föderalismus zwischen den Polen Einheitsstaat und einer Allianz souveräner Einzelstaaten dar.

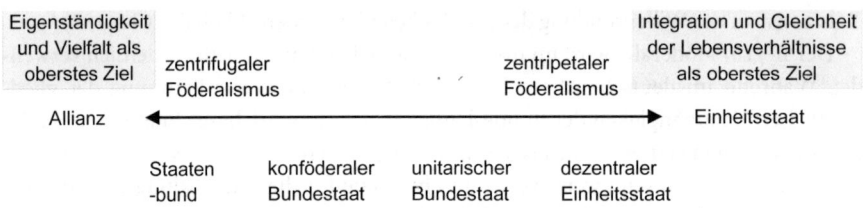

Abb. 7.1: Ziele und Formen des Föderalismus
Quelle: eigene Darstellung nach Schultz (1992: 96) und Sturm/Zimmermann-Steinhart (2010: 15).

Eine weitere Unterscheidung muss zwischen einem **Bundesstaat** und einem **Staatenbund** vorgenommen werden: Die zentralstaatliche Ebene eines Bundesstaats ist von den sie konstituierenden Teilstaaten in fiskalischer und repräsentativer Hinsicht durch eigene Steuerhoheit und ein direkt gewähltes Repräsentationsorgan unabhängig und somit souverän. In einem Staatenbund hingegen wird die Bundesebene von den Einzelstaaten alimentiert, die zudem über Delegierte (zumeist Vertreter der Exekutive) eigene Entscheidungsgewalt haben und somit ihre ungeteilte Souveränität behalten (Beramendi 2007: 754).

Zusätzliche Fachtermini sind für die Erfassung von Dynamiken und Entwicklungsprozessen innerhalb föderaler Ordnungen notwendig: Im **zentripetalen Föderalismus** betonen die Gliedstaaten ihre staatliche Eigenständigkeit nur wenig, sie schätzen vielmehr den Verbund mit den anderen Einzelstaaten und streben nach zunehmender Integration. Im **zentrifugalen Föderalismus** hingegen wirken sprichwörtlich Fliehkräfte auf den Staatenverbund, weil dessen Mitglieder ihre Eigenständigkeit und Vielfalt hervorheben und den verbindenden Elementen eines Staatenbundes sozusagen den Rücken zukehren.

Auch zur Beschreibung der Aufgabenverteilung innerhalb föderaler Staatsstrukturen, die sich an den damit einhergehenden Verwaltungsstrukturen gut ablesen lässt, sind spezielle Fachbegriffe gebräuchlich. Im Trenn- oder Schichtkuchenmodell (Hübner 2007: 51), das auch als interstaatlicher oder **dualer Föderalismus** bezeichnet wird, sind die Kompetenzsphären klar zwischen den Ebenen aufgeteilt. Dieses Modell ist beispielsweise in den USA weitgehend verwirklicht, da hier Zentral- und Einzelstaaten über sachlich klar abgegrenzte Zuständigkeiten verfügen und jeweils die zu deren Ausübung notwendigen Verwaltungsstrukturen unterhalten. Dies kann jedoch zu Überschneidungen und Doppelungen führen, wie zum Beispiel die Einkommenssteuer in den USA zeigt. Zentral- und Einzelstaat haben dort ein eigenes Besteuerungsrecht, das sogar am gleichen Besteuerungstatbestand anknüpft und die Bürger somit doppelt betrifft.

Im Vergleich dazu weist die deutsche Verwaltungsstruktur auf den Verbundcharakter in der Aufgabenerfüllung hin, denn hierzulande gibt es nur wenige Bundesbehörden, mit denen der Zentralstaat Regelungsgegenstände in Eigenregie umsetzen kann. Viel häufiger übernehmen die Länder die administrative Umsetzung, weil nur die Länder (genauer: die zu den Ländern gehörenden Kommunen) über ein flächendeckendes Netz von Verwaltungseinrichtungen verfügen. Diese übernehmen dann auf Weisung und unter Aufsicht des Bundes (z. B. in Form der Bundesauftragsverwaltung nach Art. 83 GG) die Ausführung von Bundesgesetzen. Hier überwiegt also die Aufteilung nach Kompetenzarten (Bund: Gesetzgebung, Länder/Kommunen: Gesetzesvollzug), weshalb dieses Modell als Verbund-, Marmorkuchenmodell bzw. intrastaatlicher Föderalismus bezeichnet wird. Um die Expertise der Länder im Gesetzesvollzug in die Gesetzgebung einfließen zu lassen und den Exekutiven der Länder Mitentscheidungsrechte einzuräumen, sind diese über den Bundesrat an der Gesetzgebung des Bundes beteiligt. Besonders stark gilt dies in Deutschland für die sogenannten Zustimmungsgesetze, die die Länder betreffen und nur mit deren mehrheitlicher Zustimmung im Bundesrat verabschiedet werden können. Daneben beteiligt sich auch der Bund durch die Gemeinschaftsaufgaben und nicht zuletzt finanzielle Mittel (insbesondere die Bundesergänzungszuweisungen) an der Aufgabenerfüllung der Länder.[4] Die Trennung zwischen den Zuständigkeiten des Zentralstaats und der Einzelstaaten erfolgt hier also nicht entlang sachlicher Gegenstandsbereiche, sodass beide Ebenen nicht autonom handlungsfähig sind. Vielmehr müssen sie für eine funktionierende Aufgabenerfüllung zusammenarbeiten, weshalb dieses Modell auch als **kooperativer Föderalismus** bezeichnet wird. Dies kann zu ernsten Problemen führen, denn nicht immer ist die Kooperationsbereitschaft zwischen den Ebenen uneingeschränkt vorhanden, sondern es kann zum Beispiel aufgrund divergierender Interessen oder unterschiedlicher parteipolitischer Mehrheitsverhältnisse zu Blockaden kommen (Wagschal/Grasl 2004).

Scharpf et al. (1976) haben Sachfragen und Konstellationen (z. B. Verteilungsfragen) ausgemacht, die ein Zusammenwirken beider Ebenen besonders erschweren. Bleibt die Kooperation nicht nur aus, sondern hemmen sich beide Ebenen gegenseitig so stark, dass auch Einigungen auf institutionelle Reformen zur Aufhebung dieser Blockadesituation unmöglich werden, bezeichnet Scharpf (1985) dies als **Politikverflechtungsfalle**. Er warnte davor, dass sich derartige aus dem deutschen Föderalismus bekannte Blockadepotenziale auch in das Institutionengefüge der Europäischen Gemeinschaft einschleichen könnten.

Wie eingangs bereits erwähnt, bildet der Einheitsstaat den Gegenbegriff zum föderalen Staatsaufbau, weil hier neben dem Zentralstaat keine zweite Ebene staatlicher In-

---

4 Durch die Föderalismusreform I im Jahr 2006 wurde die Rahmengesetzgebung abgeschafft, einige Materien der ausschließlichen und konkurrierenden Gesetzgebung neu geordnet und damit die unabhängige Gesetzgebungskompetenz von Bund und Ländern gestärkt.

stitutionen besteht. Aber auch in einem föderalen Staatswesen können die einzelstaatlichen Besonderheiten schwach ausgeprägt sein, sodass sich trotz Föderalismus kaum Unterschiede zwischen den Politikergebnissen in den Einzelstaaten feststellen lassen. Man spricht in diesem Falle von **Unitarisierung**. Neben der Möglichkeit, dass die Einzelstaaten gar keine substanziellen Kompetenzen haben, kann Unitarisierung dadurch zustande kommen, dass den Gliedstaaten die notwendigen Ressourcen fehlen, um von ihrer Kompetenz zu autonomen Entscheidungen Gebrauch zu machen oder sie ganz einfach einheitliche Problemlösungen präferieren. Im Falle Deutschlands lässt sich die Bildungspolitik als Beispiel anführen, insofern die Bundesländer zwar souverän sind und eigene Wege gehen könnten, sich jedoch freiwillig in der Kultusministerkonferenz weitgehend koordinieren. Da das Grundgesetz die Gleichwertigkeit der Lebensverhältnisse einfordert (Art. 72 Abs. 2 GG) und durch den Länderfinanzausgleich stark divergierende Entwicklungen verhindert werden, wurde sogar überspitzt vom »unitarischen Bundesstaat« gesprochen (Hesse 1982).

Als letzter Fachbegriff sei noch der **symmetrische bzw. asymmetrische Föderalismus** eingeführt, der das Kompetenzverhältnis zwischen den Einzelstaaten beschreibt: Während im deutschen Föderalismus alle Länder formalrechtlich die gleichen – also symmetrische – Kompetenzen haben, verfügen die spanischen Regionen (autonome Gemeinschaften) – nicht zuletzt aufgrund starker Unabhängigkeitsbestrebungen – über unterschiedliche Kompetenzausstattungen (Autonomierechte) und liefern somit ein Beispiel für asymmetrischen Föderalismus.

Vor- und Nachteile des Föderalismus

Abgesehen von Rikers (1975) Auffassung, Föderalismus hätte keine materiellen Auswirkungen auf die Politik, werden ihm überwiegend positive Wirkungen, aber auch manche Gefahren zugeschrieben: Sein wichtigster Effekt liegt wohl in seiner gewaltenteilenden Funktion, die ihm auch das Synonym der **vertikalen Gewaltenteilung** eingebracht hat. Hierin lag auch die Hauptintention der *Federalists*, für einen föderalen Staatsaufbau der neu zu gründenden Vereinigten Staaten einzutreten (Schmidt 2010: 100). Ermöglicht der Föderalismus doch die Errichtung eines starken Zentralstaats, der wirksam nach innen und außen handeln kann und verhindert zugleich die Tyrannei der Mehrheit durch eine funktionale Kompetenzteilung zwischen den staatlichen Ebenen sowie die doppelte Repräsentation von Bürgern und Staaten.

Neben diesem machtbegrenzenden Effekt hat der Föderalismus auch eine integrierende Wirkung in ethnisch und kulturell heterogenen Gesellschaften. Die Kombination von autonomieschonenden Freiheitsrechten – insbesondere dort, wo Minderheitenrechte zu schützen sind – und integrierend wirkender nationaler Identitätsstiftung sind in der Schweiz und Indien unübersehbar und verleihen diesen Staaten trotz der heterogenen gesellschaftlichen Ausgangslage hohe Stabilität. Allerdings gelten diese Befunde nicht generell und die zentrifugalen Entwicklungen in Belgien und Kanada belegen, dass Föderalismus allein kein Alleinmittel gegen starke ethnische Konflikte ist. Gegenstand der jüngeren Föderalismusforschung sind daher die Bedingungen, unter denen

Föderalismus autonomieschonend und integrierend wirkt oder aber Vorstufe eines Sezessionsprozesses ist (Linz 1997, Stepan 2001).

Auch hinsichtlich seiner Policy-Wirkung erhält der Föderalismus positive Bewertungen (vgl. Ehlert et al. 2007: 243). Dass die Entscheidungen hier im Vergleich zu weit ausgedehnten Einheitsstaaten problemadäquater und bürgernäher getroffen werden, wird als Beleg seiner höheren Effizienz angeführt. Gleichzeitig erlaubt er eine stärkere Partizipation der Bürger und ermöglicht ein vielfältiges Spektrum unterschiedlicher Problemlösungen in den Einzelstaaten, das größeres politisches Innovationspotential verspricht. Die Möglichkeit eines direkten Performancevergleichs verpflichtet die Gliedstaatenregierungen zu größerer Verantwortlichkeit und lässt effizientere Allokation und niedrigeren Ressourcenverbrauch erwarten. Da die makroökonomische Bilanz föderaler Staaten im globalen Vergleich jedoch eine hohe Varianz aufweist, sind auch hier konditionale Effekte zu untersuchen (Beramendi 2007: 762): So scheint ein gewisses Maß an Bildung und Sozialkapital der Bürger Voraussetzung für eine effektive Leistungskontrolle zu sein.

Kritiker werfen dem Föderalismus aber auch langwierige und im Ergebnis intransparente Entscheidungsverfahren vor. Die vom Bürger nur schwer zu durchschauenden Zuständigkeitsfragen, Aushandlungsprozesse sowie die notwendigen Kompromisse werden als Ursachen von Politikverdrossenheit genannt, sodass das föderale Organisationsprinzip im Endeffekt sogar zu geringerer Legitimation getroffener Entscheidungen führen könnte.

Leitbilder des Föderalismus

Wie bereits gezeigt, gibt es sehr unterschiedliche Ausgestaltungen des Föderalismus und das Verhältnis von Zentral- und Einzelstaaten ist weniger statisch als die Verfassungstexte erwarten lassen. Daraus ergeben sich zweierlei analytische Anforderungen: Zum einen ist ein dynamisches Verständnis des Föderalismus angebracht und zum anderen sind Grundprinzipien notwendig, aus denen sich Orientierung und Anhaltspunkte für eine optimale Umsetzung des Föderalismus unter gegebenen Außenbedingungen ableiten lassen. Als erstes ist hierfür das aus der katholischen Soziallehre entstammende **Subsidiaritätsprinzip** zu nennen. Es fordert von Akteuren so viel Eigenverantwortung wie möglich und bedeutet konkret, dass die Problemlösung immer individuell oder in dem kleinsten Verband erfolgen soll, der funktional zur Lösung dieser Aufgabe imstande ist. Erst wenn ein Individuum oder eine Gruppe mit der Problembewältigung überfordert ist, muss im größeren Verbund eine Lösung gesucht werden. Als politisches Organisationsprinzip folgt aus dem Subsidiaritätsprinzip, dass nicht automatisch immer der Zentralstaat für alle zu regelnden Gegenstände zuständig ist, sondern dass diejenigen öffentlichen Aufgaben in kleineren Einheiten erbracht werden sollen, die dort problemadäquat gelöst werden können. Anderseits können Einzelstaaten mit Aufgaben überfordert sein, sodass sie sich zur Aufgabenbewältigung zu einer größeren Einheit zusammenschließen müssen. Dadurch ist der Föderalismus zu einem der Leitbilder der Europäischen Integration (siehe nächster Abschnitt) geworden. Im Verlauf der insti-

129

tutionellen Entwicklung eines Staatswesens zeigt sich deutlich, wie um Lösungen der zentralen Frage des Föderalismus gerungen wird: die optimale Kompetenzverteilung zwischen staatlichen Ebenen. Unabhängig davon, ob ein föderales System aus dem Zusammenschluss von Einzelstaaten entsteht oder aus dem Auflösen eines Zentralstaates in kleinere Einheiten[5] gilt es immer ein optimales Gleichgewicht zu finden, das die Kompetenzen zwischen den Ebenen so verteilt, dass die positiven Effekte des Föderalismus möglichst stark zum Tragen kommen und die Risiken, die er birgt, möglichst gebannt werden.

Exakte Kriterien für eine möglichst gute Lösung dieses Problems versucht die Ökonomische Theorie des Föderalismus anzugeben (Oates 1972). Sie berührt damit auch die Frage nach der richtigen Größe staatlicher Einheiten, denn die Optimalitätsbedingung verlangt bei der Bereitstellung öffentlicher Güter eine möglichst hohe Deckungsgleichheit von Entscheidungsträgern mit Nutznießern und Kostenträgern dieser Güter (Blankart 2007). Die Theorie der funktional überlappenden, konkurrierenden Jurisdiktionen (*Functional Overlapping Competing Jurisidictions* FOCJ) (Frey/Eichenberger 1999) führt dieses Prinzip konsequent weiter und folgert, dass wegen unterschiedlicher Nutzerkreise über jedes einzelne öffentliche Gut separat entschieden werden müsste und dafür jeweils die dazu nötigen demokratischen Institutionen (Exekutive, Legislative und Judikative) bestehen müssten. Ausschlaggebend wäre somit allein die funktionale Gliederung der Gesellschaft in politische Regelungsbereiche, die sich gegenseitig räumlich überlagern, wodurch die klassische territoriale Gliederung in abgegrenzte Staatsgebiete hinfällig würde.

Trotz der unübersehbaren Umsetzungsschwierigkeiten sind Entwicklungen erkennbar, die der Grundidee der FOCJ folgen: Der Zusammenschluss europäischer Staaten ist in Währungsfragen (Euro-Gruppe) ein anderer als in Wirtschaftsfragen (EU und EWR) oder in Sicherheitsfragen (NATO, GASP, WEU). Dieses Prinzip der funktional differenzierten Integration wurde als Möglichkeit einer verstärkten Zusammenarbeit auch in die Verträge der EU aufgenommen (Art. 20 EUV, Art. 326–334 VFEU) und 2009 bereits erstmalig angewendet, sodass sich nach und nach unterschiedliche und überlappende Zuständigkeitsräume für unterschiedliche Politikfelder bilden könnten.

Alternativ zum Territorialprinzip ist auch eine föderale Gewaltenteilung und Beteiligung nach sozialer Gliederung möglich. In Belgien besteht solcherart ein doppelter Föderalismus, der neben drei territorialen Regionen (Wallonie, Flandern und Brüssel) auch die Gemeinschaften der Sprachgruppen von Flamen, Wallonen und deutschsprachigen Belgiern als zusätzliche Ebene mit eigenen Autonomie- und Beteiligungsrechten umfasst.

---

5 Hierfür wird der Begriff Devolution verwandt, der im Zusammenhang mit der Einrichtung von Parlamenten in Schottland, Wales und Nordirland 1998 geprägt wurde. Eine vollständige Unabhängigkeit Schottlands scheiterte nach einer Volksabstimmung im September 2014. Ein Devolutionsprozess führte im Falle Belgiens mit der vierten Staatsreform 1993 zu einem vollwertigen Föderalstaat.

Messung des Föderalismusgrades

Zur Messung des vielschichtigen Föderalismusbegriffes wurden einerseits ordinale Skalen auf Grundlage von Experteneinschätzungen entwickelt. Lijphart (2012) beispielsweise kombiniert die beiden Dimensionen Föderalismus und Dezentralisierung zu fünf Rangkategorien, die von unitarisch-zentral, unitarisch-dezentral über semiföderal bis zu föderal-zentralisiert und föderal-dezentralisiert reichen. Dieser Messung ist zugute zu halten, dass sie neben den verfassungsrechtlich festgelegten Kompetenzen auch die Verfassungswirklichkeit zu erfassen versucht. Allerdings ist die Übertragung der beiden Variablen in eine gemeinsame eindimensionale Rangordnung wenig überzeugend. Eine andere Messmethode schlägt vor, die in der Verfassungswirklichkeit bestehende Kompetenzverteilung anhand der tatsächlich zur Verfügung stehenden finanziellen Ressourcen zu bestimmen (Watts 2008: 100 f.). Verwendet werden die Anteile der staatlichen Ebenen an den gesamten öffentlichen Einnahmen bzw. Ausgaben nach Abschluss evtl. Ausgleichs- und Transferzahlungen, d. h. der Zentralisierungsgrad der staatlichen Einnahmen und Ausgaben (Watts 2008: 101 f.). Für vergleichende Studien kann auf eine Datenbank der Weltbank zurückgegriffen werden, in der aktuelle Zahlen über die Zentralisierung der Staatsfinanzen zur Verfügung gestellt werden.[6] Diese Messmethode liefert intervallskaliertes Datenmaterial und ist auch geeignet, in Zeitreihen Auskunft über die Entwicklungsdynamik föderaler Systeme zu geben. Doch ist sie kaum dazu in der Lage, die Kompetenzverteilung in der regulativen Politik zu erfassen, da diese anders als (re-)distributive Politik mit relativ geringem Ressourcenaufwand zu leisten ist. Damit verbietet sich die Anwendung dieser Messung für die Ermittlung der Kompetenzen der Europäischen Union, die vorrangig regulative Politik betreibt.

Das Mehrebenensystem der Europäischen Union

Die Europäische Union (EU) gilt neben den oben diskutierten föderalen Nationalstaaten als ein politisches System mit Mehrebenenstruktur. Allerdings wird häufig in Frage gestellt, ob die EU mit einem föderalen Zusammenschluss vergleichbar ist oder gar einen supranationalen Staat, also ein neuartiges politisches Phänomen, darstellt. Wenn man die Frage beantworten möchte, warum Zusammenarbeit auf europäischer Ebene zustande kommt und damit das Fortschreiten oder Stocken der Europäischen Integration erklären möchte, dann ist beispielsweise eine Betrachtung der EU als internationale Organisation angebracht. Um jedoch zu beschreiben, wie innerhalb der europäischen Institutionen konkret regiert wird, bietet sich der **Mehr-**

---

6 Die World-Bank-IMF Fiscal Dezentralization Database kann abgerufen werden unter: http://¬ www1.worldbank.org/publicsector/decentralization/fiscalindicators.htm (zuletzt abgerufen am 16. Februar 2013).

ebenenansatz an. Im folgenden Abschnitt wird daher die EU als Mehrebenensystem in den Blick genommen und Analysekonzepte aus der Vergleichenden Politikwissenschaft auf Institutionen und Prozesse innerhalb der EU angewendet. Grundannahme dabei ist, dass die EU kein Staat im historischen Begriffsverständnis, jedoch ein ausreichend integriertes politisches System ist, das mit dem analytischen »Werkzeugkasten« der Vergleichenden Politikwissenschaft untersucht werden kann (vgl. Hix 2011, Young 2010).

Die Europäische Union als föderales System

Unter den Gründern und Vordenkern der europäischen Integration galt der Föderalismus als ein normatives Ideal, das über die schrittweise Vertiefung der wirtschaftlichen, politischen und institutionellen Zusammenarbeit zu erreichen wäre (vgl. Burgess 2009, Pollack 2010: 28). Aber auch als empirisch-analytisches Schema ist Föderalismus auf europäische Institutionen und Entscheidungsprozesse anwendbar. So gilt hinsichtlich der Kompetenzverteilung zwischen nationalstaatlicher und supranationaler Ebene innerhalb der EU das **Prinzip der begrenzten Einzelermächtigung**. Das heißt, die europäischen Institutionen können nur dann tätig werden, wenn sie von den Mitgliedstaaten dazu explizit befugt werden. Entsprechend werden wichtige Entscheidungen in Politikfeldern wie Wirtschafts- und Außenhandelspolitik, Währungspolitik, Agrar- und Regionalpolitik mittlerweile auf supranationaler Ebene getroffen. Als weiteres föderales Element gilt seit den 1970er Jahren der **Vorrang von europäischem Recht** vor nationalstaatlichem Recht. Ersteres wird durch den Europäischen Gerichtshof (EuGH) durchgesetzt und fortentwickelt. Das deutsche Bundesverfassungsgericht hat die EU allerdings in seinem Maastricht-Urteil 1993 als »Staatenverbund« bezeichnet und bringt damit zum Ausdruck, dass trotz der Kompetenzausweitung die Mitgliedstaaten weiterhin »Herren der Verträge« bleiben, also jede Änderung der Zuständigkeiten und Entscheidungsprozeduren durch sie ratifiziert werden muss.

Abbildung 7.2 stellt die wichtigsten Institutionen sowie Einrichtungen der EU dar. Im Rahmen ihrer vertraglichen Kompetenzen kann die EU sogenanntes Sekundärrecht erlassen, wobei der Ministerrat und das Parlament gemeinsam über eine Initiative der Kommission entscheiden. Das Europäische Parlament ist die direkt gewählte Vertretung der europäischen Bürger, während der Rat aus Vertretern der mitgliedstaatlichen Regierungen besteht und als »föderatives Organ« (Bieber 2006: 132) bezeichnet wird. Diese »institutionelle Doppelstruktur« (Gehring 1997: 140) kennzeichnet damit die föderative Komponente des europäischen Gesetzgebungsverfahrens. Aufgrund dieser Merkmale kann die EU als eine föderale Organisation bezeichnet werden (vgl. Bieber 2006: 128), sie stellt jedoch einen neuen Typ des föderalen Systems ohne historischen Vorgänger dar (Burgess 2009: 27).

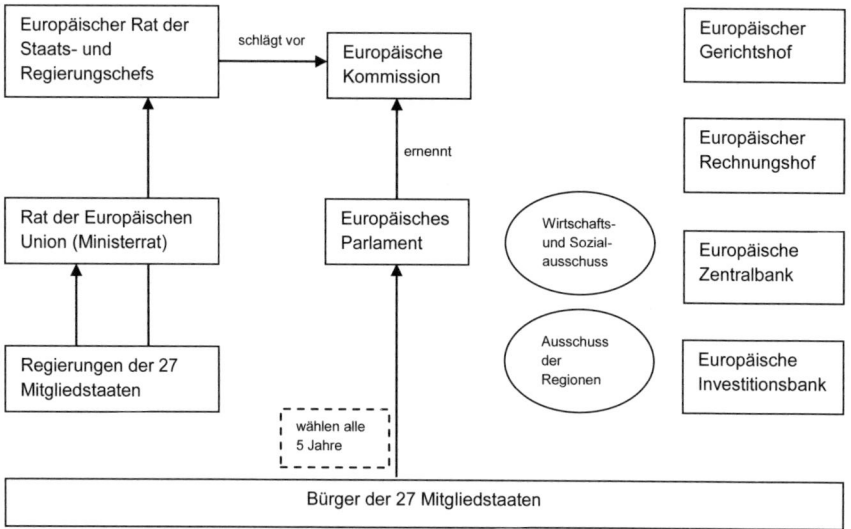

Abb. 7.2: Institutionen und Einrichtungen der Europäischen Union

Die EU als Mehrebenensystem *sui generis*

Betrachtet man die EU also als ein föderales System, so bieten sich zahlreiche Vergleiche mit anderen gliedstaatlich organisierten Regierungssystemen an. Dass die EU mit föderalen Staatsformen vergleichbar ist, wird allerdings von einigen Europaforschern verneint: Gemäß Jachtenfuchs (1997) ist die EU ein politisches System *sui generis*, sie sei durch »einzigartige institutionelle Arrangements« (Knodt/Stoiber 2007: 84) gekennzeichnet und entziehe sich dem Vergleich mit politischen Systemen des nationalstaatlichen Typus oder internationalen Organisationen. Eine Antwort darauf, was nun die spezifischen Merkmale der EU sein sollen, gibt die konzeptuelle Betrachtung als Mehrebenensystem. Das Erkenntnisinteresse des Mehrebenenansatzes ist es, zu beschreiben, wie unterschiedliche Ebenen interagieren. Dabei wird die Frage gestellt, »wie, durch wen, mit welchen Mitteln und mit welchen Folgen in der Europäischen Union regiert wird« (Jachtenfuchs 1997: 17). Die politikwissenschaftliche Debatte über das Regieren im Mehrebenensystem der EU ist dabei durch zwei zentrale Diskussionsstränge geprägt: Zum einen lehnt der Mehrebenenansatz die Staatszentriertheit der bisherigen Integrationsforschung, vor allem intergouvernementaler Ansätze, ab. Zum anderen bezieht er über die nationalstaatliche und supranationale Ebene hinaus weitere subnationale und globale Akteure in die Betrachtung mit ein.

Grundlegend ist also erstens die Annahme, dass Nationalstaaten nicht (mehr) über das alleinige Monopol zur Durchsetzung politischer Entscheidungen verfügen und nicht als einheitliche, geschlossene Akteure innerhalb zwischenstaatlicher Beziehungen aufgefasst werden. Zu bisherigen staatszentrierten Formen von Regierung (Government) treten neue Formen gesellschaftlicher Steuerung, die unter dem Begriff *Gover-*

nance gefasst werden. Im Sinne der Steuerungstheorie wird Governance definiert als »verschiedene Formen der absichtsvollen Regelung kollektiver Sachverhalte« (Mayntz 2009: 8) unter Mitwirkung privater Akteure mit dem Ziel der Lösung von Problemen oder der Bereitstellung eines öffentlichen Guts. In einem weiten Begriffsverständnis wird Governance als »binding decision-making in the public sphere« (Hooghe/Marks 2003: 233) aufgefasst. Häufig wird **Mehrebenen-Governance** auch normativ verstanden in dem Sinne, dass durch die Partizipation nicht-staatlicher Akteure und dem Partnerschaftsprinzip politische Entscheidungen an Qualität, Legitimität und Effektivität gewinnen. Das Weißbuch »Europäisches Regieren« der Kommission beruht insbesondere auf einem solchen normativen Verständnis von Governance und zielt darauf ab, Grundsätze des »guten« Regierens zu etablieren (Europäische Kommission 2001). Weitere Fragestellungen beziehen sich auf die Effektivität und Legitimität des Regierens im europäischen Mehrebenensystem (vgl. Peters/Pierre 2009, Scharpf 2009).

Eine zweite Annahme des Mehrebenenansatzes ist die dynamische Interaktion von verschiedenen Ebenen während des politischen Prozesses. Deskriptiv wird Mehrebenen-Regieren also als »enge Verflechtung und Interdependenz von Entscheidungsebenen in der Europäischen Union« (Große Hüttmann 2010: 115) oder »system of continuous negotiation among nested governments at several territorial tiers« (Marks 1993: 392) definiert.

Infobox: *Attribute von Mehrebensystemen*

Mehrebensysteme zeichnen sich aus durch:

- die Verteilung von Regierungsgewalt und Entscheidungsprozessen auf verschiedene Ebenen und Akteure,
- neue, nicht-staatliche Formen des Regierens (Governance),
- funktional bedingte, variable Organisationsstrukturen.

Folgende Merkmale von Mehrebensystemen gelten als zentral (▶ Infobox): Erstens sind Regierungsgewalt und -kompetenzen auf verschiedene Ebenen – in der EU auf supranationale, nationale, regionale, kommunale – und Akteure (staatliche und private) verteilt. Durch die zunehmende Bedeutung von europäischen Institutionen wie Kommission, Gerichtshof, Parlament, Zentralbank und regionalen Akteuren verlieren die nationalstaatlichen Regierungen das Entscheidungsmonopol. Zweitens wandelt sich die Rolle des Staates und der Modus politischer Entscheidungen hin zu neuen Formen des postmodernen Regierens in polyzentrischen Netzwerken und überlappenden Akteursarenen (vgl. Bache/Flinders 2005: 197, Knodt/Stoiber 2007: 90 f.). Hinsichtlich seiner institutionellen Entscheidungsstruktur bezeichnet Benz die EU daher als lose gekoppeltes Mehrebensystem von inter- und intragouvernementalen Politik-Arenen (vgl. Benz 2009: 138). Damit einher geht drittens die Ergänzung der klassischen Hierarchie territorialer Gebietskörperschaften durch funktional orientierte Körperschaften mit variabler Geometrie (vgl. oben das von der Public Choice Theorie geprägte Organisationsmodell der FOCJ).

Regionen in der Europäischen Union

Ein spezifisches Charakteristikum des europäischen Mehrebenensystems ist die gewachsene Bedeutung der Regionen als eigenständige Akteure. In der wissenschaftlichen und politischen Diskussion sprach man daher in den 1980er und 1990er Jahren von einem »**Europa der Regionen**« als einem normativen Ideal, was später zu dem Formelkompromiss »Europa mit den Regionen« abgeschwächt wurde (Knodt 2003). Diese veränderte Rolle der subnationalen Akteure im europäischen Mehrebenensystem zeigt sich dabei einerseits an ihrem Einfluss im politischen Entscheidungsprozess in Politikfeldern wie der Struktur- und Kohäsionspolitik sowie andererseits an der Institutionalisierung der Einflussmöglichkeiten (Bullmann 1994, Hooghe/Marks 2001: Kap. 5).

Zum einen manifestiert sich die gestiegene Bedeutung der Regionen in der institutionellen Struktur der EU (▶ **Abb. 7.2**). Seit dem Vertrag von Maastricht sind regionale und kommunale Vertreter im **Ausschuss der Regionen** (AdR) direkt in den Gesetzgebungsprozess eingebunden, wenn auch nur bei Entscheidungen, die regionale Belange betreffen. Der AdR nimmt seine beratende Funktion durch Stellungnahmen wahr und ist wegen interner Spannungen aufgrund der heterogenen Zusammensetzung relativ schwach. Der Vertrag von Lissabon gibt dem AdR allerdings die Möglichkeit, den EuGH in Fragen zu Subsidiarität und regionalen Angelegenheiten anzurufen. Daneben können Regionen über nationalstaatliche Institutionen indirekt Einfluss nehmen und im Fall von starken Regionen in föderal organisierten Staaten wie Spanien, Deutschland oder Belgien eigene Vertreter in den Rat entsenden. Weitere informelle Wege der Einflussnahme werden als »Nebenaußenpolitik« (Knodt 2003: 168) oder »Paradiplomatie« (Dieringer 2008: 572) bezeichnet: So sind die meisten Regionen durch eigene Vertretungen mit bis zu 20 Mitarbeitern in Brüssel aktiv. Die lokale Ebene ist wiederum durch kommunale Spitzenverbände und Zusammenschlüsse unterhalb der regionalen Ebene vertreten (vgl. Knodt 2010: 159). Unter den Begriff des »transnationalen Regionalismus« (Schmitt-Egner 2000) fallen des Weiteren zahlreiche inter- und transregionale Netzwerke.

Zusätzlich zu bzw. aufgrund dieser institutionellen Einbindung konnten Regionen im europäischen Entscheidungsprozess an Einfluss gewinnen. So wurde der Begriff **Multi-Level-Governance** zunächst von Gary Marks (1993) in einer Analyse der Varianz des Einflusses unterschiedlicher Ebenen auf die europäische Regionalpolitik geprägt. Zentrales Ergebnis dieser Studie war, dass Akteure der subnationalen Ebene – vor allem in föderal organisierten Mitgliedsstaaten – in bestimmten Phasen den Entscheidungsprozess beeinflussen können. Im Bereich der europäischen Struktur- und Kohäsionspolitik konnte entsprechend gezeigt werden, dass durch die Reform 1988 und die Einführung des Subsidiaritäts- und Partnerschaftsprinzips die Kommission sowie regionale Akteure bei Themensetzung und Umsetzung an Einfluss gewonnen haben (Marks 1996, Hooghe 1996).

Neben ihrer relativ etablierten Einbindung in die Kohäsionspolitik spielen regionale Akteure als Adressaten von aktuellen Politiken der EU eine zentrale Rolle. Zum einen wurde mit dem Europäischen Verbund für Territoriale Zusammenarbeit (EVTZ) ein Rechtsinstrument zur Schaffung einer öffentlichen Körperschaft eingeführt, das sich zu einem Organisationsmodell für die Zusammenarbeit über nationalstaatliche Grenzen hinweg entwickelt. Daneben lancierte die Kommission makroregionale Strategien für den Ostsee- und Donauraum, die als weiche Instrumente zur Steuerung und Aktivierung der Zusammenarbeit auf großräumiger Ebene dienen und als Vorreiter neuer Governance-Formen gelten.

Governance-Formen im europäischen Mehrebenensystem

Formen des Regierens im Mehrebenensystem finden sich jedoch nicht nur innerhalb des politischen Systems der EU, sondern auch in anderen Kontexten. Verschiedene Typen von Körperschaften existieren auch unterhalb und innerhalb eines Nationalstaates. Die in Tabelle 7.1 dargestellte Typologie ist eine Möglichkeit, die vielfältigen Formen von Mehrebenen-Governance zu erfassen. Sie fußt auf der Dichotomie von territorialen und funktionalen Formen der Koordination zwischen verschiedenen Ebenen (Hooghe/ Marks 2003: 236). Dabei werden territorial begrenzte Körperschaften mit allgemeinen Zuständigkeiten (Typ I) räumlich flexiblen und aufgabenspezifisch organisierten Governance-Formen (Typ II) gegenübergestellt.

Tab. 7.1: Formen von Mehrebenen-Governance

	Typ I	Typ II
Kompetenzen	Bündelung multipler Funktionen	spezifische, begrenzte Aufgabenbereiche
Reichweite	territorial definierte Mitgliedschaft = *nested jurisdictions*	überlappende Mitgliedschaften = variable Geometrie
Vertikale Ausdifferenzierung	begrenzte Anzahl von Ebenen, hierarchische Struktur	keine Begrenzung der Ebenen, flexibles Design

Quelle: Hooghe/Marks 2003: 236.

Diese Typologie ist zwar hinreichend weit gefasst, um unterschiedliche Governance-Formen beschreiben zu können, jedoch bleibt weiterhin offen, wie politische Entscheidungen innerhalb von Mehrebenensystemen getroffen werden. Ein Vorschlag ist daher, diese Typologie mit Konzepten geringerer Reichweite zu verknüpfen und sie so um konkrete Interaktionsformen wie wechselseitige Anpassung, Verhandlung, Politikverflechtung und hierarchische Steuerung zu erweitern (vgl. Scharpf 2000, 2002). Auch die Kombination verschiedener analytischer Ansätze für jeweils unterschiedliche Entscheidungsebenen oder Phasen des Politikprozesses ist möglich (vgl. Rosamond 2005: 111). So zeigen vergleichende Betrachtungen, dass zwischen Politikfeldern und Entscheidungsphasen strukturelle Unterschiede bezüglich der dominierenden Governance-Formen bestehen (vgl. Heinelt/Knodt 2008).

Mit obiger Typologie soll vor allem verdeutlicht werden, dass der Mehrebenenansatz als ein theoretisches und analytisches Brückenkonzept fungiert: Zwar geht mit seiner

Offenheit eine Prädisposition zum *Conceptual Stretching*, also der Überfrachtung des Konzeptes, einher. Mit der Betrachtung der EU als ein politisches System mit Mehrebenenstruktur kann jedoch »die EU-Forschung aus dem Ghetto des *sui-generis*-Denkens herausgeführt« (Große Hüttmann 2010: 119) werden. Durch seinen relativ hohen Abstraktionsgrad erweist sich der Mehrebenenansatz als anschlussfähig an vergleichende Analysekonzepte und -werkzeuge und lässt entsprechend einen Rückgriff auf Erkenntnisse der Föderalismusforschung zu.

Kommentierte Literaturempfehlungen

Benz, Arthur (2009): Politik in Mehrebenen-Systemen. Wiesbaden.
Das Lehrbuch zeigt verschiedene Herangehensweisen an Mehrebenensysteme auf und bietet einen fundierten Überblick über Analyseansätze und Theoriedebatten. Deutschland und die EU werden als Beispiele für Mehrebenenpolitik in eigenen Kapiteln diskutiert.
Bache, Ian/Flinders, Matthew (2005): Multi-level Governance. Oxford.
Der Sammelband spiegelt die englischsprachige Debatte über Regieren in Mehrebenensystemen wider. Es werden verschiedene Theorieansätze vorgestellt; die weiteren Beiträge beziehen sich auf Großbritannien und die EU, auf Umwelt-, Regional- und Wirtschaftspolitik.
Europäisches Zentrum für Föderalismus-Forschung Tübingen (Hrsg.) (2011): Jahrbuch des Föderalismus 2011. Föderalismus, Subsidiarität und Regionen in Europa. Baden-Baden.
Das Jahrbuch informiert ebenso über aktuelle Entwicklungen in föderalen Systemen wie über neue Ergebnisse der Föderalismusforschung.
Hooghe, Liesbet/Marks, Gary (2001): Multi-level Governance and European Integration. Lanham.
Der Band bezieht sich auf das Mehrebenensystem der EU und zeigt Veränderungen der Rolle der Regionen sowie der institutionellen Struktur der EU auf.
Laufer, Heinz/Münch, Ursula (2010): Das föderative System der Bundesrepublik Deutschland. 8. Aufl., München.
Laufend aktualisiertes Lehrbuch, das die Entwicklung des deutschen Föderalismus nachzeichnet und als Einführung in die Föderalismusforschung dient.
Scharpf, Fritz W. (1985): Die »Politikverflechtungsfalle«: Europäische Integration und deutscher Föderalismus im Vergleich, in: Politische Vierteljahresschrift 4 (26), S. 323–356.
Wichtige Analyse der Verbundstrukturen im deutschen Föderalismus und der Europäischen Integration.
Watts, Ronald L. (2008): Comparing Federal Systems. Montreal/Kingston u. a.
Standardwerk zum internationalen Vergleich föderaler politischer Systeme.

8 Parteien: Entstehung – Typen – Parteiensysteme

Philipp Weinmann, Sebastian Jäckle

Einleitung

»[M]odern democracy is unthinkable save in terms of parties« Nach diesen berühmten Worten von Schattschneider (1942: 1) sind Parteien für moderne Demokratien unabdingbar. Und tatsächlich war das Aufkommen von Parteien in der westlichen Welt historisch eng mit der Etablierung und Konsolidierung demokratischer Staatsformen verknüpft. Auch gelten Parteien als essentiell, um zentrale Funktionen für das politische System zu erfüllen: So hängt beispielsweise die Regierungsbildung und -stabilität in parlamentarischen Systemen besonders vom Parteiensystem ab. Insbesondere polarisierte Mehrparteiensysteme neigen dazu, vergleichsweise instabile Regierungen hervorzubringen, was sich in der Folge destabilisierend auf das gesamte politische System auswirken kann. Außerdem werden schwach in der Gesellschaft verankerte Parteiensysteme besonders in Lateinamerika für die unzureichende Konsolidierung der Demokratie verantwortlich gemacht (Mainwaring/Scully 1995). Und schließlich prägen Parteien nach der Parteiendifferenztheorie die Politikinhalte entscheidend mit.

Trotz oder gerade wegen dieser großen Bedeutung von Parteien wird in den letzten Jahrzehnten zunehmend Kritik laut. Die Alternativlosigkeit von Parteien wird in Frage gestellt, das für Schattschneider »[U]ndenkbare« gedacht (Dalton/Wattenberg 2000). Bevor man jedoch Parteien vorschnell verurteilt, erscheint es angemessen, die Funktionsweise von Parteien und Parteiensystemen zu untersuchen. Die Grundlagen dazu möchte dieses Kapitel vermitteln, das zunächst Begriff, gesellschaftliche Ursprünge und Organisationsformen von Parteien abhandelt. Im zweiten Abschnitt folgt eine Auseinandersetzung mit Typen und Dynamiken von Parteiensystemen. Am Ende steht es wie immer dem Leser offen, sich selbst ein Urteil über die Thematik zu bilden. Für manchen Forscher fällt dieses sogar positiver aus als zunächst gedacht (Dalton et al. 2011).

Parteien

Definition und Funktionen von Parteien

Auch wenn es an einer unumstrittenen Definition des Begriffs Partei mangelt, können wir diese zunächst als Subtypus politischer Organisationen betrachten. Als solche sind Parteien auf Dauer angelegt und dienen dem Zweck, das politische Handeln ihrer Mitglieder zu koordinieren (vgl. Schumpeter 1950: 449 f.). Wie eine Partei organisiert ist, aufgrund welcher Motive und wie ihre Mitglieder handeln, variiert empirisch beträchtlich und kann demzufolge nicht Bestandteil der Begriffsdefinition sein (Katz 2011: 220). Von anderen politischen Organisationsformen wie Interessengruppen können sie durch ihre spezifischen Mittel und Ziele abgegrenzt werden: Sie werben um **Wählerstimmen** und/oder versuchen **öffentliche Ämter** in Regierungen und Parlamenten zu besetzen (vgl. Beyme 1984: 24).

Neben Wahlkampf und Rekrutierung des politischen Personals als primären Aufgaben erfüllen Parteien meist weitere Funktionen: Sie artikulieren und aggregieren Interessen, entwickeln und realisieren politische Programme und nicht zuletzt sozialisieren, mobilisieren und integrieren sie ihre Mitglieder und Anhänger (Wiesendahl 1980: 184 ff.). Zwar haben Parteien in westlichen Demokratien ihre Dominanz bei den meisten Funktionen durch das Aufkommen der Massenmedien, das Nachlassen der sozialstrukturellen Bindungskraft und die zunehmende Abhängigkeit der Nationalstaaten von globalen Entwicklungen verloren (vgl. Beyme 2002: 332 ff., Jun et al. 2009). Dies spiegelt sich unter anderem auch in abnehmenden Mitgliederzahlen wider (▶ **Abb. 8.1**). In fast allen demokratischen Systemen dominieren sie jedoch weiterhin die **Rekrutierung der politischen Elite** oder haben hierbei sogar ein Monopol inne.

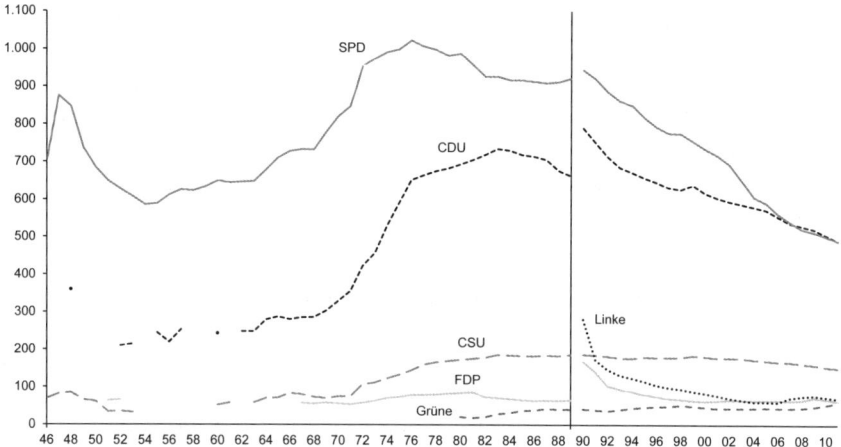

Abb. 8.1: Entwicklung der Mitgliederzahlen deutscher Parteien seit 1946 (in Tsd.)
Quelle: Niedermayer 2012b. Die Originaldaten wurden von Oskar Niedermayer freundlicherweise zur Verfügung gestellt.

Gesellschaftliche Konflikte als Ausgangspunkt für die Entstehung von Parteien

Politische Parteien sind eine vergleichsweise junge Erscheinung. Als erste Parteien im heutigen Sinne gelten gemeinhin die *Tories* und die *Whigs*, welche sich Ende des 17. Jahrhunderts im britischen Parlament gegenüberstanden. Im weiteren Verlauf der Geschichte entstanden Parteien zunächst mit und in der Folge der großen Revolutionen. In Deutschland finden sich beispielsweise die ersten Parteigründungen (Liberale und

Sozialdemokraten) in den 1860er Jahren, nachdem es sich bei den in der Paulskirchen-versammlung 1849 vertretenen Gruppierungen noch um lose und ideologisch nicht vollkommen ausdifferenzierte Zusammenschlüsse gehandelt hatte. Lipset und Rokkan (1967) führen in ihrer **Cleavage-Theorie** die Entstehung von Parteien auf diejenigen gesellschaftliche Konflikte zurück, die im Zeitraum bis zur Einführung des allgemeinen Wahlrechts aus der gesellschaftlichen Sphäre in die politische überführt worden waren und sich damit zu tiefergehenden Konfliktlinien (Cleavages, ▶ Infobox) entwickelt hatten. Sie nehmen an, dass in historischen Schlüsselsituationen (*critical junctures*) geschlossene Allianzen zwischen gesellschaftlichen Konfliktgruppen das Parteiensystem eines Landes auf lange Zeit prägen, da später vom eingeschlagenen Weg nicht mehr ohne weiteres abgewichen werden kann – das einmal gebildete Parteiensystem friert quasi ein.

Infobox: *Cleavages*

Eine Konfliktlinie (Cleavage) ist eine tiefe und latent konflikthafte gesellschaftliche Spaltung, die drei Bedingungen erfüllt (Bartolini/Mair 1990: 212 ff., Mair 2006, kritisch Niedermayer 2009):

1. Sie muss in der **Sozialstruktur** verankert sein, d.h. mehrere Bevölkerungsgruppen müssen sich in einem sozialen Merkmal wie Berufsstand, Religion oder Sprachgruppe unterscheiden.
2. Die Mitglieder jeder Gruppe müssen sich als solche wahrnehmen, also eine **kollektive Identität** z.B. als Arbeiter, Bauern, Katholiken o.ä. aufweisen.
3. Der Konflikt muss durch **intermediäre Organisationen** wie Religionsgemeinschaften, Gewerkschaften, Vereine oder Parteien in die Politik übertragen werden.

Lipset und Rokkan führen die relevanten Konfliktlinien auf zwei revolutionäre Umwälzungen zurück: In der Nationalen Revolution entstand der moderne Nationalstaat, basierend auf den Vorstellungen von kultureller Homogenität und Volkssouveränität, was einen Machtverlust von Minderheiten und früheren Machthabern wie Adel und Kirche zur Folge hatte. Mit der Industriellen Revolution kamen neue Arbeits- und Wirtschaftstechniken auf, die wiederum massive soziale Konsequenzen v.a. für die ländliche Bevölkerung und die neu entstandene Industriearbeiterschaft nach sich zogen. Aus diesen Revolutionen ergeben sich bis zur Einführung des allgemeinen Wahlrechts vier Konfliktlinien (Lipset/Rokkan 1967: 9 ff., umfassend auch Kriesi 2007: 215 ff.):

Die erste Konfliktlinie **Zentrum – Peripherie** hat ihre Wurzeln in der administrativen und politischen Zentralisierung und der sprachlichen sowie religiösen Homogenisierung zuvor politisch wie auch kulturell meist fragmentierter Herrschaftsgebiete. Als Reaktion hierauf bilden sich Minderheitenparteien, deren Ziel es ist, die einstige Autonomie zu wahren oder wiederherzustellen, wie die baskischen und katalanischen Parteien in Spanien oder die *Scottish National Party* in Großbritannien.

Das zweite Cleavage **Staat – Kirche** entstammt dem Konflikt zwischen liberalem, aufklärerischem Gedankengut auf der einen und den tradierten, ständestaatlichen

Machtstrukturen sowie der kirchlichen Kontrolle weitgehender Teile des gesellschaftlichen Lebens (insbesondere des Bildungswesens) auf der anderen Seite. Liberale Parteien kämpften für Demokratisierung und Säkularisierung, während Konservative die althergebrachte Ordnung (das Ancien Régime) bewahren wollten. In Großbritannien und Skandinavien verlief dieser Konflikt verhältnismäßig milde, da der Staat nach der Reformation eine Allianz mit den Kirchen eingegangen war und protestantische Staatskirchen etabliert wurden. In (teilweise) katholischen Staaten hingegen wurde der Konflikt aufgrund des universellen Herrschaftsanspruchs Roms erbitterter ausgetragen. Konservative Kräfte formierten sich dort in dezidiert christlichen Parteien, deren Nachfolgeorganisationen wie die österreichische ÖVP, die deutsche CDU oder die Schweizer CVP, heute zumeist als Parteien der christlichen Mitte bezeichnet werden.

Der dritte Konflikt **Stadt – Land** fand zwischen dem städtischen Bürgertum und einer durch fortschreitende Technisierung in ihren Lebensgrundlagen bedrohten Bauernschaft statt. Während ersteres vom internationalen Freihandel profitieren wollte, forderte letztere Schutzzölle auf landwirtschaftliche Produkte, um sich so vor ausländischer Konkurrenz abzusichern. In Skandinavien und Osteuropa verstärkten kulturelle Gegensätze den ökonomischen Interessenkonflikt und führten zur Gründung von Bauernparteien, die sich wie die schwedische *Centerpartiet* inzwischen meist zu Zentrumsparteien gewandelt haben.

Die vierte und in vielen Staaten wichtigste Konfliktlinie **Arbeit – Kapital** stellt den Wesenskern dessen dar, was wir als Links-Rechts-Einteilung kennen. Die durch die Industrialisierung entstandene verarmte und von den Besitzern der Produktionsmittel sozial entfremdete Arbeiterschicht gründete in allen europäischen Staaten Gewerkschaften sowie sozialistische und sozialdemokratische Parteien wie die deutsche SPD, um wohlfahrtsstaatliche Absicherung und eine Angleichung der Lebensverhältnisse durchzusetzen. Demgegenüber stand die Unternehmerschicht mit ihrem Wunsch, staatliche Eingriffe in die Ökonomie möglichst auf ein Minimum zu reduzieren.

In Bezug auf die Bedeutung dieser vier Konfliktlinien für moderne Parteiensysteme stellen Lipset und Rokkan (1967: 50) fest: »the party systems of the 1960's reflect, with few but significant exceptions, the cleavage structures of the 1920's.« Dieses »Einfrieren« der Parteiensysteme erklären sie dadurch, dass nach der Etablierung des allgemeinen Wahlrechts für neue Parteien wenig Spielraum blieb, den älteren und durch Massenorganisationen in der Gesellschaft bereits verankerten Parteien größere Wählersegmente streitig zu machen.

Ende der 1960er Jahre begannen die »eingefrorenen« Parteiensysteme allerdings aufzutauen. Seit dieser Zeit sank der Anteil der im primären und sekundären Sektor Beschäftigten stetig, was die traditionelle Wählerbasis von Bauern- und Arbeiterparteien schmälerte. Zugleich schwächte der Rückgang der Religiosität die christdemokratischen Parteien, sodass die Bedeutung der klassischen Konfliktlinien insgesamt schwand. Einzig der Zentrum-Peripherie-Konflikt hat sich in einigen Staaten durch neue regionalistische Bewegungen seither sogar eher verstärkt (z. B. im Baskenland). In der Forschung ist umstritten, wie diese gesellschaftlichen Wandlungsprozesse zu erklären sind und wohin sie führen (siehe z. B. Gallagher et al. 2011: 290 ff.). Eine Möglichkeit besteht darin, sie als neue Konfliktlinien zu deuten, welche die älteren überlagern und verdrängen.

Entsprechend können im 20. Jahrhundert drei neuere Konfliktlinien identifiziert werden (Caramani 2011: 239):

Die erste davon, **Kommunismus – Sozialismus**, ging aus einer Aufspaltung der Arbeiterbewegung hervor und verfestigte sich durch die Blockbildung im Kalten Krieg. Kommunisten strebten eine internationale Revolution unter Führung der Sowjetunion an, während Sozialisten und Sozialdemokraten versuchten, die bestehenden National- staaten eher Schritt für Schritt zu reformieren (Rokkan 1970: 129 ff.). Nach dem Zerfall der Sowjetunion hat dieser Konflikt jedoch massiv an Bedeutung eingebüßt.

Die Konfliktlinie **Materialismus – Postmaterialismus** entstand durch das Aufkommen neuer Werte besonders in der jüngeren, gut gebildeten Generation, die in einer Zeit aufwuchs, in der das materielle Bedürfnis nach Sicherheit und Wohlstand bereits befriedigt war (Inglehart 1977, 1990). Dadurch entwickelten sich postmaterialistische Bedürfnisse, etwa nach Gleichberechtigung, Toleranz, Umweltschutz und Selbstverwirklichung, die ihren Ausdruck in Neuen Sozialen Bewegungen (z. B. der Frauen-, Friedens- oder Umweltbewegung) sowie grünen Parteien fanden. Letztere haben zum Beispiel in Deutschland oder Österreich ab den 1980er Jahren die politische Bühne betreten. In vielen Staaten haben allerdings bestehende Parteien die neuen Bedürfnisse aufgegriffen und so das Entstehen relevanter grüner Parteien verhindert (Norwegen) oder zumindest verzögert (Schweden).

Die jüngste Konfliktlinie **offene – geschlossene Gesellschaft** wird durch die Globalisierung ausgelöst und beinhaltet sowohl eine ökonomische als auch eine kulturelle Dimension (Kriesi et al. 2006, 2008). Ökonomische Verlierer der Globalisierung stehen der Öffnung der Arbeits- und Gütermärkte ablehnend gegenüber. Existieren unter diesen zusätzlich Vorurteile gegenüber Immigranten oder supranationaler Bevormundung durch die EU, so stellen sie eine potentielle Wählerbasis für neue rechtspopulistische Parteien dar. Beispiele dafür sind die SVP in der Schweiz oder die FPÖ in Österreich.

Fraglich ist, ob es sich bei diesen neueren Konflikten wirklich um Cleavages im ursprünglichen Sinn handelt. Erstens kann die sozialstrukturelle Wählerbasis nicht mehr so einfach identifiziert werden wie bei klassischen Konfliktlinien. Zweitens erweist sich die Verbindung von Wählern zu Parteien als zunehmend instrumentell motiviert und daher instabiler als zu Zeiten der »eingefrorenen Parteiensysteme« (siehe Mair et al. 2004). Nimmt eine Partei für sich in Anspruch, eine gänzlich neue Parteienfamilie darzustellen, wie beispielsweise Rentnerparteien oder jüngst die Piratenpartei in Deutschland dies tun (dazu Niedermayer 2012a), muss zunächst geprüft werden, ob diese tatsächlich als Ausdruck neuer Konfliktlinien gedeutet werden kann (▶ Infobox oben).

Organisationsstrukturen und Typen von Parteien

Um erfolgreich zu bleiben, passen Parteien ihre Organisationsformen und politischen Strategien immer wieder an die sich verändernden sozialen Rahmenbedingungen an (Detterbeck 2011: 91). Die aus diesen Anpassungsprozessen hervorgegangenen Parteien lassen sich nach Katz und Mair (1995, 2009) in vier ineinander übergehende Parteitypen unterscheiden.

Honoratioren-, Kader- oder Elitenparteien existierten vor der Etablierung des allgemeinen Wahlrechts. Primäres Ziel der nach außen als Treuhänder des Gemeinwohls auftretenden, nur lose organisierten Parlamentarier war faktisch die Bewahrung der eigenen Privilegien und des tradierten gesellschaftlichen Status. Der Aufwand für Ressourcengewinnung, Kommunikation und Werben um Wählerstimmen war gering und konnte auf lokaler Ebene durch persönliche Mittel und Kontakte problemlos bewältigt werden.

Massenparteien stellten die organisatorische Antwort der zuvor ausgeschlossenen Gesellschaftsgruppen auf das System der Elitenparteien dar. Besonders sozialdemokratische Arbeiterparteien wie die frühe SPD und katholische Parteien wie das Zentrum entwickelten hierarchische Parteistrukturen mit einer starken, von unten legitimierten Parteiführung, um politische Programme im Interesse ihrer jeweiligen sozialen Gruppe durchzusetzen. Dazu wurden möglichst viele Angehörige der eigenen sozialen Schicht als Mitglieder gewonnen, durch umfangreiche Einkapselung in parteieigene Vorfeldorganisationen wie Schulen, Kirchengemeinden, Gewerkschaften, Vereine und parteieigene Medien von Einflüssen anderer Gesellschaftsgruppen isoliert und so »von der Wiege bis zur Bahre« eng an die Partei gebunden. Mithilfe der mobilisierten Mitglieder konnten arbeitsintensive, hoch ideologisierte Wahlkämpfe bestritten werden.

Volksparteien (*catch-all parties*) entwickelten sich als Reaktion der bürgerlichen Parteien auf die Erosion der gesellschaftlichen Lager nach dem Zweiten Weltkrieg. Sie wandten sich nicht an eine bestimmte Gesellschaftsschicht, sondern boten ein moderates, weniger ideologiebeladenes Programm an, um damit kurzfristig ihre Stimmenanteile zu maximieren (Kirchheimer 1965). Hierdurch wurden sie zum Makler zwischen verschiedenen gesellschaftlichen Gruppen und dem Staat. Der massive Ausbau des Sozialstaates begünstigte diese Entwicklung zusätzlich. Zugleich erlaubte das Fernsehen die direkte Kommunikation mit potentiellen Wählern und wertete dadurch die Mandatsträger der Parteien auf, während einfache Mitglieder zunehmend an Bedeutung verloren. Ein gutes Beispiel für eine Volkspartei ist die CDU. Als Reaktion auf diese hat sich Ende der 1950er Jahre auch die SPD zu einer Volkspartei gewandelt.

Kartellparteien entstehen nach Katz und Mair (1995, 2009) aufgrund der zunehmenden Abhängigkeit der Parteien von der staatlichen Parteienfinanzierung sowie den Vorgaben der Parteien- und Mediengesetze. Statt gesellschaftlichen Interessen politisch Geltung zu verschaffen, wird Politik zunehmend als Beruf betrachtet. Die Mandatsträger sämtlicher etablierten Parteien versuchen wie in einem Kartell neue Parteien vom Wettbewerb auszuschließen, um die eigenen Karrieren über den Zugang zu staatlichen Ressourcen abzusichern. Andere Autoren schlagen alternative oder zusätzliche Typen vor, darunter professionelle Wählerparteien (Panebianco 1988), Parteien der Berufspolitiker (Beyme 2002) oder *business firm parties* (Hopkin/Paolucci 1999), die breit diskutiert werden (Krouwel 2006, Katz 2011, Detterbeck 2011: 95 ff.).

Die Forschung zu Parteitypen macht deutlich, dass organisatorische Faktoren wie die Mitgliederzahl oder Finanzierungsquellen (Naßmacher 2009, Koß 2008) wichtige Machtressourcen von Parteien darstellen, die sich von Staat zu Staat und von Partei zu Partei deutlich unterscheiden können und dadurch zu Wettbewerbsvorteilen bzw. -nachteilen für einzelne Parteien führen.

Parteiensysteme

Im Gegensatz zu den oben beschriebenen Charakteristika politischer Parteien besitzen Parteiensysteme auch Eigenschaften, die einzelne Parteien für sich genommen nicht haben können. Ein Parteiensystem besteht daher nicht nur aus der Summe der einzelnen Parteien, sondern auch aus dem System von Interaktionen zwischen ihnen, die den Parteienwettbewerb ausmachen (vgl. Wiesendahl 1989: 666 f., Sartori 1976: 43 f.).

Dynamiken von Parteiensystemen

Parteien konkurrieren in demokratischen Systemen um Wählerstimmen. Mit der Frage, wie sich aus diesem Wettbewerb die unterschiedlichen Parteiensysteme entwickeln, hat sich aus einer Rational Choice-Perspektive heraus Anthony Downs (1957) beschäftigt. Dieser setzt den politischen Wettbewerb in Analogie zum ökonomischen: Parteien bieten hierbei politische Programme als Produkte an und versuchen mittels Werbung in Wahlkämpfen die Nachfrage möglichst vieler Wähler (Konsumenten) zu befriedigen, wodurch sie ihren Profit in Form von Wählerstimmen maximieren können.

Downs konstruiert ein einfaches Modell mit wenigen Grundannahmen, das bereits viele Phänomene des Parteienwettbewerbs erklären kann. Die wichtigste Annahme ist, dass Parteien und Wähler rational handeln, d. h. sie maximieren erstens ihr klar identifizierbares kurzfristiges Eigeninteresse und sie ergreifen zweitens dafür die effizientesten zur Verfügung stehenden Mittel, setzen also alle möglichen Gewinne (Nutzen) jederzeit in Verhältnis zum dafür nötigen Aufwand (Kosten). Das Eigeninteresse der Parteien liegt laut Downs in der Stimmenmaximierung bei den nächsten Wahlen. Die Bürger hingegen wählen diejenige Partei, deren Programm ihren eigenen politischen Vorstellungen am nächsten kommt. Als Reaktion darauf sollten die Parteien ihre Programme dergestalt anpassen, dass sie damit die meisten Wählerstimmen gewinnen können.

Zur Vereinfachung können die Positionen der Wähler und der Parteiprogramme auf einer Links-Rechts-Dimension verortet werden. Ist die Verteilung der Wähler bekannt, können Vorhersagen über die Dynamik des Wettbewerbs getroffen werden. Häufig werden sich die meisten Wähler in der moderaten Mitte sammeln, sodass annähernd eine Normalverteilung vorliegt.

Von zentraler Bedeutung ist der **Medianwähler**, der die Wählerschaft in zwei gleich große Hälften links und rechts von seiner eigenen ideologischen Position teilt (▶ **Abb. 8.2**). Wenn eine Partei A sich ideologisch nahe beim Medianwähler positioniert, wird sie mehr Stimmen erhalten als eine Partei B am Rande des ideologischen Spektrums. Als Reaktion darauf sollte sich Partei B weiter in die Mitte bewegen (B*). Dies bringt ihr einen Zugewinn an Wählern, allerdings kann A reagieren und sich ebenfalls weiter Richtung Medianwähler bewegen (A*). Auf Dauer müssten sich beide Parteien also immer weiter der Position des Medianwählers annähern. Ein Beispiel für diesen Mechanismus bietet die Entwicklung der SPD, die mit ihrem Godesberger Programm von 1959 – in dem sie sich eindeutig zu Marktwirtschaft und Landesverteidigung bekannte – den Schwenk von einer auf die Arbeiterklasse fixierten Massenintegrations-

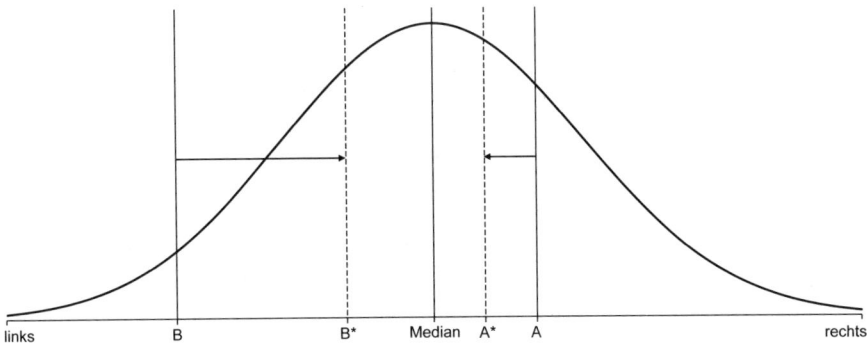

links   B   B*   Median   A*   A   rechts

Abb. 8.2: Einfluss des Medianwählers auf Parteien

partei hin zur Volkspartei der Mitte vollzogen hat. Eine Bewegung in die Mitte erhöht jedoch insbesondere in Verhältniswahlsystemen auch die Wahrscheinlichkeit, dass das entstehende Vakuum am Rand des ideologischen Spektrums durch neue Parteien gefüllt wird. So entstanden sowohl 1980 die Grünen als auch 2005 die WASG während Regierungszeiten der SPD, in denen diese eher Positionen in der Mitte einnahm (NATO-Doppelbeschluss bzw. Agenda 2010).

Liegt eine andere ideologische Verteilung der Wähler vor – etwa eine bimodale, bei der eine große Gruppe von Linkswählern einer annähernd gleichgroßen Gruppe von Rechtswählern gegenübersteht –, so lohnt sich für die Parteien die Orientierung am Medianwähler nicht. Die Dynamik hängt also vor allem von der ideologischen Verteilung der Wähler ab, welche wiederum auf der Sozialstruktur und den Konfliktlinien basiert. Hier setzt die Kritik an Downs an, die vor allem die Generalisierbarkeit des Modells aufgrund der anspruchsvollen Grundannahmen infrage stellt (Caramani 2011: 256):

1. Parteien und insbesondere Wähler handeln nicht rein rational: Neben dem Verstand beeinflussen auch Sozialisation, Gruppenzugehörigkeit, Gewohnheiten und Emotionen das Handeln der Akteure.
2. Akteure haben nicht immer klare Präferenzordnungen und häufig fehlen ihnen auch wichtige Informationen, beispielsweise wie verlässlich eine Partei ihr Programm tatsächlich umsetzt.
3. Parteien können öffentliche Ämter oftmals effektiver durch geschickte Kooperationen mit anderen Parteien erreichen als durch Steigerung des eigenen Stimmenanteils. Der ausschließliche Fokus auf die Stimmenmaximierung greift damit zu kurz.
4. Der politische Raum besteht nur selten aus einer einzigen Dimension, vielmehr spannen die verschiedenen in einer Gesellschaft vorherrschenden Konfliktlinien einen mehrdimensionalen ideologischen Raum auf, in dem sich die Parteien positionieren.

Da die Bedingungen des Rational Choice-Modells demzufolge nicht immer gegeben sind, finden wir empirisch nicht nur Systeme mit zwei am Medianwähler orientierten Parteien, sondern eine Vielzahl unterschiedlicher Typen von Parteiensystemen.

Parteiensystemtypen

Die am weitesten verbreitete Typologie von Parteiensystemen (▶ **Tab. 8.1**) stammt von Giovanni Sartori (1976: insb. 282 ff.). Zunächst grenzt dieser die nur in nicht-demokratischen Systemen vorkommenden Einparteiensysteme und hegemonialen Parteiensysteme voneinander ab. In demokratischen Systemen differenziert er dann nach der Anzahl relevanter Parteien (eine vorherrschende/zwei/mehrere Parteien) und nach der Polarisierung des Parteiensystems, wodurch er zu der dargestellten Typologie gelangt, welche von Caramani noch um die Kategorie der bipolaren Parteiensysteme erweitert wurde (Sartori 1976: 131 ff., Caramani 2011). Wie das Beispiel Deutschland zeigt, kann sich der Typus eines Parteiensystems im Zeitverlauf auch mehrfach ändern.

Tab. 8.1: Parteiensystemtypen

Typus	Eigenschaften	Beispiele
Einparteiensystem	nur eine legale Partei, die mit dem Staat verschmilzt, mögliche weitere Parteien vollkommen irrelevant	Sowjetunion (KPdSU), Deutschland 1933–1945 (NSDAP), DDR (SED)
Hegemoniales Parteiensystem	weitere Parteien nur unter Kontrolle der herrschenden Partei zugelassen (Satellitenparteien zur Fassade), kein offener, demokratischer Wettbewerb um Herrschaft	Russland unter Putin (Einiges Russland)
Prädominantes Parteiensystem	stärkste Partei mit mehr als 50 % der Stimmen und Sitze, alle andere Parteien deutlich schwächer, Einparteienregierung ohne Regierungswechsel	Japan bis 1993 (LDP), Indien bis 1975 (INC), Südafrika seit 1994 (ANC)
Zweiparteiensystem	zwei größte Parteien mit zusammen mindestens 80 % der Stimmen und Sitze und jeweils 35–45 % der Stimmen, eine Partei bildet alleine eine Mehrheitsregierung, Regierungswechsel zwischen beiden großen Parteien	USA, Malta, Großbritannien bis 1974, Neuseeland bis 1996, Griechenland bis 2012
Moderates Mehrparteiensystem	mehrere ungleich große Parteien treten einzeln an, keine Partei erreicht 50 % der Stimmen oder Sitze, Parteien handeln nach der Wahl Koalitionen aus, Regierungswechsel durch Koalitionswechsel, zentripetale Dynamik	Niederlande, Belgien, Finnland, Dänemark, Deutschland bis 1998, Österreich
Polarisiertes Mehrparteiensystem	wie moderates Mehrparteiensystem, außer: hohe Polarisierung (starke Anti-System-Parteien), wechselnde Koalitionen der Zentrumspartei(en), zentrifugale Dynamik	Weimarer Republik, Italien bis 1992
Bipolares Parteiensystem	zwei große Blöcke mit zusammen mindestens 80 % der Stimmen und Sitze und jeweils 40–50 % der Stimmen, Blöcke sind stabil und treten in Wahlbündnissen an, ein Block bildet Koalitionsregierung, Regierungswechsel zwischen den Blöcken	Frankreich, Schweden, Italien seit 1994, Deutschland seit 1998, Tschechische Republik, Australien

Quelle: Sartori 1976: insb. 282ff.; Caramani 2011: 244ff.; eigene Ergänzungen.

Die dargestellten Typen von Parteiensystemen sind jedoch nicht immer klar voneinander abzugrenzen. Es existieren Misch- oder Zwischentypen wie das Mehrparteiensystem Kanadas ohne Koalitionsbildung oder das imperfekte Zweiparteiensystem Spaniens. Durchgesetzt haben sich in den letzten Jahrzehnten in den westlichen Demokratien insbesondere bipolare und gemäßigte Mehrparteiensysteme, während polarisierte und prädominante Systeme hier kaum noch vorzufinden sind.

Parteiensystemeigenschaften

Gerade um die gemäßigten Mehrparteiensysteme genauer auszudifferenzieren, können daher mehrere Eigenschaften von Parteiensystemen gemessen und verglichen werden (Niedermayer 1996) (▶ Tab. 8.2). Zur zusätzlichen Differenzierung ist die Berechnung sowohl auf der Wählerebene als auch anhand der Repräsentation im Parlament möglich.

Tab. 8.2: Parteiensystemeigenschaften

Eigenschaft	Messung
Parteienanzahl	• quantitativ: Anzahl der Parteien über einer bestimmten Schwelle, z. B. über 2 % der Stimmen, oder nur solche, die im Parlament vertreten sind • qualitativ: Anzahl der systemrelevanten Parteien, d. h. derjenigen mit Koalitions- oder Erpressungspotenzial (Sartori 1976: 122 f.). Das Erpressungspotenzial einer Partei bemisst sich daran, inwiefern es dieser gelingt, die Richtung des politischen Wettbewerbs durch Einschüchterung der koalitionsfähigen Parteien zu beeinflussen. Ein Beispiel war die Front National in Frankreich, die die konservative UMP im Wahlkampf 2012 so unter Druck setzte, dass diese einige Forderungen der FN übernommen hat, um sich verstärkt dem rechten Wählerspektrum zuzuwenden.
Numerische Fragmentierung	Zersplitterung des Parteiensystems, d. h. wie viele wie große Parteien gibt es? Zum Beispiel Berechnung der effektiven Parteienanzahl nach Laakso und Taagepera (1979): $\frac{1}{\sum v_i^2}$ (nach Stimmenanteilen v_i) bzw. $\frac{1}{\sum v_i^2}$ (nach Sitzanteilen s_i)
Ideologische Fragmentierung	ideologische Standardabweichung des Parteiensystems (neben der ideologischen Position einer Partei (p_i) und der daraus zu berechnenden ideologischen Distanzen zum ideologischen Mittelpunkt des Parteiensystems ($\bar{p}$) fließt die Stärke der Parteien (Sitzanteile im Parlament: (s_i) als Gewichtungsfaktor in dieses Maß mit ein): $\sqrt{\sum s_i * (p_i - \bar{p})^2}$ (vgl. Dalton 2008)
Polarisierung	Summe der Anteile der extremen bzw. Anti-System Parteien
Segmentierung	z. B. Anteil der politisch unmöglichen Koalitionen an den rechnerisch möglichen
Asymmetrie	Differenz der Stimmenanteile der beiden stärksten Parteien

Tab. 8.2: Parteiensystemeigenschaften – Fortsetzung

Eigenschaft	Messung
Volatilität	Netto-Veränderung der Stimmenanteile der Parteien von einer Wahl auf die nächste: $$\frac{1}{2}\sum \left| v_{i,t+1} - v_{i,t} \right|$$ (Pedersen 1979, Bartolini/Mair 1990: 19 ff., Ersson/Lane 1998)
Regionalisierung	Divergenz der Stimmenanteile der Parteien zwischen den Regionen und der nationalen Ebene (zur Berechnung siehe Bochsler 2010)

Quelle: Niedermayer 1996: 31, sowie eigene Ergänzungen.

Als Grundlage für die Berechnung der in der Tabelle genannten ideologischen Fragmentierung bedarf es einer empirisch vergleichenden Messung der Parteipositionen. Im Rahmen eines kurzen Exkurses soll im Folgenden aufgezeigt werden, welche unterschiedlichen Optionen hierzu zur Verfügung stehen.

1. Eine erste Möglichkeit Parteien zumindest zu typologisieren bietet die Einordnung in **Parteifamilien**. Da dieses Einsortieren jedoch auf Basis unterschiedlichster Kriterien erfolgt (z.B. nach dem Parteinamen, den historischen Wurzeln oder der Zugehörigkeit zu transnationalen Parteizusammenschlüssen wie den Gruppen im Europäischen Parlament), bleibt diese Methode immer relativ ungenau.
2. Eine exaktere Option bieten Befragungen von **Länderexperten**, d.h. Politikwissenschaftlern, die alle Parteien eines Landes auf einer Links-Rechts-Skala oder noch weiteren ideologischen Dimensionen einstufen (Castles/Mair 1984, Benoit/Laver 2006).
3. Des Weiteren können repräsentative **Bevölkerungsumfragen** durchgeführt werden. Bei diesen geht man davon aus, dass die von der Bevölkerung perzipierte Position einer Partei auch ihrer realen Position entspricht. Van der Eijk und Oppenhuis (1991) haben so beispielsweise den Euroskeptizismus von Parteien bestimmt.
4. Eine weitere Gruppe an Ansätzen versucht aus den von Parteien zum Beispiel in **Wahl- oder Parteiprogrammen** getätigten Aussagen heraus die Parteiposition zu bestimmen. Das *Comparative Manifesto Project* hat hierfür bis dato mehr als 3500 Wahlprogramme aus 55 Ländern gesammelt, digitalisiert und im Rahmen einer qualitativen Inhaltsanalyse vercodet. Hierzu werden die Programme zunächst in einzelne Sinneinheiten, sogenannte Quasisätze zerlegt, um dann in eine der 56 a priori definierten ideologischen Kategorien (z.B. positive Erwähnung einer freien Marktwirtschaft) eingeordnet zu werden. Entsprechend der von Budge und Farlie entwickelten *salience*-Theorie (1983) lässt sich die Parteiposition dann über die relativen Häufigkeiten der Quasisätze einer Kategorie bezogen auf die Gesamtheit aller Quasisätze bestimmen. Mit dem Programm *wordscores* kann die gesamte Häufigkeitsverteilung aller im Wahlprogramm enthaltenen Wörter mit der Häufigkeitsverteilung eines Referenzwahlprogramms, für das etwa über eine Expertenbefragung bereits eine ideologische Position bekannt ist, verglichen und auf diese Weise ein Wert für

die politische Position einer Partei berechnet werden (Laver et al. 2003). Ein großer Vorteil textbasierter Ansätze ist, dass diese Parteipositionen über ganze Zeitreihen hinweg (selbst retrospektiv) bestimmen können, was bei Expertenbefragungen an der finanziellen Machbarkeit scheitern würde.

Erklärungsfaktoren von Parteiensystemen

Zusammenfassend lassen sich in der Parteien- und Parteisystemforschung vier große Ansätze identifizieren, die jeweils verschiedene Erklärungsfaktoren ins Zentrum rücken (▶ Tab. 8.3), dabei jedoch in der heutigen politikwissenschaftlichen Forschung auch oftmals in Kombination angewendet werden, um ein umfassenderes Bild zu generieren (Ware 1996: 7 ff., 184 ff., Detterbeck 2011: 19 ff.).

Tab 8.3: Ansätze in der Parteienforschung

Ansatz	Zentrale Erklärungsfaktoren	Deutung von Wandlungsprozessen als Anpassung an ...	wichtigste Vertreter
soziologisch	soziale Bindungen, gesellschaftliche Konfliktlinien	... gesellschaftlichen Wandel	Lipset/Rokkan (1967) Lepsius (1966)
organisatorisch	innerparteiliche Machtstrukturen	... interne Veränderungsprozesse	Katz/Mair (1995) Panebianco (1988)
institutionell	institutionelle Rahmenbedingungen	... institutionelle Reformen	Duverger (1959) Lijphart (1994)
rationalistisch	Strategien der Akteure	... Veränderungen im Wettbewerb	Downs (1957) Schattschneider (1960)

Quelle: Detterbeck 2011: 20; Ware 1996: 8.

Soziologische Ansätze wie die Cleavage-Theorie gehen davon aus, dass Parteien primär von gesellschaftlichen Entwicklungen abhängen, da sie häufig enge Bindungen zu bestimmten sozialen Gruppen entwickelt haben. **Organisatorische Ansätze** wie die Typologie nach Katz und Mair nehmen an, dass das Verhalten der Parteien nach außen und damit auch der Parteienwettbewerb wesentlich durch Prozesse innerhalb der Parteien beeinflusst werden. Wichtige Einflussgrößen sind dabei die parteiinterne Organisationsstruktur, die Machtkonstellation zwischen Parteiführung, Parteiflügeln und einfachen Parteimitgliedern sowie innerparteiliche Auswahlprozesse etwa des Vorsitzenden, des Vorstandes oder der Kandidaten vor einer Wahl (Gallagher et al. 2011: 338 ff.). **Institutionelle Ansätze** vermuten, dass Parteien sich an die Anreizstrukturen des gegebenen Institutionengefüges anpassen. Im Zentrum stehen dabei das Wahlsystem, die Parteienfinanzierung, das Regierungssystem sowie der aus mehreren Ebenen bestehende Staatsaufbau. Paradebeispiel für diesen Erklärungsansatz sind die Thesen von Duverger, die im Kapitel über Wahlen dargestellt werden (▶ Kap. 3). **Rationalistische Ansätze** wie die

149

Theorie von Downs sehen den Parteienwettbewerb als Folge von Entscheidungen eigennutzenmaximierender, rational handelnder Akteure an.

Kommentierte Literaturempfehlungen

Caramani, Daniele (2014): Party systems, in: Caramani, Daniele (Hrsg.), Comparative Politics. Oxford u. a., S. 216–236.
Exzellenter Einführungsartikel, der auf wenigen Seiten die wichtigsten Konzepte und empirischen Fakten zu Parteiensystemen klärt.
Ware, Alan (1996): Political Parties and Party Systems. Oxford u. a.
Auch heute noch eines der besten Lehrbücher, besonders zu den Erklärungsansätzen von Parteiensystemen.
Katz, Richard S./Crotty, William (Hrsg.) (2006): Handbook of Party Politics. London u. a.
Umfassendes Nachschlagewerk zu allen relevanten Thematiken des Fachbereichs.
Volkens, Andrea (2007): Strength and Weaknesses of Approaches to Measuring Policy Positions of Parties, in: Electoral Studies 26 (1), S. 108–120.
Überblicksartikel über unterschiedliche Methoden zur Bestimmung von Parteipositionen.
Niedermayer, Oskar/Stöss, Richard/Haas, Melanie (Hrsg.) (2006): Die Parteiensysteme Westeuropas. Wiesbaden.
Sammelband mit umfangreichen Länderbeispielen zu einer Vielzahl von Staaten.
Eith, Ulrich/Mielke, Gerd (Hrsg.) (2001): Gesellschaftliche Konflikte und Parteiensysteme. Länder- und Regionalstudien. Wiesbaden.
Sammelwerk zur Anwendung der Konfliktlinientheorie auf Kontexte auch jenseits europäischer Staaten.

9 Regierung: Typen – Koalitionstheorien – Regierungsstabilität

Sebastian Jäckle, Thomas Metz

Einleitung

Wird im ZDF-Politbarometer oder im ARD-Deutschlandtrend nach Bewertungen für die deutschen Spitzenpolitiker gefragt, so handelt es sich bei diesen entweder um Mitglieder der Bundesregierung, um mächtige Ministerpräsidenten aus den Bundesländern oder um führende Oppositionspolitiker. Diejenigen Politiker, die als am wichtigsten angesehen werden, sind also allesamt entweder Mitglied einer Regierung oder erhoffen sich von der Oppositionsbank in diese zu wechseln. Regierungen stellen denn auch eines der wichtigsten Untersuchungsobjekte für politikwissenschaftliche Analysen dar. Dieses Kapitel widmet sich deshalb Regierungen. Nach einer kurzen definitorischen Einführung werden der Aufgabenkatalog und unterschiedliche Typologien von Regierungen besprochen. Im Anschluss daran werden Koalitionsbildungstheorien vorgestellt, die Antworten darauf liefern, welche Parteien nach einer Wahl die Regierung stellen. Auf einen Abschnitt zum Thema Stabilität von Regierungen folgt schließlich eine Diskussion der Opposition als natürlicher Gegenspielerin der Regierung, die durch ihr Verhalten die Politik in einem Staat stark mitprägt.

Definition Regierung

Unter einer Regierung wird im engeren Sinne die Spitze der Exekutivmacht verstanden. Sie umfasst stets den Regierungschef (Premierminister, Kanzler) sowie die Minister im Kabinett. Als Minister gelten dabei in der Regel nur stimmberechtigte Kabinettsmitglieder, nicht stimmberechtigte Staatssekretäre zählen in Deutschland beispielsweise nicht zur Regierung im engeren Sinne. Je nach Definition kann auch das Staatsoberhaupt, so es nicht wie in einem präsidentiellen System ohnehin in Personalunion auch den Posten des Regierungschefs innehat – man spricht hier von einer monistischen Exekutive im Gegensatz zur dualistischen Exekutive parlamentarischer Systeme – als Teil der erweiterten Regierung gewertet werden. Nach einem breiteren Begriffsverständnis werden zudem die administrative Aufgaben wahrnehmende Ministerialverwaltung sowie in dezentral organisierten Föderalstaaten die jeweiligen Exekutiven der substaatlichen Einheiten[1] unter

---

1 In Deutschland sind dies die über den Bundesrat auch an der Gesetzgebung des Bundes beteiligten Landesregierungen.

dem Begriff Regierung subsumiert. Ein noch weiteres Verständnis von Regierung findet sich im US-amerikanischen Sprachgebrauch. Hier wird unter Government nicht nur die Exekutive, sondern zusätzlich auch die Legislative und die Judikative gefasst. Regierung kann hier somit als gleichbedeutend mit Regierungssystem verstanden werden, als ein Begriff, der das Zusammenspiel sämtlicher politischer Institutionen eines Staates zum Ausdruck bringt. Im weiteren Verlauf dieses Kapitels wird hingegen der engen Begriffsdefinition gefolgt, nach der der Regierungschef und seine Minister die Regierung konstituieren.

Aufgaben von Regierungen

Der Begriff der Exekutive ist insofern ein wenig irreführend, als heutige Regierungen keineswegs mehr nur auf die Ausführung bzw. den Vollzug von Gesetzen reduziert werden können, sondern sie vielmehr Inputs aus der Gesellschaft in Politiken (Policies) umsetzen und damit die grundsätzliche Lenkung des Staates übernehmen. Die Aufgaben einer Regierung lassen sich demzufolge in zwei große Teilbereiche unterteilen: die Steuerungs- sowie die Durchführungsfunktion. Die politische Steuerung erfolgt nach innen primär über das Herbeiführen von Gesetzen, an deren Erstellung Regierungen in praktisch allen Staaten aktiv beteiligt sind. In parlamentarischen und semipräsidentiellen Systemen besitzt die Regierung offiziell neben dem Parlament das Recht, Gesetzesvorlagen zu initiieren, in präsidentiellen Systemen wie den USA steht dieses Recht laut Verfassung nur der Legislative zu. In der realen Politik kann der US-Präsident diese Beschränkung jedoch dadurch umgehen, dass er von seiner Administration ausgearbeitete Gesetzesvorlagen durch ihn unterstützende Kongressmitglieder in den Gesetzgebungsprozess einbringen lässt. Daneben obliegt es der Regierung (insbesondere dem Außenministerium), einen Staat nach außen im Verhältnis zu anderen Staaten zu positionieren, ihn in supranationalen Institutionen zu vertreten und internationale Verträge zu schließen.

Die Durchführung von Gesetzen fällt zwar offiziell in den Aufgabenbereich der Regierung, tatsächlich wird diese Aufgabe jedoch zu einem großen Teil an die nachgeordneten Verwaltungen, in Deutschland vielfach auch an die Länderverwaltungen, delegiert. Die Hauptaufgabe aller Regierungen ist es damit, im Rahmen der allgemeinen Lenkung des Staates die Richtung der Politik vorzugeben. In Deutschland schreibt das Grundgesetz nach Art. 65 dem Kanzler diese Richtlinienkompetenz zu, wobei dessen alleiniger Gestaltungsspielraum immer auch von der koalitionspolitischen Lage abhängig ist. Der konkrete Aufgabenkatalog von Regierungen hat sich zudem analog zu den Aufgaben des Staates über die Zeit deutlich verändert. War der liberale Nachtwächterstaat des 19. Jahrhunderts fast ausschließlich mit der Gewährleistung der inneren und äußeren Sicherheit sowie der Garantie einer gewissen Rechtsstaatlichkeit, insbesondere bezogen auf Eigentumsrechte, beschäftigt, so erfüllen moderne Staaten auch die folgenden Funktionen: das Herausbilden einer nationalen Identität und die Förderung des Gemeinschaftsgefühls; die Garantie von Rede-, Meinungs- und Versammlungsfreiheit; die Einflussnahme auf die Wirtschaft durch Subventionen, Zölle, Steuern und Regulierungen – auch, um Marktversagen zu bekämpfen; die Umverteilung des Reichtums in der Gesellschaft; die Gewährleistung wohlfahrtsstaatlicher Leistungen (▶ **Kap. 14** und **15**);

die Vertretung von Minderheiteninteressen. In den meisten Ländern finden sich heutzutage entsprechende Ministerien, die mit der Umsetzung dieser Staatsaufgaben betraut sind.

Regierungstypen – Unterscheidungsmöglichkeiten für Regierungen

Analog zur Unterscheidung von parlamentarischen und präsidentiellen Regierungssystemen lassen sich Regierungen dem Kabinettssystem oder dem Präsidialsystem zuordnen. Entsprechend dem **Kabinettssystem** aufgebaute Regierungen handeln als Kollegialorgan, in dem alle Regierungsmitglieder grundsätzlich dieselben (Stimm-)Rechte haben, alle innerhalb der Regierung getroffenen Entscheidungen vom gesamten Kabinett mitgetragen werden (Kabinettsprinzip), gleichzeitig jedoch jeder Minister eigenverantwortlich für seinen Geschäftsbereich zuständig ist (Ressortprinzip). Zudem ist der Regierungschef in vielen solchen Regierungen als *primus inter pares* den anderen Ministern nicht allzu deutlich übergeordnet (z.B. Niederlande, Belgien, Schweden).[2] Dies muss jedoch nicht der Fall sein, wie das Beispiel Deutschland zeigt. Das hier vorherrschende Kanzlerprinzip stattet den Regierungschef mit besonderen Kompetenzen aus, die ihn deutlich gegenüber den anderen Kabinettsmitgliedern hervorheben: Erstens wird nur der Kanzler selbst vom Bundestag gewählt und besitzt somit als einziges Kabinettsmitglied die direkte demokratische Legitimation des Parlaments, zweitens bestimmt er selber die Aufteilung der Regierungsaufgaben und damit den Zuschnitt der einzelnen Ressorts sowie die personelle Zusammenstellung seines Kabinetts (der Bundespräsident ernennt nur die vom Kanzler vorgeschlagenen Minister), drittens gibt er die Richtlinien der Politik vor und trägt für diese die volle Verantwortung.

Infobox: *Deutschland – eine Kanzlerdemokratie?*

Karlheinz Niclauß (2004) definiert fünf Kriterien, die allesamt vorliegen müssen, um von einer Kanzlerdemokratie sprechen zu können: 1. Durchsetzung des Kanzlerprinzips (der Kanzler lenkt die politische Agenda und repräsentiert die Regierungspolitik in der Öffentlichkeit); 2. Führungsrolle innerhalb der eigenen Partei (der Kanzler sollte den Vorsitz der größten Regierungspartei innehaben und in dieser unumstritten sein); 3. Medienpräsenz (die Berichterstattung ist personalisiert und auf

---

2 Am stärksten ausgeprägt ist das Kollegialprinzip in der Schweiz. Die schweizerische Regierung, der Bundesrat, trifft generell alle ihre Entscheidungen als Kollegium. Es gibt dezidiert keinen Regierungschef mit Richtlinienkompetenz, sondern einzig einen im jährlichen Turnus wechselnden Bundespräsidenten aus den Reihen der Bundesräte, der jedoch ausschließlich repräsentative Aufgaben wahrnimmt, welche ansonsten einem Staatsoberhaupt zufallen würden.

den Kanzler zugeschnitten); 4. Gegensatz zwischen Regierung und Opposition (die Abgrenzung zwischen den beiden Lagern legt klare Differenzen in den politischen Positionen offen); 5. außenpolitisches Engagement (der Kanzler mischt sich aktiv in die Außenpolitik und damit auch in das Ressort des Außenministers ein). Legt man diese Kriterien an die bisherigen deutschen Kanzler an, so lässt sich nur für die ersten zwölf Jahre von Adenauers Kanzlerschaft von einer voll ausgeprägten Kanzlerdemokratie sprechen. Die nachfolgenden Kanzlerschaften erfüllten stets nur einige der Kriterien, wobei Gerhard Schröder sicherlich als derjenige Kanzler gesehen werden kann, dessen Amtsführung am ehesten wieder mit dem Begriff der Kanzlerdemokratie umschrieben werden konnte.

Der Ansatz von Niclauß kann dafür kritisiert werden, dass sich einerseits der Kriterienkatalog nur schwer sauber und vergleichbar operationalisieren lässt und er andererseits ausschließlich auf Akteure und deren persönliche Charakteristika fokussiert, dabei jedoch strukturelle und institutionelle Aspekte des Regierungssystems vernachlässigt. Diese Kritik ist durchaus berechtigt, gleichzeitig ist die Persönlichkeit des Kanzlers mit Sicherheit von großer Relevanz für seine Amtsführung. Das Zitat von Wilhelm Hennis aus dem Jahr 1964 gilt hier unverändert: »Im Moment seiner Wahl ist das Pferd gesattelt und gezäumt, er muss nur reiten können« (Hennis 1964: 27).

Im präsidentiellen Regierungssystem herrscht eine noch striktere Hierarchie vor, in der die Regierungsmitglieder dem Präsidenten ausschließlich beratend zur Seite stehen und ihm rechenschaftspflichtig sind: das sogenannte **Präsidialsystem**. Seit den 1990er Jahren lässt sich zudem ein Trend feststellen, dass sich auch in vormals vergleichsweise kollegial geformten Kabinetten die Machtverteilung immer mehr zugunsten des Regierungschefs verschoben hat – beispielsweise in Italien unter Silvio Berlusconi. Eine solche als Präsidentialisierung der Politik diskutierte Entwicklung (Poguntke/Webb 2005a) äußert sich nicht nur in einem Zuwachs an Macht und Autonomie des Regierungschefs innerhalb des Kabinetts und seiner Partei, sondern auch in einer stärkeren Personalisierung, die insbesondere während Wahlkämpfen deutlich wird (Poguntke/Webb 2005b: 5).

Des Weiteren lassen sich Regierungen grundsätzlich nach der Anzahl der beteiligten Parteien (Einparteien- und Koalitionsregierungen), nach dem parlamentarischen Mehrheitsstatus (Mehrheits- und Minderheitsregierungen) und danach unterscheiden, ob es sich um eine reguläre oder Übergangsregierung (*Caretaker*) handelt. Mehrheitskoalitionsregierungen lassen sich nochmals in jene Regierungen unterteilen, die aus mehr als der nötigen Anzahl unterstützender Parlamentsparteien hervorgehen (übergroße oder *Surplus*-Koalition) und solche, in denen jede Partei für die parlamentarische Mehrheit notwendig ist (*Minimal Winning Coalition*). Im Anschluss an Lijphart (1984: 60) können entsprechend die folgenden sechs Regierungsarten voneinander abgegrenzt werden:

- Einparteien-Mehrheitsregierungen
- Einparteien-Minderheitsregierungen

- kleinstmögliche Koalitionen
- übergroße Koalitionen
- Mehrparteien-Minderheitsregierungen
- Übergangsregierungen

Ein letztes Unterscheidungskriterium für Regierungen ist ihr ideologischer Standpunkt. So kann analog zur Bestimmung der Parteiposition (▶ Kap. 8) auch die Position einer Regierung auf ideologischen Skalen gemessen werden. Besonders einfach ist dies bei Einparteienregierungen, da dort die Position der Regierung gleichzusetzen ist mit derjenigen der einzigen Regierungspartei. Bei Koalitionsregierungen kann man das entsprechend der Kabinettssitzanteile der Regierungsparteien gewichtete Mittel der Parteipositionen verwenden. Abbildung 9.1 zeigt beispielhaft eine Zeitreihe der Position schwedischer Regierungen auf der klassischerweise verwendeten Rechts-Links-Achse (1950–2011) aufbauend auf den Daten des *Comparative Manifesto Project*. Die Daten, deren ungefährer Charakter dem Betrachter allerdings immer bewusst sein sollte, zeigen einerseits einen generellen Trend nach rechts und andererseits durchaus unterschiedliche Positionen der sozialdemokratischen sowie der konservativ-liberalen Regierungen. Allerdings lassen sich auch Positionen beobachten, die auf den ersten Blick befremdlich anmuten mögen, wie beispielsweise die im Vergleich zur konservativen Vorgängerregierung zunächst leicht rechtere Position der sozialdemokratischen Regierungen nach 1994. Ingvar Carlsson und sein Nachfolger im Amt des Ministerpräsidenten, Göran Persson, waren allerdings bei den Wahlen 1994 mit einem klaren Programm zur Haushaltskonsolidierung angetreten und setzten die zuvor von der konservativen

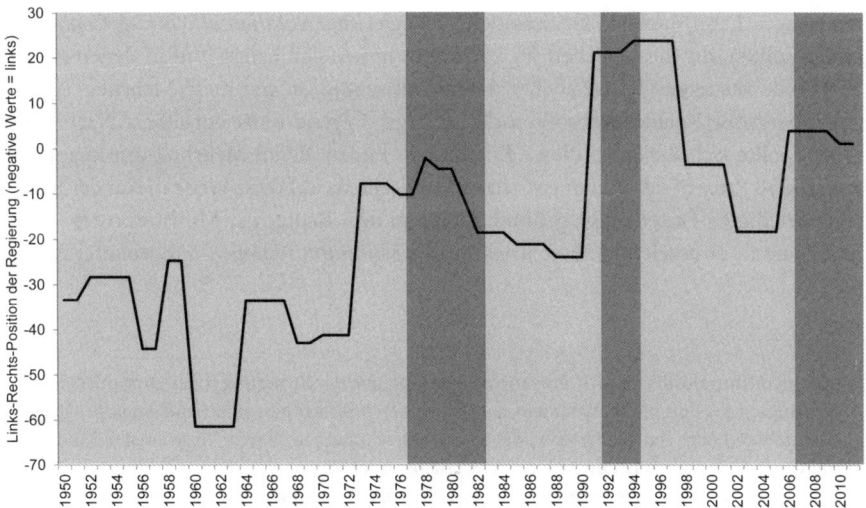

Abb. 9.1: Links-Rechts-Position schwedischer Regierungen (1950–2011)

Anmerkung: Die hellen Flächen indizieren Zeiten sozialdemokratischer Alleinregierung, die dunklen konservativ-liberale Koalitionen.

155

Regierung begonnen Privatisierungen und Liberalisierungen mit unveränderter Härte, vielleicht sogar noch zielstrebiger fort. Erst ab etwa 1998, als der Großteil der Reformen abgeschlossen war, begann die sozialdemokratische Partei sich auch in ihren Wahlprogrammen wieder verstärkt für soziale Umverteilung auszusprechen und nahm damit wieder eine linkere Position ein.

Koalitionstheorien – Welche Parteien bilden nach einer Wahl die Regierung?

In präsidentiellen Systemen ist die Regierungsbildung mit der Wahl des Präsidenten letztlich abgeschlossen. Dieser bestimmt die Mitglieder seiner Administration selbständig, das Parlament wird hierfür nicht eingeschaltet. In parlamentarischen Systemen wird die Regierung oder zumindest der Regierungschef hingegen oftmals durch die Legislative gewählt (positiver Parlamentarismus),[3] wodurch nach einer Parlamentswahl grundsätzlich verschiedene Möglichkeiten zur Regierungsbildung zur Verfügung stehen. Einzig wenn eine Partei die absolute Mehrheit der Parlamentssitze erhält, übernimmt diese in der Regel auch als Einparteien-Mehrheitsregierung die Macht. Welche dieser Optionen letztlich Realität wird, versuchen Koalitionstheorien vorherzusagen. Die folgenden Absätze widmen sich 1. *Office-Seeking*-Theorien, 2. *Policy-Seeking*-Theorien und 3. dem *Portfolio-Allocation*-Ansatz.

Historisch betrachtet kamen als erste die sogenannten **Office-Seeking-Theorien** auf, bei denen davon ausgegangen wird, dass Parteien einzig nach politischer Macht, konkret nach Posten in Regierungen streben. Diese Macht möchten sie so wenig wie möglich mit anderen Parteien teilen. Von Neumann und Morgenstern (1953) prognostizieren entsprechend, dass sich kleinstmögliche Regierungen (*Minimal Winning Coalitions*) bilden sollten, die die Mehrheit im Parlament hinter sich haben und in denen gleichzeitig jede vertretene Partei auch wirklich notwendig ist, um diese Mehrheit zu halten. Übergroße Koalitionen sollten dieser Logik folgend nicht entstehen. Nach Riker (1965) sollte sich diejenige dieser Koalitionen bilden, deren Mehrheit am knappsten über die 50 Prozent der Parlamentssitze hinausgeht, da auf diese Weise die an der Regierung beteiligten Parteien den größten Anteil an der »Beute« der Ministerposten erhalten können – er bezeichnet diese Koalition als *Minimum Winning*.[4] Ein weiterer Ansatz

---

3   Ein Investiturerfordernis, d. h. eine formale Bestätigung der Regierung (oder zumindest des Regierungschefs) durch das Parlament zu Beginn der Amtszeit gibt es beispielsweise in Belgien, Deutschland oder Italien. Systeme, die wie Großbritannien nach dem Westminster-Modell gestaltet sind, aber auch Länder wie die Niederlande oder Dänemark, kennen hingegen keine formale Investitur. In einem solchen System des negativen Parlamentarismus muss die Regierung nicht im Amt bestätigt werden, das Parlament kann sie allerdings abwählen.

4   Hier spielt eine empirische, bereits 1961 gefundene Regelmäßigkeit eine besondere Rolle. Nach Gamson's Law werden die Ministerposten zumeist sehr proportional entsprechend der relativen Stärke der Regierungsparteien im Parlament aufgeteilt (Gamson 1961).

stammt von Leiserson (1968), der die Verhandlungskosten zwischen Koalitionspartnern ins Zentrum seiner Theorie stellt. Je größer eine Koalition in Bezug auf die beteiligten Parteien ist, desto höher sieht er die Verhandlungskosten an. Entsprechend sollte sich eine *Minimal Size Coalition* bilden, also diejenige Mehrheitskoalition mit der geringsten Anzahl an Parteien.

Eine zweite Gruppe von Theorien sieht eine andere Motivation hinter der Regierungsbildung. Nicht Ministerposten stehen demzufolge im Fokus des Interesses der Parteien, sondern die Durchsetzung ihrer politischen Vorstellungen (▶ **Kap. 8**). Leisersons *Minimal Range*-Theorie kann gemeinsam mit Axelrods Vorhersage von *Minimal Connected Winning Coalitions* als erste dieser **Policy-Seeking-Theorien** gelten. Während *Minimal Range* diejenige Mehrheitskoalition vorhersagt, bei der der Abstand zwischen den beiden auf der wichtigsten ideologischen Dimension am weitesten entfernten Koalitionspartnern minimal ist – zumeist wird hierfür eine Links-Rechts-Achse betrachtet –, handelt es sich bei einer *Minimal Connected Winning Coalition* um eine *Minimal Winning Coalition*, bei der zusätzlich alle Koalitionspartner auf der ideologischen Skala direkt benachbart sind. Budge und Laver erachten Policy-Orientiertheit nicht nur als Ergänzung der klassischen *Office-Seeking*-Theorien wie Axelrod oder Leiserson, sondern sehen sie als den primären Erklärungsfaktor für das Zustandekommen von Regierungen an und vor allem als Indikator dafür, inwiefern diese *viable*, also überlebensfähig sind (Budge/Laver 1986: 488). Sie kommen zu dem Schluss, dass eine solche Überlebensfähigkeit nicht nur für Mehrheitsregierungen festgestellt werden kann, sondern auch für Minderheitsregierungen, die aufgrund divergierender Policy-Präferenzen der anderen Parteien nicht ersetzt werden können. Abbildung 9.2 illustriert dies:

A	B	C	D
30	10	20	40

Abb. 9.2: Beispiel einer bipolaren Opposition mit Partei C als Medianpartei
Anmerkung: A, B, C und D sind im Parlament vertretene Parteien; die Zahlen geben die Sitzprozente an; die Anordnung erfolgt auf einer beliebigen ideologischen Skala.
Quelle: eigene Darstellung in Anlehnung an Laver und Schofield 1990: 80.

Angenommen in einem Parlament verteilen sich die Sitze wie in Abbildung 9.2 auf die vier Parteien A, B, C und D; die Parteien lassen sich auf einer ideologischen Achse (z. B. rechts-links) anordnen und sind ausschließlich auf *Policy-Seeking* aus: Partei C nimmt die Medianposition ein – ohne sie kann weder links noch rechts von ihr eine Mehrheitsregierung gebildet werden. Aus diesem Grund kann sie einerseits nur schwer aus potentiellen Regierungskoalitionen ausgeschlossen werden und andererseits ohne große Probleme alleine selbst eine lebensfähige Minderheitsregierung bilden. Denn weder A + B noch D hätten alleine die nötige Mehrheit, um sie aus dem Amt zu verdrängen und eine Koalition aus A + D oder B + D, die numerisch dazu in der Lage wäre, könnte aufgrund der divergierenden Policy-Vorstellungen nicht zustande kommen. Dass es sich hierbei nicht nur um ein reines Gedankenexperiment handelt, zeigt das Beispiel Italiens. Hier lag eine ähnliche Situation in der Vergangenheit relativ häufig vor. In der Mitte des Parteienspektrums fand sich die *Democrazia Christiana* (DC), die allerdings im Vergleich zu Partei C aus dem Beispiel meist deutlich höhere Sitzanteile hielt. Die absolute Mehrheit in der *Camera dei Deputati* (Abgeordnetenkammer) konnte sie allerdings nur bei den Wahlen 1948 erringen. Die Parteien rechts und links von ihr lagen ideologisch jedoch so weit voneinander entfernt – vom postfaschistischen *Movimento Sociale Italiano* (MSI) bis hin zum Partito *Comunista Italiano* (PCI) –, dass eine Koalition ohne die DC politisch nicht möglich war. Somit kam es von den 1950er Jahren bis Mitte der 70er häufig zu DC-Minderheitsregierungen, die sich primär durch das soeben geschilderte Verhältnis zwischen relativer ideologischer Positionierung der Parteien zueinander und ihrer parlamentarischen Stärke erklären lassen.

Laver und Schofield (1990: 119 ff.) zeigen indes, dass, sobald von einem zwei- oder mehrdimensionalen Policy-Raum ausgegangen wird, in dem sich die Parteien positionieren, es in der Regel keine eindeutigen stabilen Koalitionen mehr gibt. Sie argumentieren dabei über den sogenannten *Core*. Dieser politische Kern beinhaltet diejenigen Parteien, die aus Policy-Seeking-Perspektive an einer Koalitionsbildung fast unumgänglich zu beteiligen sind. Im eindimensionalen Raum besetzt die Medianpartei gleichzeitig auch den *Core*. Für den mehrdimensionalen Raum gibt es laut Laver und Schofield hingegen zumeist keinen politischen Kern. Wie unter diesen Bedingungen trotzdem noch Vorhersagen bezüglich der Koalitionsbildung getroffen werden können, zeigt die folgende Infobox.

Infobox: *Koalitionsbildung auf Basis von Policy-Seeking im mehrdimensionalen Raum*

Im zwei- oder mehrdimensionalen Policy-Raum gibt es in der Regel keinen *Core*, sondern es greift das Chaos-Theorem, nach dem unterschiedliche Koalitionen sich jeweils gegenseitig »besiegen« können, wodurch Vorhersagen bezüglich der Regierungsbildung deutlich komplexer werden. In der Abbildung unten ist ein solcher zweidimensionaler Politikraum aufgezeichnet, in dem sich die fünf in einem Parlament befindlichen Parteien positionieren. Da keine Partei die absolute Mehrheit besitzt, kann eine Mehrheitsregierung nur durch Koalitionsbildung zustande kommen. Beispielsweise wäre eine Koalition aus C, D und E nicht unwahrscheinlich, wenn man nur die erste Policy-Dimension betrachtet. Auch eine Regierung aus B, C und E wäre vorstellbar. Sobald jedoch die zweite Dimension hinzutritt, ergeben sich andere mögliche Koalitionen (z. B. die übergroße Koalition ABC). Keine dieser Koalitionen kann allerdings jeweils alle anderen auf beiden Dimensionen »besiegen«. Man kann dies auch daran erkennen, dass sich die gestrichelt eingezeichneten Medianlinien nicht in einem einzigen Punkt schneiden – wäre dies doch der Fall, würde es sich hierbei um den *Core* handeln. Medianlinien sind so definiert, dass die Parteien auf der einen wie auf der anderen Seite dieser Linie gemeinsam mit denjenigen Parteien, die exakt auf der Medianlinie liegen, eine Mehrheit konstituieren. So ist die Linie durch B und D beispielsweise eine Medianlinie, da $A + B + D + E = 64\%$ und $B + C + D = 58\%$, wohingegen die Linie durch A und D keine wäre ($A + D + E = 50\%$).

Für den im mehrdimensionalen Raum unwahrscheinlichen Fall, dass doch ein *core* existiert, wird die Partei, die diesen besetzt, als sicheres Regierungsmitglied vorhergesagt. Gibt es keinen *Core*, wird eine Koalition aus Parteien erwartet, die im sogenannten *Cycle Set* oder *Political Heart* liegen. Diese in der Grafik grau hinterlegte Fläche ist dadurch gekennzeichnet, dass sie sämtliche Medianlinien umschließt. Nach der Theorie des *Political Heart* wird also entweder eine der *Minimal Winning Coalitions* (AC, BCE), eine Minderheitenkoalition (AB oder CB, zweitere beispielsweise unter Duldung von E) oder die übergroße Koalition ABC vorhergesagt. Partei D hätte hingegen kaum Chancen in eine Regierung zu gelangen.

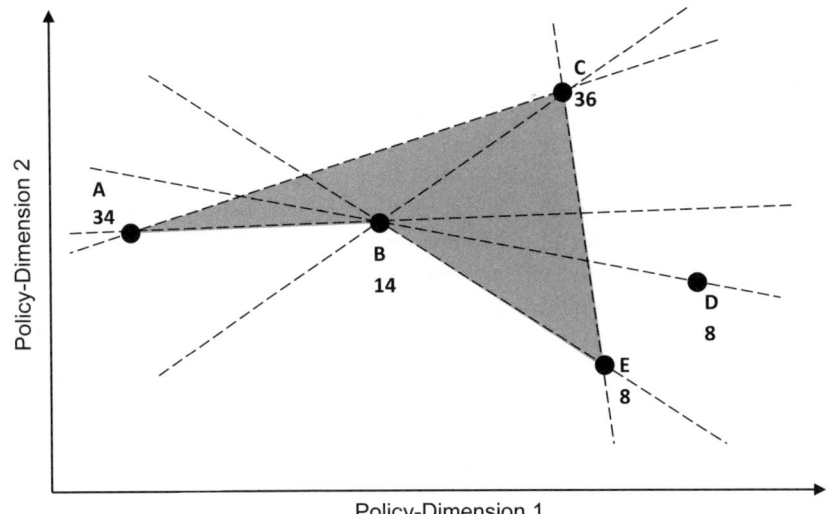

Abb.: Medianlinien und *Cycle Set* von fünf Parteien in einem hypothetischen zweidimensionalen Politikraum
Quelle: eigene Darstellung in Anlehnung an Schofield 1993: 9. Die Zahlen geben Sitzprozente im Parlament an.

Die dritte hier zu nennende wirkungsmächtige Koalitionstheorie ist der sogenannte **Portfolio-Allocation-Ansatz** von Laver und Shepsle (1996). Die beiden gehen davon aus, dass es Parteien nicht nur darum geht, irgendwelche Ministerämter zu besetzen, sondern dass sie gezielt in den für sie zentralen Politikfeldern die Minister stellen wollen – eine grüne Partei beispielsweise das Umweltministerium dem Finanzministerium vorzieht. Dahinter steht die Annahme, dass jede Regierungspartei die Politik innerhalb der von ihr geleiteten Ressorts vollkommen autonom bestimmen kann – die Minister selbst werden dabei ausschließlich als Erfüllungsgehilfen der Parteipolitik betrachtet. Die Koalitionsbildung erscheint folglich als Versuch, eine parlamentarische Mehrheit bezüglich der Ressortverteilung herzustellen. Als wahrscheinliche Kabinettsmitglieder prognostizieren Laver und Shepsle entweder die Medianparteien in den relevanten Policy-Dimensionen oder eine

Strong Party, die ihre Stärke aus der Kombination ihrer zentralen Position im Politikraum und ihrer relativen Stärke im Vergleich zu den anderen Parteien zieht.

Die Stabilität von Regierungen

Neben der Frage, welche Parteien eine Regierung bilden, wurden vor allem deren Beständigkeit sowie die Gründe für ein vorzeitiges Ende untersucht (Warwick 1994, Jäckle 2011). Regierungsbeständigkeit wird dabei häufig als ein Merkmal einer übergelagerten Systemstabilität verstanden. Wichtig ist hier allerdings, zumindest zwischen zwei Arten von Endereignissen zu differenzieren: vorgezogene Neuwahlen und Ersetzungen während der laufenden Legislaturperiode. Es hat sich gezeigt, dass die Gründe, die zu einem Regierungsende aufgrund von vorgezogenen Neuwahlen führen, andere sind, als diejenigen, die eine Ersetzung der Regierung während der laufenden Legislaturperiode bewirken (Diermeier/Stevenson 1999). So erhöht ein hoher Fragmentierungsgrad der Regierung die Wahrscheinlichkeit, dass diese ersetzt wird, wobei er gleichzeitig die Wahrscheinlichkeit vorgezogener Neuwahlen senkt. Diese Befunde lassen sich folgendermaßen erklären: Während die komplexere Verhandlungsstruktur innerhalb einer Regierung, die mit einer hohen Fragmentierung einhergeht, zu mehr Konflikten unter den Koalitionspartnern und damit letztlich einem häufigeren Aufkündigen der Regierungskoalition führt, hat dasselbe komplexe *Bargaining Environment* auch zur Folge, dass sich die an der Regierung befindlichen Parteien nur schwer auf das Anberaumen vorgezogener Neuwahlen einigen können – denn diese würden meist nicht allen der Regierungsparteien in gleichem Maße zupass kommen. Abgesehen von diesen und anderen *Office-Seeking*-Maßen, die insgesamt betrachtet die stärksten Effekte auf die Regierungsbeständigkeit zeigen[5] erklären auch die ideologischen Unterschiede der Parteien einen Teil der Varianz. Dabei wirkt sich insbesondere eine große ideologische Distanz zwischen den Regierungsparteien negativ auf die Regierungsbeständigkeit aus – zumindest was Ersetzungen während der Legislaturperiode anbelangt. Zudem werden Regierungen deutlich häufiger ersetzt, wenn an ihnen extreme Parteien beteiligt sind, d.h. Parteien, die außerhalb des Spektrums liegen, in dem die anderen Parteien ihre potentiellen Koalitionspartner suchen. Ökonomische Rahmenbedingungen können einer Regierung zusätzlich Probleme verursachen. Interessant ist jedoch, dass die ideologische Färbung des Kabinetts mit darüber entscheidet, wie gut eine Regierung beispielsweise eine deutliche Steigerung der Arbeitslosenquote verkraftet. Letzteres gelingt linken Regierungen durchweg besser als rechten.

---

5   Beispielsweise sind Einparteien-Mehrheitsregierungen und kleinstmögliche Koalitionen insgesamt betrachtet die beständigsten Regierungen, allerdings muss auch hier wieder zwischen vorgezogenen Neuwahlen und Ersetzungen unterschieden werden. Einparteien-Mehrheitsregierungen werden vergleichsweise häufig durch vorgezogene Neuwahlen ersetzt, was auch insofern verständlich ist, als die alleinige Regierungspartei auf diese Weise mittels Wahlumfragen den günstigsten Zeitpunkt für die Wiederwahl selbst bestimmen kann.

André Siegfried hat jedoch schon in den 1950er Jahren erkannt, dass für die Stabilität eines politischen Systems nicht nur die Beständigkeit seiner Regierungen relevant ist, sondern vor allem auch die personelle Kontinuität. Am Beispiel der IV. französischen Republik zeigt er, dass trotz sehr häufiger Regierungswechsel ein »stabiler Nukleus« an Regierungsmitgliedern über die Jahre vorhanden war und auf diese Weise eine grundlegende politische Stabilität gewährleistet werden konnte – er spricht vom »paradox of stable policy with unstable cabinets« (Siegfried 1956: 399). Ähnlich argumentieren Huber und Martinez-Gallardo (2004), die die Kabinettserfahrung der Regierungsmitglieder als wichtiger für politische Stabilität erachten als die Regierungsdauer. Entsprechend dieses gewandelten Verständnisses beschäftigt sich eine Reihe neuerer Arbeiten verstärkt mit der personellen Seite von Regierungen, also damit, auf welche Weise welche Personen in Ministerämter gelangen, welche Faktoren kurze oder lange Ministerdauern erklären und welche politischen oder sonstigen Positionen Minister vor, während und nach ihrer eigentlichen Kabinettszeit inne haben (Dowding/Dumont 2009, Fischer et al. 2006).

Die Opposition als Gegenspieler der Regierung

Genauso wie kein Fußballspiel möglich ist, wenn nur eine Mannschaft auf dem Platz steht, kann auch Demokratie nicht funktionieren, wenn die Regierung keinen Gegenspieler hat. Innerhalb der politischen Arena kommt diese Aufgabe der Opposition zu. Diese lässt sich zunächst danach unterscheiden, ob sie aus im Parlament vertretenen Parteien besteht oder von außerhalb der Legislative als sogenannte außerparlamentarische Opposition (APO) mit Forderungen an die Regierung herantritt.[6] Generell wird unter Opposition aber in der Regel die parlamentarische Opposition verstanden, d.h. diejenigen Parlamentsparteien, die nicht an der Regierung beteiligt sind und diese auch nicht formell unterstützen.[7]

Entsprechend der Art und Weise, wie die Opposition am politischen Prozess mitwirkt, kann zwischen einer fundamentalen, einer kompetitiven und einer kooperati-

---

6 In Deutschland insbesondere aus den Studentenprotesten der 1960er Jahre und als Gegenbewegung zur innerparlamentarisch keiner nennenswerten Gegenkraft ausgesetzten großen Koalition (1966–69) entstanden, ging aus der APO aber auch die später im Bundestag vertretene Partei der Grünen hervor.

7 Solche Unterstützerparteien finden sich beispielsweise häufig als Absicherung von Minderheitenregierungen, wobei die Unterstützerpartei aus verschiedenen Gründen nicht als reguläres, mit Ministerposten ausgestattetes Regierungsmitglied geführt wird – sei es, weil Parteien in stark konsensdemokratisch oder neokorporatistisch ausgestalteten Systemen die Politik auch aus der Oppositionsrolle heraus beeinflussen können und dies zu deutlich geringeren Kosten als bei einem formalen Kompromiss im Zuge einer Koalitionsvereinbarung; sei es, weil die Regierungspartei(en) eine vergleichsweise extreme Partei ihrer Wählerschaft nicht als formalen Koalitionspartner verkaufen könnten (vgl. Magdeburger Modell einer PDS-tolerierten SPD-Minderheitsregierung).

ven Opposition unterschieden werden. Während die **Fundamentalopposition** nicht nur kategorisch die Regierungsarbeit, sondern auch das gesamte politische System eines Staates ablehnt und daher zumeist außerhalb der Verfassung steht, sind **kompetitive** und **kooperative Opposition** die beiden Idealtypen parlamentarischer Oppositionsarbeit. In der Realität nicht in ihrer Reinform anzutreffen, lassen sich die realen Oppositionsformen doch mehr oder weniger dem einen oder anderen Typus zuordnen. Ob eine Oppositionspartei eher versucht, sich deutlich von der Regierungspolitik abzugrenzen und sich dadurch für Folgewahlen den Bürgern als politische Alternative zu präsentieren oder ob sie durch kooperative Mitarbeit an der Gesetzgebung versucht, bereits aus der Oppositionsrolle heraus aktiv ihre Policy-Präferenzen umzusetzen, hängt vor allem auch von weiteren Kontextfaktoren des politischen Systems ab. Ist dieses insgesamt stärker konsensual geprägt, wie es in den Niederlanden oder auch Deutschland der Fall ist, und begreift sich die Legislative zudem eher als Arbeitsparlament, in dem die Gesetzgebung innerhalb der Ausschüsse auch auf den Schultern der Opposition lastet, wird diese zwangsläufig eine weniger kompetitive Strategie verfolgen.

Im Gegensatz dazu ist die Opposition in mehrheitsdemokratisch verfassten Systemen, in denen die Legislative primär als Redeparlament wahrgenommen wird, meist deutlich kompetitiver ausgerichtet. Deutlich wird dies beispielsweise bei Parlamentsaussprachen im britischen Unterhaus, in dem sich die Regierungsfraktion und die Opposition schon rein räumlich betrachtet gegenüber sitzen und die Debatten in der Regel sehr konfrontativ ablaufen. In Großbritannien bildet die Opposition auch spiegelbildlich zur Regierung ein sogenanntes Schattenkabinett, in dem jedem Regierungsminister ein Oppositionspolitiker zugeordnet wird, der die Aufgabe hat, einerseits die Politik des jeweiligen Ministers zu kritisieren und andererseits bei einem Machtwechsel das jeweilige Ressort zu übernehmen.

Allerdings kann die Form der Opposition auch von der politischen Position einer Partei abhängen. Für eine eher dem politischen Zentrum zuzurechnende Partei mag es deutlich einfacher sein, ihre Policy-Vorstellungen auch bei anderen eher gemäßigten Regierungsparteien anzubringen, wohingegen es eine links- wie rechtsextreme Partei einerseits ihrer Wählerschaft sehr viel schwerer verkaufen könnte, mit der Regierung konsensual zusammenzuarbeiten und andererseits von Seiten der Regierung als nicht wirklich einbindbar in die Politikgestaltung erachtet werden dürfte. In parlamentarischen Systemen kommt der Opposition außerdem die eigentlich dem gesamten Parlament zustehende Kontrolle der Regierung zu. Hierzu gibt es meist eine ganze Reihe an Kontrollmöglichkeiten. In Deutschland beispielsweise kleine und große Anfragen im Bundestag (Fraktionsstärke nötig), Untersuchungsausschüsse (mind. 25% der Bundestagsmitglieder), Fragestunden, die Möglichkeit, Regierungsmitglieder für eine Befragung zu einem Sachverhalt in den Bundestag herbeizuzitieren, das konstruktive Misstrauensvotum gegen den Kanzler und auch die Option einer abstrakten Normenkontrolle vor dem Bundesverfassungsgericht (mind. 25% der Bundestagsmitglieder). Wie die Opposition diese Kontrollfunktionen ausübt, ist auch abhängig davon, wie präsent sie in den Medien ist. Gleichzeitig wird der Politikstil von Regierung und Opposition auch durchaus von den Medien mit geprägt. Die Mediatisierung führt tendenziell dazu, dass Konflikte überzeichnet und die jeweiligen Positionen von Opposition und Regierung als weiter voneinander entfernt gezeichnet werden, als dies der Fall ist (▶ Kap. 13).

Kommentierte Literaturempfehlungen

Laver, Michael (2003): Government Termination, in: Annual Review of Political Science 6 (1), S. 23–40.
Überblicksartikel zum Thema Regierungsstabilität, der sämtliche Ansätze sehr gut beschreibt und diskutiert.
Müller, Wolfgang C. (2004): Koalitionstheorien, in: Helms, Ludger/Jun, Uwe (Hrsg.), Politische Theorie und Regierungslehre. Frankfurt a. M., S. 267–301.
Verständlich geschriebener Einführungsartikel zu allen wichtigen Koalitionstheorien.
Laver, Michael/Shepsle, Kenneth A. (1996): Making and Breaking Governments. Cambridge/New York/Melbourne.
In diesem Buch präsentieren Laver und Shepsle den auf Rational Choice-Argumenten aufbauenden Portfolio-Allocation-Ansatz, der allgemein das Funktionieren von Regierungen in parlamentarischen Demokratien in den Blick nimmt.
Niclauß, Karlheinz (2004): Kanzlerdemokratie. Regierungsführung von Konrad Adenauer bis Gerhard Schröder. Paderborn.
Der Klassiker zu den deutschen Kanzlern, dabei aus akteurstheoretischer Perspektive auch von generellem Interesse für die Vergleichende Politikwissenschaft.
Kropp, Sabine/Schüttemeyer, Suzanne/Sturm, Roland (Hrsg.) (2002): Koalitionen in West- und Osteuropa. Opladen.
Sammelband, der, auch wenn er nicht mehr ganz aktuell ist, doch einen sehr guten Überblick über Koalitionsregierungen in Europa bietet.

10   Politische Kultur: Begriffe – Empirie – Kulturkonflikte

Uwe Wagschal und Rafael Bauschke

Einleitung

Das Konzept der politischen Kultur hat international und national breite Resonanz gefunden, insbesondere nach der sogenannten »kulturellen Wende« (*Cultural Turn*). Die stärkere Fokussierung auf kulturelle Erklärungsmuster und Variablen kann zum einen mit dem Ausbau kulturwissenschaftlicher Fächer an den Universitäten erklärt werden, aber auch mit der Erfahrung, dass das Ausblenden kulturalistischer Erklärungsfaktoren ein theoretisches und empirisches Defizit darstellt. Neben der wachsenden akademischen Beschäftigung mit politischer Kultur taucht der Begriff auch in den Medien vermehrt auf – ist dabei jedoch in seiner Verwendung zumeist stark normativ geprägt. (bspw. Multikulturalismus [Kymlicka 1996]).

Die Wurzeln des Begriffs der politischen Kultur lassen sich schon in frühen Schriften politischer Theoretiker beobachten. Schon bei Montesquieu – in seinen persischen Briefen – oder bei Alexis de Tocqueville in seiner Schrift über die »Demokratie in Amerika« wird auf nationale Eigenheiten und die Bedeutung der nationalen Kultur hingewiesen (vgl. Lane/Wagschal 2012: 2). Dieses Kapitel gliedert sich in drei Abschnitte: Zunächst wird erläutert, was unter dem Begriff der politischen Kultur aus theoretischer Sicht zu verstehen ist. Der darauf folgende Abschnitt erläutert, wie dieser Begriff empirisch erfasst, d.h. gemessen werden kann. Dass dies bei einem so schwer fassbaren Phänomen wie der politischen Kultur durchaus kompliziert sein kann hat bereits Max Kaase (1983) erkannt: er spricht in diesem Zusammenhang vom Versuch einen Pudding an die Wand zu nageln. Im letzten Abschnitt werden die Effekte und Wirkungen politischer Kultur in den Blick genommen. Zwei Bereiche werden dazu näher betrachtet: die unterschiedlichen Einstellungen zur Homosexualität sowie die Wirkungen politischer Kulturvariablen auf inner- und zwischenstaatliche Konflikte. Seit Huntingtons Buch über Kulturkonflikte (1997) hat kaum ein anderer Erklärungsansatz so stark die Konfliktursachenforschung beeinflusst.

Das Konzept der Politischen Kultur

Im alltäglichen Sprachgebrauch wird der Begriff der Politischen Kultur überwiegend als Be- und Umschreibung eines bestimmten politischen Stils verwendet. Individuelle Akteure des politischen Systems können demnach in ihren Handlungen und Äußerungen mehr oder weniger politischen Stil an den Tag legen bzw. in Einklang oder Dissonanz mit den generellen Gepflogenheiten des politischen Tagesgeschäfts handeln. Politische Akteure werden somit nach ihrer politischen Kultiviertheit bewert- und vergleichbar. Als Beispiel für diese allgemeine Verwendung kann etwa die Debatte über das Verhalten des ehemaligen Bundespräsidenten Wulff gerade in der expliziten Kontrastierung mit dem Verhalten seines Nachfolgers im Amt, Joachim Gauck, dienen.

Thompson et al. (1990: 1), geben zwei alternative Definitionen davon, was unter Kultur zu verstehen ist:

>One views culture as composed of values, beliefs, norms, rationalizations, symbols, ideologies, i.e. mental products. The other sees culture as referring to the total way of life of a people, their interpersonal relations as well as their attitudes.«

Im Gegensatz zu letzterer Sichtweise postuliert die politikwissenschaftliche Auseinandersetzung neben der expliziten Wertneutralität des Konzepts einen stärker gesellschaftlichen bzw. makro-orientierten Ansatz. Eine griffige Definition liefert Gert Pickel. Politische Kultur umfasst demnach

»die gesammelten auf das politische System ausgerichteten Einstellungen und Wertorientierungen der Bürger eines Landes, welche die Folge historischer Prozesse und kollektiv ähnlicher individueller Sozialisation darstellen.« (Pickel 2010: 613).

Andere Wissenschaftsdisziplinen nuancieren den Kulturbegriff dagegen etwas anders. Die Soziologie verengt den Begriff der Kultur auf Standards, Werte und Normen und ihre Symbolisierungen. Bei dieser Betrachtungsweise geraten dementsprechend lediglich die sogenannten »Wertekonflikte« in den Blick. Doch Vieles, was in der heutigen wissenschaftlichen und öffentlichen Debatte als kulturelle Problematik politischer Konflikte erscheint, beschränkt sich nicht auf den Bereich der »Werte«. Die Ethnologie fasst demgegenüber Kultur als Inbegriff menschlicher Lebensweise auf (Held et al. 1999: 328f., Hansen 2000: 37, Schwelling 2004: 13). Diese Perspektive negiert folglich die analytische Unterscheidbarkeit zwischen Gesellschaft und Kultur. Damit würde freilich auch der Untersuchungsgegenstand »kultureller Konflikt« hinfällig und in der Gesamtheit der sozialen Konflikte verschwinden.

Die Civic-Culture-Studien von Almond und Verba

Ihren **modernen** Ursprung hat das Konzept der Politischen Kultur in den Arbeiten von Gabriel Almond und Sidney Verba.[1] In einem im Jahre 1956 veröffentlichten Aufsatz verweist Almond erstmals auf den Zusammenhang zwischen politischen Systemen und politischer Kultur:

---

1 Der Zusatz ›modern‹ soll an dieser Stelle auf die Tatsache verweisen, dass das Konzept der politischen Kultur – wenn auch noch nicht in der nötigen analytischen Trennschärfe – bereits weit vorher Einzug in die Sozialwissenschaften gehalten hat (Siehe etwa Thompson et al. 1992: 509) und bereits in der frühen politischen Philosophie thematisiert wurde (Westle 2010).

»Every political system is embedded in a particular pattern of orientations to political action. I have found it useful to refer to this as the **political culture**.« [Hervorhebung im Original] (Almond 1956: 396).

Dieser ursprünglichen Definition folgend lässt sich unter Politischer Kultur ein Kontextfaktor des politischen Systems verstehen, der sich auf die Orientierungen bzw. die Einstellungsebene der Bürger bezieht. Eine weitere Ausdifferenzierung und erste (vergleichende) empirische Prüfung erfuhr das Konzept in der 1963 erschienenen Studie *The Civic Culture*, die Almond gemeinsam mit Sidney Verba durchführte. Aufgrund ihres wegweisenden Charakters für die politische Kulturforschung ist es sinnvoll, sich etwas eingehender mit den wesentlichen Aspekten der Untersuchung zu beschäftigen.

Die Studie basiert auf zwischen 1959 und 1960 erhobenen Umfragedaten aus den fünf »Nachkriegsstaaten« USA, Großbritannien, Italien, Bundesrepublik Deutschland und Mexiko. Das Erkenntnisinteresse der beiden Autoren lag hierbei insbesondere auf der Beziehung zwischen politischer Kultur, politischen Institutionen und Prozessen und den Auswirkungen auf die Stabilität eines politischen bzw. demokratischen Systems. Politische Kultur wird hier definiert als

»political orientations – attitudes towards the political system and its various parts, and attitudes toward the role of the self in the system. [...] It is a set of orientations toward a special set of social objects and processes.« (Almond/Verba 1963: 12).

Die Ausdifferenzierung des Konzepts erfolgt bei Almond und Verba über zwei Dimensionen. Zum einen unterscheiden sie zwischen den verschieden Arten/Ebenen der Orientierung, zum anderen zwischen unterschiedlichen Bezugspunkten. In Anlehnung an die Systemtheorie von Parsons und Shills (1962) lassen sich Orientierungen demnach in kognitive, affektive und evaluative Orientierungen gegenüber politischen Objekten differenzieren. Die verschiedenen Bezugspunkte bilden das (generelle) politische System (1), die Inputstrukturen (2), die Outputstrukturen (3) und die eigene Rolle im politischen Prozess (4). Werden die beiden Dimension miteinander kombiniert, resultiert hieraus eine simple 3x4 Matrix, die als Grundlage der Klassifizierung politischer Kulturen dient.

Die jeweilige politische Kultur »bildet« somit das Resultat unterschiedlicher Verteilungsmuster kognitiver, affektiver und evaluativer Einstellungen gegenüber den vier genannten Bezugspunkten. Almond und Verba unterscheiden hierbei drei Ausprägungen der politischen Kultur.

Tab. 10.1: Dimensionen Politischer Kultur

	Politisches System	Input-struktur	Output-struktur	Eigene Rolle im System	Beispielfall
Parochialkultur	0	0	0	0	Mexiko
Untertanenkultur (»Subject«)	1	0	1	0	Deutschland
Teilhabekultur (»Participant«)	1	1	1	1	USA

Anmerkungen: nach Almond und Verba (1963: 17)

Die **Parochialkultur**[2] zeichnet sich durch weitestgehende Indifferenz gegenüber allen Bezugspunkten aus (ausgedrückt durch jeweils eine Null in Tabelle 10.1). Bürger streben also nicht nach der Erfüllung bestimmter politischer Rollen, haben keine Erwartungen gegenüber dem System, seinen *Inputs* und *Outputs*.

Die **Untertanen-** bzw. **Subjektkultur** ist durch die Dominanz der *Output*-Dimension charakterisiert. Zwar haben die Bürger eines solchen Systems eine Einstellung gegenüber dem generellen politischen System und seinen Outputs, sie bleiben jedoch im Hinblick auf ihre eigene Rolle sowie Inputleistungen weitestgehend passiv.

In der **Teilhabekultur** sind hingegen Orientierungen im Hinblick auf alle Bezugspunkte vorhanden. Bürger weisen also Einstellungen gegenüber allen Bezugspunkten auf, was sich nicht zuletzt in einer »aktivistischen« Perspektive auf das Individuum niederschlägt.[3]

Doch was ist nun der Mehrwert dieser Unterscheidung? Almond und Verba sehen ihn insbesondere im Zusammenhang zwischen der politischen Kultur und der Stabilität des demokratischen Systems. Aus Sicht der Autoren entsteht Stabilität aus der Kongruenz zwischen Struktur und Kultur bzw. den Einstellungsmustern der Bürger gegenüber dem politischen System. So lassen sich die drei abgeleiteten Kulturen aufgrund drei möglicher Einstellungen differenzieren: Verbundenheit (*Allegiance*), Apathie (*Apathy*) und Entfremdung (*Alienation*). Während auf den ersten Blick eine primär durch Verbundenheit definierte politische Kultur als besonders stabilitätsfördernd angesehen werden sollte, könnte ein solches System Gefahr laufen an seinem Erfolg zugrunde zu gehen. Almond und Verba plädieren daher im Sinne größtmöglicher Stabilität für eine Mischform.[4] Diese Mischform bildet – wie der Titel der Studie bereits nahelegt – die sogenannte *Civic Culture*. Das wesentlichste Merkmal der *Civic Culture* ist dabei in der Balance zwischen verschiedenen Werten und Orientierungen zu sehen, die in der Summe zu einem Mehr an Stabilität führen. Sie weist zwar eine grundlegende Nähe zu einer durch Partizipation geprägten Kultur auf, integriert jedoch ebenso wesentliche Aspekte der übrigen Idealtypen. Das Resultat ist eine

> »balanced political culture in which political activity, involvement, and rationality exist but are balanced by passivity, traditionality, and commitment to parochial values« (Almond/Verba 1963: 30).

Die Veröffentlichung der Studie führte aus Sicht der Disziplin zu einer – zumindest kleinen – Revolution, lenkte sie doch den Blick von politischen Institutionen auf das Indivi-

---

2 Der englische Begriff *parochial* ist schwierig zu übersetzen. Er bedeutet »engstirnig bzw. beschränkt«, weist aber auch eine religiöse Konnotation auf. In diesem Fall bedeutet parochial = Gemeinde. *Parochial politics* kann mit Kirchtumspolitik übersetzt werden.

3 Für eine weiterführende Erläuterung der verschiedenen Kulturtypen siehe Pickel (2010).

4 Vergegenwärtigt man sich erneut die Konstruktionslogik der politischen Kultur, erscheint die Bestimmung von Mischtypen geradezu zwingend. Almond und Verba konstruieren ihre Kulturen als Idealtypen. Die vorhandene politische Kultur bestimmt sich somit aus der Verteilung der Muster innerhalb der Bevölkerung.

duum und versprach somit eine Verbindung der Mikro- und Makroebene, die bis dato in der Politikwissenschaft nur unzureichend vorlag (Thompson et al. 1992: 507). Der ersten Euphorie folgte jedoch – nicht zuletzt aufgrund der noch näher auszuführenden methodischen und konzeptionellen Kritik – Ernüchterung und damit einhergehend ein Rückgang des wissenschaftlichen Interesses.

Die Wiederbelebung des Forschungsfelds durch Ronald Inglehart

Erst in den 1980er Jahren erlebte die politische Kulturforschung eine Renaissance. In Reaktion auf die zunehmende Dominanz von Rational Choice-Modellen innerhalb der Politikwissenschaft plädierte Ronald Inglehart in seinem Artikel *The Renaissance of Political Culture* (1988) für eine stärkere Berücksichtigung kultureller Variablen für die Erklärung politischer Phänomene. Ähnlich wie bei Almond und Verba liegt der Schwerpunkt der Arbeit Ingleharts erneut auf dem Zusammenhang zwischen Einstellungen und Stabilität. Politische Kultur bildet seiner Ansicht nach das Verbindungsglied zwischen ökonomischem Wachstum und der Entstehung einer (stabilen) Demokratie. Wirtschaftliches Wachstum wirke sich grundsätzlich stabilisierend auf jede Art von Regime aus, doch erst durch Aufkommen einer spezifischen politischen Kultur würde die Entwicklung und das langfristige Bestehen einer Demokratie wahrscheinlich (Inglehart 1988: 1220). Doch was versteht Inglehart unter politischer Kultur? In Anlehnung an Almond und Verba betrachtet auch er politische Kultur als eine Verteilung bestimmter, über die Zeit relativ stabiler Wertmuster innerhalb einer Gesellschaft. Diese Wertmuster basieren im Wesentlichen auf drei Faktoren: interpersonellem Vertrauen (*Interpersonal Trust*), Lebenszufriedenheit (*Life Satisfaction*) und der Unterstützung revolutionärer Veränderung (*Support for Revolutionary Change*) (Inglehart 1988: 1219).

Kultur als Sozialkapital

Im Anschluss an den Soziologen Bourdieu (1983) und andere Forscher (z. B. Putnam 1993) kann man Kultur auch als Ressource und als eine spezifische Form von Kapital interpretieren. Fasst man Bourdieu und andere Erweiterungen des Kapitalkonzeptes zusammen, so kann man fünf unterschiedliche »Kapitalarten« unterscheiden:

- ökonomisches Kapital (z. B. Geld und Vermögen)
- Humankapital (z. B. Bildung)
- Sozialkapital (z. B. Netzwerke)
- symbolisches Kapital (z. B. Titel, Prestige)
- kulturelles Kapital (z. B. Literatur eines Landes)

Je mehr Kapitalsorten und je höher das generelle Kapitalniveau ist, desto positiver werden auch die Effekte für die Gesellschaft sein. Kulturelles Kapital manifestiert sich dabei – unter anderem – in Kulturgütern wie Büchern, Sprache, Schriften sowie Bildern, die eine Wirkung innerhalb eines Landes bzw. Kulturraumes hinterlassen haben.

Die weitere Popularisierung des Kapital-Konzepts – wenn auch mit leicht veränderter Terminologie – über die Grenzen der Wissenschaft hinaus ist jedoch insbesondere auf die Arbeiten von Robert Putnam zurückzuführen. Auch Putnam knüpft mit seinen Überlegungen an die Vorarbeiten von Almond und Verba an. In seiner 1993 veröffentlichten Studie *Making Democracy Work* untersucht Putnam zunächst die (unterschiedliche) Leistungsfähigkeit regionaler politischer Institutionen in Italien. Ähnlich wie Inglehart betrachtet Putnam spezifische Einstellungsmuster in der Bevölkerung als wesentlichen Erklärungsansatz für die Leistungsfähigkeit der Institutionen. Er fasst diese Einstellungen jedoch nicht unter dem Begriff der politischen Kultur sondern des **sozialen Kapitals** zusammen. Soziales Kapital umfasst hierbei »features of social organization, such as trust, norms, and networks, that can improve the efficiency of society by facilitating coordinated actions« (Putnam 1993: 7). Das Konzept des sozialen Kapitals geht somit streng genommen über den Bereich der politischen Kultur hinaus, der postulierte Wirkungszusammenhang ist jedoch ähnlich. Auch Putnam betrachtet das Vorhandensein einer bestimmten Kultur bzw. das Vorhandensein sozialen Kapitals als Voraussetzung für Systemleistung und Stabilität. Dieser Zusammenhang bildet auch das zentrale Erkenntnisinteresse seiner wohl bekanntesten und vielzitierten Studie *Bowling Alone: The Collapse and Revival of American Community* (Putnam 2000), in der er sich mit der Abnahme sozialen Kapitals in den USA auseinandersetzt. Seine Hauptthese ist hierbei, dass die Zunahme an Politikverdrossenheit und der Rückgang an politischer und gesellschaftlicher Partizipation mit einer Abnahme sozialer Interaktion einhergehen – metaphorisch gesprochen der Tendenz alleine statt im Team Bowling zu spielen. Schwindendes soziales Kapital könne jedoch langfristig zu einer sinkenden Effektivität und Legitimität des politischen Systems führen.

Die empirische Erfassung von Kultur

Politische Kultur ist ein theoretisches Konstrukt (Weber 1974), dessen empirische Erfassung die Sozialwissenschaften vor die Herausforderung stellt, adäquate Messkonzepte zu finden (Adäquationsproblem). Nur so können solche theoretischen zeit- und kontextabhängigen Konstrukte in Realtypen überführt werden.

Ein zentraler Weg, um kulturelle Eigenheiten zu erfassen, stellen Umfragen dar. Salzborn (2009: 47) hat darauf hingewiesen, dass sich Einstellungen kurzfristig ändern können, aber andererseits Grundüberzeugungen sich in der Regel nur von Generation zu Generation ändern werden.

Das Objekt der politischen Kultur(forschung) kann dabei auf der Mikroebene (also das Individuum) oder auf der Meso- bzw. Makroebene (z. B. Großgruppen bzw. Staaten) verortet werden, wobei für die politische Soziologie und die Politikwissenschaft insbesondere letztere relevant ist. Auch methodisch gibt es unterschiedliche Ansätze mit politischer Kultur empirisch umzugehen. Während kulturwissenschaftliche Ansätze eher qualitativ-interpretative Methoden nutzen, bei denen es vor allem um das Verstehen kultureller Eigenheiten und kultureller Differenzen geht, verfolgt die Politikwissenschaft den quantitativ-empirischen Weg und versucht, politische Kultur zu messen und mit Daten zu erfassen.

Die Kulturstudien von Hofstede

Das methodische Problem der Messung politischer Kultur wird deutlich, wenn etwa die (vorschnelle) Verknüpfung der politischen Kulturforschung mit dem Instrument der Umfrage- und Meinungsforschung genauer betrachtet wird. Das Spannungsverhältnis ist hierbei offensichtlich, wird doch der Versuch unternommen, ein Makrophänomen auf der Mikroebene zu messen. Eine der meist wahrgenommenen Kulturstudien von Geert Hofstede (1980), welche auf einer weltweiten Mitarbeiterbefragung von IBM-Beschäftigten basiert, kann geradezu als exemplarisch für die mannigfache Kritik an der empirischen Kulturforschung stehen. So stellt sich die Frage der richtigen Sampleauswahl (wer soll befragt werden) und der postulierten Gleichwertigkeit gesellschaftlicher Gruppen für die Erhebung der politischen Kultur. Mehrere konkrete Kritikpunkte lassen sich aus politikwissenschaftlicher Sicht formulieren.

Erstens unterscheidet sich die Sichtweise Hofstedes von politischer Kultur von der politikwissenschaftlichen Konzeption (s.o.): So ist nach Hofstede (2001: 4) Kultur als »die kollektive Programmierung des Geistes, die Mitglieder einer Gruppe oder Kategorie von Menschen von einer anderen unterscheidet« zu verstehen. Zweitens ist fraglich ob nicht politische und gesellschaftliche Eliten durch ihren potentiellen Einfluss als Sinnproduzenten auf die politische Kultur in der Analyse stärker gewichtet werden müssten (Kaase 1983). Drittens lässt sich hinterfragen, inwieweit – insbesondere vor dem Hintergrund regionaler Integration und Globalisierung – Nationalstaaten als primäre Untersuchungseinheit angesehen werden sollten. Viertens wurde Hofstede ein Bias bei den Befragten (rund 90 Prozent männliche Befragte bei der IBM-Studie) vorgeworfen. Und schließlich herrscht, fünftens, im Hinblick auf die Operationalisierung und als Konsequenz der mangelnden konzeptionellen Klarheit keine Einigkeit über die zu verwendenden Indikatoren – zumal Hofstede eine weitgehende Stabilität der von ihm gefundenen Kulturen unterstellt und damit jegliche dynamische Entwicklung von Kultur negiert. Hier begegnet man einem aus der Demokratieforschung hinlänglich bekannten Problem, wenn nämlich die Auswahl der Indikatoren weniger theoretischen Überlegungen als der Datenverfügbarkeit oder dem Ziel der Varianzmaximierung folgt.

Hofstede selbst hat unterschiedliche kulturelle Dimensionen identifiziert (Hofstede 1980), die in seinem Untersuchungsbeispiel die unterschiedlichen Unternehmenskulturen erklären sollen. Dabei werden sechs kulturelle Dimensionen herangezogen: die Machtdistanz, die Unsicherheitsvermeidung, der Maskulinitäts- bzw. Femininitätsgrad einer Gesellschaft, die Ungewissheitsvermeidung, die Langfristorientierung sowie die Dimension »Nachgiebigkeit und Beherrschung«. Dieses Konzept hat – bei aller Kritik – die Kulturforschung inspiriert und zahlreiche Forschungen, etwa auch im Bereich der Genderforschung befördert.

Das World Value Survey von Inglehart

Ronald Inglehart hat sowohl für sein Konzept des Postmaterialismus (Inglehart 1977) also auch für die Überprüfung seines Modells von politischer Kultur bzw. kulturellen

Wandels (s.o.) auf das von ihm maßgeblich mitentwickelte *World Value Survey (WVS)* zurückgegriffen.[5] Basierend auf Umfragewerten aus 24 Ländern und mittels Regressionsanalysen identifiziert er einen deutlichen Zusammenhang zwischen der entsprechenden Ausprägung der politischen Kultur und der Stabilität demokratischer Institutionen.[6] In Anschluss an seine erste Studie erfuhr das Konzept der politischen Kultur weitere Überarbeitungen, ohne jedoch die grundlegende Konstruktionslogik aufzugeben. Nicht zuletzt aufgrund der wesentlich anspruchsvolleren und breiteren Datenlage gelang es Inglehart mit seiner Studie zum Zusammenhang zwischen politischer Kultur und Demokratie, die Diskussion um die Bedeutung der politischen Kultur neu zu beleben und das Konzept in der Politik- und Sozialwissenschaft zu etablieren.

Messungen politischer Kultur auf der Makroebene

Messungen politischer Kultur sind immer Annäherungen an das zugrunde liegende theoretische Konzept und insofern weisen die verwendeten Variablen immer auch – – mehr oder weniger – Defizite auf. Will man etwa politische Kultur auf der Makroebene analysieren, kann beispielsweise die Sozialstruktur eines Landes im Hinblick auf kulturelle Differenzen untersucht werden. Häufig wird dabei die religiöse, sprachliche oder ethnische Fragmentierung, d. h. die Zersplitterung eines Landes, in den Blick genommen. Die empirische Erfassung ist dabei im Einzelfall schwierig. Beim religiösen Fragmentierungsgrad ist etwa die Frage, ob nur die Hauptreligionen oder auch Subströmungen (sprich Konfessionen) erfasst werden sollen. Nur etwa christliche Religionen zu erfassen, würde bei Analysen von Konflikten wie in Nordirland zu kurz greifen, denn es müsste zwischen Protestanten und Katholiken unterschieden werden. Ähnlich im Irak, wo die entscheidende Differenz zwischen Sunniten und Schiiten zu verorten ist und nicht zwischen dem Islam und anderen Religionen. Für die sprachliche Fragmentierung von Staaten kann etwa der *Ethnologue*-Datensatz (Gordon 2005) verwendet werden. Für andere Fragmentierungstatbestände wie etwa der sprachlich-religiösen Fragmentierung können zum Beispiel Sekundärdaten aus der *Encyclopaedia Britannica* (vgl. Croissant et al. 2009) oder *Alesinas Index* der ethnischen Fragmentierung (Alesina et al. 2003) verwendet werden.

Exemplarisch für die Schwierigkeiten bei der Erstellung von Fragmentierungs-Indizes stehen die Überlegungen von James Fearon dazu, wie ein Index der ethnischen Fragmentierung zu bilden ist. So stellt sich etwa die berechtigte Frage, wie die »richtige Liste« der ethnischen Gruppen eines Landes zu erstellen sei (Fearon 2003: 198, 215). Der beste

---

5 Das *World Value Survey* (WVS) ist eine weltweit durchgeführte standardisierte Befragung, die gesellschaftliche Einstellungen und Werte in verschiedenen Nationen erhebt. Für einen Überblick über Methodik, den Datensatz und die Anwendungsmöglichkeiten des WVS siehe WVS (2008).

6 Demokratische Stabilität bezieht sich auf die Anzahl der Jahre in denen ein Land demokratische Strukturen aufweist.

Weg sei es, so Fearon, die Bevölkerung eines Landes selbst danach zu fragen (Fearon 2003: 198, 215). In Ermangelung dementsprechender Umfragedaten sollen ersatzweise »Länderexperten« herangezogen werden – in Gestalt bereits bestehender Datensammlungen (Fearon 2003: 198, 215). Hier zeigt sich eindrucksvoll, wie die zur Definition erhobene Selbstkonstituierung der Ethnien in Wirklichkeit zu einem Unterfangen ethnographischer »Experten« wird. Diesem Ansatz entsprechend benennt Fearon auch keine eindeutigen Kriterien, auf denen die ethnische Fraktionalisierung bei ihm fußt.

Zusätzlich zu dieser Vorgehensweise stellt Fearon aber auch noch einen Index »kultureller Diversität« vor, der auf der Messung der »kulturellen Distanz« zwischen ethnischen Gruppen beruht. Gemessen wird letztere durch Ermittlung der Verwandtschaftsentfernung der Sprachen, die die betreffenden Ethnien sprechen (Fearon 2003: 211). Ethnien, die beispielsweise jeweils eine indoeuropäische und altaische Sprache sprechen, weisen dementsprechend eine große kulturelle Distanz zueinander auf (Fearon 2003: 211 f.).

Wirkungen von Kultur: Einstellung zur Homosexualität und Kulturkonflikte

Anhand zweier Beispiele sollen im Folgenden die Auswirkungen kultureller Variablen beleuchtet werden. Einmal wird – anhand von Umfragedaten – der Effekt auf die Einstellung zur Homosexualität diskutiert; und zum anderen werden – mittels makroquantitativer Daten – Kulturkonflikte untersucht.

Einstellungen zur Homosexualität

Mit den *World Value Survey*-Daten können vielfältige politisch-gesellschaftliche Fragestellungen untersucht werden, auf die kulturelle Faktoren einwirken (Lane/Wagschal 2012). So untersuchen Jäckle und Wenzelburger (2011) mit WVS-Daten zahlreiche Einflussfaktoren auf die Homonegativität. Neben individuellen Faktoren wie Geschlecht (Männer sind negativer als Frauen eingestellt), Alter (je älter desto negativer eingestellt) und Familienstand (Verheiratete sind negativer eingestellt) sind auch kulturelle Faktoren signifikant. So gibt es deutliche Unterschiede zwischen den Anhängern der einzelnen Religionen in Bezug auf ihre Homonegativität.

Um dies zu testen stellen Jäckle und Wenzelburger eine grobe Rangfolge der Homonegativität der einzelnen Religionen auf – unter anderen auf Basis dessen, ob in den jeweiligen heiligen Schriften Homosexualität negativ belegt ist oder sogar verboten wird. Dabei gehen sie davon aus, dass sämtliche Religionen tendenziell die Homonegativität befördern. Der Islam wäre dieser Grobeinteilung zufolge diejenige Religion, in der die stärkste Homonegativität vorherrscht, wohingegen der Atheismus den Endpunkt der Skala bildet:

1. Islam
2. Katholizismus/protestantische Freikirchen/orthodoxes Christentum
3. traditioneller (europäischer) Protestantismus

4. Hinduismus
5. Buddhismus, Taoismus, Konfuzianismus
6. Atheismus

In Tabelle 10.2 sind die Durchschnittswerte der Homonegativität für die Anhänger der einzelnen Religionen sowie für die Residualkategorie dargestellt. Es zeigt sich, dass Hinduisten weit weniger tolerant sind als man es aufgrund der Einordnung der Religion vermutet hätte. Katholiken hingegen weisen eine größere Toleranz auf als es aufgrund der qualitativen Einordnung der Religion erwartet hätte. Die höchste Ablehnung der Homosexualität erfolgt von Menschen islamischen Glaubens. Dagegen sind Buddhisten und Atheisten am permissivsten gegenüber Homosexualität.

Tab. 10.2: Religion und Einstellung gegenüber Homosexualität

Religiöses Bekenntnis	Rechtfertigung der Homo-sexualität (Skala von 1 bis 10), Durchschnitt	Rangordnung der Homo-negativität
(1) Islam	1,6	1
(2) Katholizismus, Orthodoxe und prot. Freikirchen	3,5	5
(3) Protestantismus	3,9	6
(4) Hinduismus	2,8	2
(5) Buddhismus	3,2	3
(6) Keine Religion	4,1	6
Andere Religionen	2,9	Nicht rangiert
Gesamtdurchschnitt	3,1	–

Anmerkungen: Die Daten geben die Durchschnitte der Antworten auf die Frage 202 aus den World Value Surveys (WVS) an (Welle 4 and 5 der WVS): »Please tell me whether you think it can always be justified, never be justified, or something in between: homosexuality. Scores from 1 (=never justifiable) to 10 (=always justifiable)«. N = 94.028, 81 Länder.

Von der Religionszugehörigkeit muss die Frage der Religiosität unterschieden werden. Auch hier zeigen die Analysen eindeutige Ergebnisse: Je religiöser eine Person, desto homonegativer ist diese. So beträgt der Durchschnittswert auf der Skala von 1 bis 10 (hohe Werte indizieren mehr Toleranz) für überzeugte Atheisten 5,0, während religiöse Personen nur einen Wert von 2,9 im Durchschnitt aufweisen. Dieser Effekt ist jedoch konditioniert durch die Religionszugehörigkeit: »So wirkt sich die Religiosität bei Muslimen deutlich stärker negativ auf die Einstellung gegenüber Homosexuellen aus als beispielsweise bei Buddhisten« (Jäckle/Wenzelburger 2011: 260). Diese Befunde passen im Übrigen zu den Ergebnissen von Inglehart: Je stärker postmateriell ein Mensch geprägt ist, desto geringer ist seine Homonegativität – ein Zusammenhang, den auch Jäckle und Wenzelburger in ihren Daten finden.

Die Analyse kultureller Konflikte

Bei der Analyse kultureller Konflikte, kann politische Kultur sowohl als abhängige, wie auch als unabhängige Variable betrachtet werden. Die Frage, ob man Kultur 1) als zu erklärende Variable für das Auftreten von Konflikten sieht, oder 2) als erklärende Variable betrachtet, bestimmt das Forschungsdesign der Kulturkonflikforschung. In der Konfliktforschung hat der Faktor Kultur mit der These vom *Clash of Civilisations* (Huntington 1997) eine besondere Aufmerksamkeit erfahren. Samuel P. Huntington (1997) hat für zwischenstaatliche Konflikte die Behauptung aufgestellt, dass kulturelle Unterschiede die Triebfedern moderner Kriege seien. In diesem Sinne ist »Kultur« eine unabhängige, d. h. erklärende Variable für das Vorkommen von Konflikten. Analysiert man diese These detaillierter, so fällt auf, dass kulturelle Konflikte vorwiegend innerstaatliche Phänomene sind; zwischenstaatliche kulturelle Konflikte sind hingegen seltene Ereignisse (Wagschal et al. 2010). Zugleich sind kulturelle Konflikte sichtbar gewalttätiger als Auseinandersetzungen ohne Identitätsbezüge, also kulturelle Faktoren wie Religion, Sprache oder historische Identität.

Generell können also kulturelle Konflikte aus diesen zwei Blickwinkeln betrachtet werden (Croissant et al. 2009): Zum einen können sie der Konfliktgegenstand (also die abhängige Variable) sein, d. h. es kann um Religion, Sprache oder historische Themen (z. B. ein historisches Datum wie das Battle of Boyne in Nordirland) gestritten werden. Zum anderen können jedoch kulturelle Faktoren auf Konflikte einwirken. Kultur wird in diesem Fall nicht als strukturelle Ursache von Konflikten gesehen oder als konfliktkonstituierendes Motiv der Akteure, sondern als Gegenstand, über den die Akteure kommunizieren, etwa die religiöse oder sprachliche Fragmentierung eines Landes: In kulturellen Konflikten ist Kultur das Thema, nicht notwendig auch die Ursache.

Als Konfliktfelder kommen drei Dimensionen von Kultur in Betracht (▶ **Tab. 10.3**): Religion, Sprache und geschichtliche Zusammenhänge (im Nachfolgenden als Historizität bezeichnet). Kulturelle Konflikte werden bei Croissant et al. (2009) als solche innerstaatlichen, zwischenstaatlichen oder transnationalen politischen Konflikte definiert, in denen die beteiligten Akteure eines oder auch mehrere dieser drei Konfliktfelder thematisieren. Hervorzuheben ist dabei noch einmal, dass kulturelle Konflikte über das **Thema des Konflikts** bestimmt werden und nicht, wie sonst oft üblich, über die ihnen zugrunde liegenden Ursachen im Sinne von Wirkfaktoren.

Die Konzeptualisierung kultureller Konflikte und die Ausdifferenzierung von Kultur als soziales Phänomen entlang der drei Dimensionen von Sprache, Religion und Historizität ermöglichen die Abgrenzung kultureller Konflikte von anderen Konfliktformen nicht-kultureller Art. Zudem erlaubt sie eine Binnendifferenzierung kultureller Konflikte in unterschiedliche Formen (Typen). So können politische Konflikte generell in (1) nicht-kulturelle, (2) religiöse, (3) sprachliche, (4) religiös-sprachliche sowie (5) historizitäre Konflikte unterschieden werden.

Tab. 10.3: Konfliktfelder und ihre Indikatoren

Konfliktfeld	Indikator	Beispiel
Religion	Verbaler oder aktiver Verweis auf ein religiöses Symbol (Person oder Gegenstand), der als Thematisierung von Religion verstanden wird.	Umstrittener Besuch eines Tempels durch einen Regierungschef oder Attentat auf einen religiösen Führer.
Sprache	Verbaler oder aktiver Verweis auf ein sprachliches Symbol (Person oder Gegenstand), der als Thematisierung von Sprache verstanden wird.	Verbot einer Sprache an den Universitäten oder Erhebung eines Dialekts zur Sprache.
Historizität*	Verbaler oder aktiver Verweis auf ein Symbol (Person oder Gegenstand) mit Bezug zu markanten geschichtlichen Ereignissen oder zur historischen/historisierenden Herkunftsgeschichte, wobei dieser Verweis als Thematisierung von Historizität verstanden wird.	Umstrittene Errichtung eines Kriegerdenkmals oder öffentlicher Diskurs über vorkoloniale Staatserfahrung.

Anmerkung: * Der hier verwendete Historizitätsbegriff unterscheidet sich von dem der Geschichtswissenschaft (vgl. Croissant et al. 2009).

Die Zuordnung empirischer Konflikte zu einem oder mehreren kulturellen Konfliktfeldern erfolgt im Folgenden auf Grundlage des an der Universität Heidelberg entwickelten CONIS-Datensatzes. CONIS wertet ausschließlich Informationen aus öffentlich zugänglichen Nachrichtenquellen qualitativ aus und bereitet sie zum Zwecke einer Ereignisdatenanalyse auf. CONIS unterscheidet sich von anderen Datenbanken wie dem *Correlates of War*-Projekt (COW, Singer/Small 1972; Small/Singer 1982) und dem *Uppsala Conflict Database*-Projekt (UCDP, Gleditsch et al. 2002) durch drei wesentliche Merkmale: (1) CONIS erfasst alle Formen politischer Konflikte weltweit seit 1945 und beschränkt sich nicht auf einzelne Regionen oder auf gewaltsame Konflikte. (2) CONIS erfasst Konfliktdynamiken, also die individuellen Entwicklungsphasen der einzelnen Konflikte. (3) CONIS ist eine quantitative Datenbank auf qualitativer Grundlage: Die Messung und Kategorisierung der Konflikte basiert nicht wie bei anderen Forschungsansätzen auf der Zahl kampfbedingter Todesopfer sondern auf einer Inhaltsanalyse der zwischen den Akteuren stattfindenden Kommunikationen und Handlungen.

Das für CONIS entwickelte dynamische Konfliktmodell umfasst insgesamt fünf Intensitätsstufen. Die erste Stufe (»Disput«) markiert die Artikulation eines Interessengegensatzes, die zweite (»gewaltlose Krise«) die Drohung mit Gewalt. Die dritte Stufe (»gewaltsame Krise«) beinhaltet die punktuelle, begrenzte Anwendung von Gewalt, in der vierten (»begrenzter Krieg«) wird Gewalt geplant eingesetzt, ohne aber das Ziel zu verfolgen, den Gegner vollständig niederzuwerfen. Es geht eher darum, ihn durch massive Gewalt zum Einlenken zu bewegen. Die fünfte Stufe (»Krieg«) schließlich ist die systematische Anwendung von Gewalt mit dem Ziel, den Gegner niederzuwerfen und ihm den eigenen Willen aufzuzwingen (Schwank 2010; Wagschal et al. 2008). Neben der

Zuordnung der verschiedenen Phasen eines Konflikts ist hier auch die Typologisierung eines Konflikts anhand seiner Themen von Bedeutung.

Die Klassifikation eines Konflikts als »kultureller Konflikt« beruht auf der Beobachtung, ob in der Konfliktkommunikation kulturelle Gegenstände thematisiert werden (vgl. Tabelle 10.3). Sie hängt also davon ab, auf welche Themen mindestens einer der beteiligten Konfliktakteure (z. B. eine Regierung) oder ein ihm zugeordneter Akteur (bspw. eine Armeeführung) Bezug nimmt. Ob und in welcher Form eine solche Bezugnahme vorliegt, beruht auf den kommunizierten Intentionen dieses Akteurs und auf dem gleichfalls kommunizierten Verständnis des oder der Adressaten, also auf Kommunikationen, wie sie in öffentlich zugänglichen Quellen erkennbar werden. Ob ein Konfliktgegenstand als kulturell definiert wird, hängt davon ab, ob die Akteure eines der oben genannten Konfliktfelder »aktivieren«. Zur Operationalisierung der Aktivierung der kulturellen Konfliktfelder wird als Indikator jeweils der verbale oder aktive Verweis auf ein entsprechendes Symbol (Person oder Gegenstand) durch einen Konfliktakteur herangezogen, der vom Gegenüber als Thematisierung von Religion, Sprache oder Geschichtlichkeit (im Sinne geschichtlicher Ereignisse oder der Herkunftsgeschichte) verstanden wird. Nicht-kulturelle Konflikte sind im Gegensatz dazu sozioökonomische Konflikte oder auch Ressourcen-Konflikte.

Die Auswertung der Daten für den Zeitraum von 1945–2007 zeigt, dass aktuell kulturelle Konflikte häufiger sind als nicht-kulturelle Konflikte. Im Zeitablauf wird deutlich, dass die Zahl der kulturellen Konflikte erst ab 1986 die Zahl der nicht-kulturellen Konflikte übersteigt. Diese Veränderung im globalen Konfliktpanorama lässt sich auf zwei Entwicklungen zurückführen. Erstens ist der kontinuierliche, fast lineare Anstieg der kulturellen Konflikte anzuführen. Zweitens, und bedeutsamer, ist die relative Stagnation der Zahl nicht-kultureller Konflikte in den Jahren zwischen 1979 und 1997. Erst in den letzten 10–15 Jahren nehmen diese wieder zu (► **Abb. 10.1**).

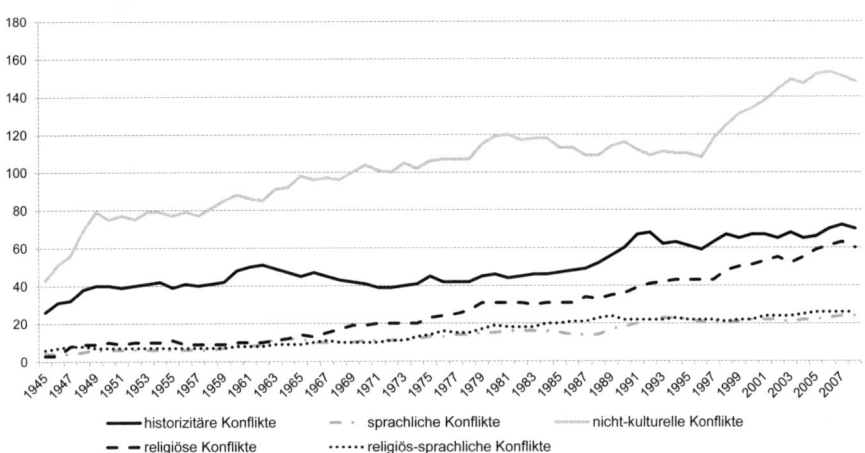

Abb. 10.1: Anzahl der politischen Konflikte nach Konflikttyp im Zeitverlauf (1945–2008) Anmerkungen: Daten aus Croissant et al. 2009.

Abbildung 10.1, die die absoluten Konfliktzahlen und die Konfliktentwicklung der einzelnen Konflikttypen darstellt, zeigt zwei Auffälligkeiten, die sowohl für inner- als auch für zwischenstaatliche Konflikte zutreffen: Zum einen verlaufen die Entwicklungslinien sprachlicher und religiös-sprachlicher Konflikte so gut wie identisch. Dies lässt den Schluss zu, dass sich religiös-sprachliche Konflikte eher wie sprachliche Konflikte denn wie religiöse verhalten. Die religiöse Komponente religiös-sprachlicher Konflikte ist also nicht so gewichtig, wie aufgrund des allgemein mobilisierenden Charakters von Religionsgemeinschaften zu vermuten wäre. Zum anderen weist der religiöse Konflikttyp einen sehr eigenständigen Verlauf auf: Die Entwicklungslinie beginnt 1945 zusammen mit den sprachlichen und religiös-sprachlichen Konflikten, trennt sich aber 1965 von ihnen, um sich bis 2007 immer stärker den historizitären Konflikten anzunähern. Insofern scheint der Eindruck, dass kulturell-religiöse Konflikte bedeutsamer werden, auch vor dem Hintergrund von Huntingtons Kulturkampfanalyse, zuzutreffen.

Wertet man die Anzahl und Anteil der inner- bzw. zwischenstaatlichen kulturellen und nicht-kulturellen Konflikte nach der jeweils höchsten erreichten Konfliktintensität aus (▶ Tab. 10.4), ergeben sich weitere berichtenswerte Befunde: 44 Prozent aller Konflikte sind im langfristigen Durchschnitt kulturelle Konflikte. Insgesamt sind rund 56 Prozent der innerstaatlichen, aber nur etwa 22 Prozent der zwischenstaatlichen Konflikte kulturelle Konflikte. Dies bestätigt die aus der bisherigen Forschung begründete Auffassung, dass innerstaatliche und zwischenstaatliche Konflikte grundlegend unterschiedlichen Logiken folgen und grundlegend unterschiedliche Verteilungsmuster und Entwicklungsverläufe aufweisen.

Kulturelle Konflikte sind überwiegend innerstaatliche Konflikte (rund 81 Prozent aller kulturellen Konflikte). Insofern sind die innerstaatlichen Kulturkonflikte die besonders interessanten Konflikte. Hinsichtlich der kulturellen Konflikte lässt sich weiter feststellen, dass der höchste Anteil bei den historizitären Konflikten liegt, gefolgt von den religiösen sowie den religiös-sprachlichen Konflikten. An letzter Stelle stehen die sprachlichen Konflikte. Hier fällt auf, dass sprachliche Konflikte im zwischenstaatlichen Bereich so gut wie nicht vorkommen.

Zudem zeigen die Daten aus Tabelle 10.4, dass Kulturkonflikte besonders gewaltintensiv sind. Der Prozentanteil der begrenzten Kriege und der (voll entwickelten) Kriege liegt stets höher als gegenüber nicht-kulturellen Konflikten. Insgesamt zeigt sich, dass der Anteil der nicht-kulturellen Konflikte an den Konflikten der jeweiligen Konfliktstufe mit steigender Intensität kontinuierlich abnimmt, während der Anteil der kulturellen Konflikte ebenso kontinuierlich zunimmt – so die Betrachtung der dargestellten Zeilenprozente.

Die innerstaatlichen Kulturkonflikte lassen sich weiter dahingehend statistisch untersuchen, welche Einflussfaktoren diese besonders beeinflussen. Es zeigt sich, dass die Konfliktwahrscheinlichkeit für die Untergruppe der innerstaatlichen kulturellen Konflikte deutlich steigt, wenn eine sprachliche und ethnische Fragmentierung in einem Land vorliegt. Dies bedeutet, dass eine Erhöhung der sprachlichen Fragmentierung mit einem deutlich höheren Risiko für inner-staatliche Konflikte einhergeht. Dieser Befund passt sehr gut zum vermuteten Zusammenhang zwischen der gesellschaftlichen Fragmentierung eines Landes und dessen Konfliktwahrscheinlichkeit. Beim Vergleich beider Konfliktdefinitionen fällt erneut auf, dass die Erklärungskraft deutlich höher ist, wenn ausschließlich harte Konflikte der Stufe 3 bis Stufe 5 (»Krise«, »begrenzte Kriege« und »Kriege«) berücksichtigt werden.

Tab. 10.4: Anzahl und Anteil der inner- bzw. zwischenstaatlichen kulturellen und nicht-kulturellen Konflikte nach der jeweils höchsten erreichten Konfliktintensität (1945–2007)

Innerstaatliche Konflikte (absolut; in Klammern der Anteil in Prozent aller Konflikte des betreffenden Typs)						
	Disput	gewalt-lose Krise	gewaltsame Krise	begrenz-ter Krieg	Krieg	(Summe)
nicht-kultu-relle Konflikte	2 (0,95)	27 (12,86)	90 (42,86)	57 (27,14)	34 (16,19)	210 (100)
kulturelle Konflikte	10 (3,68)	31 (11,40)	85 (31,25)	97 (35,66)	49 (18,01)	272 (100)

Zwischenstaatliche Konflikte (absolut; in Klammern der Anteil in Prozent an allen Konflikten des betreffenden Typs)						
	Disput	gewalt-lose Krise	gewaltsame Krise	begrenz-ter Krieg	Krieg	(Summe)
nicht-kultu-relle Konflikte	43 (19,82)	89 (41,01)	55 (25,35)	18 (8,29)	12 (5,53)	217 (100)
kulturelle Konflikt	5 (8,06)	20 (32,26)	12 (19,35)	7 (11,29)	18 (29,03)	62 (100)

Weitet man den Blick auf alle Konflikte und analysiert die kulturelle Fragmentierung eines Landes (Wagschal et al. 2010) zeigt sich ebenfalls eine stabile positive Verbindung zwischen dem Grad sprachlicher Fraktionalisierung – einer zentralen kulturellen Variable – und dem Konfliktrisiko eines Landes. Dieser Bezug ist unabhängig von der Konfliktart (kulturell oder nicht kulturell) und von den beteiligten Parteien (innerstaatliche oder zwischenstaatliche Auseinandersetzungen). Eindeutig sind demnach Gesellschaften mit größerer sprachlicher Heterogenität eher von Konflikten betroffen als sprachlich homogene Länder. Dagegen sind religiös homogene aber auch religiös stark zersplitterte Länder weniger von Konflikten betroffen, als Länder, die ein mittleres Fraktionalisierungsniveau beim Faktor Religion aufweisen. Dieser Befund eines nichtlinearen Zusammenhangs, widerspricht der Grundthese Huntingtons, die dahingehend modifiziert werden muss, dass insbesondere solche Situationen die höchste Konfliktwahrscheinlichkeit aufweisen, in der sich annähernd gleich große soziale Gruppen gegenüberstehen. Generell zeigt sich, dass unterschiedliche Sprachen stärker Konflikte beeinflussen als unterschiedliche Religionen. Auch sollte darauf hingewiesen werden, dass Kultur nur ein Erklärungsfaktor neben zahlreichen anderen Faktoren ist: Das Wohlstandsniveau, das Demokratieniveau, die Verfügbarkeit von Ackerland, ökonomisches Wachstum, Migration und der Anteil junger Männer (ein sogenannter *Youth Bulge*) sind mitunter erklärungskräftigere Faktoren.

Zusammenfassung und Kritik

Unternimmt man nun den Versuch, die hier zumindest knapp skizzierten wesentlichen Entwicklungsschritte und die zentralen Beiträge des Forschungsfelds zusammenzufassen, lässt sich festhalten, dass sich die politische Kulturforschung trotz aller anfänglichen Widrigkeiten innerhalb der Politikwissenschaft etabliert hat. So besteht in der Zwischenzeit zumindest weitestgehend Einigkeit darüber, dass kulturelle Erklärungsfaktoren für die Analyse politischer Phänomen sinnvoll eingesetzt werden können. Dies gilt insbesondere für die Anwendung des Konzepts in der Vergleichenden Regierungslehre. Grundsätzlich lassen sich Erkenntnisse bzw. Perspektiven der Politischen Kulturforschung immer dann einbringen, wenn es um die Ausgestaltung und Analyse politischer Prozesse bzw. der Politics-Ebene geht oder Fragen der Legitimation und Legitimität betroffen sind (Lauth/Wagner 2010: 30–31). Schließlich bildet die Akzeptanz politischer Systeme eine der zentralen Forschungsfragen des Forschungsfelds. Am maßgeblichsten hat sich das Konzept jedoch im Bereich der Demokratisierungs- und Stabilitätsforschung etabliert. Exemplarisch kann hier etwa die breite Rezeption des Ansatzes von Putnam in der Transformationsforschung, genauer im Kontext des kulturellen Ansatzes, gelten. Soziales Kapital wirkt hierbei als Triebfeder der Kooperation während der Transitionsphase und als Versicherung gegen den Rückfall in die autoritären Strukturen (Merkel/Thiery 2002). Hiermit verbunden ist ebenso die Forschungsfrage nach der Wechselwirkung politischer Kultur und der Akzeptanz demokratischer Institutionen.

Aus Sicht der wissenschaftlichen Diskussion verwundert diese Entwicklung, haben doch wenige Konzepte innerhalb der Politikwissenschaft neben breiter Zustimmung auch gleichzeitig so grundlegende Ablehnung erfahren wie dies bei der politischen Kulturforschung der Fall ist.[7] Grundsätzlich lassen sich hierbei zwei Arten von Problemen unterscheiden – **konzeptionelle** und **methodische Probleme**. Zunächst sollen die konzeptionellen Probleme näher beleuchtet werden. Eine Kritik grundsätzlicher Art bezieht sich zunächst auf das Konzept selbst. Immer wieder wurde den Vertretern der politischen Kulturforschung vorgeworfen, keine einheitliche, trennscharfe und in sich schlüssige Konzeption anzubieten. Dieser Vorwurf wurde insbesondere gegenüber Almond und Verba geäußert, da sich die Konstruktion ihrer politischen Kulturtypen einer einfachen Replikation nicht ohne weiteres erschließt (Kaase 1983, Pickel 2010). Ähnlich gelagert ist der Vorwurf, dass Kultur zumeist als Residualerklärung bzw. *catch all* Argument herangezogen würde, wenn klassische Erklärungsfaktoren nicht ausreichen (Thompson et al. 1992: 507–508). Trotz einer mehr als 50 Jahre währenden Forschungstradition existiert auch heute keine allgemein gültige und unumstrittene Definition oder Theorie der politischen Kultur. Ein Schicksal, das jedoch letztlich auch andere zentrale Konzepte der Politikwissenschaft – hier sei beispielhaft auf die Demokratiedebatte ver-

---

7 Insbesondere innerhalb der deutschen Sozialwissenschaft finden sich zahlreiche ebenso kritisch wie konstruktive Beiträge zur politischen Kulturforschung (siehe hierzu u. a. Kaase 1983, Pickel 2010, Rohe 1990).

179

wiesen – teilen und sich nicht als wesentlicher hinderlicher Faktor für die Entwicklung des Forschungsfelds erwiesen hat.

Eine weitere »Begleiterscheinung« dieser konzeptionellen Schwäche ist die Frage, welche (politischen) Einstellungsmuster zentral für die Erhebung politischer Kultur sind bzw. wie genau politische Kultur eigentlich gemessen werden kann (Kaase 1983). Ein oft angeführter Kritikpunkt bezieht sich auf die Beziehung zwischen Institutionen, dem politischem System und politischer Kultur. So hat insbesondere Barry Weingast (1997) darauf verwiesen, dass eine demokratische politische Kultur bzw. die Unterstützung eines politischen Systems das Resultat politischer Institutionen sei und nicht diesen vorausgeht, wie von den Vertretern der politischen Kultur postuliert. Dies führt zu einem noch grundsätzlicheren Problem: der Entstehung, Veränderung und Stabilität politischer Kulturen. Strittig ist hierbei insbesondere die Beziehung zwischen Konzept und Zeit und die Wechselwirkung zwischen dem Makrophänomen Kultur und der individuellen Ebene. So besteht nach wie vor keine Einigkeit darüber wie Kultur erlernt wird (Sozialisation), wie Sie sich im Zeit- und Lebensverlauf verändern und welche Wechselwirkungen zwischen System und Individuum bzw. Kultur stattfinden (siehe z. B. Dennis 1968).

Im Hinblick auf die Policy-Wirkungen können Kulturkonflikte eindeutig identifiziert werden (Wagschal et al. 2010; Croissant et al. 2009). Kulturkonflikte sind inzwischen sogar häufiger anzutreffen als nicht-kulturelle Konflikte. Kulturelle Konflikte sind in der Regel innerstaatliche Konflikte, wobei historizitäre und religiöse Konflikte die häufigste Formen kultureller Konflikte sind. Und kulturelle Konflikte sind besonders gewaltintensiv.

Kommentierte Literaturempfehlungen

Almond, Gabriel A./Verba, Sidney (1963): The Civic Culture: Political Attitudes and Democracy in Five Nations. Princeton, N.J.
Der Klassiker zu politischen Kulturforschung. Eines der Standardwerke der Politikwissenschaft, die unbedingt im Verlaufe des Studiums gelesen werden sollten.
Westle, Bettina/Gabriel, Oskar (Hrsg.) (2009): Politische Kultur. Eine Einführung. Baden-Baden.
Der Band führt in die zentralen Aspekte des Forschungsgebietes ein und ist somit für Studierende ein hervorragender Einstieg in die Politische Kulturforschung.
Huntington, Samuel (1997): Kampf der Kulturen. Die Neugestaltung der Weltpolitik im 21. Jahrhundert. München.
Schlüsseltext zu den Kulturkonflikten, der breit rezipiert aber auch kritisiert wurde. Huntington galt zu Lebzeiten als einer der renommiertesten Sozialwissenschaftler.

11 Politische Eliten: Theorien – Leadership – politische Strategien

Rafael Bauschke, Sebastian, Jäckle, Pascal König, Uwe Wagschal, Georg Wenzelburger

Einleitung

Ob in der Diskussion über die Hochschulpolitik – Stichwort Eliteuniversitäten –, über das Vermögen und Unvermögen der wirtschaftlichen Eliten im Zuge von Finanzkrisen oder über das Elitenprojekt Europa: In der öffentlichen Debatte ist oft von Eliten die Rede. Allerdings ist es notwendig, zwischen der alltäglichen und wissenschaftlichen Verwendung des Elitenbegriffs zu trennen. So birgt die häufig vorzufindende und negativ konnotierte Verengung der Elite auf »die oberen Zehntausend« oder »die da oben« doch die Gefahr einer ebenso eingeschränkten Betrachtung des Untersuchungsgegenstandes. Eine Analyse der Eliten ist für die Politikwissenschaft wichtig, weil sie die Frage nach dem *Who governs* (Dahl 1961) stellt und andererseits auch das Elitenversagen in historischen Situationen (etwa bei der Entstehung des Nationalsozialismus) thematisiert. Eliten werden zudem mit dem Erfolg bzw. Misserfolg von Reformen in Zusammenhang gebracht – wenn man etwa an die Rolle Gerhard Schröders im Kontext der Hartz-Reformen denkt. Aus diesem Grund wird der Begriff der Eliten in diesem Kapitel zunächst theoretisch und konzeptionell umrissen, bevor im zweiten Abschnitt Ergebnisse der empirischen Untersuchungen deutscher Eliten vorgestellt werden. Der dritte Abschnitt widmet sich politischen Eliten im engeren Sinn, wobei hier der Fokus insbesondere auf Parlamentarier und Kabinettsmitglieder gelegt wird. Mit der Leadership-Forschung (▶ Abs. 4) und der Diskussion politischer Strategien (▶ Abs. 5) werden zudem Antworten auf die Frage gegeben, welchen Einfluss politische Eliten, ihre Führungsqualitäten und ihre Strategien auf nationale Policies haben.

Elitentheorien

Will man den Begriff der Elite bestimmen, bildet die etymologische Wurzel des Begriffs Elite einen ersten Zugang: Elite stammt vom lateinischen Wort *eligere* ab, was schlicht auswählen bedeutet. Dies deutet zunächst darauf hin, dass der Begriff der Eliten auch immer mit spezifischen Auswahlkriterien bzw. einem Auswahlprozess verbunden ist. Dieser Zugang reicht jedoch offensichtlich nicht aus – schließlich ist noch unklar, auf welchen Kriterien die Auswahl beruhen soll. Für die Beantwortung dieser für das Forschungsfeld zentralen Fragestellung (Kaina 2009) scheint es zunächst ratsam, sich den theoretischen Ursprüngen des Elitenkonzepts zuzuwenden. Der erste Teil dieses Abschnitts beschäftigt sich zunächst mit den allgemeinen Elitentheorien, die hauptsächlich in der Politischen Theorie diskutiert werden. Der zweite Teil dieses Unterkapitels diskutiert die »alten« (gleichwohl bahnbrechenden) Elitenstudien, die »Elite« sehr breit auffassen. Schließlich konzentriert sich der dritte Teil auf die Einstellungen und Wahlabsichten dieser breit verstandenen Elite.

Die **frühen** Elitentheorien stützt sich insbesondere auf drei Autoren: Gaetano Mosca (1858–1941), Vilfredo Pareto (1848–1923) und Robert Michels (1876–1936). Laut Mosca (1950), einem konservativen Elitentheoretiker, bilden zwei Klassen das zentrale Strukturmerkmal einer jeden Gesellschaft: eine (kleine) herrschende Klasse auf der einen und eine größere beherrschte Klasse (oft als die »Masse« bezeichnet) auf der anderen Seite. Das zentrale Auswahlkriterium bildet hierbei **Macht**, die durch die kleinere Gruppe monopolisiert werden kann. Elitenherrschaft ist dabei laut Mosca notwendig, weil sie ein Garant für gesellschaftliche Stabilität ist und die große Masse unfähig ist, Herrschaft auszuüben. Diesem frühen Verständnis nach bezieht sich das Konzept der Machteliten primär auf das politische System.

Robert Michels (1989) entwickelte seine Vorstellungen von Elite in Abgrenzung hierzu primär im Kontext von Organisationen, vornehmlich am Beispiel der SPD. Innerhalb einer größeren Gruppe von Menschen bilde sich aufgrund der Notwendigkeit von Koordination und einer gesteigerten Effizienz eine kleinere lenkende Klasse/ Gruppe, eine entsprechenden Bürokratie und die Tendenz der Spezialisierung. Hier greift nun das viel zitierte »eherne Gesetz der Oligarchie«: Durch Aufgabenteilung »entstehen« Delegierende und Delegierte und durch den damit verbundenen Wissensvorsprung auch ein neues Machtgefüge. Es kommt zur Ausbildung einer oligarchischen Struktur und der Herrschaft der Wenigen. Erneut bildet Macht bzw. Wissensvorsprung das Auswahlkriterium der neuen Elite.

Bei Vilfredo Pareto (1955) wird die Kategorie Macht durch **Leistung** ersetzt. Die Elite setzt sich demnach aus jenen zusammen, die in ihrem Feld die besten Leistungen hervorgebracht haben. Demnach gibt es nicht nur politische Eliten (welche herrschen) sondern auch (nicht herrschende) wirtschaftliche, kulturelle oder sportliche Eliten.[1] Pareto trug jedoch nicht nur durch die Prägung des Konzepts der Leistungseliten zur Elitentheorie bei. Ebenso wichtig ist sein Beitrag zur grundsätzlichen Dynamik der Eliten. Der von ihm entwickelte »Kreislauf der Eliten« verweist auf die Tatsache, dass sich Eliten selbst im Falle grundlegender gesellschaftlicher Umwälzungen zum größten Teil intern reproduzieren, während der Wechsel zwischen den Klassen eher schwach ausgeprägt ist. So gibt es zwar eine Zirkulation der Elite, der Austausch von Eliten ist aber lediglich bei Revolutionen stark.

Mit den klassischen Kategorien der Macht bzw. der Leistung sind bereits zwei der zentralen Ansätze der modernen Elitenforschung benannt. Als dritte grundsätzliche Position hat sich ferner der Ansatz der Werteeliten in der Forschung etabliert. Die zent-

---

1 Letztere sind zwar aufgrund ihrer Leistung Mitglied der Elite, jedoch nicht politisch aktiv (Pareto 1955).

rale Auswahlkategorie bildet hierbei die glaubwürdige Repräsentation von **gesellschaftlichen Werten** (Schäfers 2004).

Die Einführung der zentralen Auswahlkategorien – Macht, Funktion/Leistung und Werte – ermöglicht zwar einen differenzierteren Zugang zur Analyse von Eliten, doch setzt der Ansatz natürlich voraus, dass sich diese Auswahlkriterien auch ohne weiteres bestimmen lassen. Dies dürfte insbesondere im Falle der Werte- und Funktionseliten nicht immer der Fall sein, fehlt doch ein allgemeinverbindlicher Maßstab dessen, was unter Leistung zu verstehen ist.[2] Doch auch die Verwendung des klassischen Machteliteansatzes ist aufgrund des dichotomen Gesellschaftskonzepts nicht völlig unproblematisch. Insbesondere die Vorstellung einer weitestgehend abgeschotteten Elite und einer ihr gegenüberstehenden (formlosen) Masse hat sich in der modernen Elitenforschung nicht durchsetzen können. Ferner wird Macht in der modernen Forschung nicht nur als rein **politische** sondern ebenso als **gesellschaftliche** Macht konzipiert, da Eliten in der Lage sind, »maßgeblichen Einfluss auf gesellschaftlich bedeutsame Entscheidungen aus[zu]üben« (Kaina 2009: 391). Hierfür brauchen Eliten einerseits Macht bzw. Ressourcen und andererseits die jeweilige Position oder Funktion, die sich im Begriff der Positionselite widerspiegelt (Schäfers 2004). Vor diesem Hintergrund verwundert es also nicht, dass der Begriff des Pluralismus in der Elitenforschung Einzug gehalten hat. Im Gegensatz zur Vorstellung einer homogenen und geschlossenen Kaste werden Eliten in Anlehnung an das Konzept der Funktionselite stärker als Konstellation verschiedener Elitetypen/-gruppen konzipiert, die im Sinne des eigenen Machterhaltens konkurrieren und kooperieren (Kaina 2009: 393).

Diese Perspektive hat in ihrer Zuspitzung in Form der Elitendemokratie Joseph Schumpeters (1950) Spuren in der Demokratietheorie hinterlassen: Demokratie wird hier auf den bloßen Mechanismus der (politischen) Elitenrekrutierung reduziert. Doch auch in der vergleichenden Regierungslehre erfuhr und erfährt die Elitenforschung eine breite Rezeption. Analog zum Konzept der politischen Kultur erweisen sich die Interessen und die Einstellungen politischer und gesellschaftlicher Eliten als wichtiger Faktor für die Frage der Stabilität und Legitimation politischer Systeme. Hierzu gehört auch die vergleichende Analyse der Beziehung zwischen Eliten und Bevölkerung und die Wahrnehmung des Elitenhandelns durch die »Masse« (Gabriel 2008) und somit die Schnittstelle zwischen politischer Kulturforschung einerseits und der Elitenforschung andererseits. Ein vergleichsweise neues Feld ist in diesem Zusammenhang die Beschäftigung mit Elitenhandeln im Europäischen Kontext bzw. auf der

---

2   Die Problematik der Identifikation von Eliten bzw. der Untersuchungseinheiten hat zur Herausbildung von drei wesentlichen Ansätzen geführt. Der Reputationsansatz plädiert dafür, die Auswahl an der Prominenz der jeweiligen Elitenmitglieder festzumachen. Der Entscheidungsansatz wählt hingegen die Beteiligung und Durchsetzung der eigenen Interessen in spezifischen Entscheidungen als Kriterium. Der Positionsansatz wählt hingegen die formalen Positionen und die damit verbundenen Entscheidungsbefugnisse als Zugang. Zu einer Diskussion dieser Auswahlprozesse siehe Kaina (2009) und Hoffmann-Lange (2007).

Europäischen Ebene unter dem Leitgedanken »Europa als Elitenprojekt« (Hartmann 2007).

Die Elite in Deutschland

Für die Bundesrepublik Deutschland wurden vier große empirische Elitenstudien durchgeführt: die »Mannheimer Elitenstudie« (1968, 1972, 1981) und die »Potsdamer Elitenstudie« (1995).[3] Diese ermöglichen einen Vergleich der Kontinuität und Diskontinuität von Personen(gruppen), eine Analyse des Wandels der Eliten über die Zeit, einen Vergleich mit der Sozialstruktur der Bevölkerung sowie eine Erfassung der Einstellungen der Eliten. Für die Eliten der »alten« Bundesrepublik konnten diese Studien zeigen, dass es keine Kontinuität der politischen Eliten zum Nationalsozialismus gab; die Entnazifizierung wirkte als wichtige Schranke gegen die politische Kontinuität belasteter NS-Größen. In anderen gesellschaftlichen Bereichen gab es dagegen große Kontinuität, wie etwa beim Militär und in der Wirtschaft. Eliten, so die Befunde dieser groß angelegten Befragungen, sind überwiegend männlich, wobei allerdings die Bedeutung des Faktors »Geschlecht« über die Zeit etwas abnimmt (1981: 3 %, 1995: 13 % Frauenanteil). Die Eliten in Deutschland sind eher protestantisch, was als Nachwirkungen des Kulturkampfes aus dem 19. Jahrhundert interpretiert wurde. Nach der Deutschen Einheit und im Gefolge der gesamtgesellschaftlichen Säkularisierung erfolgt ein Ansteigen der nicht-konfessionellen Eliten (Verteilung 1995: 45 % protestantisch, 28 % ungebunden, 27 % katholisch). Und schließlich weisen die Eliten ein deutlich höheres Bildungsniveau auf als der Durchschnitt der Bevölkerung. 1995 besaßen die Eliten zu über 81 Prozent das Abitur, für die Mitglieder des deutschen Bundestages liegt der Wert für die Wahlperiode 2009–2013 bei 79,9 Prozent. Und auch die Herkunft der Elite hat sich im Laufe der Jahrzehnte deutlich gewandelt: Nicht einmal mehr ein Drittel der Eliteangehörigen kommt aus der Oberschicht bzw. der oberen Mittelschicht.[4] Hartmann (2013) sieht jedoch vor allem Ausländer, Ostdeutsche und Frauen in den Eliten als deutlich unterrepräsentiert an. Mit rund 4000 Positionen in zwölf Sektoren (Politik, Verwaltung, Wirtschaft, Verbände, Gewerkschaften, Medien, Wissenschaft, Kultur, Militär, Justiz, Kirchen, Neue Soziale Bewegungen) scheinen die Eliten – so die Potsdamer Elitenstudie von 1995 – jedoch nicht allzu zahlreich zu sein, gemessen an einer Bevölkerung von 81 Millionen.

---

3 Diese Studien wurden in verschiedenen Berichtsbänden und Auswertungen dokumentiert, so von Beyme (1971), Wildenmann et al. (1982), Hoffmann-Lange (1992) sowie Bürklin und Rebenstorf (1997).

4 Hartmann (2002) widerspricht dieser These und argumentiert – auf Basis der Untersuchung von 6500 Dissertationsverläufen –, dass die Mehrzahl der Elitenpositionen von Kindern des Großbürgertums und des gehobenen Bürgertums besetzt werden. In Deutschland – so Hartmann – seien Bildungseliten verstärkt »selbstrekrutiert«.

Tab. 11.1: Demokratische Einstellung nach politischer Generation 1995 (Ergebnisse der Befragung der Potsdamer Elitenstudie)

Issue	Generation Protest	Generation: 3. Reich/ Weimar
Zuviel Medienkritik an der politischen Führung schadet der Demokratie	17	54
Beteiligung der Bevölkerung nur bei Wahlen	7	31
Demokratie nur möglich bei starker politischer Führung	14	49
Einführung von Volksbegehren ist notwendige Ergänzung der repräsentativen Demokratie	38	58
Kein Recht auf Streik bei Gefährdung der öffentlichen Ordnung	18	57

Anmerkung: Dargestellt sind die Prozentanteile für die Antwortkategorien »stimme voll zu« und »stimme eher zu«.
Quelle: Bürklin/Rebenstorf 1997: 400–401.

Was wählt die Elite? Die Wahlabsicht des Jahres 1995 enthüllte eine liberal-konservative Grundtendenz: Eliten wählen überdurchschnittlich CDU/CSU sowie FDP, allerdings mit einer großen Varianz zwischen den Sektoren. Mit der weiteren Ausdifferenzierung des Parteiensystems, dem Anwachsen der Grünen und Linke dürften sich die Gewichte in den letzten 20 Jahren weiter nach Links verschoben haben. Ein Einstellungswandel und Wertewandel der Eliten ist durch Elitenaustausch und Elitentransformation trotz der liberal-konservativen Grundtendenz feststellbar. Bürklin und Rebenstorf (1997) unterscheiden bei ihrer Untersuchung sechs politische Generationen nach ihrer jeweiligen Sozialisation im Kaiserreich, der Weimarer Republik, im Dritten Reich, der Nachkriegszeit, der Periode des »Wohlstands« und des »Protests«. 1995 lassen sich nur noch die letzten vier Generationen in der Erhebung feststellen. In Tabelle 11.1 werden die Differenzen zwischen den Generationen im Hinblick auf ihre politische Einstellung deutlich. Ähnliche Unterschiede lassen sich bei den politischen Zielen ausmachen, was sich an der stärkeren Präferenz jüngerer Elitegenerationen für postmaterielle Ziele und Werte feststellen lässt.

Politische Eliten

Der Begriff der politischen Elite findet sich häufig sowohl in journalistischen als auch politikwissenschaftlichen Texten. Welche Personen(gruppen) dieser Sammelbegriff beinhaltet, wird dabei jedoch oftmals nicht wirklich klar. Allgemein kann man beginnend mit Mosca (1950) feststellen, dass Herrschaft schon aus rein praktischen Gründen stets von organisierten Minderheiten über die Mehrheit ausgeübt wird. Die politische Klasse ist damit immer eine vergleichsweise kleine Elite, die über die große Masse der Bevölkerung herrscht und Macht ausübt. In Demokratien bestimmen die Bürger selbst, wer über sie herrschen soll. Laut Schumpeter (1950: 427–433) ist es sogar das vorderste Ziel der demokratischen Methode, dass zunächst diejenigen Repräsentanten bestimmt werden, die dann erst in einem zweiten Schritt über Sachthemen entscheiden. Folgt man dieser Lesart, besteht die politische Elite einer Demokratie zuvorderst aus Parlamentsabgeordneten und den zumeist entweder direkt oder indirekt demokratisch legitimierten Mitgliedern der Exekutive. In Deutschland würde man auf Bundesebene entsprechend das Bundeskabinett sowie die Mitglieder des Bundestages zur politischen Elite zählen.[5] Ebenfalls gehören zu dieser selbstverständlich der Bundespräsident und auch die Bundesverfassungsrichter – letztere aufgrund ihrer nicht nur großen juristischen sondern eben auch herausgehobenen politischen Kompetenzen.[6]

Zwei große Typen von Studien zu politischen Eliten lassen sich generell unterscheiden: Zum einen aus der Soziologie inspirierte Arbeiten, die sich der Frage stellen, wie die politische Elite zusammengesetzt ist: ob es Über- oder Unterrepräsentationen in Bezug auf bestimmte Berufe, Studiengänge, soziale Klassen, Geschlechter oder dergleichen gibt und wie sich ihre **Zusammensetzung** über die Zeit verändert hat (Stichwort: Abgeordnetensoziologie[7]). Der zweite und jüngere Strang der Forschung interessiert sich stärker für die **Rekrutierungs- und Selektionsmechanismen**, die determinieren, wer ein politischer Entscheidungsträger wird und wer nicht. Aus zweierlei Gründen sind solche Analysen für die Politikwissenschaft essenziell: Erstens lässt sich aus einer individualistischen Perspektive argumentieren, dass sich die persönlichen Charakteristika der Parlamentarier, ihr sozio-demographischer Hintergrund und ihre bisherigen Karrierestationen auch auf ihre Qualifikation für politische Ämter und letztlich auf die von

---

5 Natürlich kann man auch von einer politischen Elite auf den Ebenen unterhalb der Bundesebene sprechen. So gibt es beispielsweise gerade auf Landesebene eine sehr große Varianz was die Dauer der Kabinettsbeteiligung einzelner Personen und auch was die Gründe für das vorzeitige Ausscheiden aus dem Amt anbelangt (genauer dazu s. Jäckle 2012, 2013).

6 In Demokratien führt die Anwendung eines solchen institutionalistischen Ansatzes, der die politische Elite auf diejenigen Personen beschränkt, die qua Amt eine gewisse Machtstellung im politischen System besitzen, zu recht guten Ergebnissen. In Autokratien hingegen spielen oftmals die offiziell höchsten Positionen des Staates keine so wichtige Rolle, so dass es hier durchaus Sinn ergeben kann die politische Elite stärker behavioristisch aufzufassen, d. h. nach den faktischen Entscheidungsträgern zu suchen. So hatte beispielsweise Muhamar al-Gaddafi seit 1979 keinerlei offizielles Amt innerhalb der von ihm autoritär geleiteten Libysch-Arabischen Dschamahirija inne. Alle Macht ging de jure von den basisdemokratisch organisierten Volkskongressen und dem sich letztlich über diese legitimierenden Allgemeinen Volkskommittee (das Kabinett) aus. De facto wurden jedoch all diese offiziellen staatlichen Organe von Gaddafi und seinen Revolutionskommittees überwacht (Werenfels 2008).

7 Beispiele für solche Arbeiten liefern Deutsch/Schüttemeyer (2003), die sich die Berufsstruktur des Deutschen Bundestags in der 14. und 15. Wahlperiode betrachten, oder Schäfer (2010), der sich mit Struktur und Wandel der rheinland-pfälzischen Parlamentarier beschäftigt.

ihnen gemachte Politik auswirken. Zweitens kann man aus einer systemtheoretischen Perspektive die strukturelle Adaptionsfähigkeit der politischen Elite im Hinblick auf soziale, wirtschaftliche oder politische Veränderungen als Gradmesser für die Performanz, Legitimität und Stabilität des gesamten politischen Systems betrachten (Best 2007: 86, Best/Cotta 2000: 16–18).

In jüngster Zeit wurde dieser Forschungsansatz von der reinen Betrachtung der Selektion(-smechanismen) hin zu einer umfassenderen Analyse der gesamten Karrieren von politischen Eliten insbesondere auch mit einem Fokus auf die **Deselektion**, d. h. die Gründe für das Ausscheiden aus einem politischen Amt weiterentwickelt (vgl. Dowding/Dumont 2009). Insbesondere in föderalen Systemen geht es hierbei oft darum, aufzuzeigen, ob und inwieweit Wechsel zwischen den Ebenen erfolgen kann. Damit lässt sich beispielsweise testen, ob eine Position auf Bundesländerebene als Karrierestufe für eine bundesdeutsche Politikkarriere dienen kann (Stolz 2003), welche Rolle Positionen in den spanischen Regionen für eine spätere Ministerkarriere in Madrid haben (Teruel 2011), oder inwiefern in Belgien nicht die nationale sondern die regionale Ebene die politische Elite besonders anzieht (Dumont et al. 2009). Einen theoretischen Rahmen für all diese möglichen Bewegungsmuster in solchen Mehrebenensystemen bietet Stolz (2003), der anhand der beiden Dimensionen der »zentripetalen« und »zentrifugalen« Karriereschritte zwischen insgesamt vier Karrieretypen unterscheidet. Erstens nennt er die klassischen Sprungbrett-Karrieren, bei denen Positionen auf niedrigeren föderalen Ebenen als Türöffner für die nationale Politik fungieren. Dies kann, zum zweiten, auch umgekehrt erfolgen. Bei einem solchen *Inverse-Springboard* System gibt es viele Wechsel von der nationalen auf die regionale Ebene (hohe Zentrifugalität bei gleichzeitig niedriger Zentripetalität). Die letzten beiden Typen sind die alternativen und die integrierten Karrieren. Erstere zeichnen sich dadurch aus, dass Politiker auf ihren Ebenen bleiben, es so gut wie keinen Wechsel – gleich in welche Richtung – gibt. Bei den integrierten Karrieren ist es umgekehrt, hier herrscht sowohl eine hohe zentrifugale wie zentripetale Tendenz vor, so dass ein steter Wechsel zwischen den föderalen Ebenen beobachtet werden kann. Das klassische Beispiel für *Springboard-Careers* sind die USA; das alternative Karrieremuster findet sich beispielsweise in Schottland (Stolz 2010) und einigen kanadischen Provinzen (Docherty 2011), integrierte Karrieremuster lassen sich v.a. in Belgien und Spanien mit ihren starken subnationalen Einheiten beobachten (Stolz 2011, Vanlangenakker et al. 2013). Für das umgekehrte Sprungbrettmuster finden sich hingegen keine klaren empirischen Beispiele.

Als Gründe für das »Hiring and Firing« hat die Forschung strukturelle wie strategische Faktoren identifiziert. So sind Premierminister in der Regel nicht vollständig frei in ihrer Auswahl der Kabinettsmitglieder, sondern mehr oder weniger starken konstitutionellen Beschränkungen wie auch parteipolitischen Überlegungen unterworfen, die ihren Handlungsspielraum oder den Pool an möglichen Kandidaten begrenzen. So müssen laut belgischer Verfassung beispielsweise die Hälfte der Minister französisch- und die andere Hälfte niederländischsprachig sein (Dowding/Dumont 2009: 7). Ein augenscheinliches Beispiel dafür, dass die Parteipolitik den Premier ebenfalls hemmen kann, ist die Tatsache, dass in Koalitionsregierungen Minister eines kleineren Koalitionspartners sehr viel seltener zum Rücktritt gezwungen werden als Minister, die aus derselben Partei wie der Premier stammen – denn in letzterer kann der Premier zumeist deutlich besser durchgreifen als gegenüber dem Koalitionspartner (Huber/Martinez-Gallardo 2008).

Die folgenden Abschnitte zeigen nun anhand von Parlamentariern und Ministern exemplarisch auf, was die politische Elite in Deutschland ausmacht und wie typische Karrieremuster in diesen Bereichen aussehen.

Die politische Elite in Deutschland

Bundestagsabgeordnete

Abgeordnete des deutschen Bundestages sind ohne Zweifel Teil der politischen Elite der Bundesrepublik. Sie entscheiden im Parlament über die Gesetze, welche das Zusammenleben in unserem Land regeln. Doch wodurch zeichnen sich die Abgeordneten aus und wie gelangen sie in ihr Amt? Eine bedeutende Typisierung von Karrieremustern deutscher Bundestagsabgeordneter geht auf Dietrich Herzog (1975) zurück. Er untersuchte die Karrieren der deutschen Politikerelite und identifizierte drei Wege, die in eine politische Elitenposition führten:

(1) Mit der »**Standard-Karriere**« beschreibt Herzog Bundestagsabgeordnete, die den Beruf des Politikers zunächst als durchaus ernstzunehmende Nebenbeschäftigung neben ihrem Hauptberuf ausüben. Mit der Zeit wird in diesem Typus jedoch die Karriere als Politiker immer wichtiger und gewinnt schließlich die Oberhand. Ein klassisches Beispiel wäre ein Hotelchef, der zunächst als solcher arbeitet, sich nebenher in der FDP engagiert, vielleicht im Stadtrat sitzt, und schließlich für die Partei in den Bundestag gewählt wird und seinen Beruf als Hotelier (zumindest für die Zeit der Polit-Karriere) hinten anstellt.

(2) Die »**reine Polit-Karriere**« hingegen zeichnen sich dadurch aus, dass kein zweites berufliches Standbein existiert. Abgeordnete dieses Typs engagieren sich schon früh und ausschließlich in einer Partei und verdienen ihren Lebensunterhalt über die Politik – etwa als Mitarbeiter eines Abgeordneten im Land- oder Bundestag. Für diese Abgeordnete ist die Wahl in den Bundestag gewissermaßen der nächste Schritt auf ihrer politikinternen Karriereleiter. Aufgrund der (auch finanziellen) Abhängigkeit von politischen Ämtern und Funktionen wird an diesem Politiker-Typ auch häufig Kritik laut – wenn etwa argumentiert wird, Politiker klebten an Ihren Sesseln fest und kümmerten sich nur um ihr eigenes Wohl und nicht um das des Landes.

(3) Die »**Cross-Over-Karriere**« ist der dritte Herzog'sche Karrieretyp und bezeichnet solche Personen, die direkt in eine politische Führungsposition wechseln ohne vorher eine Laufbahn in einer Partei oder Erfahrung in Wahlämtern gesammelt zu haben. Zentrales Merkmal ist demnach die fehlende »Ochsentour« – womit die langjährige Arbeit in Partei- und Wahlämtern gemeint ist, die insbesondere bei der reinen Polit-Karriere, aber auch bei der Standard-Karriere eine wichtige Rolle spielt. Abgeordnete, die sich dem Typ der »Cross-Over«-Karrieren zuordnen lassen, sind also die klassischen »Seiteneinsteiger«– etwa Schauspieler, Universitätsprofessoren oder Wirtschaftsmana-

ger, die sich nach erfolgreicher Laufbahn in ihrem eigentlichen, ersten, Beruf für einen Wechsel in die Politik entscheiden, oder für eine politische Karriere von einer Partei »angeworben« werden (ausführlicher hierzu: Küpper 2013, Küpper/Wenzelburger 2013).

Wie verteilen sich die deutschen Bundestagsabgeordneten empirisch auf die drei Karrieretypen? Andreas Gruber (2009) hat sich mehr als 30 Jahre nach Dietrich Herzogs Pionierarbeit die deutschen Bundestagsabgeordneten erneut vorgenommen und deren Karriereverläufe untersucht. Hierbei wird deutlich, dass das Gros der Bundestagsabgeordneten immer noch eine Standardkarriere aufweist – etwa 73,1 Prozent aller Abgeordneten haben einen zweiten Beruf erlernt und wechselten aus diesem in die Politik. Dagegen machen die reinen Polit-Karrieren mit 14,2 Prozent und die Seiteneinsteiger mit 12,7 Prozent einen deutlich geringeren Anteil aus. Allerdings – so die Analysen von Gruber (2009: 221) und Herzog (1990: 41) – scheinen insbesondere die jüngeren Abgeordneten stärker reine Polit-Karrieren zu verfolgen. Insgesamt weisen die drei Karrieretypen durchaus unterschiedliche Muster mit Blick auf ihr Alter und ihre politische Laufbahn auf (▶ Tab. 11.2), wobei erneut insbesondere das junge Alter der reinen Polit-Karrieristen bei Erreichen der ersten Spitzenposition auffällig ist.

Tab. 11.2: Karrieren von Bundestagsabgeordneten

	Cross Over-Karriere	reine Polit-Karriere	Standard-Karriere	Gesamt
Gesamtzahl im Sample	**17 (12,7 %)**	**19 (14,2 %)**	**98 (73,1 %)**	**134 (100 %)**
Alter beim Parteieintritt	39,7 Jahre	21,9 Jahre	26,2 Jahre	27,1 Jahre
Alter beim ersten Parteiamt	44,4 Jahre	26,1 Jahre	30,5 Jahre	30,7 Jahre
Alter beim Wechsel in die Berufspolitik	47,5 Jahre	29,7 Jahre	39,7 Jahre	39,3 Jahre
Alter bei erster Spitzenposition	49,8 Jahre	40,3 Jahre	46,2 Jahre	45,8 Jahre
Kreisvorsitz vor Wechsel in Berufspolitik	0 %	5,3 %	22,4 %	17,2 %
Landesvorstand vor Wechsel in Berufspolitik	11,8 %	21,1 %	16,3 %	16,4 %
Mitglied in der Jugendorganisation	23,5 %	84,2 %	57,1 %	56,7 %
Führungsposition Jugendorganisation	0 %	57,9 %	35,7 %	34,3 %
Anteil der Kommunalpolitiker	23,5 %	57,9 %	71,4 %	63,4 %
Führungsposition in der Kommunalpolitik	17,6 %	21,1 %	39,8 %	34,3 %

Anmerkung: Quelle: Nach Gruber 2009: 224; N=134, außer Zeile 2 (N=132) und Zeile 3 (N=116).

Bei der Frage nach der Selektion und Rekrutierung der Bundestagsabgeordneten hilft zunächst ein Blick auf die in parlamentarischen Demokratien vorherrschende **Delegationskette**.[8] Der eigentliche **Prinzipal** (das Volk) überträgt seinen **Agenten** (den Parteien) die Aufgabe der Vorauswahl des politischen Personals. Dies führt dazu, dass der Bundestag und die Landtage als »interner Arbeitsmarkt der Parteien« (Best et al. 2010: 169) gelten können. Für die letztlich im Bundestag sitzenden Abgeordneten ist es also von ganz entscheidender Bedeutung, innerhalb ihrer Partei Karriere zu machen und dort Fürsprecher zu gewinnen. Gleichzeitig sind die Parteien auf der Suche nach geeigneten Kandidaten, die einerseits die Wählerschaft begeistern und damit für gute Ergebnisse bei Wahlen sorgen und andererseits die Parteilinie im Parlament zuverlässig vertreten würden. Zusammengenommen führt dies einerseits zu *Screening*-Prozessen, in denen die Partei versucht, allerlei Informationen über einen möglichen Kandidaten einzuholen, um zu ergründen, ob dieser geeignet wäre, für sie ins Parlament einzuziehen. Andererseits findet auch ein *Signalling*-Prozess statt, womit beschrieben wird, dass der Kandidat seinerseits versucht, sich von seiner besten Seite zu zeigen (Best et al. 2010: 171).

Als problematisch können sich in diesem Zusammenhang zwei klassischerweise in Prinzipal-Agenten-Beziehungen vorkommende Schwierigkeiten erweisen, die sich durch Informationsasymmetrien zwischen dem Kandidaten und dem Selektorat ergeben: *Moral Hazard* und *Adverse Selection*. Ersteres beschreibt das Problem, dass die Partei nie wirklich sicher sein kann, dass ein Kandidat sobald er gewählt ist, sich wirklich entsprechend der Parteilinie verhält – man spricht hier von *Agency Loss*, da durch das Delegieren die eigentliche Intention des Prinzipals nicht vollständig umgesetzt wird. Um dies zu vermeiden, versuchen Parteien einerseits *ex ante* über das beschriebene *Screening* Verfahren geeignete Kandidaten auszuwählen – zumeist über mehrere Jahre im Rahmen der sogenannten Ochsentour (s. o.). Andererseits zielen Parteien darauf ab, die Parlamentarier *ex post* soweit zu kontrollieren, dass sie eben nicht von der Parteilinie abweichen. *Adverse Selection* bezeichnet in diesem Zusammenhang den Umstand, dass Kandidaten, die sich selbst für sehr geeignet halten und sich auch so präsentieren können, oftmals nicht wirklich die besten Kandidaten aus Sicht der Partei wären. Das Problem für die Partei ist nun, dass nicht einfach zu erkennen ist, ob jemand wirklich geeignet ist, oder dieser nur den Schein der Geeignetheit herzustellen weiß.[9]

---

8 Hazan und Rahat (2010: 110–114) unterscheiden bei der Analyse von Kandidatenselektionsprozessen insgesamt vier Aspekte: 1) die Frage der Inklusivität des Selektorats (d. h. wer darf über die Kandidatenselektion entscheiden: Alle Wähler, wie dies in den USA bei *open primaries* der Fall ist, oder nur ein einzelner Rabbi wie bei einer ultra-orthodoxen israelischen Partei); 2) die Frage der Kandidatur, die ebenfalls auf einem Kontinuum von inklusiv (jeder Wähler kann aufgestellt werden) bis exklusiv (strikte Vorgaben, wer nominiert werden kann) gemessen wird; 3) die Frage, wie (de)zentralisiert die Selektion abläuft und 4) ob die Kandidaten ernannt oder gewählt werden.

9 Genauer zu den Problemen, die mit Delegation gerade im Kontext der Kandidatenselektion entstehen, siehe Strøm 2003.

Bundesminister

Der Rekrutierungspool für Bundesminister ist, betrachtet man Abbildung 11.1, in der die vorherigen Posten aller Minister dargestellt sind, doch ziemlich beschränkt. Bei weitem die meisten Kabinettsmitglieder waren zuvor Bundestagsabgeordnete, wobei insbesondere die Mitglieder des Fraktionsvorstands häufig für Ministerposten berücksichtigt werden. Zum Teil werden auch Minister aus Länderkabinetten ins Bundeskabinett berufen, und einige wenige finden auch als klare Seiteneinsteiger ihren Weg ins Kabinett (beispielsweise der parteilose Manager Werner Müller, Wirtschaftsminister unter Schröder 1998–2002).

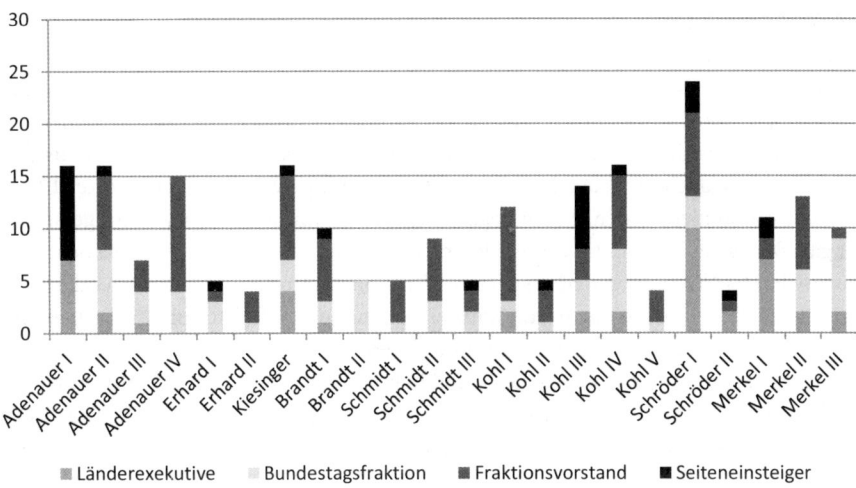

Abb. 11.1: Posten vor dem Bundesministeramt
Quelle: Fischer/Kaiser 2009 und eigene Ergänzungen (nur erstmalige Ernennungen).

Offiziell ist der Kanzler bei der Auswahl seines Kabinetts zwar völlig unabhängig, in der Realität unterliegt er jedoch verschiedensten Einschränkungen. So muss in Koalitionsregierungen zunächst mit dem **Koalitionspartner** über Verteilung und Zuschnitt der Ressorts verhandelt werden. In der Bundesrepublik zeigt der *Portfolio-Allocation*-Ansatz hier eine hohe Erklärungskraft (▶ Kap. 9). So hat die Union während ihrer Regierungszeiten stets das Verteidigungs- und Innenministerium besetzt, die SPD hingegen fast immer das Sozialministerium, die Grünen während der Rot-Grünen-Koalition von 1998–2005 das Umweltministerium und sieben von zehn Landwirtschaftsministern zu Zeiten von Unions-Regierungen kamen von der CSU. Wenn die Koalitionspartner feststehen, benennen die einzelnen Parteien in der Regel relativ unabhängig voneinander ihr jeweiliges Personal. Um eine Kontrolle der Minister zu gewährleisten, wurden in früheren Jahren oftmals Staatssekretäre von Partei A als »Aufpasser« in von Partei B geführte Ministerien beordert. Teilweise kontrollierte die CDU auf diese Weise auch CSU Minister. In den letzten Legislaturperioden nahm dieses Kontrollverhalten jedoch merklich ab. Mittlerweile obliegt die Auswahl der Staatssekretäre zumeist den jeweiligen Ministern selbst (Fischer/Kaiser 2009: 25–26). Aber nicht nur Koalitionspartner schränken den Kanzler darin ein, wen er ins Kabinett berufen kann. Auch innerhalb seiner eigenen Partei hat er die verschiedenen Parteiflügel, Landesparteien und weitere Proporzzwänge (z.B. Geschlecht, Ost-West und – wenn auch abnehmend – Religionszugehörigkeit) bei der Wahl der Minister zu beachten. All diese Faktoren schränken die Auswahl an ministrablen Personen merklich ein und zu guter Letzt sollte der Kandidat natürlich auch noch qualifiziert sein, das betreffende Ministerium zu leiten. In dieser Hinsicht hat sich in den letzten Jahren jedoch ein gewisser Wandel vollzogen. Fanden sich bis in die 1980er Jahre in den Bundeskabinetten im Vergleich zu anderen Ländern viele Spezialisten als Minister (Blondel 1985: 277), so sind heutzutage mit Ausnahme der Justizminister fast alle Minister dezidierte Generalisten.

Betrachtet man die Kabinette seit der Kanzlerschaft Kohls zeigt sich, dass das Durchschnittsalter der Regierungen stets über 50 Jahren lag (gemessen am ersten Tag der Regierung), wobei insbesondere das zweite Kabinett Schröder mit über 57 Jahren im Durchschnitt vergleichsweise alt war (▶Abb.11.2). Ein klarer Trend lässt sich aus den Mittelwerten jedoch nicht ableiten. Betrachtet man hingegen die Extrema so zeigt sich, dass es insbesondere in den letzten Legislaturperioden immer wieder sehr junge Minister gab. Beispiele sind Philipp Rösler, der mit 36 Gesundheitsminister, Kristina Schröder sowie Claudia Nolte, die mit 32 respektive 28 Familienministerinnen wurden oder auch Angela Merkel selbst, die mit 36 von Kanzler Kohl mit dem Ministerium für Frauen und Jugend betraut wurde. Bei der Frauenquote hingegen zeigt sich ein deutlicher Trend hin zu mehr Ministerinnen, wobei Deutschland hier im internationalen Vergleich trotzdem noch aufzuholen hat. Länder wie Finnland oder Norwegen, aber auch Ruanda oder Nicaragua haben mit bis zu 60 Prozent eine deutlich höhere Quote an Ministerinnen (▶IPU 2014).

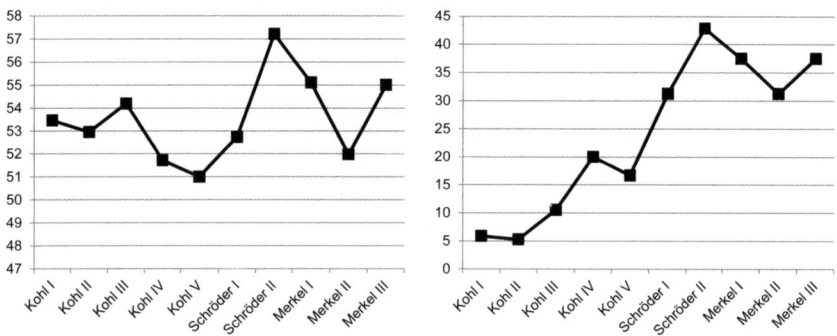

Abb. 11.2: Durchschnittsalter (links) und Frauenquote (rechts) der letzten zehn Bundeskabinette
Quelle: eigene Erhebung

Politische Führung und Leadership

Im Anschluss an die Elitenforschung werden in diesem Abschnitt zwei Konzepte einge-führt und diskutiert, die eng mit der traditionellen Elitenforschung verwandt sind, diese jedoch um neue Perspektiven erweitern. Dies ist einmal das Konzept der politischen Führung und zum anderen die Leadership-Forschung.

Politische Führung

Mit der als historisch bezeichneten Wahl von Barack Obama im Jahre 2009 ging ein aus europäischer Warte eher untypischer Personenkult einher. Die Stilisierung des amerika-nischen Präsidenten verdeutlicht das hohe Maß an Erwartungen und Zuschreibungen, die mit dem politischen Leader Obama verknüpft wurden. Vergleicht man die öffentli-che Wahrnehmung Obamas mit der der ersten – und somit ebenfalls als historisch zu bezeichnenden – Amtszeit der Bundeskanzlerin Angela Merkel, so dürfte die öffentliche Bewertung ihrer Führungsqualitäten wesentlich nüchterner ausfallen, gleichwohl die öffentliche Meinung den unaufgeregten Regierungsstil der deutschen Kanzlerin durch-aus schätzt. Aus dieser Gegenüberstellung lassen sich einige erste Erkenntnisse ableiten. Offensichtlich wird in der öffentlichen Wahrnehmung politische Führung primär als Qualität bzw. Eigenschaft des Einzelnen wahrgenommen und zumeist mit charismati-schen Zügen assoziiert. Doch handelt es sich bei Obama tatsächlich um einen *besseren* politischen Führer als Angela Merkel, nur weil er gemeinhin als charismatischer wahr-genommen wird? Es ließe sich vor dem Hintergrund der aktuellen Entwicklungen – ins-besondere der europäischen Staatsschuldenkrise – ebenso argumentieren, dass Angela Merkel durchaus ein hohes Maß an politischer Führung besitzt, auch wenn ihr Stil we-nig charismatisch erscheint.

Offensichtlich ist die Frage, was politische Führung ausmacht nicht nur mit dem Hinweis auf die charismatischen Fähigkeiten sondern ebenso unter Berücksichti-gung der jeweiligen Umstände zu beantworten. Folglich muss auch die politikwis-senschaftliche Betrachtung politischer Führung ein komplexeres Analyseraster anle-gen als die öffentliche Debatte des Phänomens. Was also macht politische Führung aus?

Für die Beantwortung dieser Frage erscheint zunächst die Skizzierung der Genese des Konzepts sinnvoll. Aus Sicht der Politikwissenschaft handelt es sich bei (politischer) Führung bzw. dem in der Zwischenzeit häufiger genutztem Überbegriff **Leadership** um einen traditionsreichen Forschungsgegenstand, reichen die Ursprünge der Beschäfti-gung mit politischer Führung doch bis in die antike politische Philosophie (Bass/Bass 2008). Die frühe Auseinandersetzung mit dem Thema Führung ist normativ geprägt: im Zentrum stand die Frage nach **guter politischer Führung**. Im weiteren Verlauf wan-delt sich das Erkenntnisinteresse jedoch mehr und mehr von der Frage der guten Füh-rung hin zur Frage der Führung im Sinne des Machterhalts. Diese inhaltliche Abkehr ist insbesondere mit den Arbeiten von Niccolò Machiavelli (2000) verbunden, der sich in seiner Funktion als politischer Berater mit der Durchsetzung und dem Erhalt politischer Macht durch kluge Führung beschäftigte.[10] Führung wird hier also im **instrumentellen** Sinn betrachtet und dient in erster Linie dem Machterhalt.

Einen weiteren wesentlichen theoretischen Beitrag leistet Max Weber, der (politische) Führung in Herrschaft und Verwaltung differenziert. Herrschaft ist für Max Weber »die Chance, für einen Befehl bestimmten Inhalts bei angebbaren Personen Gehorsam zu finden« (Weber 2013: 210). Verwaltung – genauer die Bürokratie – bildet hingegen die Voraussetzung für Herrschaft. Unter den Bedingungen des modernen Flächenstaates sei die Bürokratie die effizienteste Organisationsform um Herrschaft praktisch zu ermöglichen. Politische Führung bzw. die Rolle des politischen Führers sieht Weber jedoch primär in der Übernahme von Verantwortung, dem Eintreten für eine bestimmte Überzeugung und das Verfolgen eigener Ideen (Stachura 2010: 25). Aus dieser Perspektive wird mit der Ausübung politischer Führung die Notwendigkeit bestimmter Persönlichkeitsmerkmale und Eigenschaften verknüpft.

Den Schlüsselbegriff bildet hierbei das **Charisma**. Politische Führer, die über charismatische Eigenschaften verfügen bzw. als charismatisch wahrgenommen werden, können dank dieser Eigenschaften auf jenen Gehorsam für ihre Befehle hoffen, der Herrschaft bzw. Führung ermöglicht. Einfacher gesprochen: Führung wird durch die einnehmende Persönlichkeit des Führenden ermöglicht. Als besondere Negativbeispiele charismatischer Führung können etwa Stalin und Hitler betrachtet werden. Der Soziologe Rainer Lepsius (1993) hat das Modell charismatischer Herrschaft – in Webers Tradition – weiter ausgearbeitet und dieses in – erstens – latente charismatische Situationen unterschieden, in welcher ein charismatischer Herrscher durch das Volk akzeptiert wird. Dies tritt in Krisen oder bei einem Machtvakuum auf, wenn das Volk einen »starken Mann« akzeptiert. Zweitens liegen manifeste charismatische Situationen vor, wenn ein charismatischer Herrscher das Vertrauen und die Zustimmung des Volkes gewinnen konnte. Bedeutsam ist außerdem, dass ein charismatischer Herrscher die Kontrolle seiner Handlungen nicht zulässt.

Politische Führung wird also – wie im Übrigen bereits bei Max Weber angedacht – als eine Aufgabe bzw. Fähigkeit der Koordination und der Motivation konzipiert. Die zentralen Forschungsfragen lassen sich somit intuitiv bestimmen: Welche Merkmale oder Eigenschaften versetzen Individuen in die Lage, politische Führung auszuüben? Welche Bedeutung kommt der Interaktion und den wechselseitigen Erwartungen zwischen Führer und Geführten zu? Inwiefern spielen kontextuelle Faktoren – insbesondere Institutionen – eine begünstigende oder einschränkende Rolle? Neben dem **akteurs- bzw. personenzentrierten** Ansatz lassen sich mit dem **strukturellen** und dem **interaktionistischen** Ansatz zumindest zwei weitere wesentliche Forschungsströmungen identifizieren, die sich der Beantwortung dieser Fragestellungen annehmen (Helms 2000).

---

10 Diese Abkehr ist dabei natürlich nicht mit der völligen Aufgabe normativer Orientierung gleichzusetzen. So finden sich sowohl bei Machiavelli als auch weiteren zentralen Denkern der politischen Philosophie immer wieder Überlegungen zur Rolle der Führung in Zusammenhang mit normativen Vorstellungen (Helms 2000: 413–415).

Ein weiteres Konzept geht auf die US-Amerikanerin Margaret Hermann (1986) zurück. Sie vermisst die Führungsstile anhand des Images des Herrschers und entwickelt sogenannte politische Persönlichkeitsprofile. Dabei unterscheidet sie zwischen vier verschiedenen Typen der politischen Führerschaft, die vor allem durch Images, also das Bild bei der Bevölkerung geprägt sind:

(1) »Bediener« sind für Perioden der Stagnation charakteristisch.

(2) Der »Kaufmann« versucht mittels Überzeugungsleistungen die Unterstützer für seine Politik zu gewinnen.

(3) Der »Fahnenträger« besitzt eine politische Version und ist bereit, für die Verwirklichung dieser Ideen das politische System des Landes zu verändern.

(4) Der »Feuerwehrmann«, der vor allem Krisensituationen zu bewältigen hat.

Leadership und Leadershipforschung

Akteurs- bzw. personenzentrierte Leadership-Forschung konzentriert sich auf Persönlichkeitsmerkmale und Führungsstile, zumeist in Verbindung mit der Frage nach den Auswirkungen dieser Eigenschaften auf die Durchsetzung der jeweiligen politischen Interessen bzw. des politischen Erfolges. Insofern wohnt dem Konzept auch eine strategische Komponente inne, diese tritt etwa mit der Stärkung der Exekutive, der »Kanzlerämter« und des inneren Führungszirkels zu Lasten des Parlaments (Glaab 2007) hervor. Wie bereits zu Beginn ausgeführt, läuft eine rein personenzentrierte Betrachtung des Themas »Führung« Gefahr, wesentliche Aspekte zu vernachlässigen. Als Bespiel hierfür kann die frühe Debatte über die deutsche »Kanzlerdemokratie« gelten, in der die vermeintliche (systemimmanente) Kanzlerdominanz insbesondere aus der Amtsführung bzw. der Persönlichkeit Konrad Adenauers abgeleitet wurde (Gast 2010b). Das grundsätzliche Problem ist sicherlich in der vorschnellen Verknüpfung bestimmter Persönlichkeitsmerkmale und Führungsstile mit der Qualität politischer Führung zu sehen. Allein der Blick in die Geschichte verdeutlicht, dass verschiedene Führungsstile und Persönlichkeitsmerkmale effektive Führung zulassen. Die Ausbildung einer anspruchsvollen und dieser Variabilität gerecht werdenden Typologie ist dieser Forschungsstrang jedoch schuldig geblieben (Helms 2000: 416–418). Darüber hinaus stellt sich ebenso die Frage des institutionellen Kontextes. Das Ausmaß politischer Führung und die Qualitäten des Einzelnen finden seine Grenzen schließlich in den Regeln des politischen Systems und des politischen Prozesses, die jedoch im Rahmen einer rein personenzentrierten Leadership-Forschung nur unzulänglich berücksichtigt werden.

Das Leadership-Konzept ist ein eindeutig akteurs- bzw. personenzentrierter Ansatz. Damit steht er in einer Reihe mit anderen steuerungsoptimistischen und akteursbasierten Theorien, welche ein Primat der Politik behaupten. Am deutlichsten wird dieses wohl in den Elitentheorien von Max Weber bis Carl Schmitt. Die traditionell konservative Sichtweise eines »Männer machen Geschichte«-Ansatzes – wie die Darstellung der Ära Adenauer (Schwarz 1981) – weist zum Leadership-Konzept ebenso Verwandtschaftsbeziehungen auf. Bisher konnte jedoch keine allgemeingültige Definition von politischer Führung bzw. der eine Führungspersönlichkeit konstituierenden Merkmale etabliert werden. Es besteht lediglich weitgehende Einigkeit darüber, dass sich politische

Führung im Kern als **Einflussausübung** auffassen lässt und primär im funktionalistischen Sinne verstanden werden sollte (Gast 2010a: 12–15).[11]

Die Bedeutung des Kontextes wird im Rahmen der **strukturellen** Ansätze hervorgehoben. Sie stellen den politischen Prozess in den Vordergrund, während die (persönlichen) Merkmale politischen Akteure und politischen Führer aufgrund der Dominanz institutioneller Faktoren nur bedingt Entscheidungen beeinflussen (siehe z. B. Elgie 1997). Während von einer Bedeutung der Institutionen für politische Führung grundsätzlich auszugehen ist, ist auch dieser Ansatz für die Untersuchung politischer Führung letztlich nur bedingt ausreichend. Das offensichtlichste Defizit bildet die nahezu völlige Ausblendung der Person und ihrer Fähigkeiten im institutionellen Kontext. Natürlich prägen und beschränken Institutionen die Handlungsfähigkeit politischer Führung, sie können jedoch das Verhalten des jeweiligen politischen Führers nicht komplett vorherbestimmen. Wäre dem so, dürfte es schließlich innerhalb desselben Amtes zu wenig bis keiner Variation im Hinblick auf die Führungsfähigkeiten zwischen verschiedenen Amtsinhabern kommen.

In Reaktion auf die Defizite der beiden vorher genannten Ansätze tritt der **interaktionistische** Ansatz für die Berücksichtigung der Wechselwirkungen zwischen Akteuren, Institutionen und Strukturen ein. Dies hat letztlich auch dazu geführt, dass sich der interaktionistische Ansatz in der modernen Forschung weitestgehend durchgesetzt hat (Blondel 1987, Gast 2010a, Helms 2000), ermöglicht er doch sowohl die Analyse von Persönlichkeitsmerkmalen als auch von institutionellen Effekten und den Beziehungen zwischen beiden. Im Vordergrund steht in diesem Sinne weniger die Person sondern die **Funktion** des politischen Führers und die Auswirkungen verschiedener **institutioneller Konstellationen** und Merkmale auf seine Handlungsfähigkeit. Zwar wird den persönlichen Eigenschaften des Amtsinhabers eine gewisse (jedoch schwer zu greifende) Bedeutung zugesprochen, wichtiger ist jedoch, welche Einflussausübung sein Amt strukturell zulässt.

Damit ermöglicht die interaktionistisch geprägte Forschungsperspektive letztlich auch die Berücksichtigung situativer Umstände und Effekte sowie informeller Institutionen (Helms 2000: 201) auf Führung bzw. Führungsfähigkeit. Schließlich hängt politische Führung nicht nur von den durch das politische System zugewiesenen Kompetenzen und der Persönlichkeit des politischen Akteurs ab, sondern wird ebenso durch Situation – etwa politische und wirtschaftliche Krisen – und Akzeptanz durch wichtige gesellschaftliche Akteure – etwa Wirtschaftseliten – geprägt. Die Bedeutung dieser verschiedenen Faktoren lässt sich erneut am Fall Angela Merkel illustrieren. Während die Einschätzung ihrer politischen Führungskapazität allein aufgrund ihres Charismas eher gering sein dürfte, korrigiert sich diese aufgrund der eher starken Stellung des Bundeskanzlers innerhalb des institutionellen Gefüges, ihres Verhaltens in der aktuellen euro-

---

11 Neben Führung als Einflussausübung identifiziert Henrik Gast (2010a) Führung als Integrationsaufgabe und als Ausrichtung auf Gruppen- und Organisationsziele als weitere in der Literatur vertretenen Kernkomponenten.

päischen Staatsschuldenkrise, sowie ihres starken Rückhalts innerhalb der Partei und der positiven Wahrnehmung in der deutschen Wirtschaft. Im Rahmen eines solchen breiteren Verständnisses der Determinanten von Führung gerät die Analyseebene der **Beziehung zwischen Führendem und Geführten** neben den persönlichen und institutionellen Merkmalen in jüngster Zeit immer stärker den Fokus, auch wenn bis dato differenzierte Typologien und Studien noch ein Forschungsdesiderat darstellen (Gast 2010a).

Nicht zuletzt aufgrund der zentralen Bedeutung institutioneller Variablen ergeben sich zahlreiche Anknüpfungspunkte zwischen Vergleichender Regierungslehre und Leadership-Forschung. Grundsätzlich lässt sich zunächst anmerken, dass die Leadership-Forschung unter Berücksichtigung institutioneller Faktoren letztlich immer auf vergleichende Institutionenanalysen angewiesen ist. Dies betrifft insbesondere jene Bereiche der Vergleichende Regierungslehre, die sich mit der Analyse und Klassifikation von Regierungssystemen beschäftigen. Hervorzuheben sind hier etwa die Arbeiten zu den Unterschieden zwischen präsidentiellen und parlamentarischen Systemen sowie den Effekten der Mehrheits- bzw. Konsensdemokratie auf den politischen Prozess und somit auch die politischen Akteure (Lijphart 1999, Shugart/Carey 1992, Steffani 1979).

Insbesondere im Kontext des amerikanischen Präsidentialismus sind zahlreiche Beiträge der Leadership-Forschung entstanden (allen voran Burns 1978), deren analytischer Mehrwert sich jedoch erst durch die Kontrastierung mit politischer Führung unter den Bedingungen parlamentarischer Systeme voll entfalten kann. Ein weiteres unmittelbar mit dem politischen Prozess verbundenes junges Forschungsfeld bildet die vergleichende Analyse von (politischer) Führung innerhalb politischer und administrativer Organisationen, insbesondere in Parteien (Schmid 2010) und im Zuge der Debatte um *New Public Management* in der öffentlichen Verwaltung (Bogumil 2007, Kegelmann 2007).

In der Transformations- und Demokratisierungsforschung kommt dem Thema Führung ebenfalls eine zentrale Rolle zu. In verschiedenen Indizes zur Messung des Transformationsmanagements, wie dem *Bertelsmann-Transformations-Index* (BTI) oder dem *Governance*-Indikator für entwickelte Staaten, dem *Sustainable Governance Indicator* (SGI),[12] wird explizit auf die Managementleistung der politischen Führung verwiesen. So wird etwa – mittels verschiedener Fragen an Experten – untersucht, ob die Regierung strategische, konsistente Reformziele verfolgt und vermittelt. Außerdem wird bei Länderexperten abgefragt, ob die Regierung Reformen politisch klug steuert und politische Prioritäten auch gegen Widerstände realisieren kann. Allerdings werden dabei weniger einzelne Personen oder Funktionen abgehoben, sondern die (Spitzen-)Exekutive. Innovativ beim BTI ist die Berücksichtigung eines Schwierigkeitsgrades, welcher Managementleistungen etwa aufgrund von Vetospielern oder sozioökonomischen Schwierigkeiten erschwert. Während das situative Verhalten von Führungspersonen klassischerweise als Variable für die Persistenz bzw. den Zusammenbruch politischer Systeme

---

12 Die Daten und die detaillierte Konstruktion der jeweiligen Indizes werden auf den Internetseiten http://www.bti-project.de und http://www.sgi-network.org erläutert.

betrachtet wurde, hat die Wahrnehmung der Bedeutung von politischer Führung für politische und ökonomische Entwicklung gerade in jüngster Zeit zugenommen. Im Zuge der Aufwertung empirischer Ansätze und der breiten Akzeptanz des *Good Governance* Paradigmas (Grindle 2007) – also der Bedeutung funktionierender Institutionen für wirtschaftliche und politische Entwicklung – hat auch das Thema politische Führung an Bedeutung gewonnen.

Politische Strategien

Grundlagen

Die Britische Regierung unter Tony Blair unternahm nach ihrem Wahlgewinn im Jahr 1997 eine Modernisierung der britischen Sozialdemokratie, die mit einer pragmatischeren Ausrichtung und einer stärkeren Befürwortung marktliberaler Elemente einherging. Zweifellos erforderte diese, auch unter dem Begriff »Dritter Weg« bekannt gewordene, tiefgreifende Umorientierung von *Labour* in *New Labour* eine längerfristige Ausrichtung und systematische Abstimmung im Regierungshandeln. Neben programmatischen Änderungen gehörte dazu auch ein stärker professionalisierter Umgang mit der öffentlichen Meinung, aber auch Änderungen in der Organisation von Partei und Regierungsspitze. Um das vorausschauende und kohärente Handeln zu unterstützen, richtete die Regierung eigens als neue Stelle *The Strategy Unit* ein, die auch unter der Regierung von Gordon Brown weiter aktiv war.

Dieses Beispiel der organisatorischen Anpassung durch die Einrichtung eines »strategischen Zentrums« (Raschke/Tils 2013: 168), legt nahe, dass politische Führungen Strategie ernst nehmen – und dies auch nach außen tragen. Sofern es sich dabei nicht um bloße Symbolik handelt, stützt sich politische Strategie auf »**situationsübergreifende Ziel-Mittel-Umwelt-Kalkulationen**« (Raschke/Tils 2013: 127). Sie geht im Gegensatz zu Taktik über einzelne Situationen hinaus und involviert einen langfristigen und abgestimmten Mitteleinsatz unter Berücksichtigung gegebener Kontextbedingungen. Politische Strategie ist von besonderer Relevanz für die Policy-Gestaltung, schon weil für diese mehrere Phasen konstitutiv sind, in denen Handlungskoordination von der Idee bis zur Implementation stattfindet. Als zentralem Policy- und Steuerungsakteur liegt der Einsatz politischer Strategie vor allem in den Händen der Regierung oder in parlamentarischen Regierungssystemen vielmehr im Bereich der Handlungseinheit von Regierung und der sie tragenden Partei (Tils 2011: 108).

Für ihre erfolgreiche Umsetzung erfordert politische Strategie eine integrative, Situationen und Handlungsbereiche übergreifende Planungs- und Steuerungsaktivität. Raschke und Tils (2013: 388) sprechen etwa von Organisationssteuerung, Konkurrenzpolitiksteuerung, Problempolitiksteuerung und Kommunikationssteuerung; ähnlich unterscheidet Korte (2010: 216) zwischen einer parlamentarischen, einer administrativen und einer öffentlichen Arena, in denen das Handeln abzustimmen seien. Den Hintergrund für eine politisch-strategische Ausrichtung bildet dabei aber nicht allein ein Bedarf an mehr Steuerungsfähigkeit. Der Einsatz von Strategien durch Amtsinhaber ist zudem von zwei grundlegenden Motiven bestimmt: von Policy und Office (Müller/ Strøm 1999), also inhaltlicher Politikgestaltung und Machterhalt. Weil politische Akteure häufig nicht beides zugleich verwirklichen können – wenn es etwa um die Umsetzung einer unpopulären Reform geht – stehen sie daher vor einem Dilemma bzw. vor einem Trade-Off. So können sie beispielsweise nicht alle inhaltlichen Policy-Ziele erreichen, ohne ihre Chancen bei anstehenden Wahlen zu beeinträchtigen. An eben diesem Zielkonflikt können politische Strategien mittels geeigneter Planung und gezielter Einwirkung auf das Umfeld ansetzen. Sie können dazu dienen, politische und gesellschaftliche Widerstände – insbesondere in Form der öffentlichen Meinung – zu überwinden und im Zuge dessen den genannten Trade-Off aufzulösen oder zumindest abzumindern (Wenzelburger 2011: 1154–1155).

Politische Strategien in der Policy-Analyse

Offenkundig handelt es sich bei politischer Strategie um einen **akteurszentrierten Faktor**. Als solcher fand er Eingang in die Policy-Forschung und bereicherte diese um einen Erklärungsmechanismus für Policy-Wandel. So argumentierte Pierson (1994) in seiner wegweisenden Studie über wohlfahrtsstaatliche Reformen, dass Einschnitte im wohlfahrtsstaatlichen Bereich aufgrund der Unterstützung durch große Teile der Bevölkerung sowie institutioneller Beharrungskräfte und Pfadabhängigkeit nur schwer und mit hohem politischem Risiko durchzuführen seien. Daher komme Pierson (1994) zufolge Policy-Wandel dann zustande, wenn Regierungen politische Strategien einsetzen, die eine Abstrafung durch die Wähler unterbinden. Der Autor unterscheidet hierbei zwischen den drei Vorgehensweisen *Obfuscation*, *Division*, und *Compensation*.

In einem noch vor Piersons (1994) Untersuchung erschienenen und vielfach zitierten Artikel zu politischen Strategien lieferte Weaver (1986) neben einem eigenen Katalog von Strategien bereits das zentrale Argument für das zuvor beschriebene Kalkül (weiter ausgearbeitet bei Vis/van Kersbergen 2007). Unter Rückgriff auf die Forschung zu Entscheidungsverhalten folgerte Weaver (1986: 372–374), dass bei politisch riskanten Entscheidungen Policy-Akteure zur Sicherung ihrer Wiederwahlchancen eher danach streben, negative Folgen zu vermeiden als positive Folgen herbeizuführen. Aufgrund dieser risikoaversen Haltung sind politische Strategien bei Weaver wie auch bei anderen Autoren mit dem Zweck der **Blame Avoidance**, also Schuldvermeidung, verbunden. Dieses Motiv wird als besonders prägnant bei inhärent unpopulären Entscheidungen angenommen; und so fanden nach Piersons Studie politische Strategien vielfach Anwendung als Erklärungsfaktor für das Zustandekommen und die Durchsetzung unpopulärer Policies wie wohlfahrtsstaatlichen Rückbau und Maßnahmen zur Haushaltskonsolidierung (z. B. Green-Pedersen 2002, Kuipers 2006, Vis/van Kersbergen 2007, Zohlnhöfer 2007, Hering 2008, Wagschal/Wenzelburger 2008, Wenzelburger 2011).

Die besondere Herausforderung bei solchen Policies besteht darin, die öffentliche Zustimmung zu managen, um jene in Einklang mit ihren Office-Seeking-Motiven zu bringen. Entscheidend ist damit also zunächst, wie populär eine Policy in den Wahrnehmungen der Bürger ist. Ebenso wichtig ist es aber auch, inwieweit und wie klar dem Policy-Akteur Verantwortlichkeit für die Policy zugeschrieben wird, denn erst beides zusammen bestimmt die politische Konsequenzen (in erster Linie den Einfluss auf die Wiederwahlchancen) einer Policy für den Policy-Akteur (König/Wenzelburger 2014: 405–407). Ein strategisches Moment ist dabei schon dadurch gegeben, dass Handlungen in einem Bereich zu einem Zeitpunkt für weitere Handlungsmöglichkeiten und deren Folgen bestimmend sind (wer etwa Aufgaben delegiert, kann bei Erfolgen diese später schwerer glaubwürdig als eigene Verdienste herausstreichen). Hinzu kommt, dass die Handlungsmöglichkeiten von den Umständen und dem Kontext in Form von Ressourcen, Möglichkeiten und Einschränkungen abhängen (z.B. das institutionelle Umfeld und der politische Wettbewerb, siehe hierzu etwa Korte 2010: 214, Tils 2011: 107, Wenzelburger 2011: 1154–1156).

Arten politischer Strategien

Welche sind nun die (Arten von) Strategien, die die politische Führung einsetzen kann, um mit den umrissenen strategischen Herausforderungen umzugehen? Hierzu existieren in der Forschung verschiedene Unterteilungen. Diese sind in Tabelle 11.3 aufgeführt. Bei den unterschiedlichen Einteilungen von Strategien gibt es größere Überschneidungen, bestimmte Strategien kommen bei allen oder den meisten Kategorisierungen vor, wie allein an den Dimensionen zur Einteilung der Arten von Strategien unschwer ersichtlich ist.

Tab. 11.3: Kategorisierungen politischer Strategien

Studie	Dimension der Unterscheidung
Weaver (1986)	Keine (reine Aufzählung von acht Strategien)
Pierson (1994)	1) Obfuscation, 2) division, 3) compensation (mit insgesamt fünf Unterkategorien)
Pal/Weaver (2003)	1) Perceptions, 2) preferences, 3) procedures (mit insgesamt 18 Unterkategorien)
Hering (2008)	Cooperation, coalition, distribution, discourse (2 × 2-Typologie mit 14 Unterkategorien)
Hood (2011)	1) Presentational, 2) organizational, 3) agency strategies
Vis (2013)	1) Perceptions, 2) payoffs, 3) procedures (mit insgesamt 19 Unterkategorien)
König/Wenzelburger (2014)	1) Strategies directed at the perception of policies: a) Preferences and perceptions, b) Norms, values, and identity; 2) Attribution of responsibility (mit insgesamt zwölf Unterkategorien)

Zu den konkreten Strategien unterhalb der Kategorienebene gehören so unterschiedliche Handlungsweisen wie etwa strategisches Timing von Policies, Delegation von Verantwortlichkeit, Koordination und Kooperation mit anderen politischen Akteuren oder eine bestimmte kommunikative Vermittlung der Policies und/oder des Status Quo. Der konkrete Zweck, den einige Strategien erfüllen, ist offensichtlich nur auf kommunikativem Weg zu erreichen, beispielsweise eine bestimmte normative Darstellung von programmatischen Inhalten und Policies zu deren Akzeptanzsteigerung. Andere Arten strategischen Handelns wie das strategische Timing können hingegen nur durch Policy-Handeln verwirklicht werden – wenn eine Regierung etwa unpopuläre Entscheidungen zu Beginn einer Legislaturperiode trifft, und nicht kurz vor der nächsten Wahl. Einige Wirkweisen strategischen Handelns sind aber auch durch die Organisation und Gestaltung einer Policy ebenso wie über die Kommunikation zu erreichen. Deutlich wird das zum Beispiel bei Green-Pedersen (2002: 143), der aufzeigt inwiefern eine Strategie der Parteienkooperation für unpopuläre Wohlfahrtsstaatsreformen mit einer entsprechenden konsensorientierten Kommunikation der *Justification* vor dem Hintergrund des Einverständnisses einhergehen kann.

Strategische Kommunikation

Die planvolle Abstimmung anderer Handlungsbereiche mit der Kommunikation wurde weiter oben bereits als Teil politischer Strategie benannt. Allerdings zeichnet sich in der Forschung ein eigenständiger Bereich ab, der sich mit **strategischer Kommunikation** beschäftigt, unter anderem auch in der Politik. Darunter kann allgemein die planvolle Kommunikation einer Organisation zur Erfüllung ihrer Ziele verstanden werden (Holtzhausen/Zerfass 2013). In der Politik gilt die kommunikative Seite von Strategie dabei deshalb als so wichtig, weil sich Kommunikation erstens als »integraler Bestandteil von Politik selbst« (Sarcinelli 2011: 268) begreifen lässt und weil zweitens die Kommunikation von Politik für deren öffentliche Wahrnehmung notwendig und somit für den Zweck der eigenen Legitimierung unverzichtbar ist (Jarren/Donges 2006: 234, Sarcinelli 2011: 268–271). Von sonstiger politischer Organisation grenzt sich strategische Kommunikation dabei insbesondere insofern ab, als es sich bei ihr in den Worten von Sarcinelli (2011: 294, Hervorh. im Original) um »[m]ehr *als die Legitimation des Augenblicks*« handelt. Dies gilt für die externe wie interne Politikvermittlung, also gegenüber den Bürgern aber auch bei der Koordination mit anderen sozialen und politischen Akteuren (Korte 2010, Sarcinelli 2011).

Solcherart planvolle Kommunikation hat ebenfalls die Umstände des Handelns zu berücksichtigen, vornehmlich in der Form des institutionellen Kontexts, der ideologischen Herkunft des kommunizierenden Akteurs, des politischem Wettbewerbs und soziokulturellen Substrats einer Gesellschaft (Ross 2000, Delhees et al. 2008, Turowski 2010). Vor allem aber gilt es als entscheidend, dass die politische Führung einen kohärenten Begründungszusammenhang entwickelt, der zudem mit etablierten Ideen und Werten kompatibel zu sein hat, um positive Resonanz in der Öffentlichkeit zu erzeugen. Die Wirksamkeit solcher Kommunikation hängt überdies – und hierin bestehen Verbindungen zur Leadership-Forschung – von dem Ansehen und der Glaubwürdigkeit der Kommunikatoren ab (Mondak 1993, Druckman 2001, Merolla et al. 2007).

Die Wirkung von strategischem Handeln ist bisher an der Kommunikation von Policies am ergiebigsten empirisch erforscht worden. Insbesondere deuten experimentelle

Untersuchungen darauf hin, dass die Art und Weise, wie ein Sachverhalt oder eine Policy dargestellt wird, Folgen für die Einstellungen und Bewertungen seitens Befragter hat (Slothuus 2007, Kangas et al. 2014, Wenzelburger 2014). Zumindest im Labor kann somit gezeigt werden, dass bestimmte Kommunikationsweisen die Akzeptanz für Policies steigern können. Ein bedeutendes Problem für die Forschung ist jedoch nach wie vor, die Wirkungen von kommunikativen und anderen Strategien in der politischen Realität zu eruieren. Bisherige Evidenz und Indizien hierzu stammen aus Fallstudien und gezielten Vergleichsdesigns. Diese deuten darauf hin, dass bestimmte Arten der strategischen Kommunikation (z. B. Green-Pedersen 2002, Schmidt 2001, Wenzelburger 2011, Tils 2011) sowie Strategien im Policy-Handeln (Zohlnhöfer 2007, Wenzelburger 2011) nicht nur zum Einsatz kommen; sie legen außerdem nahe, dass diese für das Zustandekommen und den Durchsetzungserfolg – oder Misserfolg – von Policies ausschlaggebend.

Letztlich beruhen die entsprechenden Nachweise allerdings darauf, dies zu plausibilisieren oder argumentativ zu untermauern. Einen unabhängigen Effekt politischer Strategien nachzuweisen und zu isolieren, stellt jedoch vor beträchtliche methodologische Herausforderungen. Ein Problem besteht dabei schon darin, dass das eigentliche strategische Handeln schwer abzugrenzen ist, weil es sich auf komplexere Handlungszusammenhänge bezieht. Darüber hinaus stellt sich die Frage, inwieweit beobachtete Wirkungen auch tatsächlich so beabsichtigt waren. Ohne die Kenntnis der Intentionen und Zielsetzungen, die zweifellos auch zum Begriff der Strategie gehören, bleibt der Forschung in der Regel nur der Weg, Strategie aus dem beobachtbaren Handeln und Aussagen zu erschließen. Darin dürfte eine wesentliche Ursache dafür bestehen, dass die Forschung sich bisher vielfach leicht zu erkennender, konkreter Strategien in Form von abgrenzbaren Handlungsweisen angenommen hat.

Kommentierte Literaturempfehlungen

Bürklin, Wilhelm/Rebenstorf, Hilke (1997): Eliten in Deutschland. Rekrutierung und Integration. Opladen.
   Auswertungsband der letzten großen empirischen Elitenstudie für Deutschland (Potsdamer Elitenstudie 1995). Umfangreiches empirisches Material und gleichzeitig ein Standardwerk der empirischen Sozialforschung.
Hartmann, Michael (2004): Elitesoziologie. Eine Einführung. Frankfurt a. M..
   Wie der Titel bereits sagt eine Einführung in die Thematik, die stark soziologisch geprägt ist. Mitunter normativ und wertend, gleichwohl gut lesbar und als Einstieg geeignet.
Helms, Ludger (2000): »Politische Führung« als politikwissenschaftliches Problem. Politische Vierteljahresschrift 41 (3), S. 411–434.
   Kurzer und präziser Überblicksartikel zur Leadership-Forschung, der auch die internationale Diskussion aus vergleichender Perspektive in den Blick nimmt.
Raschke, Joachim/Tils, Ralf (2010): Strategie in der Politikwissenschaft. Konturen eines Forschungsfelds. Wiesbaden.
   Sammelband, der konzeptionelle Grundlagen zu politischer Strategie mit spezielleren Zugängen aus diversen Bereichen der Politikwissenschaft verbindet. Neben theoretischen Kapiteln enthält der Band zwei empirische Fallstudien.

12 Verbände und Korporatismus: Funktionen – Theorien – Policy-Wirkungen

Uwe Wagschal und Maximilian Grasl

Einleitung: Definition und Funktionen von Interessenverbänden

Interessen, definiert als »verhaltensorientierende Ziele und Bedürfnisse von Einzelnen und Gruppen in einem sozialen Umfeld« (Weber 1977: 31) sind der Rohstoff politischer Willensbildung. Alemann (1989: 29) führt die folgende Definition an: »Interessen sind handlungsrelevant gewordene Verfestigungen von Bedürfnissen, die ihrerseits aus dem subjektiven Empfinden von Mangellagen erwachsen.« Generell haben Interessen eine individuelle, eine materielle sowie eine ideelle Dimension. Ebenso wie unpolitische Interessenlagen (z. B. Sportvereine, Kegelclubs) organisieren sich politische Interessen in Interessengemeinschaften, -gruppen oder -verbänden, um ihre Ziele gemeinsam zu verfolgen und gegenüber widersprechenden Interessengruppen und staatlichen Institutionen durchzusetzen.

In Deutschland garantiert der **Grundgesetzartikel 9** die Vereinigungs- und Koalitionsfreiheit, da er das Recht schützt, Vereine und Gesellschaften aller Art zu bilden, sofern sie nicht gegen das Strafrecht oder die freiheitlich demokratische Grundordnung verstoßen. Es gibt daher in der Bundesrepublik eine immense Vielzahl von Interessengruppen und Verbänden, von denen sich derzeit 2175 auf der »Lobbyliste« des Bundestages haben registrieren lassen (Stand: April 2014), wobei der Einführung dieses Registers selbst ein langwieriger politischer Streit vorausging (Sebaldt/Straßner 2004: 141 f.).[1] Zu den wohl bekanntesten Interessengruppen gehören die Gewerkschaften und die Arbeitgebervereinigungen, da sie im Rahmen der von Art. 9 Abs. 3 GG geschützten Tarifautonomie den gesellschaftlichen Grundkonflikt zwischen Arbeit und Kapital lösen und die Einkommenssituation des Großteils der Bevölkerung bestimmen.

Interessenverbände sind auf Dauer angelegte Vereinigungen von natürlichen oder juristischen Personen, mit dem Ziel, spezielle Interessen durchzusetzen. Noch spezifischer lässt sich ein Interessenverband definieren als

»ein auf formaler Mitgliedschaft und ausdifferenzierter Binnenstruktur beruhender Verband, der vor allem die Berufs- und Standesinteressen einer Gesellschaftsgruppe artikuliert, bün-

---

1 Die »Bekanntmachung der öffentlichen Liste über die Registrierung von Verbänden und deren Vertretern« ist abzurufen unter: http://www.bundestag.de/dokumente/lobbyliste/ (zuletzt abgerufen am 22. Juni 2014).

delt und gegenüber den Mitgliedern, anderen Organisationen, der Öffentlichkeit und vor allem gegenüber der Regierung und der Verwaltung durch direkte oder indirekte Einflussnahme oder Druckausübung vertritt« (Schmidt 2010: 367 f.).

In dieser Definition sind bereits die wichtigsten Aufgaben bezeichnet, die Verbände erfüllen: Sie artikulieren, bündeln und vertreten die Interessen ihrer Mitglieder. Weil sie damit ähnliche Aufgaben wie Parteien wahrnehmen gehören sie neben diesen zu den **intermediären Institutionen**, die eine Verbindung zwischen Bürgern und Zivilgesellschaft sowie dem politischen System herstellen. Von Parteien grenzen sich Interessenverbände jedoch zum einen dadurch ab, dass sie nicht an Wahlen teilnehmen und für politische Ämter kandidieren. Dies schließt natürlich nicht aus, dass von Parteien nominierte Mandatsträger gleichzeitig auch einem Interessenverband angehören und dessen Positionen in ihrer politischen Arbeit berücksichtigen.[2] Zum anderen konzentrieren sich Interessenverbände zumeist auf ein ganz spezifisches Einzelinteresse, während Parteien i.d.R. Konzepte und Lösungsvorschläge für alle gesellschaftlichen Probleme und Herausforderungen anbieten und somit das Gemeinwohl und nicht nur ein Partikularinteresse verfolgen.

Wie Tabelle 12.1 zeigt, sind Interessenaggregation, -selektion und -artikulation nur ein Teil der Funktionen, die Verbände leisten. Die genannten gehören zu den **Input-Funktionen** und bedeuten, dass Verbände die Interessen und Wünsche ihrer Mitglieder aufnehmen, sie zwischen ihren Mitgliedern wechselseitig abstimmen (sowohl innerhalb des Verbandes, als auch mit anderen Verbänden innerhalb der betreffenden Branche oder des Sektors) und sie in Form von politischen Forderungen artikulieren. Jenseits der reinen Artikulation (z.B. bei Demonstrationen) werben sie auch für ihre Positionen und versuchen sie im politischen Willensbildungsprozess zu verwirklichen. Dazu unterstützen sie die politischen Entscheidungsträger in erster Linie mit Informationen, die sie in Positionspapieren, bei (öffentlichen) Veranstaltungen, in Gesprächen mit Beamten und Politikern oder bei Konsultationsverfahren und Anhörungen in den politischen Prozess einspeisen. Des Weiteren können Interessenverbände den Parteien die Stimmen ihrer Mitglieder (in der Regel in Form einer offiziellen Wahlempfehlung für eine Partei) im Gegenzug für die politische Unterstützung ihrer Forderungen anbieten sowie finanzielle Wahlkampfunterstützung leisten. Die finanzielle Unterstützung kann mitunter sogar bis zur Korruption reichen, wenn sich einzelne Politiker für ihre Unterstützungsleistungen von Interessenvertretern bezahlen lassen. Vor allem solche negativen Auswüchse der Interessendurchsetzung mit unerlaubten Mitteln werden in Deutschland mit dem Begriff des »Lobbyismus« bezeichnet.

In den USA hingegen steht Lobbyismus wertfrei für die vielfältigen Beziehungen, die zwischen dem politisch-administrativen Apparat und den organisierten Interessen

---

2 So waren beispielsweise unter den 614 Abgeordneten der 16. Wahlperiode des Bundestages 221 Mitglied einer DGB-Gewerkschaft (das entspricht 36%) (Hönigsberger et al. 2010), wobei die SPD-Fraktion den höchsten Anteil mit 73%, die CDU/CSU-Fraktion mit 4% und die FDP-Fraktion mit 2% die geringsten Anteile aufwies (Hönigsberger 2008: 41).

Tab. 12.1: Funktionen von Interessengruppen

Input-Funktionen	Output-Funktionen
Interessenartikulation	Ordnungsfunktion
Interessenaggregation und Interessen-selektion	Legitimation durch Anerkennung von ge-meinsam getroffenen Entscheidungen
Information	Feedback
Partizipation	Selbstregulierung

Quelle: Kropp 2005: 664.

bestehen und die oftmals sogar als notwendige Voraussetzung für eine funktionierende politische Willensbildung erachtet werden. Denn organisierte Interessen erbringen auch Funktionen, die dem politischen System dienen und es stabilisieren, sodass sie nicht alleine als egoistische Vertreter partikularer Einzelinteressen fungieren. Zu diesen **Output-Funktionen** gehören die Vorsortierung und Filterung gesellschaftlicher Interessen. Politik und Öffentlichkeit werden durch die Leistungen der Verbände nicht mit einer heterogenen Vielfalt unerfüllbarer Ansprüche konfrontiert, sondern mit abgestimmten und bereits teilweise ausgeglichenen Forderungen. Nur so können zum Beispiel effektiv parlamentarische Anhörungen organisiert werden, die mit einem überschaubaren Teilnehmerkreis und begrenzten Zeitaufwand die Handlungsfähigkeit eines Parlaments gewährleisten. Dadurch, dass Verbandsmitglieder über die Arbeit ihres Verbandes an den Ergebnissen des politischen Willensbildungsprozesses beteiligt sind, wird die Akzeptanz für diese Entscheidungen unter den Betroffenen und somit auch ihre Legitimation erhöht. Dies entlastet vor allem die politischen Entscheidungsträger, da sie Unterstützung bei der Erklärung und Vertretung ihrer Entscheidungen gegenüber den Betroffenen erhalten. Besonders wichtig ist dies aufgrund der hohen Anzahl technischer und inhaltlich komplexer Detailregeln (z. B. im Produkt- und Verbraucherrecht), die als Ergebnisse am Ende der Gesetzgebungsprozesse stehen. Verbände nutzen ihre Sachkenntnis auf den jeweiligen Themenfeldern und bereiten die Gesetzesflut aus Amtsblättern von Europäischer Union, Bund und Ländern in Form von allgemeinverständlicheren Informationen auf, die die betroffenen Kreise über Verbandszeitschriften oder themenspezifische Fachpublikationen darüber informieren, wie sich die Rechtslage verändert hat und wie die Betroffenen sich der neuen Rechtslage anpassen können. Lücken im Gesetz oder unvorhergesehene Schwierigkeiten bei der Umsetzung werden häufig erst bei der praktischen Anwendung entdeckt und können über die beteiligten Interessenverbände wiederum schnell an die politischen Entscheidungsträger zurückgemeldet werden. Den sich aus der Anwendungspraxis ergebenden Wissensvorsprung der Verbände macht sich der Staat auch auf andere Art zu Nutze: So kann er zu seiner Entlastung Aufgaben direkt an Verbände delegieren, die mit den betreffenden Themen und Inhalten befasst sind. Dies geschieht in Deutschland zum Beispiel häufig in der verbandlichen Selbstverwaltung, wie sie sich bei der Berufsausbildung oder -zulassung durch Kammern zeigt. Noch weiter gehen skandinavische

Länder, deren Arbeitslosenversicherung nach dem »Ghent-System« durch die Gewerkschaften verwaltet wird.

Natürlich sind alle diese Funktionen von Interessengruppen auch mit Problemen behaftet, die im Folgenden aufgegriffen werden. Doch lassen sich bereits an dieser Stelle zwei Grundpositionen unterscheiden: Die eine Seite der Beobachter und Verbändeforscher bewertet die Tätigkeit der Verbände in der Summe positiv, da sie den Staat ergänzen und ihrer Leistungen komplementär zum politisch-administrativen Sektor erbringen, so dass eine bereichernde Zusammenarbeit stattfindet. Die Gegenposition bewertet die Tätigkeit der Verbände negativ, da sie einen fairen Interessenausgleich behindern und den Staat sogar schwächen. Nach diesem Verständnis arbeiten sie dem Staat nämlich nicht zu und lassen sich gar von ihm steuern und regulieren, sondern versuchen vielmehr den Staat zu umgehen und ihm Kompetenzen abzuringen. Ihre Tätigkeit weist demnach auf Schwächen des Staates hin, der seine Aufgaben nicht mehr alleine und ohne Hilfe von außen erfüllen kann.

Theoretische Grundpositionen – Theorien des Verbändewesens

Nach einem kurzen Überblick werden die einzelnen Ansätze im Folgenden ausführlich diskutiert: Das Verbändewesen wurde von unterschiedlichen Untersuchungsperspektiven aus beleuchtet (vgl. von Beyme/Helms 2004, Sebaldt/Straßner 2006): Die Verbände-freundlichere Sichtweise des Pluralismus wurde eher in den USA eingenommen (Bentley 1949, Truman 1951) und liegt zeitlich vor dem Verbände-kritischeren (Neo-) Korporatismus (Fraenkel 1991) und der stark Verbände-skeptischen deutschen Staats- und Steuerungstheorie (Forsthoff 1971, Weber 1977, Kielmannsegg 1979, Lehmbruch 2003). Die systematische Erfassung der Defizite eines freien Spiels der Kräfte, leistete der polit-ökonomische Ansatz Olsons (1968). Neuere Weiterentwicklungen der Verbändeforschung fanden v.a. auf dem Gebiet der Organisationssoziologie (Schmitter/Streeck 1999) statt. Zudem existiert noch die konflikttheoretische, marxistische Perspektive, die etwa schon bei Marx im kommunistischen Manifest angelegt war und später bei Offe (1985) weiter entwickelt wurden. In den Wirtschaftswissenschaften existiert außerdem mit der *Insider-Outsider*-Theorie (Lindbeck/Snower 1989) noch ein weiterer Ansatz, der sich auf die unterschiedliche Macht von Beschäftigten fokussiert. So gelingt es den Arbeitsplatzbesitzern (*Insider*) höhere Löhne durchzusetzen, weil ein Austausch gegen Arbeitslose (*Outsider*) schwierig und teuer für die Unternehmen wäre. All diese theoretischen Ansätze werden im Folgenden ausführlich dargestellt.

In der Verbändeforschung bezeichnet **Pluralismus** ein Muster der Interessenvermittlung zwischen Staat und Verbänden, das durch eine fragmentierte Verbandsstruktur, bilaterale Beziehungen zwischen Verband und Staat sowie durch eine geringe bereichsübergreifende Politikkoordinierung gekennzeichnet ist (Schmidt 2010: 599). Das theoretische Fundament des Pluralismus liegt in einem möglichst uneingeschränkten Wettbewerb aller gesellschaftlichen Kräfte, der auf dem Prinzip der legitimen gesellschaftlichen Vielfalt (Verbändeautonomie, Mehrparteiensystem, Pressevielfalt etc.) basiert, sodass sich Interessengruppen frei bilden können, ohne dass der Prozess des Interessenausgleichs durch staatliche Eingriffe behindert wird. Dieser Wettbewerb zwischen Interessengruppen beschränkt sich insbesondere bei Bentley (1949) nicht auf Verbände, sondern umfasst auch Parteiorganisationen und verläuft somit in sehr unspezifischen sozialwissenschaftlichen Kategorien. Erst bei Truman (1951) wird die formale Organisation der Interessengruppen in den Blick genommen (Schmid 1998: 33) und rückt ab diesem Zeitpunkt immer stärker in den Mittelpunkt der nachfolgenden Forschungsliteratur. Aus Sicht des Pluralismus ist ein von staatlichen Regulierungsmaßnahmen möglichst freies Spiel der Kräfte Voraussetzung für ein dem Allgemeinwohl verhältnismäßig gut entsprechendes Politikergebnis. Denn das Allgemeinwohl kann erst aus dem vollendeten politischen Willensbildungsprozesses resultieren und ist in keinem Fall bereits zuvor zu erkennen oder gar vorzugeben. Dabei wird angenommen, dass auch tatsächlich alle gesellschaftlichen Kräfte gleich stark organisierbar wären und dadurch einen fairen Wettbewerb austragen könnten, der zu allgemein akzeptierten Entscheidungen führt. Ein dauerhaftes natürliches Gleichgewicht aller Interessen würde sich auf diesem Wege sogar einstellen, ohne dass der Staat weiter in die Entscheidungsfindung eingreifen müsste.

Diese Sichtweise des Pluralismus wurde von dem während der nationalsozialistischen Herrschaft in die USA geflohenen Politikwissenschaftler Ernst Fraenkel in Deutschland verbreitet. Im Gegensatz zu der völligen Unterdrückung der freien Interessenvertretung während der Hitler-Diktatur sollte in der Bundesrepublik das Prinzip gesellschaftlicher Vielfalt in Form von Meinungs-, Presse-, Vereinigungs- und Koalitionsfreiheit, Mehrparteiensystem und Vielfalt der Lebensstile verwirklicht werden. Berühmt geworden ist sein anschauliches Bild »das Gemeinwohl stelle die Resultante dar, die sich jeweils aus dem Parallelogramm der ökonomischen, sozialen, politischen und ideologischen Kräfte […] ergibt« (Fraenkel 1991: 34). Jedoch vertrat Fraenkel nicht die reine pluralistische Variante, wie sie in den USA zu finden war, sondern betonte, dass es neben den zur Disposition und durch den Kampf der Interessen zu regelnden gesellschaftlichen Bereichen auch einen unstrittigen und verbindlich geltenden Bereich geben müsse, der einen Rahmen von Regeln vorgibt, innerhalb dessen es erst ein freies Spiel der Kräfte geben könne:

> »Pluralismus darf nicht mit einem laissez-faire auf kollektiver Ebene gleichgesetzt werden. Ein richtig verstandener Pluralismus schließt die Erkenntnis ein, daß auch in der heterogensten Gesellschaft stets neben dem kontroversen auch ein nicht-kontroverser Sektor des gesellschaftlichen Leben besteht« (Fraenkel 1991: 274).

Damit legte Fraenkel die theoretischen Grundlagen für die in der Bundesrepublik etablierten korporatistischen Arrangements, in denen der Staat die »Kampfparität« (Schmidt 2008: 219) zwischen den verschiedenen Gesellschaftsgruppen gewährleistet. Mit den Begriffen eines liberalen, demokratischen oder **Neo-Korporatismus** wird diese Form staatlich regulierter Interessenvertretung von einer Interessengleichschaltung unterschieden wie sie in autoritären Regimen stattfindet und dort aufgrund der dominierenden Rolle des Staates auch als extreme Form des Korporatismus bezeichnet werden könnte. Meinte Korporatismus ursprünglich einen alle Lebensbereiche vereinnahmenden Staat (von Alemann 1989: 151) so versteht man darunter heute umgekehrt eine institutionalisierte Beteiligung gesellschaftlicher Gruppen an der politischen Willensbildung und der Umsetzung politischer Entscheidungen. Tabelle 12.2 stellt die Eigenschaften idealtypischer Pluralismus- und Korporatismuskonzepte in den beiden Dimensionen Organisationsstruktur und Staat-Verbände-Beziehungen gegenüber. In Abhängigkeit von den Steuerungszielen wird zwischen Makrokorporatismus –wenn die gesamtwirtschaftliche Situation eines Landes durch Koordination verbessert werden soll – oder Mesokorporatismus unterschieden, wobei nur ein einzelner wirtschaftlicher Sektor Gegenstand der Staat-Verbände-Verflechtung ist.

Tab. 12.2: Pluralismus und Korporatismus im Vergleich

	Pluralismus	Korporatismus
Merkmale der Verbände	Vielfalt; Freiwilligkeit; kompetitiv; nicht hierarchisch; fließende Grenzen und Mehrfachmitgliedschaft	Begrenzte Anzahl; Mitgliedschaftszwang; nicht kompetitiv; hierarchisch geordnet; funktional differenziert
Merkmale der Staat-Verbände-Beziehungen	keinerlei staatliche Begünstigung; keine staatliche Intervention in Verbändeangelegenheiten	staatliche Anerkennung; Repräsentationsmonopol im Austausch gegen die Kontrolle der verbandlichen Führungsauslese und Interessenkalkulation

Quelle: Schmitter 1974: 97.

Der freie Wettbewerb gesellschaftlicher Kräfte wird im Korporatismus durch die Strukturbedingung einer geringen Anzahl hierarchisch gegliederter Verbände eingeschränkt, zu denen ein Mitgliedschaftszwang besteht (wie etwa für die Kammern) und deren Zuständigkeitsbereiche streng voneinander abgegrenzt sind bzw. die in einem Spitzenverband koordiniert werden. Im Pluralismus herrscht hingegen die Freiheit jederzeit neue – auch um die Vertretung gleicher Interessen konkurrierende – Verbände zu gründen, deren Mitgliedschaft völlig freiwillig ist und deren innere Organisation sich nicht unbedingt hierarchisch gliedert. Im Gegenzug für den eingeschränkten Verbandswettbewerb, erfahren die Verbände im Korporatismus eine Anerkennung durch den Staat, die in der formalisierten Beteiligung an der politischen Willensbildung sowie der Übertragung exekutiver Aufgaben zum Ausdruck kommt.

Jedoch wurde diese Mitwirkung der Interessenverbände an der politischen Willensbildung und dem Entscheidungsvollzug nicht nur positiv gesehen. Staatsrechtler wie Forsthoff (1971) sehen den Staat geradezu in Gefahr gebracht und der Politikwissenschaftler Eschenburg (1955) warnte vor einer »Herrschaft der Verbände«, die »die Funktionsweise der parlamentarischen Demokratie untergaben und die innere Souveränität des Staates bedrohen würden« (ebd.: 14).

Die Souveränität des Staates sehen diese Theoretiker dadurch in Gefahr gebracht, dass Expertenwissen innerhalb einer durch Modernisierung immer vernetzter und komplexer werdenden Welt immer wichtiger wird und der Staat mangels dieses Wissens seinen Kontroll-, Regelungs- und Steuerungsfunktionen nicht mehr gerecht werden könne. In den Worten Ernst Forsthoffs:

»In dem Maße, in dem die expandierende und damit immer komplizierter werdende Wirtschaft in den Mittelpunkt der Politik rückte, mußte die Politik notwendig zur Sache des Fachwissens werden. Dieses Fachwissen versammelte sich in der Ministerialbürokratie und in höherem Maße bei den Verbänden (wenn auch als interessengebundenes Fachwissen) als bei den Parteien« (Forsthoff 1971: 19).

Wenn die Parlamentsabgeordneten der repräsentativen Demokratie angesichts der zunehmenden Komplexität der behandelten Themen nicht mehr selbst, aus ihren Parteien oder durch externe Politikberatung die notwendige Sachkenntnis aufbringen, werden sie abhängig von Informationen aus der Ministerialbürokratie und damit der Regierung und können somit ihre Kontrollfunktion gegenüber der Exekutive nicht mehr erfüllen. Noch schlimmer ist der Fall, in dem auch die Ministerialverwaltung oder die Parteien nicht mehr über ausreichendes Wissen zur Lösung der anstehenden gesellschaftlichen Probleme verfügen und auf Hilfe außerhalb der politischen Institutionen, eben durch Verbandsvertreter und Lobbyisten angewiesen sind. Dann verliert der Staat seine Steuerungsfähigkeit und Souveränität gegenüber diesen Gesellschaftsbereichen. Und in der Tat gab es in der Bundesrepublik bereits zahlreiche Fälle, in denen Referentenentwürfe für Gesetze von spezialisierten Anwaltskanzleien erstellt wurden oder Verbandsvertreter zeitlich befristet zur Mitarbeit in Ministerien eingeladen wurden.[3]

Die polit-ökonomische Analyse steuert zur Verbändeforschung fundamentale Einsichten in die Staat-Verbände-Beziehungen bei. Darunter sind nicht nur Erklärungen für den oben beschriebenen Fall, dass Verbände den gesamten Staat zu ihrer Beute machen oder ganze Ministerien unter ihren Einfluss bringen – was der Begriff des »capture« (Stigler 1971) prägnant zum Ausdruck bringt. So galt z.B. das Landwirtschaftsministerium des Bundes lange als »Erbhof« des Deutschen Bauernverbandes (Schmidt 2011: 122), obwohl es wie jedes Ministerium eigentlich aus einer gemeinwohlorientierten Perspektive handeln sollte. Die polit-ökonomische Perspektive erklärt daneben auch, warum selbst im kleineren Rahmen Partikularinteressen im Staat lediglich ein Werkzeug sind, mit dessen Hilfe sich materielle Vorteile schaffen lassen. Zentral ist dabei der Begriff des **Rent Seeking**. Eine solche ökonomische Rente ist »defined as a return in excess of the resource owner's opportunity cost« (Tollison 1982: 575) und somit ein Einkommen, das das am Markt erzielbare Einkommen in Höhe der Opportunitätskosten übersteigt. Staatliche Subventionen stellen zum Beispiel direkte ökonomische Renten dar, während aus Zöllen oder Einfuhrbeschränkungen indirekt Renten für in-

---

3 Das Bundesministerium des Innern erstellt regelmäßig Berichte über den Einsatz externer Personen in der Bundesverwaltung. Einer dieser internen Berichte wurde von Spiegel-Online veröffentlicht: http://www.spiegel.de/media/0,4906,19010,00.pdf (zuletzt abgerufen am 4. August 2014). Detaillierte Information sammeln auch NGOs wie LobbyControl oder auf europäischer Ebene Alter EU.

ländische Produzenten durch staatliche Regulierung geschaffen werden und von den Konsumenten getragen werden müssen. Interessenvertreter und Lobbyisten aus dem Bereich der Wirtschaft haben einen Anreiz, sich für politisch gewährte Ausnahmen vom harten ökonomischen Wettbewerb durch rechtliche Sonderregelungen für ihre Branche einzusetzen. Neben all den guten Argumenten, die sich vielleicht finden lassen, können sie dabei auch finanzielle Ressourcen wie Lobbyarbeit durch *Public-Affairs*-Agenturen, Einladungen von Entscheidungsträgern und Partei- oder Wahlkampfspenden einsetzen, weil sich diese Investitionen im Falle einer Förderung mit den dann eingenommenen Renten amortisieren würden. Diese Kosten gehen selbstverständlich zu Lasten Dritter, in der Regel sind dies die Verbraucher, die im Falle staatlich erzeugter Renten Güter und Dienstleistungen teurer bezahlen oder für die gewährten Subventionen mit Steuergeldern aufkommen müssen. Jedoch profitiert häufig auch der Staat, da er teilweise versucht, Renten durch Lizenzgebühren (z. B. die Versteigerung der UMTS-Lizenzen) abzuschöpfen und über die öffentlichen Haushalte dem Allgemeinwohl wieder zuzuführen.

Mit seiner Analyse der **Logik kollektiven Handelns** fördert der Ökonom Mancur Olson (1968) die Bedingungen zu Tage, die verhindern, dass ein freies Spiel gesellschaftlicher Kräfte, wie es der Pluralismus fordert, per se zu einem sozial optimalen Ergebnis führt. Seine Theorie lässt sich in der Folge als eine pluralismuskritische Variante der Machtressourcentheorie bezeichnen (▶ Kap. 15: Staatstätigkeit). Seine Analyse rückt die Bedingungen der Binnenorganisation von Interessengruppen in den Mittelpunkt und erklärt darüber, warum nicht alle Interessen das gleiche Potential besitzen, um sich effektiv nach außen vertreten zu lassen. Somit ist eine faire Chancengleichheit im freien Meinungsstreit nicht gewährleistet und manche Interessen haben kaum Aussichten sich gesellschaftlich durchzusetzen.

Zwei Faktoren sind hierfür ausschlaggebend: Die **Organisierbarkeit** und die **Konfliktfähigkeit** nach denen sich Interessengruppen unterscheiden (vgl. Infobox). Gut organisierbar sind Interessengruppen, die aus relativ wenigen Mitgliedern bestehen, da hier jedes Mitglied einen substantiellen Anteil an einer erzielten Rente erwarten kann. Dies stärkt die Einsatzbereitschaft der Gruppenangehörigen ebenso wie den Effekt, dass unter den relativ wenigen Mitgliedern Trittbrettfahrerverhalten leichter offenkundig wird und so durch sozialen Druck verhindert werden kann. Die Konfliktfähigkeit hängt davon ab, ob eine Interessengruppe über eine wichtige, d. h. gesellschaftlich funktionsnotwendige Ressource verfügt, mit deren Entzug sie glaubwürdig drohen und die Gesellschaft zur Erfüllung ihrer Forderungen bewegen kann.

Infobox: *Organisations- und Konfliktfähigkeit (Olson 1968)*

Die Durchsetzungsfähigkeit eines Verbandes hängt von seiner Organisationsfähigkeit und seiner Konfliktfähigkeit ab. Die Organisationsfähigkeit bezeichnet hierbei das Ausmaß, in dem sich potentielle Mitglieder auch tatsächlich der Verbandsorganisation anschließen und dieser nicht etwa fernbleiben oder sich anderweitig organisieren. Je mehr potentielle Mitglieder sich einem Verband anschließen, desto stärker kann der Verband als Repräsentant der involvierten Interessen auftreten. Im Idealfall würde es ein sehr hoher Organisationsgrad erlauben, dass der Verband als »die Stimme« der betreffenden Interessengruppe wahrgenommen wird. Ist der Organisationsgrad hingegen niedrig, so kann der Verband umso weniger für sich in Anspruch nehmen als Repräsentant und Verhandlungspartner für die betroffene Gruppe zu gelten. Verbände versuchen daher mithilfe selektiver Anreize, d. h. besonderer Angebote und Vorteile die nur ihren Mitgliedern zu Gute kommen einen möglichst großen Anteil der potentiellen Mitglieder an sich zu binden (so sind evtl. viele Autofahrer wegen der angebotenen Pannen- und Unfallhilfe Mitglied beim ADAC, aber machen ihn dadurch zu einem starken verkehrspolitischen Verband [zumindest bis zu den jüngsten Affären um gefälschte Abstimmungsergebnisse]). Arbeitgeber- und Unternehmensverbände haben besonders dagegen zu kämpfen, dass ihre mit Ressourcen gut ausgestatteten Mitgliedsunternehmen außerhalb ihres Verbandes eigenständige Interessenvertretung betreiben und versuchen deshalb ihre Mitglieder durch umfangreiche Zusatzangebote (z. B. Rechtsberatung etc.) stärker an sich zu binden (Traxler 2010). Positiv auf die Organisationsfähigkeit wirkt es sich aus, wenn die Anzahl der Träger eines bestimmten Interesses relativ gering ist: Denn dann lohnt sich der Einsatz für die Erzielung von Renten für den Einzelnen umso mehr; zudem verhindern gleichzeitig soziale Kontrollmechanismen mögliches Trittbrettfahrerverhalten. So gibt es gemessen an der Gesamtbevölkerung nur relativ wenige Landwirte und die erkämpften Agrarsubventionen können dann für den einzelnen Betrieb von sehr hoher Bedeutung sein. Die Verbraucherinteressen, die dem entgegenstehenden, sind ungleich schwerer zu organisieren, weil die große Zahl Trittbrettfahrerverhalten begünstigt und die Ausgaben für Agrarprodukte es Vielen nicht lohnend erscheinen lässt, dafür z. B. zu demonstrieren.

Die Konfliktfähigkeit ist dort besonders groß, wo eine Interessengruppe glaubhaft mit dem Entzug gesellschaftlich systemrelevanter Leistungen drohen kann. Es braucht hierzu keiner weiteren Erläuterung, wenn man sich nur zum Vergleich die Streik- und Konfliktpotentiale von Piloten oder Fluglotsen gegenüber Studierenden vor Augen führt.

Die Staat-Verbände-Beziehungen kann man schließlich noch unter dem Blickwinkel unterschiedlicher Macht bzw. Machtfülle betrachten. So können Verbände unterschiedliche Markt-, Staats- und Verbandsmacht besitzen.

- Marktmacht bedeutet dabei die Verweigerung marktfähiger Güter (z. B. die Leistungserbringung von Lokführern oder ein Streik von Ärzten). Kleine Verbände mit einem hohem Organisationsgrad auf besonders relevanten Märkten (z. B. mit hohen Folgekosten bei Leistungsverweigerung für die Allgemeinheit) sind dabei besonders effektiv in der Durchsetzung ihrer Interessen.
- Staatsmacht bedeutet dabei der Grad der Möglichkeit der Beeinflussung staatlicher Handlungen durch den Verband, etwa durch bevorzugte Zugänge zur Politik oder durch zahlreiche Mitglieder in Entscheidungsorganen.

- Verbandsmacht spiegelt die Stärke des einzelnen Verbandes wider. Diese kann durch die Zahl der Mitglieder und der finanziellen Ressourcen gemessen werden. Produzenteninteressen (z. B. die Arbeitgeberverbände) oder Gewerkschaften sind dabei besonders »verbandsmächtig«. Ideelle Verbände sowie kleine Verbände können kaum eine glaubhafte Verbandsmacht in die politische Waagschale werfen.

Im Hinblick auf die Möglichkeiten der Beeinflussung kann man interne und externe Beeinflussungsmöglichkeiten unterscheiden. Interne Mittel sind dabei: Das Ausnützen personeller Verflechtungen, die Beeinflussung durch Informationen, die Überzeugung der Abgeordneten (aber auch der Verwaltung), finanzielle Zuwendungen (oder Möglichkeiten von Anschlussbeschäftigungen), Korruption bis hin zu nicht legalen Formen der Bedrohung und Nötigung. In der 18. Legislaturperiode des Bundestages (seit 2013) wird aufgrund gehäufter Wechsel von Politikern zu Unternehmen und Verbänden überlegt, eine Karenzzeit für solche Wechsel bzw. Anschlussbeschäftigungen einzuführen. Die Möglichkeiten der externen Beeinflussung der Politik durch einen Verband sind ebenfalls vielfältig: Die einfachste Form ist Mitarbeit in der Verwaltung und der Politik. Daneben kann eine positive oder negative Mobilisierung der öffentlichen Meinung über die Medien erfolgen. Ferner kann der Entzugs von Loyalität (z. B. von »Wählerstimmen« der eigenen Mitglieder) angedroht werden. Daneben können Kundgebungen, Demonstrationen, politische Streiks und Boykottmaßnahmen initiiert werden. Und schließlich kann finanzielle Unterstützung gewährt oder verweigert werden.

Insbesondere sehr allgemeine und weitverbreitete Interessen (z. B. Verbraucher) sind demzufolge schwer organisierbar und dem entgegenstehenden Interesse (z. B. Produzenten) systematisch unterlegen, da sich für die relativ geringe Anzahl der Produzenten Aufwand und Engagement für ihre Belange schnell bezahlt macht, während sich unter der Vielzahl von Verbrauchern der Einzelne kaum engagiert, sondern sich lieber als Trittbrettfahrer auf den Einsatzwillen anderer verlässt. Soziale Randgruppen, die nicht über gesellschaftlich relevante Ressourcen verfügen (z. B. Arbeitslose) haben sehr schlechte Aussichten ihre Bedürfnisse geltend zu machen. Partikularinteressen in kleinen heterogenen Gruppen mit glaubwürdigem Drohpotential (z. B. Piloten oder Landwirte) haben bessere Chancen ihre Forderungen gesamtgesellschaftlich durchzusetzen.

Um die negativen Konsequenzen dieses kollektiven Handlungsproblems abzumildern wird der Staat tätig und unterstützt schwächere Interessen (z. B. durch die Finanzierung von Verbraucherschutz-, Sozial- und Behindertenverbänden). Jedoch entstehen auch aus binnenorganisatorischen Strukturen Probleme, die sich nur schwer regulativ beeinflussen lassen: Wie deutlich wurde, sind kleine homogene Interessengruppen durchsetzungsfähiger als größere und heterogenere. Daraus erwächst die Tendenz, zur Fragmentierung der Interessengruppen mit der Folge einer unübersichtlichen Vielzahl kleiner durchsetzungsstarker *Pressure Groups*, die die Gefahr bergen mit extremen Forderungen und häufigem Leistungsentzug (wie z. B. durch Streiks) das politische System permanent zu blockieren und zu destabilisieren (vgl. z. B. die Einzelgewerkschaften im Eisenbahnsektor). Große und einzelgruppenübergreifende Verbände (wie z. B. umfassende Gewerkschaftsorganisationen) verzichten demgegenüber eher auf Extremforderungen, weil diese ja auch gleichzeitig zumindest in Teilen von den eigenen Mitgliedern zu tragen wären. Durch den intern hergestellten Interessenausgleich tragen sie zum sozialen Ausgleich und politischer Stabilität bei und entlasten das politische System von schweren Konflikten.

Aus diesem Grund ist in der Verbändeforschung die Binnenorganisation von Verbänden ins Zentrum der Analysen gerückt. Es wird danach gefragt, wie sich Verbände die dauerhafte Loyalität ihrer Mitglieder sichern und trotzdem ihre Funktion der Interessenselektion und -aggregation erfüllen können. Nach Schmitter/Streeck (1999: 19) stehen Verbände vier interdependenten Herausforderungen gegenüber, die zwei Dimensionen betreffen: Erstens Mitglieder zu gewinnen und zu binden (*Logic of Membership*) und dabei – zweitens – gleichzeitig nach außen handlungsfähig zu bleiben (*Logic of Influence*). Beide Ziele sind gleichzeitig schwer zu verwirklichen: Die Durchsetzung der Mitgliederinteressen erfordert unter Umständen eine kompromissbereite Verhandlungsführung und mit der Ausweitung der Mitgliederzahl vergrößert sich zwangsläufig das Spektrum der zu vertretenden Meinungen. Orthogonal zu dieser Problemdimension verläuft ein Konflikt zwischen – drittens – der Fähigkeit zur Zieldefinition (*Logic of Goal Formation*) und viertens der Zielerreichung (*Logic of Goal Efficient Implementation*). Große Schwierigkeiten bei der Zieldefinition treten bei großen heterogenen Verbänden auf, die aus den vielfältigen und sich teilweise widersprechenden Mitgliederinteressen eine konsistente Verbandsposition erarbeiten müssen. Dies führt notwendigerweise zu Konflikten, wenn Mitgliederinteressen in der Verbandsposition nicht berücksichtigt werden und sich Mitglieder schlecht vertreten fühlen. Ebenso stellt sich – viertens – analog zur Oligarchisierung innerhalb von Parteien die Frage nach innerverbandlicher Demokratie, da die Verbandsführung gegenüber ihren Mitgliedern einen Informationsvorsprung besitzt und von individuellen Zielvorstellungen geleitet werden kann, die sich von den Interessen der Mitglieder unterscheiden.

Typologisierung und Policy-Wirkung von Interessengruppen

Interessengruppen lassen sich nach unterschiedlichen Kriterien typologisieren. Naheliegend ist, sie nach der Zielrichtung ihrer Interessen zu ordnen, denn Interessengruppen sind im Zuge der gesellschaftlichen Modernisierung und Industrialisierung entstanden und weisen deshalb häufig die gleichen Konfliktlinien als Wurzeln auf wie die Parteien, mit denen sie dauerhafte Koalitionen eingegangen sind (Lipset/Rokkan 1967). So identifiziert von Beyme (1980: 71) folgende fünf Kategorien von Interessengruppen:

- Wirtschaftsorganisationen der Investoren
- Gewerkschaften
- Berufs- und erwerbsständische Gruppen des Mittelstandes
- Ideelle Fördererverbände, Staatsbürgerverbände, Bürgerinitiativen
- Politische Verbände

Allerdings kann man einwenden, dass spezifische Interessengruppen wie etwa die Kirchen mit dieser Typologie nicht erfasst werden und gar als eigenständiger Typus der »religiösen Interessengruppen« noch ergänzt werden könnten.

Bei der enormen Vielfalt von mehr als 2000 Verbänden ist diese Typologisierung nach Zielen allerdings nicht differenziert genug. Bedeutsamer – da sie direkt mit der Leistungsfähigkeit (und Macht) eines Verbandes zusammenhängt – ist die Typologisierung anhand (dreier) organisatorischer Kriterien:

(1) Der Organisationsgrad (Ebbinghaus/Visser 2000). Dieser misst wie viele potentielle Mitglieder in einem Verband tatsächlich organisiert sind. Daraus lässt sich direkt der Vertretungsanspruch dieser Organisation gegenüber dem Staat oder anderen Verbänden begründen.[4] Selten erreicht ein Verband den Alleinvertretungsanspruch auf seinem Sektor, sondern konkurriert vielmehr mit anderen Verbänden auf diesem Gebiet. Um den Wettbewerb zwischen konkurrierenden Verbänden abzumildern und somit wieder mehr Durchsetzungskraft zu gewinnen werden sogenannte Dachverbände gebildet, deren Mitglieder nicht einzelne Individuen oder Unternehmen sind, sondern denen wiederum nur Verbände angehören (z. B. der Deutsche Gewerkschaftsbund (DGB) im Bereich der Gewerkschaften, der Zentrale Kreditausschuss (ZKA) im Bereich des Bankwesens oder der Zentralverband des deutschen Handwerks (ZDH) dem die Verbände der verschiedenen Gewerke angehören). Am höchsten sind die Organisationsgrade in Skandinavien und Österreich.

(2) Der Zentralisationsgrad (Cameron 1984, Schmitter 1981, Traxler et al. 2001). Mit seiner Hilfe lässt sich ermessen, welche Macht- und Steuerungskompetenz ein übergeordneter Verband gegenüber seinen Mitgliedern hat. Dieser Indikator, der auch als Verpflichtungsgrad bezeichnet werden kann, wird bei Kittel (2006) als die Kontrolle des Dachverbandes über Mitgliedsorganisationen gemessen und liegt für die Gewerkschaften in Österreich und in den skandinavischen Ländern am Höchsten.

(3) Der Konzentrationsgrad misst wie stark einzelne Verbände einen Dachverband dominieren (Cameron 1984, Schmitter 1981, Traxler et al. 2001).

Mit diesen drei Maßen, die insbesondere in der Erforschung der Arbeitsbeziehungen Anwendung finden, lassen sich auch generell die organisatorischen Merkmale eines Verbandes bzw. das Verhältnis zwischen Staat und Verbänden beschreiben. Allerdings sind die Staat-Verbände-Beziehungen noch vielschichtiger, sodass noch drei weitere Dimensionen miteinbezogen werden: Die Struktur der Lohnverhandlungen, die Art und Weise mit der Verbände in den politischen Willensbildungsprozess einbezogen werden und die Bedeutung des Klassenkonfliktes (Kenworthy 2003: 12). Kenworthy (2003) gibt einen guten Überblick über die verschiedenen Operationalisierungen, die zur Messung dieser Aspekte der Staat-Verbände-Beziehungen verwendet werden und stellt Daten für

---

4   Der Nettoorganisationsgrad (d.h. die Zahl aktiver Mitglieder minus Rentner plus Arbeitslose) der Gewerkschaften entwickelte sich in Deutschland rückläufig von 34,2% (1960), 33,6% (1980), 21,3% (2000) und lag 2010 bei 19% (Dribusch/Birke 2010: 2, Ebbinghaus 2003: 196).

insgesamt 42 dieser Indikatoren zur Verfügung.[5] Für die Art der Lohnverhandlungen etwa ist wichtig auf welcher Ebene die Löhne verhandelt werden: Für jedes einzelne Unternehmen, innerhalb einer Branche oder branchenübergreifend. Zur Messung des Verbandseinflusses auf den politischen Willensbildungsprozess wird ebenfalls auf den Einfluss der Gewerkschaften rekurriert: Schließlich stellen sie die relevantesten gesellschaftlichen Interessengruppen dar, die auf weit mehr Politikfelder Einfluss nehmen als nur die Lohnpolitik. Operationalisiert wird der Einfluss der Gewerkschaften häufig mit der Streikhäufigkeit (Lehmbruch 1984). Die Bedeutung des Klassenkonfliktes lässt sich an politischen Lösungsstrategien ablesen: Wie stark sind die Arbeitsbeziehungen rechtlich geregelt und somit dem freien Wettbewerb entzogen und inwieweit üben Gewerkschaften Lohnzurückhaltung im Austausch gegen anderweitige Kompensationsleistungen (Schmidt 1982: 240 ff.)?

Die Vielschichtigkeit der Staat-Verbände-Beziehungen und die hohe Anzahl vorgeschlagener Operationalisierungen belegt, wie schwierig diese Eigenschaft politischer Systeme zu fassen ist. Da also nicht eindeutig zu sehen ist, was die Staat-Verbände-Beziehungen im Kern ausmacht, besteht auch keine Klarheit darüber, wie sie einzuordnen sind und welche Folgen sie jeweils mit sich bringen.

Lijphart (1984, 1999) hat die Staat-Verbände-Beziehungen in seinem umfassend angelegten Vergleich politischer Systeme zunächst gar nicht berücksichtigt. In seinen Arbeiten ging er anfangs davon aus, dass Korporatismus integraler Bestandteil von Konsensdemokratien sei und sich deshalb nicht von ihm unterscheiden lasse (Lijphart/Crepaz 1991: 235). In seiner zweiten Studie bezieht er die Rolle von Interessenverbänden als eigenständigen Faktor mit ein und operationalisiert sie als *Corporatism* (Lijphart 1999: 171). Dabei erkennt er an, dass der Korporatismus-Begriff eine doppelte Bedeutung besitzt: Er kann sowohl eine bestimmte Strukturform organisatorischer Interessen bezeichnen als auch für eine besondere Form der Staat-Verbände-Beziehungen stehen, die zur besseren Unterscheidung auch *Concertation* genannt werden könnte (Schmitter 1982: 263 f.). Da diese beiden Aspekte jedoch aufeinander aufbauen, d.h. institutionalisierte Staat-Verbände-Strukturen wenige umfassende und stark zentralisierte Verbände vorrausetzen, unterscheidet er diese beiden Aspekte nicht weiter.

Korporatismus ist nach Lijphart (1999: 172) dann gegeben, wenn

1. eine geringe Zahl von Interessengruppen vorliegt, die jeweils viele Mitglieder haben;
2. sich die einzelnen Verbände zu landesweiten Spitzenverbänden zusammengeschlossen haben;
3. insbesondere die Chefs der Spitzenverbände von Gewerkschaften und Industrie regelmäßig untereinander und mit der Regierung zusammentreffen und
4. für alle drei Seiten verbindliche Abkommen erzielt werden können (Tripartismus).

---

5 Die Daten können abgerufen werden unter: http://www.u.arizona.edu/~lkenwor/ijs2003-data¬ set.xls (zuletzt abgerufen am 25. April 2014)

Zur Operationalisierung dieses Korporatismuskonzeptes verwendet Lijphart den kombinierten Korporatismus-Index von Siaroff (1999). Lijphart reagiert damit teilweise auf Kritik, die an einem früheren Messversuch geübt wurde (Lijphart/Crepaz 1991, Keman/Pennings 1995). Dabei versuchten Lijphart/Crepaz das vielschichtige Korporatismuskonzept dadurch zu messen, dass sie verschiedene Korporatismus-Indizes anderer Autoren zu einem Gesamtindex aggregierten, um das gesamte Expertenwissen der befragten Verbändeforscher in die Messung einfließen zu lassen. Keman/Pennings (1995) sehen hierbei jedoch die Validität der Messung stark beeinträchtigt, da hinter den verwendeten Messvorschlägen teils unterschiedliche Konzepte liegen, die Korrelationen zwischen den Werten teilweise schwach sind und einzelne Ausreißer das Gesamtergebnis stark beeinflussen. Keman/Pennings (1995: 273) empfehlen hingegen auf eine hohe Aggregation verschiedener Indizes zu verzichten und nur den einen Indikator zu verwenden, der theoretisch am Besten fundiert ist. Dies wird auch der Hauptschwierigkeit der Korporatismusforschung gerecht, die darin liegt, dass ein mehrdimensionales Konzept auf eine eindimensionale Skala reduziert wird (Kittel 2006: 102). Zudem liegen mehrfach qualitative Eigenschaften (wie Organisationsstrukturen) vor, die mit hohem Informationsverlust und unter impliziten Äquivalenzvermutungen quantitativ erfasst werden (vgl. Schmitter 1981, Reutter 2012: 32 f.).

Nachdem nun auf die Operationalisierung der Staat-Verbände-Beziehungen eingegangen wurde können im Folgenden die Effekte die sie hervorrufen erfasst und die Staat-Verbände-Beziehungen somit als unabhängige Variable genutzt werden. Entlang der oben dargestellten Theorien konkurrieren zwei Interpretationen der Tätigkeit von Interessenverbänden: Die Pluralismus-skeptische Sichtweise, dass spezifische Individualinteressen die Oberhand gewinnen und zu Lasten des Gemeinwohls ihren Eigennutz verfolgen könnten bzw. die Korporatismus-freundliche Haltung, dass erst über eine umfassende Einbindung und Kooperation aller gesellschaftlichen Interessen das Gemeinwohl umgesetzt werden kann.

Die nachfolgende Diskussion der Policy-Wirkung organisierter Interessen beginnt mit den generellen Erwartungen zu den Folgen der Verbands- und Lobbyingaktivitäten im Allgemeinen. Die anschließende detailliertere Betrachtung eines Politikfelds, erlaubt aus der Rolle der hier tätigen Verbände spezifischere und somit empirisch besser messbare Einflüsse abzuleiten. Hierfür eigenen sich insbesondere die Arbeitsbeziehungen, die über den Transmissionsriemen der Lohnaushandlungsmodelle empirisch erfassbare Wirkungsvorhersagen auf sozio-ökonomische Variablen ermöglichen. Abgeschlossen wird die Wirkungsanalyse mit einem Blick auf die Fallbeispiele makrokorporatistischer Konzertierung, bei der die beiden wichtigsten gesellschaftlichen Interessengruppen Gewerkschaften und Arbeitgeberverbände vom Staat in sogenannte »neue soziale Pakte« eingebunden werden. Hierbei kann in qualitativen Fallstudien konkret untersucht werden, wie tripartistische Kooperationsformen helfen den sozialen Frieden auch unter den Herausforderungen sozialer Krisenbedingungen zu bewahren.

Die zunehmende Unregierbarkeit parlamentarischer Demokratien und die daraus folgende Verletzung des Gemeinwohls ist eine der fundamentalen Aussagen der Pluralismus-kritischen Verbändeforschung. Die Steuerungsfähigkeit des Staates wird demnach in modernen Gesellschaften dadurch eingeschränkt, dass die zu regelnden

Sachfragen immer komplexer werden und Politik eine »Sache des Fachwissens« wird (Forsthoff 1971: 19). Verbandsvertreter besitzen hierin gegenüber den parlamentarischen oder parteipolitischen Eliten einen zunehmenden Wissensvorsprung und stärkeren Interessensgruppen gelingt es damit, eine Vormachtstellung gegenüber anderen Gruppen und dem repräsentativen Staatsapparat zu gewinnen. In der Folge findet vermehrtes *Rent Seeking* statt und bleibt gemeinwohlorientierte Politik auf der Strecke. Allerdings ist die Hypothese des zunehmenden und dominierenden Verbandseinflusses auf die repräsentativ-demokratischen Entscheidungsprozesse nur schwer messbar, da solches Lobbying meist intransparent abläuft und so als latente Variable nur über Indikatoren erfasst werden kann. Mancur Olsen (1982) schlägt als einfachen Indikator die Zeitdauer der Tätigkeit von Interessengruppen in pluralistischen Demokratien vor und unterstellt dabei, dass über lange Zeit hinweg stabile Demokratien es den Verbänden immer erlauben, sich zu arrangieren und Verteilungskoalitionen zu bilden oder es spezifischen Sonderinteressen ermöglicht wird, sich starke Privilegien zu sichern und diese andererseits unablässig derartiges Rent Seeking betreiben. Innovationen und wachstumsfördernde Dynamiken werden aufgrund der damit einhergehenden neuen und ungelösten Verteilungsfragen misstrauisch betrachtet und stattdessen bestehende (Um-)Verteilungsarrangements von den organisierten Interessen beibehalten. Langfristig wird somit das Wirtschaftswachstum eines Landes geschwächt. Weede (1986) und Mueller/Murrell (1986) bestätigen die von Olsen festgestellten negativen Effekte dauerhaft und stabil fortbestehender Demokratien auf das Wirtschaftswachstum. Wagschal (1996: 116) schlägt vor, die Wirkung von Verteilungskoalitionen nicht allein an der Bestehensdauer stabiler Demokratien zu messen sondern sie über den gewerkschaftlichen Organisationsgrad und die Streiktätigkeit zu operationalisieren und weist damit nach, dass sich die Intensität von Verteilungskonflikten signifikant auf die Höhe der Staatsverschuldung niederschlägt (Wagschal 1996: 236).

Ein wichtiger Strang der empirischen Verbändeforschung richtet sein Augenmerk auf die Tarifpolitik als dem zentralen gesellschaftlichen Regelungsbereich und analysiert die Effekte verschiedener Lohnaushandlungssysteme. Diesen werden Effekte auf wichtige sozio-ökonomische Faktoren wie Arbeitslosigkeit, Einkommensverteilung/Lohnquote und Inflation in einem Land zugeschrieben. Somit bieten sich direkt messbare Beziehungen zwischen Organisationsstruktur, strategischer Handlungswahl und ökonomischen Variablen.

Am meisten Beachtung findet das Wechselverhältnis zwischen den Arbeitsbeziehungen und der Inflation, da dem Tarifsystem eine zentrale Bedeutung bei der Verhinderung von Lohn-Preis-Spiralen zukommt.

Generell wird übergreifenden Gewerkschaften mit einem hohen Organisationsgrad eine positive Wirkung auf die politische Stabilität und die Inflationsrate attestiert: Im Vergleich zu stark fragmentierten Einzelgewerkschaften verhindern übergreifend organisierte Gewerkschaften exzessive Lohnforderungen. Aus den oben genannten Gründen haben umfassende Verbände einen stärkeren Anreiz gesamtgesellschaftliche Ziele in ihr Kalkül und ihre Handlungen aufzunehmen als Vertreter individueller Interessen. Aus der Organisationsform folgt somit die präferierte Handlungsstrategie. Die maßvollen Lohnforderungen, die in Ländern mit übergreifenden Verbänden oder koordinierten Tarifverhandlungssystemen vorzufinden sind, ermöglichen auch eine vergleichsweise niedrigere Inflation. Die Inflationsbekämpfung ist dadurch nicht mehr allein Aufgabe einer mehr oder weniger expansiv agierende Regierung oder einer unabhängigen Zentralbank, sondern wird auch durch die staatlicherseits nur schwer zu beeinflussende Organisationsstruktur der Gewerkschaften und vom Ausmaß der Zentralisierung und Koordinierung der Lohnaushandlungssysteme mitbestimmt (Crouch 1985). Wie Hall/Taylor (1996) zeigen, müssen sich die institutionellen Gegebenheiten gegenseitig ergänzen, da die institutionelle Unabhängigkeit einer Zentralbank nicht an sich zu niedriger Inflation führt, sondern dieser Effekt umso stärker ist, je mehr er mit einem koordinierten Lohnaushandlungssystem einhergeht. Nur dann, wenn Lohnaushandlungssysteme stark koordiniert sind, nehmen die Vertragsparteien gesamtgesellschaftliche Erfordernisse in ihr Kalkül auf und lassen sich von der Ankündigung der Zentralbank inflationsdämpfende Maßnahmen zu ergreifen auch in ihren Abschlüssen beeinflussen. Nach Hall und Taylor führt die Inflationsbekämpfung einer unabhängigen Zentralbank unter den Bedingungen unkoordinierter Lohnaushandlungssysteme zu höherer Arbeitslosigkeit.

Zuletzt soll noch auf die Konzertierung der wichtigsten gesellschaftlichen Gruppen mit dem repräsentativ-demokratischen politischen System eingegangen werden: Ein großer Teil der Korporatismus-Literatur befasst sich mit dieser Interaktion, da ihr eine besonders große Rolle bei der Gewährleistung des sozialen Friedens zugesprochen wird. Insbesondere in Krisenzeiten, wenn der soziale Friede gefährdet ist, sollen tripartistische Arrangements zwischen Staat, Gewerkschaften und Arbeitgebern dazu führen, dass alle »an einem Strang ziehen« und gemeinwohlorientiertes Verhalten über die spezifischen Einzelinteressen stellen. Nach Scharpf (1987) soll auf diesem Wege ein Interaktionsproblem gelöst werden, indem alle drei Beteiligten gleichzeitig zu einer koordinierten Strategiewahl bewegt werden, um nationale Wettbewerbsfähigkeit zu gewinnen: Dafür müssen die Gewerkschaften auf höhere Lohnforderungen verzichten und damit ihr Umverteilungsziel einer höheren Lohnquote zurücknehmen also tarifpolitische Zurückhaltung üben, damit höheres Wirtschaftswachstum erreicht werden kann. Unternehmen müssen die mit dieser Lohnzurückhaltung gewonnenen Handlungsspielräume zur Stärkung der Wettbewerbsfähigkeit nutzen und in den Ausbau der Beschäftigung investieren anstatt sie als höhere Gewinne zu entnehmen. Und die Regierung sollte schließlich ihrerseits die daraus zu erwartenden Inflationsvorteile für weitere (fiskalpolitische) Beschäftigungsmaßnahmen nutzen. Insbesondere durch das Zeitinkonsistenzproblem wird dieses Entscheidungsproblem ohne externe Koordination nicht zu lösen sein. Aus diesem Grund versucht der Staat mithilfe einer konzertierten Aktionen eine vertrauensvolle Zusammenarbeit zwischen diesen drei Akteuren herzustellen, und sie auf diese Weise zu einer am Gemeinwohl orientierten Strategiewahl zu bewegen.

Diese Forschungsrichtung weist eine große Nähe zur Parteiendifferenzforschung auf, da insbesondere zwei Konstellationen ermittelt wurden, die eine besonders vielversprechende Wachstumsstrategie ermöglichen: Nämlich wenn starke Gewerkschaften den Aussagen linker Regierungen vertrauen, dass diese arbeitnehmerfreundliche Politik betreiben, und daher ihrerseits auf zu expansive Lohnforderungen verzichten.

Oder wenn schwache Gewerkschaften konservativen Regierungen gegenüberstehen (Lange/Garret 1985).

Zuletzt zeigten auch die Diskussionen um »Neue Soziale Pakte« (Fraune 2011), dass einer starken direkten Beteiligung wichtiger gesellschaftlicher Gruppen insbesondere in Krisenbewältigungsstrategien und Reformprozessen eine wichtige Rolle zukommt. Das sogenannte »Polder-Modell« der Niederlande bezeichnet den wirtschaftlichen Aufschwung des Landes nachdem im Jahr 1985 vor dem Hintergrund einer lange andauernden Rezession die Regierung Gewerkschaft und Arbeitgeber zwang, Lohnzurückhaltung zu üben und im Gegenzug neue Arbeitsplätze zu schaffen (Visser/Hemerijck 1998). Dieses erfolgreiche Modell gab als Musterfall Anlass für Forderung nach ähnlichen Arrangements in anderen Ländern.

Auch das deutsche »Bündnis für Arbeit«[6] (1998–2002) war ein Beispiel für einen solchen *Social Pact* zwischen Staat und Tarifparteien (Heinze 2003). Eingesetzt mit dem Ziel Arbeitslosigkeit zu reduzieren, Arbeitsplätze zu schaffen und die Wettbewerbsfähigkeit des Standortes Deutschland zu stärken, stellte das Bündnis für Arbeit den Versuch dar, anstellen von hierarchischer oder marktlicher Koordination mit Konsens und Netzwerken effiziente Handlungskoordinierung zu betreiben. Wie die »Konzertierte Aktion« im Jahr 1967 so war auch das »Bündnis für Arbeit« und die Vielzahl andere Beiräte und Expertenkommissionen (Hartz-Kommission, Rürup-Kommission) Gegenstand vielfältiger Kritik. Derartige Gremien mangele es an demokratischer Legitimation, sie zementierten bestehende Machtstrukturen, weil sie einzelnen Interessengruppen einen privilegierten Zugang in die Politikformulierung der Wirtschafts- und Sozialpolitik geben und belegten die Steuerungsunfähigkeit des Staates (Lehmbruch 1984: 63).

Insgesamt wird die Wirkung eines korporatistischen Verbändewesens anhand der Paradebeispiele Österreich und Schweden in makroökonomischer Hinsicht als sehr positiv bewertet: Es garantiere niedrige Arbeitslosigkeit, niedrige Inflation und hohes Wirtschaftswachstum (Lijphart 1999: 173). Doch haben Ausmaß und Bedeutung der korporatistischen Arrangements auch in diesen Ländern abgenommen und stehen generell durch die Entgrenzung der Märkte unter Druck, wie auch das Scheitern des »Bündnis für Arbeit« belegt (Korte/Fröhlich 2009).

---

6 Im »Bündnis für Arbeit, Ausbildung und Wettbewerbsfähigkeit« tagten 1998–2002 Repräsentanten des Bundesverbandes der Deutschen Industrie, der Bundesvereinigung der Deutschen Arbeitgeberverbände, des Zentralverbands des Deutschen Handwerks, der Deutsche Industrie- und Handelskammertages, des Deutschen Gewerkschaftsbundes, der IG Metall, von Verdi und der IG Bergbau, Chemie und Energie unter Vorsitz des Bundeskanzleramtes und der jeweils zuständigen Bundesministerien (vgl. Heinze 2003: 143). Erklärte Ziele des Bündnisses waren der Abbau der Arbeitslosigkeit, die Senkung der Lohnkosten und die Erhöhung der Wettbewerbsfähigkeit Deutschlands. Dafür wurde ein breitgefächertes Themenspektrum behandelt, das von Arbeitsmarkt-, Steuer-, Ausbildungs-, über Rentenpolitik bis hin zu Fragen der Betriebsverfassung reichte, um eine möglichst konsistente und weitreichende Reformpolitik betreiben zu können.

Fazit

Im Zuge der sich ändernden Rahmenbegingen stehen auch die Staat-Verbände-Beziehungen vor einem deutlichen Wandel. Erste Anzeichen werden dadurch sichtbar, dass sich ein neuer Schwerpunkt der Interessenvertreter bei den Institutionen der Europäischen Union bildet und Brüssel zur »Champions League der Lobbyisten« wird (van Schendelen 2006: 132). Generell können Verbände unterschiedlich stark sein und Macht ausüben. Diese Macht kann mitunter auch zu demokratieschädlichen Nebenwirkungen führen, selbst wenn kein »Verbändestaat« vorliegt. Insgesamt zeigt die Existenz tripartistischer Kooperationsarrangements oder vielmehr noch deren eventuelle vorhandene Effektivität, dass der Staat alleine nicht im ausreichenden Maße handlungsfähig ist und ihm Steuerungshindernisse entgegenstehen, die nur über die Beteiligung mächtiger gesellschaftlicher Gruppen ausgeräumt werden können und belegt so die These von der Versäulung der Gesellschaft.

Kommentierte Literaturempfehlungen

Fraenkel, Ernst (1991): Deutschland und die westlichen Demokratien. Frankfurt a. M.
  Fraenkel ist der geistige Vater des bundesdeutschen Neo-Korporatismus und somit ein Klassiker der Verbändeforschung, der auch heute noch bedenkenswerte Begründungen für dieses System liefert.
Leif, Thomas/Speth, Rudolf (Hrsg.) (2006): Die fünfte Gewalt. Lobbyismus in Deutschland. Bonn.
  Der Band lässt Kritiker ebenso wie Praktiker und Betroffene des Lobbyings zu Wort kommen und gibt damit sehr konkrete Einblicke in die Welt der politischen Einflussnahme.
Olson, Mancur (1968): Die Logik des kollektiven Handelns – Kollektivgüter und die Theorie der Gruppen. Tübingen.
  Hierbei handelt es sich um die wirkmächtigtse Kritik eines unumschränkten Pluralismus.
Reutter, Werner (Hrsg.) (2012): Verbände und Interessengruppen in den Ländern der Europäischen Union. Wiesbaden.
  Das umfangreiche Kompendium liefert detaillierte Daten über die Interessenvermittlungssysteme in den europäischen Staaten und in der informativen Einleitung einen Überblick über aktuelle Entwicklungen der Vergleichenden Verbändeforschung. Damit bietet es eine sehr gute Grundlage für vergleichende Analysen.
Schmid, Josef (1998): Verbände, Interessenvermittlung und Interessenorganisation. München/Wien.
  Ein nach wie vor lesenswertes umfassendes Lehrbuch zu allen Bereichen der Verbändeforschung, das zur Vertiefung des Themas unverzichtbar ist.

13 Medien: Bedeutung – Mediensysteme – politische Kommunikation

Markus B. Siewert, Georg Wenzelburger

Einleitung

> *»Since the beginning of 2011, social protests in the Arab world have cascaded from country to country, largely because digital media have allowed communities to unite around shared grievances and nurture transportable strategies for mobilizing against dictators. [...] Social media have become the scaffolding upon which civil society can build, and new information technologies give activists things that they did not have before: information networks not easily controlled by the state and coordination tools that are already embedded in trusted networks of family and friends.«* (Howard/ Hussain 2011: 48).

Nicht erst seit der Debatte um die Rolle der elektronischen Medien in den Demokratisierungsprozessen des »Arabischen Frühlings« steht das Verhältnis von Politik und Medien im Zentrum politikwissenschaftlicher Analysen. Dabei stellt sich nicht nur die aktuell höchst relevante Frage, ob das Internet ein neues Zeitalter der politischen Kommunikation einläutet, in dem Twitter, Youtube und Facebook neue Regeln der Interaktion schaffen (mehr dazu am Ende dieses Kapitels). Vielmehr ist in der modernen Demokratie der politische Prozess ohne Massenmedien schlicht nicht mehr denkbar. Wurden im antiken Athen politische Entscheidungen noch durch interpersonale Kommunikation aller Mitglieder des *Demos* in der *Agora* entschieden, so wird Politik heutzutage von demokratisch legitimierten Repräsentanten betrieben, die mit den Bürgern nur selten direkt, meist aber über die Massenmedien in Kontakt treten.[1] Diese »zweite demokratische Transformation« (Dahl 1989) zur Massendemokratie brachte den Medien eine zentrale Stellung in politischen Systemen ein. Auf diese Weise konstituiert sich der öffentliche Raum als ein Handlungssystem unterschiedlicher Strukturen und Akteure, ihrer Prozesse und Interaktionen, in dem die »[p]olitische Kommunikation [...] der zentrale Mechanismus bei der Formulierung und Artikulation politischer Interessen, ihrer Aggregation zu entscheidbaren Programmen sowie der Durchsetzung und Legitimierung politischer Entscheidungen« ist (Jarren/Donges 2011: 21–28). Massenmedien fungieren demnach als Vermittler zwischen *Demos* und politischen Akteuren, was sich in ihrer Primärfunktion ausdrückt: der Herstellung von Öffentlichkeit. Dieser liegen ihrerseits eine Reihe weiterer sekundärer und tertiärer Funktionen zugrunde, die Medien in politischen Systemen zukommen. Dazu gehören insbesondere

---

1 Eine andere Möglichkeit politischer Entscheidungsfindung besteht in direktdemokratischen Verfahren, in denen mediale Vermittlung jedoch eine ähnlich wichtige Rolle spielt.

Information und Kontrolle (Sekundärfunktionen) sowie politische Sozialisation und Integration, politische Bildung und Erziehung sowie politische Meinungs- und Willensbildung (Tertiärfunktionen) (Strohmeier 2004: 72–74, leicht abweichend: Pürer/Raabe 1996: 308–309).

Infobox: *Medien*

Als begriffliche Grundlage für die Forschungen zu (Massen-)Medien eignet sich die Definition von **Massenkommunikation** und **Medien** nach Maletzke (1963: 22). Demnach meint Massenkommunikation »jene Form von Kommunikation, bei der Aussagen öffentlich (also ohne begrenzte und personell definierte Empfängerschaft) durch technische Verbreitungsmittel (Medien) indirekt (also bei räumlicher oder zeitlicher oder raumzeitlicher Distanz zwischen den Kommunikationspartnern) und einseitig (also ohne Rollenwechsel zwischen Aussagendem und Aufnehmendem) an ein disperses Publikum vermittelt werden«. Diese Definition von Massenkommunikation und Medien trifft die Rolle der »traditionellen« Massenmedien wie Hörfunk, Fernsehen und Presse, muss jedoch für das Internetzeitalter adaptiert werden, da hier insbesondere ein Rollenwechsel zwischen Empfänger und Sender möglich ist (Interaktivität).

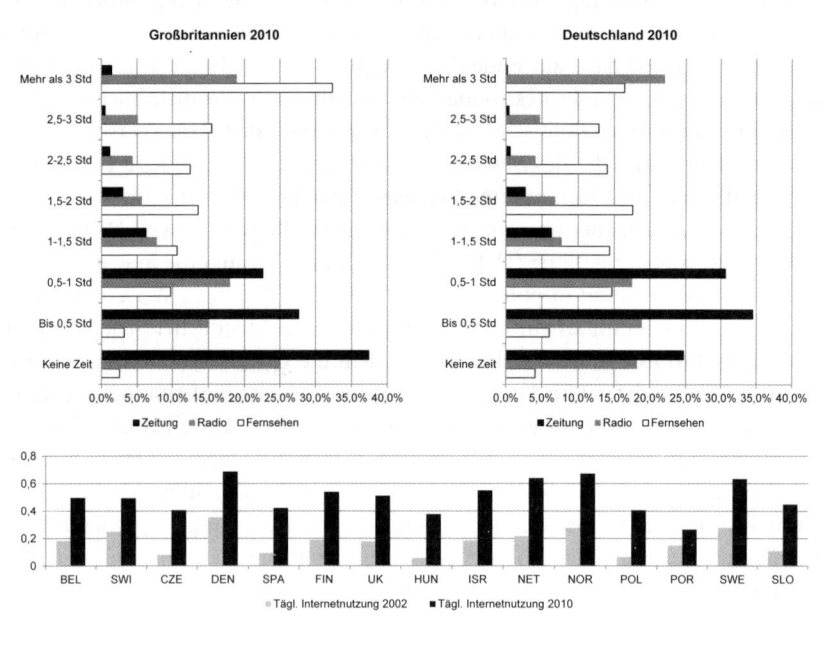

Abb.: Tägliche Mediennutzung im Vergleich
Quelle: European Social Survey 2002 und 2010

In der **Mediennutzung** zeigt sich im Bereich der traditionellen Massenmedien, dass insbesondere das Fernsehen das Nutzungsverhalten dominiert, während die Nutzungsdauer von Tageszeitung und Radio deutlich niedriger liegt (Abbildung oben). Daneben spielt das Internet im Nutzungsverhalten mittlerweile eine zentrale Rolle: In vielen Staaten nutzt nahezu die Hälfte der Bevölkerung das Internet täglich (Abbildung oben). Besonders wichtig ist das Internet in der Gruppe der 14- bis 29-Jährigen, in der es – zumindest in Deutschland – das Fernsehen in der Nutzungsdauer fast eingeholt hat: Im Jahr 2010 sahen die 14- bis 29-Jährigen im Schnitt fast genauso lang fern (151 Min./Tag, 2000: 180 Min.), wie sie das Internet nutzten (144 Min./Tag, 2000: 22 Min.). Im Vergleich dazu liegt die Presse im Jahr 2010 (Tageszeitung: 10 Min./Tag, 2000: 16 Min.; Zeitschriften: 4 Min./Tag, 2000: 6 Min.) abgeschlagen auf den hinteren Plätzen (van Eimeren/Ridder 2011: 9).

Medien im politischen Entscheidungsprozess

Einen geeigneten Ansatz zur komparativen Untersuchung der Stellung der Medien im politischen Entscheidungsprozess bietet das **Input-Output-Modell** von Easton (1965b) sowie von Almond und Powell (1966).[2] Es ermöglicht aus vergleichender Perspektive nach unterschiedlichen Politik- und Medienstrukturen sowie den darin ausgebildeten Akteurskonstellationen und Rollenverständnissen zu fragen (▶ Abb. 13.1). Zudem erlaubt es die Analyse der Wechselwirkungen von Politik und Medien auf Mikro-, Meso- und Makroebene.

Im politischen Prozess sind die Massenmedien neben Parteien, Verbänden und sozialen Bewegungen Teil des intermediären Systems der Interessenvermittlung. Hierbei fungieren sie einerseits als Kanäle des wechselseitigen Austausches von Bürgern und Politik. Die Vermittlung erfolgt sowohl nach oben, also von den Bürgern zur Politik, als auch nach unten, von den politischen Akteuren zu den Bürgern. So sind die politischen Akteure auf Medienberichterstattung angewiesen, um sich ein Bild von den Stimmungslagen innerhalb der Gesellschaft zu verschaffen sowie ihre Politiken darzustellen und zu legitimieren. Die Bevölkerung wiederum greift auf die Massenmedien zurück, um sich über Inhalte und Personal des politischen Prozesses zu informieren und hierüber Rückmeldung zu geben. Andererseits interagieren die Medien als eigenständige Akteure mit anderen politischen Akteuren des intermediären Systems und der Politikdurchsetzung (▶ Abb. 13.1): Sie spielen bei der Übersetzung von politischen Ansprüchen in Leistungen eine zentrale Rolle; sie haben in den Phasen der Interessenartikulation und -aggregation einen großen Anteil daran, die Interessen der Bürger in das

---

2 Ein alternatives Konzept, das intermediäre Systeme und ihre Einwirkung auf den politischen Prozess darstellt, hat Kriesi (2001, 2003) vorgelegt. Er unterscheidet die öffentliche Arena von der parlamentarischen sowie der administrativen Arena. Letztere beiden fasst er in der Verhandlungsarena zusammen.

politisch-administrative System zu übermitteln, zu filtern und zu verstärken; und sie wirken auch bei der Politikvermittlung und -evaluation in entscheidendem Maße mit, indem sie die Outputs des politischen Prozesses bekanntmachen und bewerten, und damit zu ihrer Legitimation beitragen (vgl. Jarren/Donges 2011: 204–209; Esser 2003: 439–446; Schulz 2011: 44–47).

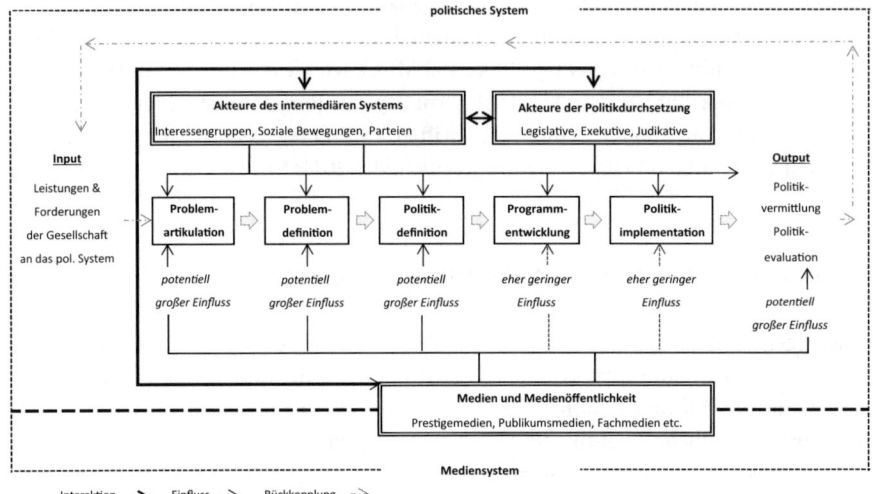

Abb. 13.1: Phasenmodell zur vergleichenden Analyse der Rolle der Medien im politischen Prozess
Quelle: Jarren/Donges 2011: 205; Esser 2003: 445; eigene Ergänzungen.

Als intermediäres System aufgefasst stellen Massenmedien einen Untersuchungsgegenstand der Vergleichenden Regierungslehre dar. Vergleichende Politikwissenschaftler stellen hauptsächlich zwei Fragen an intermediäre Systeme: Auf der einen Seite untersuchen sie, anhand welcher Kriterien sich intermediäre Systeme international vergleichend einordnen lassen, welches Bild sich bei einem solchen kriteriengeleiteten Vergleich ergibt und wie sich dieses erklären lässt. Diese Perspektive nimmt der folgende Abschnitt ein. Auf der anderen Seite untersuchen Politikwissenschaftler vergleichend, wie die Beziehungen zwischen Bürgern und intermediärem System bzw. politischer Ebene und intermediärem System ausgestaltet sind sowie welche Implikationen sich daraus ergeben. Diese Zusammenhänge werden im anschließenden Abschnitt diskutiert.[3] Ein Fazit fasst die zentralen Befunde zusammen und blickt auf neue Entwicklungen.

---

3   Eine dritte Frage, die jedoch in der Forschung eine weniger prominente Stelle einnimmt, fokussiert auf die Beziehungen zwischen den Akteuren des intermediären Systems.

Mediensysteme im internationalen Vergleich

Die vergleichende Untersuchung von Mediensystemen begann mit dem Klassiker *Four Theories of the Press* von Siebert, Peterson und Schramm (1956), der zugleich das Fundament für weiterführende vergleichende Untersuchungen legte – etwa von Wiio (1983), Picard (1985), Altschull (1995), McQuail (2000) oder Hallin/Mancini (2004). Kern der *Four Theories* sind vier zentrale **Pressetheorien** – die autoritäre, liberale und sowjet-kommunistische Pressetheorie sowie die Theorie der sozialen Verantwortung –, wobei unter dem Begriff der Presse »all the media of mass communication« (Siebert/ Peterson/Schramm 1956: 1) subsumiert werden.[4] Im Grunde stellen die Autoren jedoch weniger Medientheorien im eigentlichen Sinne auf, als vielmehr eine Mediensystem-Typologie. Die Abgrenzung zwischen den Systemen erfolgt mithilfe der unterschiedlichen Funktionen, die Medien in dem jeweiligen sozialen System erbringen, in dem sie eingebettet sind. Schließlich, so die zentrale Argumentation der *Four Theories*, passen sich die Medien an die gesellschaftlichen Rahmenbedingungen an und reflektieren somit philosophische Ideen und politische Ansichten, die in einem bestimmten Land vorherrschen. Die Rückbindung der *Four Theories* an Philosophie und Ideologie gibt der Klassifikation einen stark normativen Einschlag, was der Typologie den Namen des »normativen Divergenz-Ansatzes« (Weischenberg 1992: 86) und kritische Kommentierung einbrachte (Neurone 1995, Hallin/Mancini 2004). Als Leistung der *Four Theories* bleibt dennoch anzuerkennen, dass erstmals Kriterien für eine vergleichende Untersuchung von Mediensystemen entworfen und angewendet wurden.

Die Trias der Mediensysteme in entwickelten Demokratien:
Das Modell von Hallin und Mancini

Fast 50 Jahre nach der Veröffentlichung der *Four Theories* legten Hallin und Mancini ein einflussreiches Werk zur Klassifikation von Mediensystemen vor, in dem sie mit drastischen Worten von den *Four Theories* abrücken: »It is time to give it [dem Ansatz, d. Verf.] a decent burial« (Hallin/Mancini 2004: 10). Sie kritisieren deren Empiriefreiheit und legen selbst eine Typologie vor, die sie aus einer explorativen Untersuchung von Mediensystemen ableiten. Die Autoren richten den Blick auf die westlichen Industriestaaten mit dem Ziel, die dort auffindbaren Unterschiede differenziert herauszuarbeiten. Zur Einordnung der Mediensysteme greifen Hallin und Mancini auf vier Dimensionen zurück. Die erste Dimension differenziert Mediensysteme ökonomisch und bezieht dabei insbesondere die Frage ein, wie die Massenzeitungsindustrie entwickelt ist. Die zweite Dimension ist mit dem Begriff »politischer Parallelismus« versehen. Dahinter verbirgt sich die Frage, inwieweit Mediensysteme mit politischen Lagern und

---

4 Historisch, so die Autoren, sind die beiden Grundtypen das autoritäre sowie das liberale Mediensystem. Aus diesen entwickelten sich das sowjetisch-totalitäre System und das System der sozialen Verantwortung.

Parteien verbunden sind und Konfliktlinien abbilden (etwa in den 1980er Jahren die italienischen, parteinahen Fernsehsender: Rai 1 – Christdemokraten, Rai 2 – säkulare Parteien, Rai 3 – Kommunisten) bzw. wie frei Medien von politischer Kontrolle sind (etwa die englische BBC). Die dritte Dimension fragt nach dem Professionalisierungsgrad des Journalismus. Schließlich zielt die vierte Dimension auf die Rolle des Staates und seine Eingriffsmöglichkeiten in das Mediensystem ab. Daraus entwickeln Hallin und Mancini eine Typologie der Mediensysteme, die zwischen drei idealtypischen Modellen unterscheidet und Mischformen ermöglicht (▶ Tab. 13.1).

Tab. 13.1: Dimensionen der Mediensysteme nach Hallin/Mancini

Dimension	Modell		
	polarisiert-pluralistisch	**demokratisch-korporatistisch**	**liberal**
Zeitungsindustrie	geringe Auflagen; elitenorientierte Presse	hohe Auflagen	mittelhohe Auflagen
Politischer Parallelismus	stark; Außenpluralismus	mittelstark; Außenpluralismus; Tendenz zu neutraler kommerzieller Presse	schwach; Binnenpluralismus; neutrale kommerzielle Presse
Professionalisierung	schwach	stark; institutionelle Selbstkontrolle	stark; freiwillige Selbstkontrolle
Rolle des Staates im Mediensystem	starke Staatsintervention	starke Staatsintervention bei Respektierung der Pressefreiheit	geringe Staatsintervention; Marktorientierung (Ausnahme: öff.-rechtl. Rundfunk in UK und Irland)
Länderbeispiel	*Griechenland*	*Skandinav. Länder, Deutschland*	*USA*

Quellen: Hallin/Mancini 2004: 67; Blum 2005: 7.

Die vier Dimensionen, anhand derer die Mediensysteme eingeordnet werden, werden von Hallin und Mancini mithilfe diverser Indikatoren sowie mit einer dichten qualitativen Beschreibung verschiedener Länderbeispiele empirisch gefüllt. Aufgrund des qualitativen Vorgehens steht am Ende eine »tentative Bewertung« (Hallin/Mancini 2004: 71) der untersuchten Länder hinsichtlich der drei Modelle, deren Ergebnis in Abbildung 13.2 zusammengefasst ist.

Worauf lassen sich diese Unterschiede zwischen den nationalen Mediensystemen zurückführen? Hallin und Mancini erklären die zwischenstaatlichen Differenzen mithilfe anderer Konzepte der Vergleichenden Regierungslehre – etwa Lijpharts Konzept der Konsensus- und Mehrheitsdemokratie oder Sartoris Unterscheidung von Parteiensystemen (Hallin/Mancini 2004: 65). Ordnet man die fünf zentralen politischen Erklärungsdimensionen – (1) Konfliktmuster und Demokratisierung, (2) Konsensus- vs. Mehrheitsdemokratie, (3) Pluralismus vs. Korporatismus, (4) Interventionsfreudigkeit

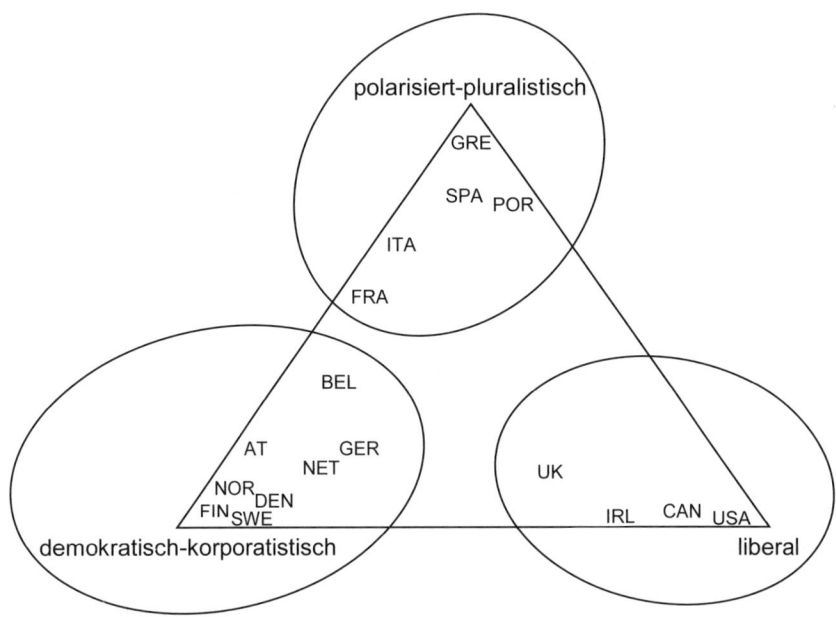

Abb. 13.2: Mediensysteme und Ländercluster
Quelle: eigene Darstellung nach Hallin/Mancini 2004.

des Staates sowie (5) rational-legale Herrschaft – entsprechend der drei Mediensystem-Typen, zeigen sich die relevanten Zusammenhänge (▶ Tab. 13.2).

Tab. 13.2: Erklärung der Mediensysteme nach Hallin/Mancini

	Modell		
Dimension	**polarisiert-pluralistisch**	**demokratisch-korporatistisch**	**liberal**
Demokratisierung und Konfliktmuster	späte Demokratisierung; polarisierter Pluralismus	frühe Demokratisierung; moderater Pluralismus	frühe Demokratisierung; moderater Pluralismus
Konsens- vs. Mehrheitsdemokratie	beides	überwiegend Konsensdemokratie	überwiegend Mehrheitsdemokratie
Korporatismus vs. Pluralismus	organisierter Pluralismus; starke Stellung der Parteien	demokratischer Korporatismus	individuelle Repräsentation
Interventionsfreudigkeit des Staates	Dirigismus	starker Wohlfahrtsstaat	Liberalismus
rational-legale Herrschaft	schwach; Klientelismus	stark	stark

Quellen: Hallin/Mancini 2004: 67; Blum 2005: 7.

Trotz seiner empirischen Reichhaltigkeit hat der Ansatz von Hallin und Mancini Schwächen.[5] Das größte Problem besteht darin, dass die Einteilung der Mediensysteme in drei Typen und die Erklärung der Entstehung der Typen zwar plausibel erscheint – gerade vor dem Hintergrund ähnlicher Ländergruppierungen in anderen Politikfeldern (vgl. Esping-Andersen 1990, Castles 1998, Cavadino/Dignan 2006) –, ein intersubjektiv nachvollziehbares Analyseraster mit vergleichbaren Indikatoren jedoch fehlt (Norris 2009). Dies lässt die Einordnung von manchen Mediensystemen zumindest diskussionswürdig erscheinen – etwa die Zuweisung Frankreichs zum »polarisiert-pluralistischen« Typ (Blum 2005: 7, Couldry 2005).

Die Rolle der Medien im politischen Kommunikationsprozess

Während die Forschung zur Rolle von Medien in der politischen Kommunikation auf nationaler Ebene zu den etablierten Teilbereichen der Politik- und Kommunikationswissenschaften zählt, wurde sie erst in den letzten zwei Dekaden um eine komparative Perspektive erweitert. So ist die vergleichende politische Kommunikationsforschung zwar ihren Kinderschuhen entwachsen, befindet sich allerdings noch inmitten eines Reifeprozesses des Erwachsenwerdens. Zwar sind zahlreiche vergleichende Studien erschienen, welche mit unterschiedlichem inhaltlichem Fokus die aus nationalen Untersuchungen gewonnen Forschungsergebnisse zur Stellung und Wirkung der Medien im politischen Prozess differenzieren und in die jeweiligen politischen, sozio-ökonomischen wie sozio-kulturellen Kontexte einordnen. Allerdings steckt die Diskussion über Theorien, Ansätze und Methoden innerhalb der Disziplin noch in ihren Anfängen und ist keineswegs abgeschlossen (vgl. Gurevitch/Blumler 2003, Pfetsch/Esser 2003, Pfetsch et al. 2007, Esser/Hanitzsch 2012). Die international vergleichende politische Kommunikationsforschung zeichnet sich demnach theoretisch wie thematisch durch eine hohe Dynamik aus, sodass die folgende Darstellung eine schlaglichtartige Bestandsaufnahme ausgewählter Analyseansätze und Themenbereiche leistet.

Der Untersuchungsgegenstand der politischen Kommunikationsforschung lässt sich nicht eindeutig eingrenzen. Als Arbeitsdefinition bietet sich an, unter politischer Kommunikation all diejenige Kommunikation zu verstehen, »die von politischen Akteuren ausgeübt wird, die an sie gerichtet ist, oder die sich auf politische Akteure und ihre Aktivitäten bezieht« (Schulz 2011: 16; ähnlich McNair 2011: 4). In Verbindung mit dem Phasenmodell des politischen Prozesses (▶ Abb. 12.2) heißt dies, dass vergleichende Analysen der Position von Medien innerhalb politischer Kommunikation sowohl strukturelle Rahmenbedingungen als auch akteurszentrierte Handlungsorientierungen in den Blick nehmen müssen. Zu den strukturellen Rahmenbedingungen gehören dabei die Ausgestaltung des politischen Systems (z. B. das Regierungs- oder Parteiensystem), die Aus-

---

5 Ein lesenswerter Überblick über die Kritik am Ansatz von Hallin und Mancini liefert Hardy (2012). Im gleichen Sammelband findet sich auch die Reaktion der Autoren auf die Kritikpunkte (Hallin/Mancini 2012).

formung des Mediensystems sowie die jeweiligen Akteurskonstellationen. Die akteurs-zentrierten Handlungsorientierungen beziehen sich dagegen auf die Einstellungen, Rollenverständnisse und Handlungsmuster der unterschiedlichen Akteure. Ein solches Verständnis von politischer Kommunikation als »Zusammenspiel von Akteurshandeln und Strukturbedingungen« ermöglicht es, mittels vergleichender Methode »die Struk-tur- und Kontextbedingungen zu variieren und danach zu fragen, wie sich die Orien-tierungen der Akteure im Verhältnis dazu konstellieren« (Pfetsch 2003: 394). Auf diese Weise lassen sich Gemeinsamkeiten und Unterschiede auf Akteurs- wie auf System-ebene identifizieren.

Zum Verhältnis von Medien und Politik: Medialisierung und Medienwirkung

Die heutige Mediendemokratie als »zeitgemäße Demokratie« im Sinne eines politi-schen Systems, das »sich der technischen Möglichkeiten und sozialen Reichweite mo-derner Kommunikationsmittel bedient, um [seine] Funktionen und Ziele auf hohem Niveau zu erfüllen«, ist als solche alternativlos (Pfetsch/Marcinowski 2009: 11). Aller-dings finden sich in der Forschungsliteratur unterschiedliche Sichtweisen bezüglich der Frage, wie das Spannungsverhältnis von Medien und Politik zu bewerten ist (zum Fol-genden vgl. Pfetsch et al. 2007: 60 f., Schulz 2011: 48–52, Sarcinelli 2011: 122 ff., Jarren/ Donges 2011: 229–234):

- Erstens werden die Massenmedien als **vierte Gewalt** verstanden, die einen Widerpart zu Legislative, Exekutive und Judikative bilden und deren zentrale Aufgabe die Kon-trolle der konstitutionellen Gewalten ist. Diese Funktion als *Watch-dog of Democracy* erfordert ein hohes Maß an Distanz und Unabhängigkeit.
- Die zweite Sichtweise sieht das Verhältnis von Politik und Medien durch gegenseitige Instrumentalisierung geprägt, wobei sich zwei entgegengesetzte Interpretationen finden lassen. Auf der einen Seite wird der Autonomieverlust der Medien gegenüber der Politik beklagt, wonach sie ihrer Kontrollfunktion nicht mehr nachkommen und von der Politik für ihre Ziele instrumentalisiert werden. Als Paradebeispiel einer sol-chen Form der »Telekratie«, in der die Politik direkten Zugriff auf die Massenmedien besitzt, wird das politische System Italiens unter Silvio Berlusconi angeführt. Auf der anderen Seite wird aber auch die gegenläufige These von der Übermacht der Massen-medien vertreten, welche den politischen Raum quasi kolonisiert haben (siehe etwa Meyer 2001). Folglich ist die Politik medialen Handlungsregeln und Gesetzmäßig-keiten unterworfen, welche nicht nur die Darstellung betreffen, sondern im weitrei-chendsten Fall gar die Entscheidungsebene beeinflussen.
- Die dritte Perspektive versucht diese diametralen Positionen aufzulösen. Demnach sind Politik und Medien in einem symbiotischen Tauschverhältnis von Information und Publizität gegenseitig aufeinander angewiesen und voneinander abhängig.

Die Sichtweisen unterscheiden sich in ihren theoretischen und empirischen Grundan-nahmen sowie in ihrem Grad normativer Aufladung. Welche Rolle man den Medien zuschreibt, hängt in großem Maße vom jeweiligen Demokratieverständnis ab (vgl. Strömbäck 2005). Unbestritten ist jedoch, dass die mediale Durchdringung von Politik – aber auch von Wirtschaft und Gesellschaft – zunimmt. So konstatiert Schulz (2011: 30 f.):

> »Die Mediengesellschaft ist dadurch charakterisiert, dass sich die Medien immer mehr ausbreiten und die publizistische Informationsvermittlung enorm beschleunigen, dass sich neue Medientypen herausbilden und immer tiefer die gesamte Gesellschaft durchdringen, dass Medien auf Grund ihrer Reichweite gesamtgesellschaftliche Aufmerksamkeit und Anerkennung beanspruchen.«

Zur Beschreibung dieses Bedeutungszuwachses der Massenmedien für die Gesellschaft hat sich das analytische Konzept der **Medialisierung** (synonym **Mediatisierung**) durchgesetzt. Dieses bildet derzeit die Hauptrichtung der politischen Kommunikationsforschung, auch wenn seine grundlegende international vergleichende Überprüfung bis dato noch aussteht. Dabei steht der Prozess der Medialisierung in engem Wechselverhältnis zu anderen Phänomenen des technischen (Digitalisierung), ökonomischen (Liberalisierung, Kommerzialisierung) und gesellschaftlichen (Säkularisierung, Individualisierung) Wandels in einer sich globalisierenden Welt (vgl. etwa Hallin/Mancini 2003, Mazzoleni/Schulz 1999, Pfetsch/Marcinowski 2009). In Bezug auf das Verhältnis von Politik und Medien bezeichnet das Konzept der Medialisierung »den wachsenden Einfluss der Medien und ihrer Logiken auf die Strukturen, Prozesse, Akteure und Inhalte der Politik, wie auch die Folgen dieses Einflusses« (Jarren/Donges 2011: 24). Medialisierte Politik ist demnach »politics that has lost its autonomy, has become dependent in its central functions on mass media, and is continuously shaped by interactions with mass media« (Mazzoleni/Schulz 1999: 250). Dabei zeichnet sich der Prozess der Medialisierung durch vier miteinander verwobene Teilelemente aus (vgl. hierzu Schulz 2004, Schulz 2011: 33–39):

1. So kommt es zu einer Erweiterung (Extension) der Kommunikationsfähigkeiten aufgrund technischer Innovationen, die mit der Ausweitung medialer Ressourcen und deren Einsatz durch politische Akteure, aber auch durch die Bürger einhergeht. Außerdem verlagert sich die politische Auseinandersetzung zunehmend in den öffentlichen Raum, also aus dem Parlamentsplenum in die Talkshows.
2. Darüber hinaus werden zahlreiche Funktionen wie z. B. Sozialisation, Mobilisierung oder Meinungsbildung nicht mehr von den politischen Akteuren, sondern von den Massenmedien wahrgenommen (Substitution).
3. Desweiteren findet eine Verschmelzung (Amalgamation) von Medien und Politik statt, welche die wechselseitige Abhängigkeit verstärkt.
4. Zuletzt ist eine Anpassung der Politik an mediale Regeln zu beobachten (Akkommodation). So reagieren die politischen Akteure auf den Medienwandel, indem sie ihre Verhaltensmuster, teilweise aber auch die Politikinhalte an der Medienlogik ausrichten.

Das Konzept der Medialisierung geht von starken Medieneffekten aus, während die Medienwirkungsforschung hinsichtlich medialer Prägekraft ambivalente Ergebnisse geliefert hat (vgl. Kepplinger 2008, Schulz 2009). Die derzeit wichtigsten Modelle zur Analyse von Medieneffekten sind aus politikwissenschaftlicher Sicht das *Agenda-Setting*, das *Priming* und das *Framing*. Das Modell des **Agenda-Setting** basiert auf der Idee, dass ein starker Zusammenhang zwischen der Themenpräsenz in den Medien und der Themenwahrnehmung seitens des Publikums bzw. der politischen Akteure besteht. Demnach wählen die Massenmedien die Themen aus, weisen ihnen öffentliche Aufmerksamkeit zu und bestimmen somit, welche politische Relevanz ihnen zugeschrieben wird. Den Medien kommt folglich eine starke Selektionsfunktion zu. Was in den Medien erscheint, hängt dabei nicht nur von den Eigenschaften des Nachrichtenwerts ab, sondern auch davon, ob dieser von den Journalisten als nachrichtenwürdig angesehen wird (vgl. zur Nachrichtenwerttheorie Maier et al. 2010). Das **Priming** kann als Erweiterung des Agenda-Setting verstanden werden. Es bezieht sich darauf, dass auch die Bewertungsmaßstäbe zur Evaluierung von Leistungen politischer Akteure durch die Medien beeinflusst werden. Das Modell des **Framing** gründet auf der Annahme, dass die Art und Weise, wie Themen durch die Massenmedien und politischen Akteure dargestellt bzw. »geframed« werden, Einfluss darauf hat, wie diese Themen vom Publikum aufgenommen und verstanden werden (vgl. Scheufele/Tewksbury 2007, Schulz 2011: 143–153).

Ausgewählte Themen der vergleichenden politischen Kommunikationsforschung

Das Themenspektrum der vergleichenden politischen Kommunikationsforschung ist äußerst vielfältig, weshalb im Folgenden lediglich einige Themenbereiche beispielhaft angerissen und ihre Befunde vorgestellt werden (vgl. die Beiträge in Esser/Pfetsch 2003; Esser/Hanitzsch 2012).

(1) Medien und Demokratiequalität: In ihrer 135 Länder umfassenden Studie untersucht Norris den Zusammenhang zwischen Zugangsmöglichkeit und Freiheitsgrad von Mediensystemen und Indikatoren von *Good Governance* bzw. von *Human Development* (Norris 2003). Dabei zeigt sich, dass Länder, in denen die Menschen über einen freien und weitverbreiteten Zugang zu Medien verfügen, ein hohes Maß an politischer Stabilität, Rechtsstaatlichkeit und Verwaltungseffizienz aufweisen (*Good Governance*) und ein höheres Niveau an Lebenserwartung, Alphabetisierung und Pro-Kopf-Bruttosozialprodukt besitzen. Im Gegensatz dazu erzielen solche Länder, in denen keine unabhängigen Massenmedien oder breite Medienzugangsmöglichkeiten bestehen, die schlechtesten Werte (vgl. zur Pressefreiheit im internationalen Vergleich: ▶ **Tab. 13.3**). Allerdings ist nicht klar, in welche Richtung diese Korrelation verläuft und ob nicht vielmehr der Zugang zu freien Medien ein Ergebnis von Demokratie ist (vgl. u. a. Milner 2006). Andere Arbeiten zum Zusammenhang von politischer Kommunikation und Demokratiequalität zeigen, dass die Unterstützungsleistung der Medien in Transformationsdemokratien wesentlich stärker ist als in etablierten Demokratien. Demnach befördern die Massenmedien in jungen Demokratien das politische Interesse und Wissen sowie ein positives Bild des Staatsbürgers. Sie leisten damit einen maßgeblichen Beitrag zur Kon-

solidierung der Demokratie. Dies ist allerdings abhängig von der Existenz und dem staatsbürgerlichen Auftrag öffentlich-rechtlicher Rundfunkanstalten sowie von einer strengen Aufsicht und Regulierung des Rundfunkwesens (vgl. Gunther/Mughan 2000, Voltmer 2006).

Tab. 13.3: Pressefreiheit 2011: Länder unter den »Top 20« und »Worst 20«

Rangplatz	»Top 20«	Rangplatz	»Worst 20«
1	Finland	159	Côte d'Ivoire
	Norway		Djibouti
3	Estonia	161	Equatorial Guinea
	Netherlands	162	Azerbaijan
5	Austria	163	Sri Lanka
6	Iceland	164	Somalia
	Luxembourg	165	Laos
8	Switzerland	166	Egypt
9	Cape Verde	167	Cuba
10	Canada	168	Belarus
	Denmark	169	Burma
12	Sweden	170	Sudan
13	New Zealand	171	Yemen
14	Czech Republic	172	Vietnam
15	Ireland	173	Bahrain
16	Cyprus	174	China
	Jamaica	175	Iran
	Germany	176	Syria
19	Costa Rica	177	Turkmenistan
20	Belgium	178	North Korea
	Namibia	179	Eritrea

Quelle: Reporter ohne Grenzen: Word Press Freedom Index 2011–12.

(2) Medien und Wahlkampf: Die Untersuchung der Stellung und Wirkung der Medien im Wahlkampf gehört zu den klassischen Themen der politischen Kommunikationsforschung (vgl. grundlegend Brettschneider 2005). Im internationalen Vergleich zeigt sich eine starke Konvergenz hin zu medienzentrierten Wahlkampfführungen. Diese zeichnen sich beispielsweise durch Personalisierung, Einsatz von *Public Relations*- und Marketingmethoden sowie Anpassung an die Medienlogik aus. Allerdings prägen diese Konvergenztendenzen nicht alle politischen Systeme gleichermaßen, sondern sind abhängig von institutionellen und strukturellen Rahmenbedingungen wie etwa dem Wahl- und Parteiensystem, der Wahlkampfregulierung, dem Mediensystem oder der politischen Kultur. So unterscheiden Mancini und Swanson in ihrer Untersuchung der Wahlkampfführung in elf Demokratien drei Gruppen: Während etablierte Demokratien mit stabiler politischer Kultur wie die USA, Deutschland, Großbritannien und Schweden auf die sozialen und politischen Veränderungsprozesse mit einer graduellen Modernisierung ihrer Wahlkampagnen reagierten, erfolgte die Einführung medienorientierter Wahlkampfmethoden in neuen Demokratien wie Spanien, Polen und Russland wesentlich kompromissloser. In potentiell instabilen Demokratien wie Israel, Italien, Argentinien oder Venezuela, in denen der Politik nur wenig Vertrauen entgegengebracht wird, werden traditionelle Formen der Wahlkampfführung beibehalten und durch moderne komplementiert (vgl. Mancini/Swanson 1996). Neuere Studien bestätigen diese Hybridisierung der Wahlkampfmethoden (vgl. Plasser/Plasser 2002), »where country-specific, traditional modes are supplemented with select features of transnationally traded modern practices« (Esser/Strömbäck 2012: 304).

(3) Politische Kommunikationskulturen: Zur vergleichenden Analyse des horizontalen Interaktionsgeflechts zwischen Akteuren der Politik und der Medien hat Pfetsch das Konzept der politischen Kommunikationskultur entwickelt (vgl. Pfetsch 2003). Demnach können vier Idealtypen herausgearbeitet werden, die aus der

> »Kombination von Differenzen in den Selbstbildern der Akteure der politischen Kommunikation (Distanz vs. Nähe) sowie der Ausrichtung der politischen Öffentlichkeitsarbeit (Medienlogik vs. politische Logik) resultier[en]« (Pfetsch 2003: 404).

Je nach Konfiguration der Merkmale unterscheidet Pfetsch zwischen a) einer medienorientierten, b) einer Public Relations-orientierten, c) einer (partei-)politischen und d) einer strategischen politischen Kommunikationskultur. Dabei sind im internationalen Vergleich Zusammenhänge dieses heuristischen Rasters sowohl mit den unterschiedlichen Strukturbedingungen des Mediensystems (etwa mit dem Politisierungs- und Kommerzialisierungsgrad) als auch mit Merkmalen des politischen Systems (z. B. mit dem Regierungssystem oder mit der Stellung von Parteien) beobachtbar (▶ **Abb. 13.3**).

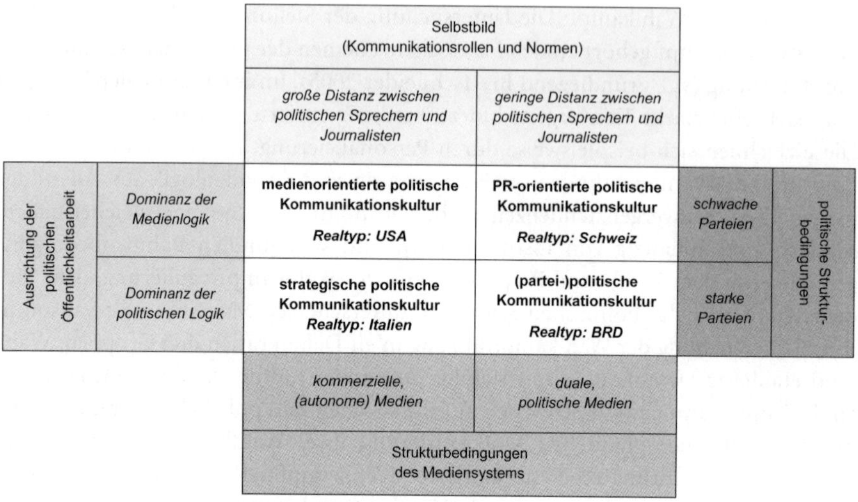

		große Distanz zwischen politischen Sprechern und Journalisten	geringe Distanz zwischen politischen Sprechern und Journalisten	
Ausrichtung der politischen Öffentlichkeitsarbeit	Dominanz der Medienlogik	medienorientierte politische Kommunikationskultur **Realtyp: USA**	PR-orientierte politische Kommunikationskultur **Realtyp: Schweiz**	schwache Parteien
	Dominanz der politischen Logik	strategische politische Kommunikationskultur **Realtyp: Italien**	(partei-)politische Kommunikationskultur **Realtyp: BRD**	starke Parteien
		kommerzielle, (autonome) Medien	duale, politische Medien	

Selbstbild (Kommunikationsrollen und Normen)

politische Struktur-bedingungen

Strukturbedingungen des Mediensystems

Abb. 13.3: Typen politischer Kommunikationskulturen
Quelle: eigene Darstellung nach Pfetsch 2003: 402–415.

Kommunikation

Zwischen 2006 und 2011 hat sich der Anteil der Internetnutzer weltweit auf 35 Prozent verdoppelt (ITU 2011). Zwar ist in allen Regionen der Welt ein Anstieg der Internetnutzung feststellbar, allerdings hat sich die globale »digitale Kluft« (Norris 2001) zwischen weniger entwickelten Regionen und den Industrienationen nicht verringert. Gerade die hoch entwickelten Industrieländer investieren enorm in den Ausbau und Zugang zum Internet, gleiches gilt etwa auch für China und Indien. Richtet man den Blick auf die Europäische Union (EU), zeigen sich wesentliche Unterschiede zwischen den Mitgliedsstaaten (▶ Abb. 13.4). So nutzen im EU-Durchschnitt 68 Prozent der Bevölkerung täglich bzw. wöchentlich das Internet. Allerdings variiert der Prozentsatz drastisch zwischen dem Spitzenreiter Schweden (91 Prozent) und dem Schlusslicht Rumänien (37 Prozent). Rund ein Viertel der EU-Bevölkerung hat noch nie vom Internet Gebrauch gemacht (Eurostat 2011).

Das Aufkommen des Internets wird in der politikwissenschaftlichen Literatur als Demarkationslinie für das »dritte Zeitalter der politischen Kommunikation« bezeichnet (Blumler/Kavanagh 1999, Norris 2011: 353). Nach Blumler und Kavanagh ist das neue Medienzeitalter durch fünf Prozesse charakterisiert, die weder abgeschlossen sind noch gleichförmig wirken (1999: 213–225):

- Einen gestiegenen Grad der Professionalisierung des Medien-Politik-Betriebs;
- einen erhöhten Wettbewerbsdruck zwischen den Anbietern von Informationen;
- einen verstärkten anti-elitären Populismus und damit einhergehender Polarisierung innerhalb der Gesellschaften;

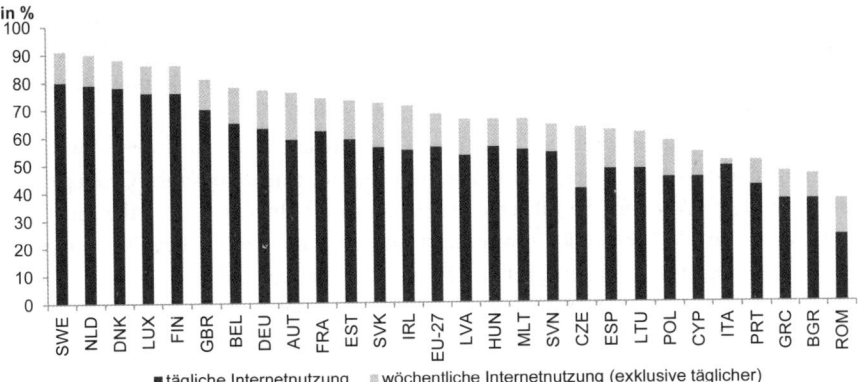

Abb. 13.4: Regelmäßige Nutzung des Internets durch die Bevölkerung (2011)
Quelle: Eurostat 2011: 3.

- eine stärkere Diversifizierung auf Seiten der Medien und Fragmentierung des Publikums, welche durchaus zentrifugale Wirkkraft entwickeln kann;
- eine veränderte Wahrnehmung von Politik durch ihre gesellschaftlichen Adressaten.

Diese Merkmale sind wiederum eng mit anderen Phänomenen wie der Medialisierung oder sozio-ökonomischen Wandlungsprozessen verknüpft und die rapide Verbreitung und Nutzung des Internets wirkt auf vielfältige Art und Weise auf diese Trends: verstärkt sie manchenteils, durchbricht sie aber auch. Weitreichende Visionen eines *Global Village* hat das Internet bis dato sicherlich nicht erfüllt. Dennoch ist die Frage weniger, ob das Internet unsere Lebenswelt beeinflusst. Vielmehr wird kontrovers darüber diskutiert, ob die durch das Internet induzierten Veränderungen eher quantitativer Natur sind oder ob sie eine neue Qualität besitzen (vgl. u. a. Dahlgren 2005, Farrell 2012).

Einerseits wird argumentiert, dass das Internet den öffentlichen Raum lediglich um eine weitere Sphäre erweitert, ohne diesen an sich qualitativ zu verändern. Die Informationen der traditionellen Medien werden in das Internet gespiegelt, politische Kampagnen werden modernisiert und zielgruppenspezifisch, aber nach etablierten Gesetzmäßigkeiten über das Netz geführt. Die zahlreichen Experimente mit unterschiedlichen Formen der *e-democracy* erhöhen zwar die Transparenz des Politikbetriebs und reduzieren die Informationskosten für die Bürger, behalten aber in starkem Maße ihren *Top-Down*-Charakter (vgl. u. a. Strömbäck 2008: 243).

Andererseits wird konstatiert, dass das Internet die Kommunikationsformen grundlegend verändere und damit einen qualitativen Wandel herbeiführe (vgl. u. a. Graber et al. 2004). Es ermöglicht nicht nur neue Formen der Gruppeninteraktion zwischen den Bürgern, zum Beispiel über soziale Netzwerke und Interaktionsforen wie Facebook, Twitter oder YouTube. Darüber hinaus erweitert es den traditionellen *Top-Down*-Prozess der Massenmedien um eine *Bottom-Up*-Dimension. Beispiele hierfür sind die wie Pilze aus dem Boden sprießenden Blogs oder *Issue Advocacy Groups*. Befürworter dieser Entwicklung sehen in ihr die Chancen einer deliberativen Demokratie (Habermas 1989) verwirklicht, den Diskurs der Eliten zu durchbrechen und das gesellschaftliche Engagement zu steigern. Kritische Stimmen weisen jedoch auch auf die Kehrseiten hin, die vor allem in einer stärkeren Fragmentierung und zunehmenden Polarisierung der Gesellschaft zu suchen sind (vgl. u. a. Morozov 2011, Mutz 2006).

Dementsprechend entzieht sich auch die Frage, welche Rolle das Internet während der Ereignisse des »Arabischen Frühlings« in Nordafrika und dem Nahen Osten gespielt hat, einer klaren Antwort. So führen etwa Howard und Hussain (2011) die Aufstände in Tunesien (große Facebook-Community) und Ägypten (hoher Bevölkerungsanteil mit Internetzugang) zu einem großen Teil auf die dort vorfindbare Internet-Zivilgesellschaft zurück. Demnach ermöglichten es Facebook oder Twitter überhaupt erst, sich über die Unzufriedenheit mit dem politischen Regime auszutauschen sowie den dezentralen und diffusen Widerstand zu bündeln und zu koordinieren. Andere hingegen warnen davor, das demokratisierende Potential des Internets zu überschätzen und verweisen auf die Wichtigkeit klassischer Organisationsformen des Protests und traditionelle Medien (vgl. zusammenfassend Farrell 2012: 43–47).

Inwiefern das Internet eine notwendige oder hinreichende Bedingung für den »Arabischen Frühling« war, müssen breit angelegte komparative Studien erst noch zeigen. Diese Frage gehört somit neben vielen anderen zu den spannenden Forschungsfeldern der zukünftigen vergleichenden politischen Medien- und Kommunikationsforschung.

Kommentierte Literaturempfehlungen

Esser, Frank/Hanitzsch, Thomas (Hrsg.) (2012): The Handbook of Comparative Communication Research. New York/London.
Englischsprachiges Standardkompendium. Zahlreiche Experten führen in die unterschiedlichen Themengebiete der vergleichenden Kommunikationsforschung ein und geben einen Überblick über den aktuellen Stand der Forschung.
Esser, Frank/Pfetsch, Barbara (Hrsg.) (2003): Politische Kommunikation im internationalen Vergleich. Wiesbaden.
Sammelband mit grundlegenden Artikeln zur Theorie und Empirie der vergleichend angelegten politischen Kommunikationsforschung.
Schulz, Winfried (2011): Politische Kommunikation. Theoretische Ansätze und Ergebnisse der empirischen Forschung. 3. Aufl., Wiesbaden.
Klassiker, der einen guten Überblick über die Forschungen zur politischen Kommunikation gibt, allerdings nur wenige vergleichende Aspekte beinhaltet.
Thomaß, Barbara (Hrsg.) (2007): Mediensysteme im internationalen Vergleich. Konstanz.
Umfangreicher Band, der sich dem Vergleich verschiedener Aspekte von Mediensystemen widmet (von Kommunikationspolitik über Medienrezeption bis hin zu Journalismuskulturen). Der Aufbau ist praktischerweise strukturiert nach einzelnen Themenfeldern und Weltregionen.

14 Bürokratie und öffentliche Verwaltung: Aufbau – internationaler Vergleich – New Public Management

Carola Fricke, Markus B. Siewert

Einleitung

Regieren ist ohne die Umsetzung von politischen Programmen durch die Verwaltung nicht denkbar. Dennoch hängt der Bürokratie ein schlechter Ruf an: sie sei träge, intransparent und ineffizient. Regelmäßig werden deshalb Reformen und Vereinfachungen gefordert. So weist beispielsweise die Kommission zum Bürokratieabbau in der Europäischen Union (EU) unter dem Vorsitz von Edmund Stoiber darauf hin, dass ein Großteil des Verwaltungsaufwands nicht durch die Rechtsetzung der EU selbst, sondern durch die ineffiziente Umsetzung der Richtlinien durch die Verwaltungsapparate der Mitgliedstaaten entsteht (vgl. Europäische Kommission 2011).

Doch kann man im Fall der europäischen Staaten tatsächlich von national einheitlichen Verwaltungsapparaten ausgehen? Betrachtet man die Verwaltungsapparate einzelner Nationalstaaten, kann keineswegs von einer Einheit der Verwaltung gesprochen werden (vgl. Ellwein 1995: 257). Die Vielfalt von Verwaltung drückt sich nicht nur in Unterschieden zwischen den nationalen Verwaltungssystemen, sondern auch innerhalb eines Landes aus, etwa hinsichtlich der Verwaltungsorganisation föderaler Gliedstaaten sowie zwischen verschiedenen Verwaltungsebenen. Versteht man Verwaltungen als Organisationen von kollektiven Akteuren, so sind zudem interne Prozesse zu berücksichtigen.

Dieser Beitrag beleuchtet daher die Rolle der Verwaltung im politischen System aus vergleichender Perspektive: Zunächst wird der Begriff der Verwaltung definiert und es werden verschiedene Sichtweisen der Verwaltungsforschung dargelegt. Diskutiert werden anschließend Verwaltungsaufbau, Typologien von Verwaltungstraditionen sowie weitere Kriterien des Verwaltungsvergleichs wie Beschäftigte im öffentlichen Dienst, Zentralisierungsgrad und Rekrutierungssystem. Abschließend werden Reformmaßnahmen und neuere Entwicklungen im Bereich des E-Government thematisiert.

Der Begriff der öffentlichen Verwaltung

Der Begriff Verwaltung ist im Deutschen mit Administration, Behörde oder Bürokratie gleichbedeutend, wobei Bürokratie zumeist abwertend verwendet wird und Synonym für Amtsschimmel, Kleinkariertheit und Papierkram ist (vgl. Universität Leipzig 2012). Eine positive Konnotation des Verwaltungsbegriffs findet sich hingegen bei Max Weber, der die »legale Herrschaft mit bureaukratischem Verwaltungsstab« (Weber 2013: 455 ff.) als Idealtyp der rationalen legitimen Herrschaft bezeichnet:

> »Die rein bureaukratische, also: die bureaukratische-aktenmäßige Verwaltung ist nach allen Erfahrungen die an Präzision, Stetigkeit, Disziplin; Straffheit und Verläßlichkeit, also: Berechenbarkeit für den Herrn wie für die Interessenten, Intensität und Extensität der Leistung, formal universeller Anwendbarkeit auf alle Aufgaben, rein technisch zum Höchstmaß der Leistung vervollkommnbare, in all diesen Bedeutungen: formal rationalste, Form der Herrschaftsausübung.« (Weber 2013: 463).

Diese unterschiedlichen Bewertungen von Verwaltung sind vor allem in ihrem zeitlichen Kontext zu betrachten, ihnen liegt nicht unbedingt ein unterschiedliches Verständnis des bezeichneten Gegenstandes zu Grunde. So versteht man in einem weiten Sinne unter Verwaltung hierarchische Organisationsformen, die Elemente »der Aufgaben- und Zuständigkeitsverteilung, der Verantwortungsübertragung und Führung sowie der dauerhaften Einrichtung dieser Tätigkeiten« (Schubert/Klein 2006: 316) aufweisen. Im engeren Sinne bezeichnet öffentliche Verwaltung Institutionen oder Einrichtungen der ausführenden Gewalt, die einer politischen Kontrolle unterliegen oder politisch etabliert wurden (vgl. Bogumil et al. 2006: 24). Darunter fallen beispielsweise Ministerien, nachgeordnete Behörden, Institutionen der Selbstverwaltung, aber auch administrative Einheiten von trans- und internationalen Organisationen. Die öffentliche Verwaltung ist also abzugrenzen von Verwaltungen im privat-wirtschaftlichen Bereich und umfasst nur die administrativ-hierarchischen Organisationen des politischen oder öffentlichen Sektors. Einrichtungen der öffentlichen Verwaltung verfügen schließlich über die Autorität, verbindlich getroffene Entscheidungen umzusetzen, für die sie rechtlich und demokratisch im Sinne von *Accountability* verantwortlich sind (vgl. Hughes 2012: 8).

Der Bereich der öffentlichen Verwaltung lässt sich nach den von ihr wahrgenommenen Funktionen weiter untergliedern. So befasst sich die Ordnungsverwaltung mit der Umsetzung sowie Kontrolle von Gesetzen und Vorschriften, während die Dienstleistungsverwaltung in Form von Bürgerämtern konkrete Anlaufstelle für den Bürger ist. Die politische Verwaltung im engeren Sinne unterstützt die demokratisch gewählten Entscheidungsträger (Bogumil/Jann 2009: 89, Schubert/Klein 2006).

Infobox: *Verwaltungsbegriff*

Der politikwissenschaftliche Begriff der öffentlichen Verwaltung umfasst

- (teil-)staatliche Institutionen der Exekutive,
- die politisch etabliert oder kontrolliert sind und
- Funktionen wie die Umsetzung und Kontrolle von Gesetzen und Vorschriften sowie das Erbringen von öffentlichen Dienstleistungen erfüllen.

Ansätze und Stand der politikwissenschaftlichen Verwaltungsforschung

Thomas Ellwein stellte bereits vor drei Jahrzehnten fest, dass »Verwaltungswissenschaft [...] durch ihren Gegenstand definiert [wird], auch wenn dieser sich [...] in der Realität kaum abgrenzen lässt.« (Ellwein 1982: 35). Trotz der damit einhergehenden Schwierigkeit, eine einheitliche Betrachtungsweise in der Verwaltungswissenschaft zu etablieren, werden im Folgenden kurz die zentralen Ansätze der politikwissenschaftlichen Verwaltungsforschung dargestellt.

Grundlegend ist zunächst die Betrachtung von öffentlicher Verwaltung als Teil des politisch-administrativen Systems (PAS) (vgl. Böhret 1983) bzw. als Teil des Regierungssystems (Ellwein 1982). So werden in der deutschsprachigen Verwaltungswissenschaft – anders als in der Tradition der amerikanischen *Public Administration* (vgl. Kettl 2000: 8) – Verwaltung und Politik nicht als zwei getrennte Systeme aufgefasst. Vielmehr wird die Verwaltung als Subsystem des PAS betrachtet, mit der Funktion, politisch bindende Entscheidungen herzustellen und politische Handlungsfähigkeit durch die Bereitstellung von Personal und Informationen zu gewährleisten. Verwaltung ist damit nicht nur an der Output-Seite des PAS anzusiedeln, sie übernimmt auch wichtige Aufgaben während der *Input-* und *Throughput*-Phase.

Politik- und Verwaltungshandeln wird somit synthetisch als *Policy-Making* im Sinne von Formulierung und Umsetzung von Politiken verstanden (vgl. Bogumil/Jann/Nullmeier 2006: 18) und macht die Verwaltungsforschung anschlussfähig an Ansätze, Theorien und Methoden der Policy-Analyse (vgl. Schnapp 2006: 329). Betrachtet man den politischen Prozess nach Phasen gegliedert im Sinne des *Policy-Cycle* (Lasswell 1956), so spielt die öffentliche Verwaltung in fast allen Phasen eine Rolle: Beispielsweise bereitet die Ministerialbürokratie Gesetzesentwürfe vor (*Agenda-Setting*), die im Falle einer politischen Entscheidung von Behörden selbst vollzogen werden müssen (*Implementation*), und auch bei der Bewertung von Programmen spielt die Verwaltung als wichtige Informationsquelle eine entscheidende Rolle (*Evaluation*) (vgl. Bogumil/Jann 2009: 162ff.). Aufgrund der gegenseitigen Abhängigkeit bzw. Verzahnung der Verwaltung und des politischen Systems gilt daher jede Politik als »auch verwaltungsinduziert« (Ellwein 1982: 39).

Angesichts eines solch engen Verhältnisses von Politik und Verwaltung stellt sich die Frage, inwiefern die Verwaltung eines Landes parteipolitisch geprägt ist. Dies kann man beispielsweise am Rekrutierungssystem der Verwaltung im Allgemeinen (siehe Abschnitt zu Beschäftigten im öffentlichen Dienst), insbesondere aber an der Bestellung der Ministerposten innerhalb der Exekutive verdeutlichen. So werden in der Bundesrepublik Deutschland die Minister vom Bundespräsidenten auf Vorschlag des Kanzlers ernannt (Art. 64 Abs. 1 GG), gehören aber in der Regel sowohl als gewählte Mandatsträger dem Bundestag als auch einer politischen Partei an. In den USA hingegen werden Minister (*Secretaries*) vom Präsidenten ausgewählt und nach der Zustimmung durch den Senat ernannt. Dabei werden die Minister nicht zwangsläufig aus den Reihen des Kongresses, sondern auch aus anderen Bereichen rekrutiert, wie zum Beispiel den einzelstaatlichen Exekutiven, dem Militär, der Wirtschaft oder dem akademischen Raum. Selbst Minister der Gegenpartei finden sich nicht selten im Kabinett.

239

Während aus politikwissenschaftlicher Perspektive Verwaltung als Teil des politischen Systems aufgefasst wird, beschäftigt sich rechtswissenschaftliche Verwaltungsforschung mit dem Gegenstand des Verwaltungsrechts als Teil des öffentlichen Rechts, der Verwaltungsgerichtsbarkeit und der Rechtmäßigkeit von Verwaltungshandeln (vgl. Schuppert 2000). Daneben existieren ökonomische, soziologische sowie psychologische Untersuchungsperspektiven auf Verwaltung, die sich in der interdisziplinären Ausrichtung von Verwaltungshochschulen und -studiengängen in Deutschland widerspiegeln (vgl. Bogumil et al. 2006: 23). Neben Interdisziplinarität zeichnet sich die Verwaltungsforschung durch eine große Praxisnähe aus, sodass neben empirisch-deskriptiver Forschung zahlreiche Arbeiten mit normativ-präskriptivem Charakter zu finden sind, beispielsweise in Form von Evaluationen oder Handlungsanleitungen.

Hinsichtlich des Forschungsstandes der vergleichenden Verwaltungsforschung ist seit den 1990er wiederholt festgestellt worden, dass ein Mangel an international vergleichenden Untersuchungen besteht. So betitelt Derlien 1992 die vergleichende Verwaltungsforschung in Europa als »rather comparable than comparative« (278) und auch noch um die Jahrtausendwende stellt er (v. a. für die deutsche Verwaltungsforschung) fest, dass zwar international vergleichende Studien vorgelegt wurden, das Forschungsfeld aber noch immer ein großes Potential bietet (vgl. Derlien 2000). Hierbei ist zu beachten, dass auch intra-nationale Studien von kommunalen Einheiten oder Bundesländern vergleichende Ansätze und Methodiken anwenden und daher nach Ansicht der Verfasser ebenso unter der vergleichenden Verwaltungsforschung zu fassen sind.

Ein spezifischer Gegenstand der politikwissenschaftlichen Verwaltungsforschung ist der Vergleich von nationaler Verwaltungspolitik. Diese wird definiert als

> »die von der legitimierten politischen Führung mittels Entwicklung, Durchsetzung und Kontrolle von Prinzipien administrativen Handelns ausgeübte Steuerung der Inhalte, Verfahren und Stile der Verwaltungstätigkeit, sowie der Organisations- und Personalstruktur der Verwaltung« (Böhret 1983: 36 f.).

Verwaltungsreformen oder Modernisierungsprozesse sind dabei ein zentrales Untersuchungsfeld, da sowohl der diachrone wie auch der synchrone Vergleich Antworten auf die Frage geben kann, in welchem Umfang Verwaltung(-spolitik) einen Einfluss auf den politischen Prozess hat.

Verwaltungsaufbau und -organisation in Deutschland

Bezüglich der Organisationsstruktur kann man grundsätzlich zwischen Gebiets- und Aufgabenorganisationsmodell unterscheiden (vgl. Bogumil/Jann 2009: 85 ff., vertiefend Benz 2002):

Das Gebietskörperschaftsprinzip manifestiert sich in der territorial organisierten Verwaltung und zeichnet sich durch eine horizontale Gliederung in Körperschaften aus, die sich auf einen bestimmten Raum beziehen und eine Vielzahl von Verwaltungsfunktionen bündeln. Dahingegen ist das Aufgabenprinzip in der funktional organisierten

Verwaltung mit vertikal gegliedertem Behördenapparat verwirklicht, in dem Verwaltungsaufgaben spezialisiert und zentralisiert erbracht werden.

In der deutschen Verwaltungsgliederung finden sich beide Organisationsmodelle wieder: Zum einen ist die Verwaltung in drei territoriale Handlungsebenen gegliedert, die mehr oder weniger unabhängig voneinander agieren. Die Bundesverwaltung umfasst die Bundesregierung, den Bundeskanzler und die Bundesminister als oberste Bundesbehörden sowie nicht-ministerielle oder nachgeordnete Behörden. In Gesetzgebungsbereichen des Bundes existiert die bundeseigene Verwaltung, zu der beispielsweise das Auswärtige Amt, die Bundesfinanzverwaltung, der Bundesgrenzschutz oder der Bundesnachrichtendienst zählen (Art. 87 GG). Dazu kann die Bundesregierung Verwaltungsvorschriften erlassen und eigene Behörden einrichten (originäre Bundesverwaltung, Art. 86 GG). Ein Großteil der Aufgaben wird allerdings von der Landesverwaltung erledigt, die in der Regel für die Ausführung von Bundesgesetzen, von Gesetzen der Länderparlamente (originäre Landesverwaltung, Art. 84 und Art. 30 GG) sowie von Bundesgesetzen im Auftrag des Bundes (Bundesauftragsverwaltung, Art. 85 GG) verantwortlich ist. Die Landesverwaltung untergliedert sich je nach Bundesland in zwei- bis drei Verwaltungsstufen. Während die Flächenländer meist einen dreistufigen Aufbau besitzen, verfügen die Stadtstaaten und einige Bundesländer nur über zwei Verwaltungsstufen. Als dritte Verwaltungsebene ist die kommunale Selbstverwaltung (Art. 28 Abs. 2 GG) zu nennen, wozu Gemeinden sowie Landkreise (Kommunalverbände), kreisfreie und kreiszugehörige Städte zählen. Staatsrechtlich sind die Kommunen von der Landesebene abhängig, beispielsweise entscheiden die Länder über die Kommunalverfassungen. Neben diesen territorialen Gebietskörperschaften bestehen in Deutschland Sonderbehörden bzw. Zweckverbände, die Fachaufgaben erfüllen und damit dem Aufgabenorganisationsmodell entsprechen. Darunter fallen die Bundesagentur für Arbeit auf Bundesebene oder das Finanzamt.

Vergleicht man den Verwaltungsaufbau mit der föderalen Gliederung Deutschlands, so zeigt sich, dass beide voneinander abhängig, also interdependent sind.

Infobox: *Kommunalverfassung und Policies*

Historisch gesehen gab es vier unterschiedliche Kommunalverfassungstypen (Süddeutsche Ratsverfassung, Magistratsverfassung, Norddeutsche Ratsverfassung, Rheinische Bürgermeisterverfassung), die sich durch die kommunalpolitischen Reformen der Gemeindeordnungen stark angenähert und im Wesentlichen der Süddeutschen Ratsverfassung angeglichen haben. Dennoch gibt es weiterhin gravierende Unterschiede in den Kommunalverfassungen. Bogumil und Holtkamp (2006) haben die Gemeindeordnungen der Flächenländer im Zeitraum 2003 bis 2012 ausgewertet und dabei die Kompetenzen des Bürgermeisters sowie des Gemeinderats empirisch erfasst. In den letzten Jahren hat sich die Süddeutsche Ratsverfassung fast in ganz Deutschland durchgesetzt. Die Literatur zu Policy-Wirkungen zeigt dabei, dass die Kommunalverfassung entscheidenden Einfluss auf verschiedene Output-Indikatoren hat. So führt ein starker Bürgermeister (bzw. ein hoher Wert des

Kommunalverfassungsindex) zum Beispiel zu geringerer Verschuldung (Wagschal 2015).

Vergleichende Perspektiven auf Verwaltung

Im Folgenden werden Typologien dargestellt, anhand derer die Verwaltungssysteme verschiedener Staaten verglichen werden können. Über abstrakte, idealtypische Taxonomien hinaus existieren konkrete, quantifizierende Indikatoren, die einzelne Aspekte der Verwaltung vergleichend in den Blick nehmen.

Typologien unterschiedlicher Rechts- und Verwaltungstraditionen

Der Ansatz des historischen Institutionalismus geht davon aus, dass »the values and understandings embedded within state structures will be among the principal influences shaping how the state and its component parts function« (Peters 2000). Ein wesentliches Element für die Ausgestaltung von Verwaltungssystemen ist demnach die Rechtstradition eines Landes. Grundsätzlich unterscheiden sich die angelsächsische und die kontinentaleuropäische Tradition sowohl in ihrem Verständnis vom Staat als auch in ihrem Verhältnis zum Staat. So basiert die angelsächsische Rechtstradition auf dem *Common Law*, das sich Anfang des 17. Jahrhunderts in der Auseinandersetzung zwischen Parlament und Krone mit dem Ziel der Einhegung monarchischer Macht zu entwickeln begann. Zudem ist ihr Staatsverständnis stark von vertragstheoretischen Elementen geprägt. Die kontinentaleuropäische Tradition hingegen geht von einem organistischen Staatsverständnis aus, in dem Staat und Gesellschaft eng ineinander verwoben sind. Außerdem kann die Rechtskodifizierung, insbesondere unter Napoleon und Bismarck, als ein Instrument des entstehenden Nationalstaates verstanden werden, seine Machtposition zu festigen und auszubauen (vgl. La Porta et al. 1999: 231 f., Painter/Peters 2010a: 5 f.).

Ausgehend von diesen Rechtstraditionen erfolgt unter Hinzunahme weiterer Kriterien wie dem Grad der Politisierung der Verwaltung oder der Rollenwahrnehmung durch die Bürokraten eine Einordnung in vier Verwaltungskulturen (vgl. Painter/Peters 2010a: 6 ff.): eine angelsächsische sowie eine kontinentaleuropäische, die sich wiederum in eine deutsche, eine französische und eine skandinavische Variante untergliedern lässt (vgl. u. a. Painter/Peters 2010b, Peters 2000, Kuhlmann 2010a: 141 ff., Lippert/Umbach 2005: 61–71, Haensch/Holtmann 2008: 614 ff.):

Die angelsächsische Verwaltungstradition folgt dem Ideal der *Stateless Society* (Stillman nach Peters 2000), d. h. einer strikteren Trennung von Staat und Gesellschaft. Eine verfassungsrechtlich herausgehobene Stellung der Verwaltung, etwa in Form eines Beamtenrechts, ist nicht bekannt. Nichtsdestotrotz sind Bürokratien in anglo-amerikanischen Staaten einflussreiche politische Akteure, da ihnen durch den Gesetzgeber, dem gegenüber die Verwaltung verantwortlich ist, weitreichende Handlungsspielräume in der Umsetzung von Politiken überlassen werden.

Im Gegensatz dazu zeichnet sich die kontinentaleuropäisch-deutsche Variante durch die Bedeutung des gesetzten Rechts aus und betont die herausgehobene Stellung des Beamten als Diener und Repräsentant des Staates, der in der Regel ein Jurastudium genossen hat. Da die deutsche Verwaltungskultur das Subsidiaritätsprinzip betont, ist die Verwaltung in hohem Maße dezentral organisiert und mit weitreichenden Kompetenzen ausgestattet.

Im Unterschied dazu ist die kontinentaleuropäisch-französische Verwaltungskultur viel stärker zentralisiert und funktional organisiert. Die starke Stellung subnational-dezentralisierter Einheiten ist der französischen Tradition weitgehend fremd. Gemeinsam mit der deutschen Variante ist ihr wiederum die herausgehobene Stellung des Beamten als Staatsdiener, was unter anderem in den Kaderschmieden der Verwaltungsausbildung zum Ausdruck kommt.

Die skandinavische Variante ist heterogen, verbindet sie doch Elemente aus der angelsächsischen und der kontinentaleuropäischen Verwaltungskultur. In den unitarisch verfassten Staaten Skandinaviens genießen die dezentralen Verwaltungseinheiten teilweise größere Autonomie als in den europäischen Föderalstaaten. Mit der angelsächsischen Tradition wiederum verbindet sie ein offenes Rekrutierungssystem und Werte wie Transparenz oder Informationsfreiheit.

Abbildung 14.1 ordnet ausgewählte EU- und OECD-Staaten den unterschiedlichen Verwaltungstraditionen zu. Allerdings ist eine eindeutige Zuordnung einzelner Staaten nicht immer möglich. So werden etwa die Niederlande, Belgien oder Spanien einmal der deutschen Tradition zugeordnet (Lippert/Umbach 2005: 62), in anderen Studien aber der französischen (Haensch/Holtmann 2008: 614). Darüber hinaus finden sich

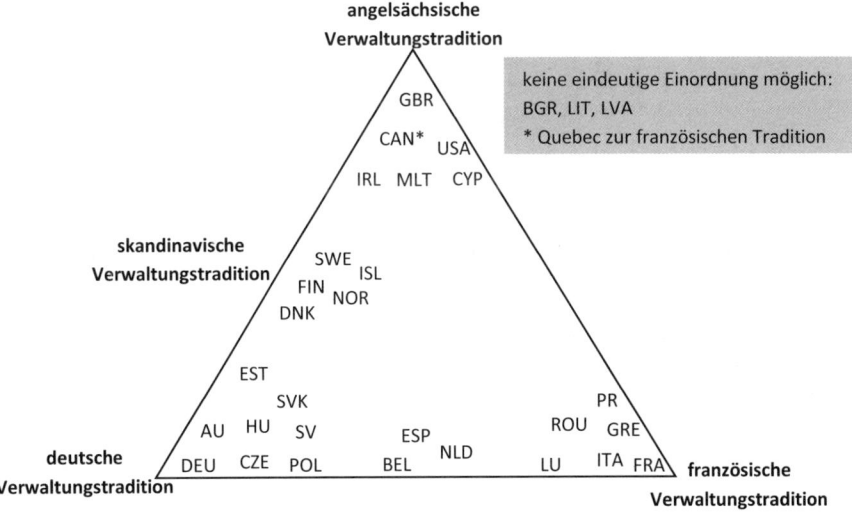

Abb. 14.1: Verwaltungstraditionen ausgewählter EU- und OECD-Staaten
Quellen: eigene Darstellung anhand Haensch/Holtmann 2008: 614, Lippert/Umbach 2005: 68, Demmke et al. 2006: 15 und Peters 2000.

auch weitere Typen wie eine mediterrane Verwaltungskultur in Zypern, Spanien, Italien, Portugal und Griechenland (Demmke et al. 2006: 15). Mit der Osterweiterung wurde versucht, die neuen Mitgliedstaaten der EU in die bestehende Typologie einzuordnen. Hierbei ist jedoch zu fragen, inwieweit diese durch eine sozialistische Rechtstradition geprägt sind und demnach als eigenständiger Typus gesehen werden müssten (La Porta et al. 1999: 231, Lippert/Umbach 2005, Demmke et al. 2006: 15). Als weitere Typen werden eine lateinamerikanische, eine postkoloniale südasiatisch-afrikanische, eine ostasiatische oder eine islamische Verwaltungskultur genannt (Painter/Peters: 2010b).

Beschäftigte im öffentlichen Dienst

Der Anteil der im öffentlichen Dienst beschäftigten Personen an der Erwerbsbevölkerung wird als ein Kriterium zur Beurteilung der Stellung der Verwaltung eines Landes herangezogen.[1] Ein Blick auf die OECD-Staaten zeigt, dass der durchschnittliche **Anteil des öffentlichen Sektors** bei 15 Prozent liegt (▶ **Abb. 14.2**). Allerdings variiert er stark zwischen den einzelnen Ländern. So macht der Anteil der in der Verwaltung Beschäftigten zum Beispiel in Norwegen oder Dänemark nahezu 30 Prozent aus, was teilweise auf die Wohlfahrtsstaatstradition dieser Länder zurückzuführen ist. Auch in Frankreich

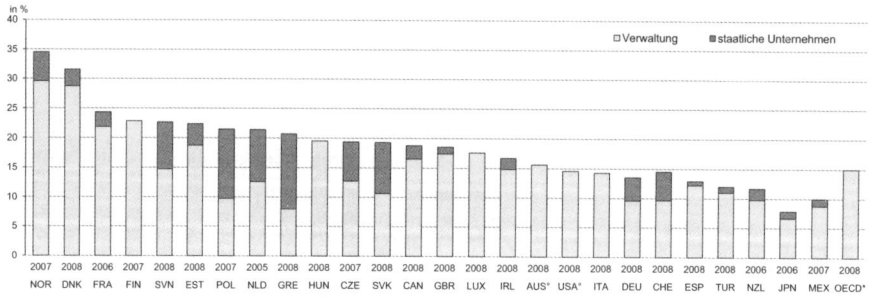

Abb. 14.2: Prozentualer Anteil des öffentlichen Sektors an der Erwerbsbevölkerung in ausgewählten OECD-Ländern (2008)
Anmerkungen:
° Daten für die USA und Australien beziehen sich auf den gesamten öffentlichen Dienst.
* Durchschnitt aller 32 OECD-Staaten
Quelle: OECD 2011: 102 f.

---

1 Als alleiniger Indikator zur Beurteilung der Größe der Verwaltung ist dieses Kriterium mit Vorsicht zu interpretieren und durch weitere Daten, zum Beispiel zum *Outsourcing* öffentlicher Aufgaben oder zu Bereitstellungskosten von öffentlichen Dienstleistungen, zu ergänzen (vgl. OECD 2011: 102).

schlägt sich die zentrale Stellung der Verwaltung in den Beschäftigungszahlen nieder (Haensch/Holtmann 2008: 618, Kuhlmann 2010a: 146). In anderen Staaten wie etwa Deutschland, Schweiz, Neuseeland, Japan, aber auch Polen und Griechenland liegt der Anteil des öffentlichen Sektors bei unter 10 Prozent. Jedoch relativiert sich für letztere das Bild, wenn man die Angestellten in Staatsbetrieben wie zum Beispiel der Post oder der Eisenbahn hinzurechnet. Hier liegt der Anteil für Griechenland bei 12,8 Prozent und für Polen bei 11,7 Prozent (OECD 2011: 102 f.), wodurch der Gesamtanteil beim Staat beschäftigter Personen ebenfalls bei über 20% liegt.

Als Indikator für die **Dezentralisierung** der Verwaltung kann auf den Anteil der auf subnationaler Ebene im öffentlichen Dienst Beschäftigten zurückgegriffen werden. Im Allgemeinen ist davon auszugehen, dass je größer dieser ist, desto mehr Verantwortungsbereiche auf gliedstaatlicher und lokaler Ebene angesiedelt sind (OECD 2011: 104). In acht Staaten – Neuseeland, Irland, Türkei, Griechenland, Israel, Portugal, Luxemburg und Italien – ist die Verwaltung mehrheitlich auf der zentralstaatlichen Ebene angesiedelt. Dass Einheitsstaaten aber nicht zwangsläufig über einen hohen Grad an Zentralisierung verfügen, zeigen die Beispiele Japan und die skandinavischen Staaten. Föderale Staaten wie Deutschland, die Schweiz und die USA weisen ein hohes Maß an Dezentralisierung der Bürokratie auf (▶ **Abb. 14.3**). Dabei ist die Verteilung zwischen den Ebenen in den 2000er Jahren relativ stabil geblieben, wobei einige Ausnahmen hervorzuheben sind. So haben Tschechien, Japan und Spanien ihre Verwaltungen zwischen 2000 und 2008 weitgehend dezentralisiert, wohingegen Norwegen den umgekehrten

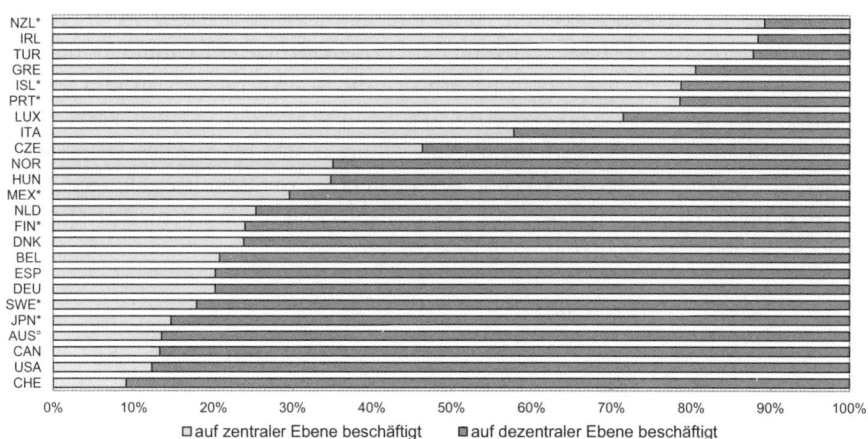

Abb. 14.3: Zentralisierung und Dezentralisierung der Verwaltung in ausgewählten OECD-Ländern (2008)
Anmerkungen:
° Daten zu den USA und Australien beinhalten sowohl Verwaltung als auch andere Körperschaften des öffentlichen Rechts.
* Daten für Japan, Neuseeland und Portugal von 2006; für Finnland, Israel, Mexico und Schweden von 2007.
Quelle: OECD (2011: 104 f.).

Weg beschritten und seine Verwaltungsstäbe auf zentralstaatlicher Ebene ausgebaut hat (vgl. OECD 2011: 104 f.).

Neben solchen quantitativen Größen wird der Grad der Offenheit bzw. Geschlossenheit von Verwaltungssystemen untersucht. Hier können zwei Typen unterschieden werden: das **Laufbahnsystem** (*Career-Focused*) und das **Positionssystem** (*Position-Focused*). Es wird davon ausgegangen, dass die unterschiedlichen Rekrutierungs- und Beförderungsmuster einerseits und die Verwaltungskulturen andererseits sich gegenseitig beeinflussen (OECD 2005: 4). Laufbahnsysteme zeichnen sich durch eine hohe Geschlossenheit aus. Sie trennen zwischen allgemeinem und öffentlichem Arbeitsrecht (Beamtenstatus). Die Einstellung erfolgt nach Erlangung einer qualifizierenden Bildungsstufe auf Lebenszeit und befördert wird auf Grundlage von Seniorität, was Seiteneinstiege in die Verwaltungskarriere schwer macht. Positionssystemen hingegen ist ein Beamtenstatus auf Lebenszeit sowie das Senioritätsprinzip weitgehend fremd. Vielmehr wird hier versucht, den geeignetsten Kandidaten für eine Verwaltungsposition zu rekrutieren – egal ob dieser seine Karriere innerhalb oder außerhalb der Bürokratie gemacht hat. Die Mobilität zwischen privatem und öffentlichem Sektor ist somit größer (vgl. OECD 2005: 4 ff., Demmke et al. 2006: 16 f., Schnapp 2006: 338 f.).

In ihrer Reinform kommen diese Idealtypen nur selten vor, sodass eine eindeutige Einordnung schwer fällt (▶ **Abb. 14.4**). Vielmehr wird versucht, durch Kombination unterschiedlicher Elemente beider Personalsysteme einen Ausgleich zwischen den jeweiligen Stärken und Schwächen zu erzielen. Laufbahnsystemen wird generell ein kontinuierlicheres und kohärenteres Verwaltungshandeln zugeschrieben, während geringere Anreize zur Responsivität und Professionalität bestehen. Letztere Eigenschaften erfüllen Positionssysteme besser, allerdings auf Kosten geringerer Kontinuität und Kohärenz. In den vergangenen Jahren nähern sich die Realtypen somit an und Mischsysteme (*Department-Focused*) entstehen. Staaten mit Laufbahnsystemen stärken ihre Wettbewerbskomponenten etwa bei der Einstellung in den öffentlichen Dienst oder durch Leistungsanreize bei der Vergütung, etwa in Form von Prämienzahlungen. Positionssysteme hingegen versuchen ihre Personalabteilungen stärker zu zentralisieren (vgl. OECD 2005, Haensch/Holtmann 2008: 615).

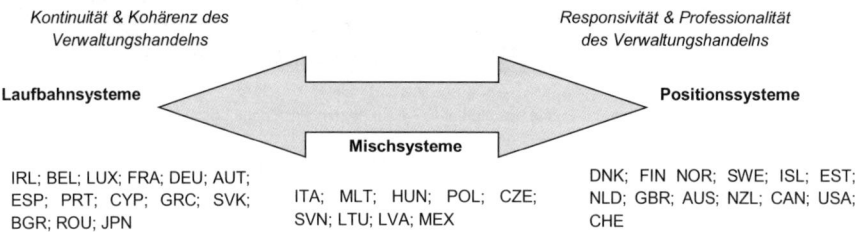

Abb. 14.4: Idealtypische Einordnung von Personalsystemen ausgewählter EU- und OECD-Staaten
Quellen: eigene Darstellung nach OECD 2005: 17 f., Haensch/Holtmann 2008: 616 und Demmke et al. 2006: 17.

Verwaltung im Wandel: New Public Management und E-Government

Das administrative System muss sich beständig den sich verändernden gesellschaftlichen und politischen Rahmenbedingungen und Anforderungen anpassen. Im Zuge der wirtschaftlichen Konfliktlagen und der Finanzierungsprobleme des Wohlfahrtsstaates seit Ende der 1970er Jahre kam es in Wissenschaft und Politik zu einem Paradigmenwechsel hin zu neoliberalen Ideen. Dabei sind die Verwaltungsreformen der vergangenen drei Jahrzehnte eng mit dem Begriff des **New Public Management** (NPM) verbunden (vgl. statt vieler Pollitt/Bouckaert 2011, Naschold/Bogumil 2000). Ausgehend von der Vorstellung eines schlanken Staates wurden im Konzept des NPM sowohl Reformen hinsichtlich der Beziehung von Staat und Markt (externe Dimension) als auch hinsichtlich der Binnenorganisation der Verwaltungsstrukturen (interne Dimension) formuliert. Aus letzterer Perspektive sollten Verwaltungen wie private Wirtschaftsbetriebe geführt werden. Gemäß dem Leitgedanken »let managers manage« (OECD 2010: 55) tragen Elemente wie zum Beispiel die betriebswirtschaftliche Haushaltsführung, die Einführung neuer Controlling-Instrumente oder die Kontrolle der Performanz dazu bei, die bestehenden Organisationsstrukturen aufzubrechen und die Sphären Politik und Verwaltung klarer voneinander zu trennen. Im externen Verhältnis tritt der Staat zugunsten des Marktes zurück, der Wettbewerb wird gestärkt und der Bürger als Kunde ins Zentrum gerückt (Kuhlmann 2010a: 155, Kuhlmann 2010b: 1116).

Zwar wurden in verschiedenen Ländern ähnliche Diskussionen über die Einführung von NPM geführt (vgl. Wollmann 2002), allerdings konnte die vergleichende Verwaltungsforschung zeigen, dass die Reformen sowohl in ihrer Zielsetzung als auch in ihrer Umsetzung entsprechend der vorgefundenen Kontextfaktoren stark variieren. Hier spielen zum einen die unterschiedlichen Verwaltungskulturen (siehe voriger Abschnitt), zum anderen der Aufbau des PAS (föderal vs. unitarisch; dezentralisiert vs. zentralisiert) (▶ **Kap. 7**) eine wesentliche Rolle. So reformierten einige angelsächsische Länder wie Großbritannien, Neuseeland oder die USA ihre Bürokratie strikt nach den Empfehlungen des NPM. Sie verkleinerten den öffentlichen Sektor und übertrugen Kompetenzen auf die Privatwirtschaft. Dies sollte einerseits den Wettbewerb steigern und andererseits den Bürger in seiner Konsumentenrolle stärken. Den skandinavischen Ländern hingegen ging es weniger darum, den staatlichen Sektor zurückzufahren. Zielsetzung ihrer Reformen war vielmehr, das Potential von NPM zur Evaluierung von staatlichen Leistungen und zur Herstellung von Transparenz zu nutzen. Den kontinentaleuropäischen Staaten wurde lange Zeit eine gewisse Reformresistenz zugeschrieben. Allerdings haben auch sie einzelne Maßnahmen des NPM umgesetzt und verbinden in einer neuen Form der »Neo-Weberianischen Verwaltung« (Bouckaert 2006) Elemente der klassischen Verwaltung mit einer stärkeren Managementausrichtung (vgl. Pollitt/Bouckaert 2011, Kuhlmann 2010a: 155f., Schnapp 2006: 339f.).

Mit der Entwicklung der Informationsgesellschaft verstärkt sich der Reformdruck auf das PAS weiter. Unter **E-Government** versteht die OECD »die Nutzung von Informations- und Kommunikationstechnologien (IKT), insbesondere des Internets, als

Hilfsmittel, um Verwaltungsaufgaben besser nachkommen zu können« (OECD 2003: 2). Dabei ist umstritten, ob die einhergehenden Anpassungsprozesse eine neue Qualität besitzen und das Paradigma des NPM ablösen (Dunleavy et al. 2005) oder ob die Entwicklungen rund um das E-Government lediglich eine neue Stufe innerhalb des Ideengebäudes des NPM darstellen (de Vries 2010). Die zentralen Zielvorgaben, welche die OECD-Staaten mit dem Ausbau von E-Government verbinden, untermauern eher letzteres, spiegeln sie doch weitgehend jene wider, die bereits im NPM formuliert wurden. Hierzu zählen unter anderem die Vereinfachung des Verwaltungsprozesses und Entbürokratisierung, die Effizienzsteigerung innerhalb der Verwaltung, die Reduzierung der Kosten für öffentliche Haushalte wie für den Bürger, die Erhöhung der Responsivität sowie die Förderung von Innovationen (OECD 2011: 98 f.).

Einen Zugang zur Analyse der Leistungsfähigkeit von Staaten im Bereich der Bereitstellung von IKT bietet der **United Nations E-Government Development Index** (EGDI). Dieser versucht, auf einer Skala von 0 bis 1 »the willingness and capacity of national administrations to use information and communication technology to deliver public services« mit Hilfe von Expertenbefragungen zu erfassen (UN 2012: 119). Dabei setzt sich der EGDI gleichgewichtet aus drei Teilindizes zusammen (vgl. UN 2012: 117–125):

- erstens dem quantitativen und qualitativen Angebot an staatlichen Onlineressourcen,
- zweitens der bestehenden IKT-Infrastruktur
- und drittens einem Index, welcher das Bildungsniveau mittels Alphabetisierungsgrad und Schulbesuch misst.

Im EGDI nehmen Südkorea, die Niederlande und Großbritannien die Spitzenplätze ein. Insgesamt finden sich nahezu alle Staaten der OECD und der EU unter den Top 50 wieder. Allerdings bestehen deutliche Unterschiede innerhalb dieser Ländergruppe. Während sich die skandinavischen, angelsächsischen und westlichen Staaten Kontinentaleuropas weitgehend auf den vorderen Plätzen befinden, schneiden die baltischen (mit Ausnahme Estlands) sowie die süd- und osteuropäischen Staaten deutlich schlechter ab (vgl. UN 2012: 126).

Der EGDI sagt allerdings nichts über die tatsächliche Nutzung von online verfügbaren Ressourcen der Verwaltungen aus. So belegen beispielsweise Daten der OECD, dass nur in wenigen Ländern eine Mehrheit der Bürger tatsächlich auf das von staatlicher Seite bereitgestellte Angebot zurückgreift. Hier nehmen vor allem die skandinavischen Länder sowie Irland die vorderen Platzierungen ein. Auffällig ist dabei, dass nicht nur die Bürger der süd- und osteuropäischen Staaten, deren Institutionen geringe Online-Ressourcen anbieten, diese selten nutzen. Auch Bürger der USA, Australiens, Japans und der Schweiz, die eigentlich über ein gut ausgebautes Angebot von E-Government-Kapazitäten verfügen, nehmen dieses nur in geringem Umfang in Anspruch (▶ **Abb. 14.5**).

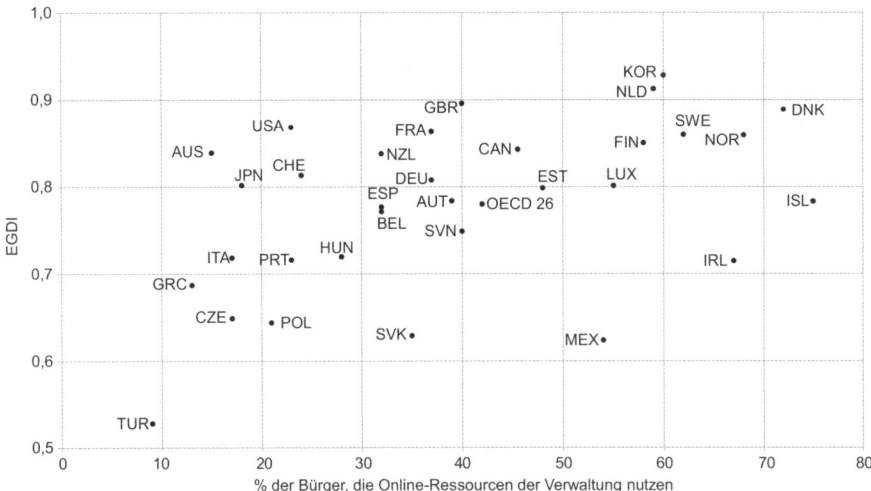

Abb. 14.5: Bereitstellung von Online Ressourcen und deren Nutzung durch die Bürger in ausgewählten OECD-Staaten
Quellen: eigene Darstellung nach OECD 2011: 170f. und UN 2012: 126.

Dabei sind die Unterschiede in der Nutzung von staatlichen Online-Ressourcen auf Faktoren zurückzuführen, wie beispielsweise die Altersstruktur der Gesellschaften, unterschiedliche Computerkenntnisse innerhalb der Bevölkerungen, den Zugang zum Internet oder unterschiedlichen kulturellen Einstellungen zu Online-Angeboten im Allgemeinen (OECD 2011: 170f.). Bis dato nicht untersucht ist, inwieweit die unterschiedliche Nutzung mit bereits angesprochenen Charakteristika des Verwaltungssystems wie der Verwaltungskultur oder dem Dezentralisierungsgrad zusammenhängt.

Das Diktum von Hans-Ulrich Derlien, die Verwaltungsforschung sei »rather comparable than comparative« (1992: 278), trifft in dieser Schärfe sicherlich nicht mehr zu. Mit zunehmender Datenerhebung und -ausweitung verbessern sich auch die Voraussetzungen für komparative Studien. Demnach bietet die Verwaltungsforschung auch in der Zukunft noch einigen Raum für vergleichend angelegte Analysen.

Kommentierte Literaturempfehlungen

Bogumil, Jörg/Jann, Werner (2009): Verwaltung und Verwaltungswissenschaft in Deutschland. Einführung in die Verwaltungswissenschaft. Wiesbaden.
Ein umfassendes und gut strukturiertes Lehrbuch, das die Grundlagen der deutschen Verwaltungswissenschaft anschaulich darstellt.
Bogumil, Jörg/Jann, Werner/Nullmeier, Frank (Hrsg.) (2006): Politik und Verwaltung (PVS Sonderheft 37). Wiesbaden.
Der Band versammelt verschiedene (politikwissenschaftliche) Perspektiven auf Verwaltung; der Stand der vergleichenden Verwaltungsforschung wird darin von Schnapp pointiert dargestellt.

Pollitt, Christopher/Bouckaert, Geert (2011): Public Management Reform: A Comparative Analysis – New Public Management, Governance, and the Neo-Weberian State. 3. Aufl., Oxford. *Standardtextbuch zur NPM-Reform. Der Band untersucht aus vergleichender Perspektive zwölf Staaten und die EU hinsichtlich neuester Verwaltungsentwicklungen. Besonders lohnenswert ist der ausführliche Datenapparat im Anhang zu den einzelnen Untersuchungsländern.*

15 Vergleichende Staatstätigkeitsforschung: Entwicklungslinien – Heidelberger Schule – integrative Erklärungsansätze

Georg Wenzelburger, Frieder Neumann

Einleitung

Warum gibt Dänemark fast doppelt so viel Geld aus wie Südkorea? Weshalb sind in den Niederlanden weniger Menschen arbeitslos als in Portugal? Wie lassen sich die Unterschiede in der Umweltpolitik zwischen Deutschland und Großbritannien erklären? Fragen wie diese beschreiben das zentrale Erkenntnisinteresse der international vergleichenden Staatstätigkeitsforschung: die Erklärung von Unterschieden und Gemeinsamkeiten nationalstaatlicher *Public Policies* – um den geläufigen englischen Begriff zu verwenden. Dieses Forschungsfeld, welches sich im Laufe der vergangenen vier Jahrzehnte zu einer bedeutsamen Subdisziplin der Vergleichenden Regierungslehre entwickelt hat, steht im Zentrum dieses Kapitels. Nach einem kurzen Überblick über die historische Entwicklung der Staatstätigkeitsforschung und einer Eingrenzung des Untersuchungsgegenstands legt der Beitrag sein Hauptaugenmerk auf die zentralen Ursachen, welche in den Theorieansätzen der Staatstätigkeitsforschung für zwischenstaatliche Policy-Unterschiede verantwortlich gemacht werden. Die Diskussion erfolgt in zwei Schritten: Zunächst werden Ansätze vorgestellt, in deren Zentrum eine zentrale erklärende Variable (z. B. Parteien oder Institutionen) steht; in einem zweiten Teil werden sodann integrative Erklärungsansätze vorgestellt, die mehrere Variablen für die Erklärung von Staatstätigkeit kombinieren und in Beziehung zueinander setzen.

Untersuchungsgegenstand und Entwicklung der Staatstätigkeitsforschung

Der Untersuchungsgegenstand der vergleichenden Staatstätigkeitsforschung besteht in den Public Policies von Nationalstaaten, fokussiert also auf den Policy-Aspekt der Trias der Politikwissenschaft aus *Policy*, *Politics* und *Polity*. Entsprechend definiert Manfred G. Schmidt Staatstätigkeit als

> »Politik (im Sinne von Policy) des Staates oder einzelner Staatsorgane, insbesondere [...] das Tun und Lassen von Regierungen, mitunter auch das der Mitregenten« (Schmidt 2010: 771).

Staatstätigkeitsforscher streben mittels eines Vergleichs unterschiedlicher Länder (oder auch Gliedstaaten) an, die Unterschiede und Gemeinsamkeiten der Staatstätigkeit in verschiedenen Politikfeldern herauszuarbeiten und zu erklären. Dabei nehmen sie in ihren Studien sowohl Policy-Outputs, insbesondere in Form von Gesetzen, als auch Policy-Outcomes wie soziale Ungleichheit in den Blick (▶ Infobox).

Infobox: *Staatstätigkeit*

Binnen-Differenzierungen von Staatstätigkeit

Staatstätigkeitsforscher unterscheiden zwei Arten von Policies: einerseits **Outputs** und andererseits **Outcomes.** Outputs bezeichnen die konkreten staatlichen Interventionen, also etwa Gesetze oder Staatsausgaben, mit denen versucht wird, ein bestimmtes Ziel zu erreichen. Outcomes hingegen meinen den Grad der tatsächlichen Zielerreichung, beispielsweise inwieweit höhere Sozialleistungen zu einer Verringerung der Einkommensungleichheit geführt haben. Damit hängen die Outcomes davon ab, wie die Menschen auf die Outputs reagieren. Diese Reaktion wird manchmal auch als **Impact** der Policies bezeichnet.

Eine weitere wichtige Unterscheidung geht auf Theodore Lowi (1972) zurück, der zwischen **distributiven, redistributiven, regulativen und konstitutiven Policies** differenziert. Diese Unterscheidung ist auch deshalb relevant, da sie Aussagen über die Konflikthaftigkeit von Staatstätigkeit erlaubt: Wenn Politiker redistributive (umverteilende) Politik umsetzen wollen (z.B. Kürzung von Sozialleistungen) ist mit größeren Widerständen zu rechnen als bei distributiven Politiken, von denen die ganze Gesellschaft oder große Gruppen profitieren, zumindest aber niemand verliert (z.B. Bau von Schulen, Subventionen). Regulative Politik meint Policies, die Regeln für das Verhalten privater Akteure aufstellen (z.B. Umweltschutz), wohingegen konstitutive Policies sich stärker auf die Regierung und Verwaltung beziehen (z.B. Außenpolitik, Verwaltungsreform).

Messung von Staatstätigkeit

Die Operationalisierung von Staatstätigkeit in einem bestimmten Politikfeld ist auf unterschiedliche Weise möglich. Viel hängt dabei vom Fokus der Forschung ab – ob etwa Outputs oder Outcomes untersucht werden sollen. Die direkteste Messung der Policy-Outputs ist die **Analyse von Gesetzgebung.** Diese kann qualitativ erfolgen, etwa in Form einer Prozessanalyse der Entstehung eines Gesetzes, oder quantitativ, etwa durch Auszählung der Gesetzesänderungen in einem bestimmten Politikfeld. Häufig wählen Staatstätigkeitsforscher auch die **Staatsausgaben** in einem Politikfeld, um Policies zu messen. Der Rückgriff auf den Staatshaushalt ermöglicht zwar eine genaue Messung der Staatstätigkeit, ist jedoch auch mit Problemen behaftet, da intervenierende Variablen zu beachten sind. Misst man zum Beispiel die Generosität des Sozialsystems über die Sozialausgaben, ist zu beachten, dass die Zahl der Empfänger von Sozialleistungen einen wichtigen Einfluss ausübt – das sog. *Dependent Variable Problem* in der Wohlfahrtsstaatsforschung (▶ **Kap. 16**).

Die Messung von Policy-Outcomes ist auf viele Weisen möglich und hängt stark vom untersuchten Politikfeld ab. Untersuchungen zur Sozialpolitik werden eher auf **sozialstrukturelle Daten** zurückgreifen (z.B. Armut), Studien zur Umweltpolitik könnten beispielsweise Daten zur Umweltbelastung nutzen (z.B. Emissionen). Grundsätz-

---

> lich ist auch hier zu beachten: Die Entfernung zur Arena der politischen Entscheidung ist vergleichsweise weit, da nicht nur die politischen Entscheidungen das Outcome beeinflussen, sondern auch die gesellschaftlichen Reaktionen auf die Policy-Outputs.

Die Entstehung der Staatstätigkeitsforschung in Deutschland lässt sich auf zwei Traditionen zurückführen. Zum einen steht die deutsche Policy-Forschung in der Tradition der sogenannten Polizeywissenschaft aus dem 17. und 18. Jahrhundert, die sich als umfassende Staatswissenschaft verstand und in diesem Sinne »sowohl Gesetzgebungs-, Regierungs-, und Verwaltungslehre« beinhaltete, sich also bereits mit »empirisch wahrnehmbaren Staatstätigkeiten« (Bogumil/Jann 2009: 29) befasste. Zum anderen liegen die Anfänge der deutschen Staatstätigkeitsforschung in den 1970er Jahren und knüpfen an die anglo-amerikanische, »praxisnahe management- oder verwaltungswissenschaftlich orientierte« (Schmidt 1988: 1) Tradition der Policy-Forschung und der Vergleichenden Regierungslehre an. Die systematische politikwissenschaftliche Erforschung von Public Policies setzte dort bereits nach dem Zweiten Weltkrieg ein und nahm spätestens mit dem Band *Comparative Public Policy* (Heidenheimer et al. 1976) auch den internationalen Vergleich in den Blick. Deutsche Politikwissenschaftler wie Fritz Scharpf ließen sich von den amerikanischen Ideen inspirieren und begannen, die Möglichkeit politischer Steuerung und Planung sowie die Wirksamkeit von Staatstätigkeit zu evaluieren (Scharpf/Mayntz 1973). Studien aus dieser Zeit sind von einem vergleichsweise großen Steuerungsoptimismus geprägt und fassen das *Policy-Making* als Abfolge einzelner Schritte auf (z. B. Laswell 1956). Auch wenn diese Vorstellung vom schrittweisen Policy-Making aus heutiger Sicht als zu vereinfacht gilt, hat die Idee von der Entstehung von Staatstätigkeit als Prozess mit aufeinanderfolgenden Phasen ihren Wert als Heuristik behalten und liegt Ansätzen wie dem *Policy-Cycle* (Jann/Wegrich 2009) zugrunde.[1]

Mittlerweile ist die Staatstätigkeitsforschung ihren Kinderschuhen entwachsen. Policy-Forscher erklären die Gemeinsamkeiten und Unterschiede von Staatstätigkeit heute mithilfe unterschiedlicher Theorieansätze und verwenden dazu verschiedene qualitative und quantitative Methoden der empirischen Sozialforschung. Blickt man aus heutiger Perspektive auf die Ergebnisse der Staatstätigkeitsforschung, so zeigt sich ein breites Forschungsfeld mit einer Vielzahl empirischer Studien, die Staatstätigkeit in ganz unterschiedlichen Politikfeldern untersuchen: von der Wirtschafts- und Sozialpolitik über die Finanzpolitik, die Bildungspolitik bis hin zur Umweltpolitik. Insbesondere die Erklärung der zwischenstaatlichen Varianz der Staatsausgaben stand im Zentrum vieler Arbeiten in den vergangenen Jahrzehnten (z. B. Castles 2007). Hierbei fällt nicht nur die unterschiedliche Höhe der Staatsausgaben, sondern insbesondere auch ihre unterschiedliche Zusammensetzung auf (▶ **Abb. 15.1**). So geben die USA im internationa-

---

1 Jüngere Ansätze (etwa das *Advocacy-Coalition Framework* oder der *Multiple-Streams-Ansatz*, vgl. Abschnitt zu den integrativen Erklärungsansätzen) betonen stattdessen die Parallelität verschiedener Prozesse, die Interaktion von Akteuren und Strukturen und das Zusammenwirken von Politikfeldern, die eine schematische Betrachtung schwierig erscheinen lassen.

len Vergleich einen deutlich höheren Prozentsatz ihres Budgets für Verteidigung aus, während Dänemark der Spitzenreiter bei den Sozialausgaben ist (Zahlen von 2010). Deutschland hingegen fällt durch relativ geringe Ausgaben für Bildung auf – zumindest im Vergleich mit Frankreich, Schweden und den USA.

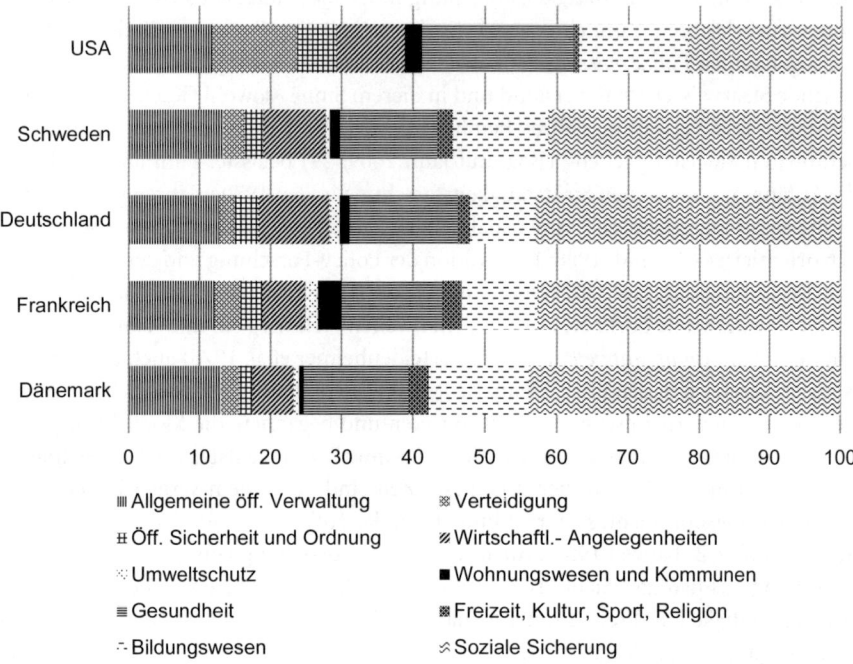

Abb. 15.1: Zusammensetzung der öffentlichen Ausgaben 2010 in % der Gesamtausgaben Datenquelle: OECD National Accounts Database.

Zur Erklärung solcher zwischenstaatlichen Differenzen verfügt die vergleichende Policy-Forschung nicht über ein einheitliches theoretisches Raster. Vielmehr greifen Staatstätigkeitsforscher auf unterschiedliche Erklärungsansätze mittlerer Reichweite zurück, die jeweils verschiedene Erklärungsfaktoren bzw. eine bestimmte Kombination dieser in den Mittelpunkt stellen und für die Beobachtung des empirischen Phänomens verantwortlich machen. Die folgenden zwei Abschnitte stellen die zentralen Theorieansätze vor.

Variablenorientierte Erklärung von Staatstätigkeit: die Heidelberger Schule

Eine sehr einflussreiche Forschungsrichtung der deutschen Staatstätigkeitsforschung wurde von Manfred G. Schmidt am Institut für Politische Wissenschaft in Heidelberg begründet (für einen Überblick: Schmidt 1993). Sie wird daher gemeinhin als

Heidelberger Schule bezeichnet (Zohlnhöfer 2008: 157) und beinhaltet sechs Erklärungsansätze für Staatstätigkeit: Als Ursachen von Staatstätigkeit kommen demnach sozioökonomische Faktoren, parteipolitische Ideologie, Machtressourcen organisierter Interessen, Institutionen, Pfadabhängigkeiten, sowie der internationale Kontext in Frage. Für eine möglichst gute Erklärung von Staatstätigkeit kombinieren empirische Analysen zumeist mehrere Theorieansätze miteinander und ergänzen sie durch politikfeldspezifische Einflussfaktoren. Die Theorieansätze der Heidelberger Schule sind dabei freilich keine deutsche Erfindung. Vielmehr überführt die Schule den internationalen Forschungsstand zu den Bestimmungsfaktoren von Staatstätigkeit (hierzu etwa Castles 2004) in eine einheitliche Heuristik und betont dabei weniger die Unterschiede zwischen den einzelnen Erklärungsansätzen als vielmehr die Möglichkeit der gegenseitigen Ergänzung (Schmidt et al. 2007). In der Folge werden die sechs Theorieansätze kurz vorgestellt und sodann mit Blick auf ihre Erklärungskraft eingeschätzt.

Sozioökonomische Determinanten

Sozioökonomische Erklärungen von Staatstätigkeit stehen im Zusammenhang mit der soziologischen Modernisierungstheorie. Das zentrale Argument lautet wie folgt: Durch Industrialisierung, Wirtschaftswachstum und Modernisierung entstehen **neue gesellschaftliche Probleme**, auf die der Staat mit Staatstätigkeit reagiert. Eine solche Herausforderung ist beispielsweise die Erosion der familiären Pflegestrukturen für ältere Familienmitglieder, auf die der Staat mit der Einrichtung von Altersvorsorge und Pflegeversicherung antwortet. Die sozioökonomische Theorie geht also von einem quasi-automatischen Zusammenhang zwischen neuen sozioökonomischen Problemlagen und sich ausweitender Staatstätigkeit aus. Insofern liefert sie zunächst eine Erklärung für die Entwicklung von Staatstätigkeit über die Zeit. Allerdings wird die sozioökonomische Theorie auch für einen Vergleich zwischen Staaten relevant, da sie vermutet, dass alle Staaten im Modernisierungsprozess ihre Staatstätigkeit gleichermaßen ausweiten, was potenziell zu Konvergenz führt. Wilensky geht zum Beispiel für die Sozialpolitik davon aus, dass

> »economic growth makes countries with contrasting cultural and political traditions more alike in their strategy for constructing the floor beneath which no one sinks« (Wilensky 1975: 27).

Gerade diese Konvergenzvermutung ist jedoch auch eine Schwäche des Erklärungsansatzes, verstellt sie doch den Blick darauf, dass auch innerhalb der Gruppe der (durch den Modernisierungsprozess) entwickelten Länder weiterhin Unterschiede bestehen. Dies zeigt sich auch empirisch: Der sozioökonomische Ansatz eignet sich sehr gut für die Erklärung von Unterschieden zwischen sehr unterschiedlich entwickelten Staaten sowie für die Erklärung der Entwicklungen von Policies über die Zeit. Der Logik des Ansatzes zuwider läuft hingegen der empirische Befund, dass innerhalb der Gruppe der westlichen entwickelten Industriestaaten trotz einer ähnlichen Entwicklung von Staatstätigkeit (Ausweitung nach dem Zweiten Weltkrieg) weiterhin beträchtliche Unterschiede bestehen.

Parteiendifferenz

An dieser Schwäche der sozioökonomischen Ansätze setzt die Parteiendifferenzthese an. Der Nukleus der These lässt sich mit der griffigen Formel *Parties Matter* zusammenfassen: Der parteipolitischen Färbung der Regierung wird durch **ideologische Unterschiede in der Parteiprogrammatik** ein Einfluss auf die Staatstätigkeit unterstellt. Regierungen wird entsprechend eine verhältnismäßig hohe Steuerungsfähigkeit staatlicher Politik attestiert. Entstanden ist die Parteiendifferenzthese aus der Untersuchung wirtschaftspolitischer Unterschiede zwischen linken und rechten Parteien (Bekämpfung von Arbeitslosigkeit vs. Bekämpfung von Inflation) (Hibbs 1977), wobei sich die zentrale Rolle der ideologischen Links-Rechts-Achse zur Differenzierung der Couleur von Regierungsparteien bis in die aktuellen Policy-Analysen gehalten hat.

Auch wenn die Parteiendifferenzthese zunächst einen Zusammenhang auf der Makroebene vermutet, ist über die Theorien des Wahlverhaltens zumindest eine Mikrofundierung möglich. So stellt Zohlnhöfer die Zusammenhänge etwas umfassender dar:

> »Innerhalb eines Elektorates gibt es verschiedene soziale Gruppen, deren Interessen durch politische Parteien vertreten werden. Kommt eine Partei an die Regierung, so wird sie eine Politik durchsetzen, die den Interessen ihrer Klientel entspricht« (Zohlnhöfer 2008: 160).

Bezweifelt wird die Wirksamkeit der Parteiendifferenz zumindest aus zwei Richtungen. Die erste Kritik setzt direkt an den Parteiendifferenzen an und argumentiert mit dem Medianwählertheorem, dass das *Vote-Seeking* der Parteien in einen Wettbewerb um die

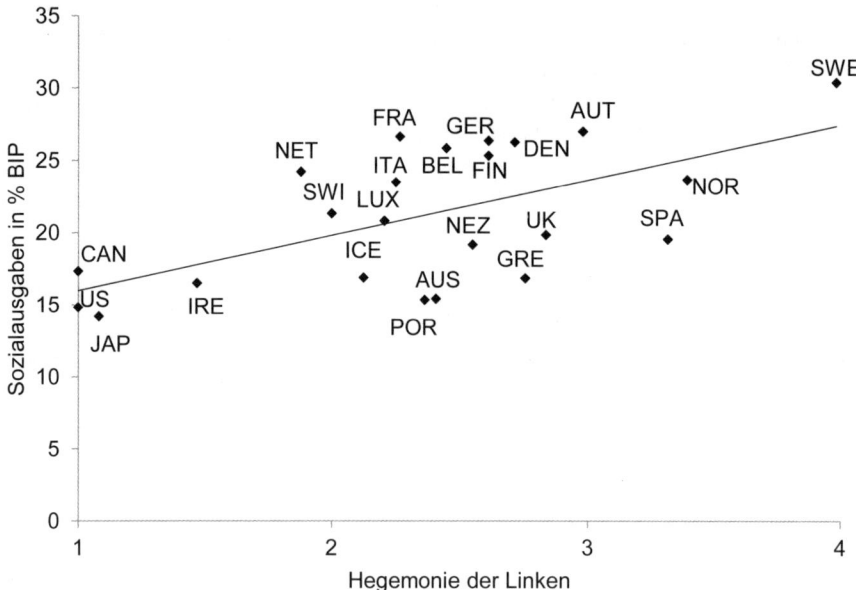

Abb. 15.2: Parteien und Sozialausgaben (Mittelwerte 1980–2005)
Datenquelle: Comparative Political Dataset I.

Mitte mündet und Parteiendifferenzen daher verschwinden. Die zweite Kritik bestreitet nicht, dass ideologische Differenzen zwischen Parteien bestehen, bezweifelt aber, dass sich diese Unterschiede direkt auf die Staatstätigkeit auswirken. So könnten etwa Institutionen, die Globalisierung der Wirtschaft oder fiskalische Austerität Parteien daran hindern, ihre ideologischen Präferenzen in Staatstätigkeit umzusetzen.

Empirisch lässt sich die Annahme eines gänzlichen Verschwindens von Parteieneffekten kaum halten – insbesondere die Höhe der Sozialausgaben in westlichen Industriestaaten lässt sich gut mit der parteipolitischen Ausrichtung der Regierung erklären (▶ **Abb. 15.2**). Allerdings haben mehrere Studien gezeigt, dass in den vergangenen Jahrzehnten der Einfluss von Parteien auf Staatstätigkeit schwindet und oft nur »interaktiv, indirekt und stellenweise« (Wenzelburger 2009) zu finden ist (im Überblick: Häusermann et al. 2013).[2]

Machtressourcentheorie

Ähnlich wie die Parteiendifferenzthese hält auch die Theorie der Machtressourcen organisierter Interessen die Staatstätigkeit für nicht primär durch sozioökonomische Faktoren determiniert. Allerdings sieht sie nicht in der Ideologie der Regierungsparteien, sondern in den **organisierten gesellschaftlichen Machtressourcen** die entscheidende Größe zur Erklärung von Staatstätigkeit. Hierbei lassen sich drei Spielarten unterscheiden, die freilich miteinander in Zusammenhang stehen.

Die marxistisch inspirierte Version der These fokussiert auf den Konflikt zwischen Kapital und Arbeit (Korpi 1983). Die Stärke und der Organisationsgrad der kollektiven Interessen der Kapitalisten bzw. der Arbeiter sowie deren Fähigkeit, Allianzen mit anderen gesellschaftlichen Gruppen zu schmieden, prägen die Staatstätigkeit in einem Land. Die zweite Spielart der Machtressourcentheorie geht auf Mancur Olsons Arbeiten zur Logik des kollektiven Handelns zurück und fokussiert auf die These, dass starke Verbände *Rent-Seeking* betreiben, d. h. den eigenen Vorteil – häufig zu Lasten Dritter – zu maximieren suchen (für einen Überblick: Höpner 2007). Als Konsequenz ergibt sich hieraus eine verminderte gesamtwirtschaftliche Effizienz, was letztlich, so die These, zum »Niedergang der Nationen« führt (Olson 1985). Der These des Niedergangs stehen, drittens, die theoretischen Argumente (und empirischen Befunde) der (Neo-)Korporatismusforschung entgegen. Diese Variante der Machtressourcentheorie hebt die positiven Einflüsse umfassender, gut organisierter und zentralisierter Verbände für die Staatstätigkeit und Steuerungsfähigkeit hervor (Lehmbruch/Schmitter 1982) – zum Beispiel für das Gelingen wirtschafts- und sozialpolitischer Reformen durch konzertierte Abkommen (Jochem/Siegel 2003).

---

2 In diesem Zusammenhang zu erwähnen sind auch Zwei-Wege-Theorien, die einen Einfluss von Regierungscouleur auf die Staatstätigkeit nur dann vermuten, wenn die Konstellation der Gewerkschaften dazu passt – also wenn etwa sozialdemokratische Regierungen auf starke Gewerkschaften oder konservative Regierungen auf schwache Gewerkschaften treffen (Alvarez et al. 1991).

Empirisch wurde die Wirksamkeit von Machtressourcen organisierter Interessen und Korporatismus insbesondere in qualitativen Studien nachgewiesen. Quantitative Analysen fanden bisher vor allem vermittelte und indirekte Einflüsse (Alvarez et al. 1991). Darüber hinaus ist fraglich, ob sich die Theorie zur Erklärung von Staatstätigkeit in Politikfeldern außerhalb der Wirtschafts- und Sozialpolitik eignet.

Politisch-institutionalistische Erklärungsansätze

Die unterschiedliche Ausgestaltung der politischen Institutionen demokratischer Staaten wird von Policy-Forschern häufig für zwischenstaatliche Varianz der Staatstätigkeit verantwortlich gemacht. Neben Ansätzen, die den Einfluss einzelner institutioneller Arrangements hervorheben – etwa des Wahlsystems, des Föderalismus, der Verfassungsgerichte, der zweiten Kammern oder der Zentralbanken –, haben sich insbesondere solche Erklärungsansätze als einflussreich erwiesen, die die **institutionelle Struktur eines Landes** auf einer höheren Ebene zusammenfassen und somit den Ländervergleich der institutionellen Arrangements vereinfachen.[3] Besonders hervorzuheben sind hier auf der einen Seite die Arbeiten zu institutionellen Barrieren (Schmidt 1996) bzw. Vetopunkten (Immergut 1992) oder Vetospielern (Tsebelis 1995) und auf der anderen Seite die Konzeption der Mehrheits- und Konsensdemokratie nach Lijphart (1999).

Die Ansätze, welche die institutionellen Hürden für Staatstätigkeit in den Blick nehmen, fragen – in unterschiedlicher Form –, welche Akteure im politischen Prozess die Durchsetzung von Policies verhindern können. Die gemeinsame Logik der Ansätze ist dabei wie folgt: Je mehr Möglichkeiten es gibt, im politischen Prozess ein Veto gegen eine intendierte Policy einzulegen und die Gesetzgebung dadurch zu stoppen, umso stärker wird Policy-Wandel verhindert. Kollektive oder individuelle Akteure, die eine solche Vetoposition besitzen, werden – je nach Ansatz – als Vetospieler, Mitregenten, institutionelle Barrieren oder Vetopunkte bezeichnet. Beispiele hierfür sind Koalitionspartner oder zweite Kammern mit gegenläufigen Mehrheiten, Verfassungsgerichte, aber auch direktdemokratische Elemente. Besonders einflussreich innerhalb dieser Gruppe von Ansätzen ist – auch aufgrund seines vergleichsweise hohen Maßes an Formalisierung – der Ansatz von George Tsebelis (1995, 2002). Neben der Zahl der Vetospieler bestimmt nach seiner Theorie auch die ideologische Distanz zwischen den Vetospielern sowie deren interne Kohäsion entscheidend darüber, wie stark Policy-Wandel – also ein Abweichen vom Status Quo – möglich ist.

Arend Lijphart hat in seinen Arbeiten zu den Formen von Demokratie (Lijphart 1999) die Konzepte der Mehrheits- und Konsensusdemokratie entworfen (▶ **Kap. 1**: De-

---

3 An dieser Stelle wird bewusst auf die übergreifenden Ansätze fokussiert, wobei jedoch darauf hingewiesen werden muss, dass für jede einzelne institutionelle Barriere selbstverständlich auch separate (und nicht unbedingt gleichgerichtete) Effekte vermutet werden können. Dies gilt beispielsweise für Föderalismus und fiskalische Dezentralisierung, die je nach Ausgestaltung unterschiedliche Wirkung entfalten.

mokratie).[4] Lijpharts Unterscheidung kann auch als Erklärung von Staatstätigkeit herangezogen werden – insbesondere deshalb, weil er selbst die Konsensusdemokratien als *kinder* und *gentler* bezeichnet und beispielsweise mit einem stärker ausgebauten Sozialstaat in Verbindung bringt. Daneben entwirft Lijphart mit der Föderalismus-Unitarismus-Dimension noch eine weitere institutionelle Vergleichskategorie, die für die Erklärung von Staatstätigkeit genutzt werden kann.

In empirischen Untersuchungen haben sich Institutionen häufig als wirksame Determinanten von Staatstätigkeit erwiesen. Neben direkten Einflüssen (z. B. als Bremskräfte gegen bestimmte Policies) lassen sich jedoch insbesondere auch moderierende Effekte nachweisen: Demnach hemmen institutionelle Barrieren etwa die Durchschlagskraft anderer Variablen wie der parteipolitischen Position von Regierungen.

Theorie der Pfadabhängigkeit

»Policymakers are heirs before they are choosers« (Rose 1990: 263) – diese Aussage bringt die Logik der Theorie der Pfadabhängigkeit auf den Punkt. Demnach ist der politische Handlungsspielraum von Regierungen durch die in der **Vergangenheit getroffenen Entscheidungen** eingeengt, politische Kehrtwenden scheinen vor diesem Hintergrund unwahrscheinlich. Stattdessen beschränkt sich politischer Einfluss auf inkrementelle Änderungen bestehender Policies, wobei diese in der Summe und über längere Zeit durchaus zu Policy-Wandel führen können. Die Pfadabhängigkeit von Politik lässt sich unterschiedlich begründen. Einerseits ist zu erwarten, dass einmal implementierte Policies bestimmten Bevölkerungsteilen nutzen, sodass Politiker bei einer Veränderung elektorale Abstrafung durch die betroffenen Gruppen fürchten müssen. Außerdem können organisierte Interessen, die diese Gruppen vertreten, ebenfalls ein Hindernis für Policy-Wandel darstellen. Dieses Argument trifft, so die Theorie der *New Politics of the Welfare State*, insbesondere auf den Rückbau des Wohlfahrtsstaats zu (Pierson 1996). Andererseits führt Policy-Feedback zu einer starken Pfadabhängigkeit bestehender Staatstätigkeit: Je länger eine Politik implementiert ist, umso stärker richten alle betroffenen Akteure ihr Verhalten nach ihr aus, sodass Veränderungen immer erhebliche Kosten für die Betroffenen bedeuten, die diese nicht unbedingt zu investieren bereit sind. Dies gilt beispielsweise für Rentensysteme, die nach dem Umlageprinzip organisiert sind: Hier würde eine Umstellung auf ein kapitalgedecktes System für die bestehende Generation zu einer Doppelbelastung führen, da sie sowohl per Umlage für die heutigen Rentner als auch per Kapitalaufbau für die eigene Rente aufkommen müsste.

Die Theorie der Pfadabhängigkeit ist stark vom historischen Institutionalismus geprägt. Empirisch kann sie insbesondere die Staatstätigkeit in Normalzeiten gut

---

4 Freilich besteht hier ein starker Bezug zum Korporatismus, der oben im Zusammenhang mit der Machtressourcentheorie diskutiert wurde. Diesen könnte man allerdings auch als institutionalisiertes System der Politikaushandlung betrachten und insofern den politisch-institutionellen Ansätzen zuordnen.

erklären, während sie für die Untersuchung von (radikalen) politischen Kurswechseln, die gerade in Zeiten von kritischen Weichenstellungen (*Critical Junctures*) beobachtet werden können, weniger geeignet erscheint. Zudem stellt sich die Frage, ob das Ausbleiben grundlegender Änderungen (etwa nach Regierungswechseln) nicht auch die Folge mangelnder parteipolitischer Konflikte ist, die sich nur an bestimmten Einzelaspekten kristallisieren. So gesehen wäre Pfadabhängigkeit keine Erklärung für Policy-Stabilität, sondern eine bloße Konsequenz aus fehlender parteipolitischer Differenz.

Theorien der internationalen Verflechtung

Der sechste Theorieansatz der Heidelberger Schule weist über die nationalstaatlichen Grenzen hinaus und erklärt nationale Staatstätigkeit mithilfe von internationalen Einflüssen. Hierbei sind zwei Spielarten zu unterscheiden, die jeweils unterschiedlichen Entwicklungen einen Einfluss auf nationales Policy-Making unterstellen: Globalisierung und Europäisierung.

Der Internationalisierung der Märkte und der Verflechtung der nationalen Ökonomien werden ganz unterschiedliche Einflüsse auf nationale Staatstätigkeit zugeschrieben: Einerseits wird erwartet, dass die zunehmende internationale ökonomische Verflechtung nationalstaatliche Handlungsfähigkeit einschränkt (**Effizienzthese**). Demnach führt zunehmende Standortkonkurrenz zu einem Wettbewerb um die niedrigsten Steuern (*Race to the Bottom*), was vermittelt über die finanziellen Restriktionen eine Reduzierung der staatlichen Aktivität (etwa Scharpf 2000) bewirkt. Andererseits wird argumentiert, dass stark international verflochtene Nationalstaaten die Effekte des Standortwettbewerbs kompensieren und die betroffenen Staatsbürger – etwa durch höhere Sozialleistungen – vor den negativen Folgen schützen (**Kompensationsthese**) (etwa Katzenstein 1985).

Empirisch bestätigen aktuelle Studien durchaus eine Wirkung der Globalisierung auf nationale Staatstätigkeit, sehen die Zusammenhänge jedoch differenzierter. So argumentiert Zohlnhöfer (2005), dass die (wirtschaftliche) Globalisierung zwar grundsätzlich die Staatstätigkeit beeinflusst, dass jedoch nationale Eigenheiten – etwa die Vetospielerstruktur oder der Parteienwettbewerb – den aus der Globalisierung erwachsenden Anpassungsdruck jeweils nationalstaatlich spezifisch moderieren. Und Busemeyers Analyse (2009) zeigt, dass sowohl die empirische Evidenz als auch gewichtige theoretische Argumente für komplexere kausale Mechanismen sprechen, als es die Kompensations- und Effizienzthese postulieren.

Dass auch die Europäische Integration nationale Staatstätigkeit beeinflusst, wird in der Literatur nicht grundsätzlich bestritten. Vielmehr stellt sich die Frage, in welchem Ausmaß dies geschieht. Zunächst lässt sich feststellen, dass die Stärke des europäischen Einflusses erheblich vom betrachteten Politikfeld abhängt. Je nach Integrationsdichte und -tiefe wirkt die EU mehr oder weniger stark in die Nationalstaaten hinein. Empirisch kommen König und Mäder (2008) in ihrer Studie zur deutschen Gesetzgebung über alle Politikfelder und Einflusskanäle hinweg auf einen Europäisierungsgrad von ca. 25 Prozent.[5] Zudem lässt sich feststellen, dass trotz grundsätzlicher **Europäisierung** vielfach nationale Handlungsspielräume hinsichtlich der Umsetzung der Vorgaben bestehen. Insofern gilt, ähnlich wie für die Globalisierung, dass nationale Arrangements als Filter fungieren und externe Einflüsse daher nicht direkt auf die Staatstätigkeit wirken, sondern vermittelt durch die Spezifika der Nationalstaaten.

Integrative Erklärungsansätze von Staatstätigkeit

Bereits die Heidelberger Schule geht davon aus, dass staatliche Policies nicht nur durch eine zentrale unabhängige Variable, sondern durch verschiedene Erklärungsfaktoren beeinflusst werden. In der Praxis verknüpfen Staatstätigkeitsforscher daher die oben vorgestellten Theorieansätze zu einem (meist additiven) Erklärungsmodell für die jeweils analysierte Policy oder ergänzen sie durch zusätzliche Aspekte.

Die Integration unterschiedlicher Erklärungen in ein Modell kann jedoch noch weiter gehen. Wie dies möglich ist, zeigen Ansätze, die den **Prozess der Politikformulierung** fokussieren und komplexe Kausalmechanismen *en détail* analysieren. Solche Ansätze helfen bei der Beantwortung der Frage, wie ein bestimmter Erklärungsfaktor oder eine Kombination von erklärenden Variablen das beobachtbare Politikergebnis hervorbringen. Kurz: Geht es beim stärker variablenorientierten Ansatz der Heidelberger Schule um das »Was«, d. h. den kausalen Effekt, widmen sich die integrativen Ansätze stärker der Frage des »Wie«, d. h. dem kausalen Prozess. Dieses Vorgehen ermöglicht es auch, dem politischen Akteur, der im Ansatz der Heidelberger Schule etwas vernachlässigt wird, eine zentrale Rolle bei der Formulierung von Policies einzuräumen. Mit dem Gewinn von zusätzlicher Komplexität bei der Erklärung von Policies handelt man sich freilich auch Nachteile ein. Zum einen wird die Möglichkeit quantitativer Tests erschwert; zum anderen muss eine erhebliche Begrenzung des Untersuchungsgegenstands (beispielsweise eine Fokussierung auf eine bestimmte Policy-Reform in einem Land) sowie die Fokussierung auf eine bestimmte Analyseperspektive (z. B. auf Akteure) in Kauf genommen werden. Diese Einschränkungen beeinträchtigen die Möglichkeit, generalisierende Schlüsse zu ziehen (auch von mittlerer Reichweite).

Im Folgenden wird die Logik von drei einflussreichen Ansätzen aus dieser integrativen Forschungsrichtung skizziert, die jeweils auf unterschiedliche Aspekte des Policy-Making-Prozesses fokussieren: Das *Advocacy-Coalition Framework* (Sabatier/Jenkins-Smith 1993), der Akteurzentrierte Institutionalismus (Mayntz/Scharpf 1995) sowie der *Multiple-Streams*-Ansatz (Kingdon 1984).[6]

---

5 Allerdings sei hier angemerkt, dass diese Zahl auf die Gesetzgebung fokussiert und Einflüsse über andere Kanäle nicht berücksichtigt.

6 Neben diesen drei sehr einflussreichen Ansätzen gibt es freilich noch weitere Erklärungsansätze für Public Policy, die an dieser Stelle nur genannt werden können. Hierzu zählen etwa das *Punctuated Equilibrium* (Baumgartner/Jones 1993), das der Theorie der Pfadabhängigkeit ähnelt, sowie der auf Diskurse abstellende Ansatz des *Discoursive Institutionalism* (Schmidt 2008), der bisher v. a. zur Erklärung von Reformpolitik herangezogen wurde.

Im Zentrum des **Advocacy-Coalition Framework** (ACF) steht die Frage, wie sich ein *Major Policy Change* erklären lässt. Dabei fokussiert der Ansatz auf politische Akteure (Politiker, Wissenschaftler, Experten, Vertreter von Lobby-Gruppen etc.), die sich in einem bestimmten Policy-Subsystem (zumeist auf ein Politikfeld bezogen) zu Koalitionen zusammenfinden. Der Einfluss, den diese Akteure auf das Politikergebnis haben, ist durch Ressourcen, Strategien und insbesondere durch ihre Überzeugungen bestimmt. Drei verschiedene Arten von Überzeugungen, die sich in ihrer Stärke voneinander unterscheiden, spielen dabei eine Rolle: (1) wertbasierte, fundamentale *Deep Core Beliefs*, (2) auf eine bestimmte Politik in einem Politikfeld bezogene *Policy Core Beliefs* und (3) stärker technische Aspekte betreffende *Secondary Beliefs*. *Advocacy*-Koalitionen bilden sich, so das ACF, indem Akteure mit ähnlichen Überzeugungen bezüglich der Policy (siehe 2) zusammenfinden und eine bestimmte (gemeinsame Koalitions-)Ansicht hinsichtlich der diskutierten Policy vertreten. Dies führt dazu, dass sich unterschiedliche Koalitionen gegenüber stehen, weshalb Politikwandel zunächst eher unwahrscheinlich erscheint. Das ACF identifiziert nun vier Wege, auf denen es trotz der anfänglichen Unterschiede in den Überzeugungen der Akteure bzw. der Koalitionen zu Politikwandel kommt. Zunächst kann Policy-Wandel (1.) sowohl über externe als auch (2.) über interne Schocks eingeleitet werden, weil diese die Rahmenbedingungen der Situation und des Policy-Subsystems sowie die Ressourcen der Akteure verändern. Zudem kann drittens eine besondere Verhandlungssituation – ein *Hurting Stalemate* – Policy-Wandel erleichtern. Dies tritt dann auf, wenn Akteure eine bestehende Situation als unhaltbar empfinden und daher trotz unterschiedlicher Überzeugungen zu einem Kompromiss finden. Viertens ist Policy-Wandel über Policy-Lernen möglich, wenn also Akteure ihre Überzeugungen im Laufe der Interaktion ändern. Weil dies auf der Ebene der tiefen Überzeugungen sehr unwahrscheinlich, wenn nicht unmöglich ist, spielt hier die technische Ebene der *Secondary Beliefs* und die Ebene der politikfeldspezifischen Überzeugungen eine wichtige Rolle. Policy-Lernen findet vor allem dort statt. Besonders geeignet ist das ACF für die Erklärung von langfristigem Policy-Wandel in Politikbereichen, die sich durch die Einbeziehung vieler unterschiedlicher Akteure auszeichnen. Weniger geeignet erscheint der Ansatz hingegen in Politikbereichen (und Ländern), in denen korporatistische Arrangements vorherrschen und politische Entscheidungen in kleinen Zirkeln getroffen werden – auch wenn die Erweiterung des Ansatzes um *Long-term Opportunity Structures* seine Anwendbarkeit etwas verbessert hat.

Einen ähnlichen Fokus auf Akteure und Akteurskonstellationen zeichnet den **Akteurzentrierten Institutionalismus** aus. Dieser beschäftigt sich jedoch weniger mit der dynamischen Entwicklung des Policy-Lernens, sondern betont stärker die stabilen Akteurskonstellationen, die Präferenzen und Handlungsorientierungen der Akteure sowie die institutionellen Rahmenbedingungen, die ihr Handeln beeinflussen. Der Akteursbegriff umfasst dabei nicht nur individuelle, sondern auch (und in der empirischen Anwendung hauptsächlich) korporative und kollektive Akteure. Mithilfe dieser zentralen Komponenten werden Entscheidungs- und Verhandlungssituationen analytisch aufbereitet und Policy-Veränderungen erklärt. Methodisch wird in der Analyse insbesondere auf die Spieltheorie zurückgegriffen. So untersucht Scharpf (1988) etwa die wirtschaftspolitischen Entscheidungen in Österreich, Schweden, Deutschland und Großbritannien nach der ersten Ölkrise und erklärt diese spieltheoretisch unter Rückgriff auf die Präferenzen der Akteure (Gewerkschaften, Regierungsparteien, Zentralbanken), deren Konstellationen (z. B. starke Gewerkschaften, linke Regierung) sowie auf die institutionelle Struktur, innerhalb derer die Akteure handeln (z. B. Unabhängigkeit der Zentralbank, Zentralisierungsgrad der Gewerkschaften).

Auch im **Multiple-Streams-Ansatz** (MSA), der vom Garbage-Can-Modell (Cohen et al. 1972) inspiriert ist, spielt der politische Entrepreneur die zentrale Rolle. Dieser ist ein strategischer politischer Akteur, der mit seinem Verhalten maßgeblich darüber bestimmt, ob eine Policy umgesetzt wird oder nicht.[7] Die Wahrscheinlichkeit, dass eine bestimmte Policy zustande kommt, ist dann besonders hoch, wenn es dem Entrepreneur gelingt, drei Ströme zu verkoppeln: Den Problem-, den Policy-, und den Politics-Strom, die jeweils weitgehend unabhängig voneinander durch das politische System fließen. Im Problem-Strom befinden sich die zahlreichen möglichen Probleme, die auf Bearbeitung und Berücksichtigung warten; im Policy-Strom »fließen« unterschiedlichste Ideen, die im politischen System als Lösungen gehandelt und diskutiert werden; und der Politics-Strom bildet schließlich die politische Situation ab – insbesondere hinsichtlich der *National Mood*, der Machtverteilung organisierter Interessen, und der Struktur der Regierung (auch: Personal). Hierzu zählt auch die politische Ideologie der Regierungspartei, die bei Zahariadis' Erweiterung des MSA die einzige zentrale Variable des Politics-Stroms darstellt. Der politische Entrepreneur kommt an der Stelle ins Spiel, an der es darum geht, die drei Ströme miteinander zu verknüpfen (*Coupling*). Er nutzt Gelegenheitsfenster (*Windows of Opportunity*), um seine favorisierten Policies umzusetzen. Die Gelegenheitsfenster können sich auf zwei Weisen öffnen: entweder durch den Problemstrom, wenn etwa ein bestimmtes politisches Problem durch ein kritisches Ereignis besondere Relevanz erhält (konsequentialistisch) und eine Lösung erfordert; oder durch den Politics-Strom, wenn etwa nach einem Machtwechsel ein politischer Entrepreneur die Chance sieht, seine präferierte politische Idee umzusetzen (ideologisch). Dies bedeutet aber auch, dass die kausale Logik des Policy-Making nicht notwendigerweise vom Problem zur Policy führt, sondern dass umgekehrt politische Strategen sich öffnende Gelegenheitsfenster nutzen können, um präferierte Lösungen (*Pet Proposals*) mit einem Problem zu verkoppeln und als Policy umzusetzen. Dieses strategische Moment des MSA ist innovativ und erlaubt es, politische Strategie und strategisches Leadership zu analysieren – eine Erklärung für Staatstätigkeit, die in den anderen Ansätzen häufig zu wenig Beachtung findet (Wenzelburger 2009).

---

7 So zumindest die Weiterentwicklung des Ansatzes von Zahariadis (2007). Das ursprüngliche Konzept von Kingdon (1984) interessiert sich dafür, wie ein Thema auf die politische Agenda kommt.

Kommentierte Literaturempfehlungen

Schubert, Klaus/Bandelow, Nils C. (Hrsg.) (2014): Lehrbuch der Politikfeldanalyse München.
Überblicksband zur Policy-Forschung, in dem sowohl theoretische Grundlagen als auch unterschiedliche Erklärungsansätze sowie deren Anwendungen in bestimmten Politikfeldern dargestellt werden.

Wenzelburger, Georg/Zohlnhöfer, Reimut (Hrsg.) (2015): Handbuch Policy-Forschung. Wiesbaden.
Umfangreiches Werk zur Policy-Forschung, das sowohl die unterschiedlichen Theorieansätze der Policy-Forschung darstellt (Heidelberger Schule wie auch integrative Theorieansätze) als auch die methodischen Zugänge sowie einzelne Politikfelder diskutiert.

Schmidt, Manfred G. et al. (Hrsg.) (2007): Der Wohlfahrtsstaat. Wiesbaden.
Auf den ersten 120 Seiten sind die wichtigen Theorieansätze der Heidelberger Schule der vergleichenden Staatstätigkeitsforschung prägnant zusammengefasst.

Janning, Frank/Toens, Katrin (Hrsg.) (2008): Die Zukunft der Policy-Forschung. Wiesbaden.
Überblickswerk zu Einzelaspekten der Policy-Forschung mit ausführlichen Kapiteln zu aktuellen Theoriedebatten, Methoden und Anwendungsfällen.

16 Sozialstaat und Sozialpolitik: Ziele – Typologien – internationaler Vergleich

Frieder Neumann, Elina Schleutker

Einleitung

Der Sozialstaat ist eine zentrale Errungenschaft der Moderne und beschäftigt sich im Kern mit der Versicherung bzw. Absicherung von sozialen Lebensrisiken wie etwa Krankheit oder Alter. Er hat mit der Verteilung und Umverteilung von Ressourcen zwischen Teilen der Bevölkerung zu tun und ist ein politisch stark umkämpftes Terrain. Während die einen in ihm den Garant sozialer Rechte und die Vervollkommnung des Bürgerstatus in sozialer Hinsicht sehen (Marshall 1965), gilt er anderen als Zwangsordnung, die den Bürgern verbindliche Ziele vorgibt und die individuelle Freiheit (zu) stark einschränkt (Hayek 1980). Dennoch wird er allgemein als zentrale Errungenschaft moderner kapitalistischer Demokratien angesehen (Lessenich 2008: 23). Gemessen an den Ausgaben ist die Sozialpolitik spätestens im Laufe der zweiten Hälfte des 20. Jahrhunderts sogar zu *dem* zentralen Politikfeld aufgestiegen. In den wirtschaftlich entwickelten Demokratien macht die sozialpolitische Aktivität heute durchschnittlich gut ein Drittel der Wirtschaftsleistung aus; in vielen Ländern ist sie sogar der größte Ausgabenposten im Staatshaushalt.

Das Kapitel ist wie folgt strukturiert: Der erste Abschnitt bespricht Begriff und Ziele des Sozialstaates, danach folgt ein kurzer Überblick über seine historische Entwicklung. Der dritte Abschnitt befasst sich mit den theoretischen Grundlagen des Vergleichs von Sozialstaaten und stellt die wesentlichen Strukturprinzipien und Typologien vor. Im vierten Abschnitt richtet sich der Fokus auf die Empirie und es wird ein erster Einblick in die Gemeinsamkeiten und Unterschiede der Sozialstaaten in der westlich-industrialisierten Welt gegeben. Im fünften Abschnitt werden dann abschließend aktuelle Entwicklungen der Sozialstaatsforschung aufgezeigt.

Begriff und Ziele des Sozialstaates

Mit **Sozialstaat bzw. Wohlfahrtsstaat**[1] wird ein gesamtgesellschaftliches institutionelles Arrangement aus politischen Institutionen, Prozessen und Inhalten auf dem Gebiet

---

1 Wohlfahrtsstaat ist die Übersetzung des Terminus *welfare state*, der ursprünglich in bewusster Abgrenzung zur nationalsozialistischen »Volksgemeinschaft« entworfen wurde und als Bezeichnung für die »Gesamtheit der Wohlfahrtseinrichtungen« (Kaufmann 2003: 34) eher breit

des Sozialen bezeichnet, das im Kern eine Versicherung gegen die großen sozialen Lebensrisiken wie etwa Krankheit und Alter darstellt und als Reaktion des Staates auf die Soziale Frage Ende des 19. Jahrhunderts in den westlichen Industriestaaten entstanden ist. Politikwissenschaftlich betrachtet lässt sich der Begriff des Sozialstaates definieren als

»eine staatliche Herrschaftsorganisation und eine Staatstätigkeit, die [. . .] auf Aufbau und Aufrechterhaltung einer leistungsstarken Sozialpolitik gerichtet ist« (Schmidt 2004: 656f.).

Der Begriff der **Sozialpolitik** ist freilich normativ mit gesellschaftstheoretischen Grundbegriffen wie Freiheit, Gleichheit oder sozialer Gerechtigkeit aufgeladen (Lessenich 2003) und lässt sich nicht eindeutig definieren. Am besten nähert man sich dem Begriff empirisch über die Beschreibung der institutionellen Ausgestaltung auf dem Gebiet des Sozialen an (▶ **Abb. 16.1**). Im engeren Sinn wird Sozialpolitik mit dem System der sozialen Sicherung gleichgesetzt und beinhaltet demnach jene politischen Strukturen, Prozesse und Inhalte, die zum einen auf Schutz vor Not und Armut durch die Garantie sozialer Mindestleistungen gerichtet sind und zum anderen eine Einkommensabsicherung gegen jene zentrale Lebensrisiken bieten, die der Einzelne nur schwer selbst bewältigen kann (Alter, Krankheit, Invalidität, Arbeitslosigkeit, Pflegebedürftigkeit und Mutterschaft bzw. Elternschaft). In einer stärker normativ gewendeten Variante zählt auch die in diesen Maßnahmen enthaltene Reduktion sozialer Ungleichheit zur Sozialpolitik im engeren Sinne (Schmidt 2005: 15–16, Lampert/Althammer 2007: 4–5). Im weiteren Sinne stellt Sozialpolitik hingegen auf die politische Gestaltung der gesamten Gesellschaft nach bestimmten sozialen Ideen und Zielen ab. Es geht um staatliche Interventionen in den Markt und in die konkreten sozialen Lebensumstände der Menschen zur Verbesserung der Wohlfahrt eines Teils oder der Gesamtheit der Bevölkerung (Kaufmann 2002). Politikbereiche jenseits der sozialen Sicherung wie beispielsweise die Gestaltung der Arbeitsbeziehungen, die Wirtschafts- und Beschäftigungspolitik sowie die Familienpolitik und die Bildungspolitik gehören diesem Verständnis nach ebenfalls zur Sozialpolitik (Lampert/Althammer 2007: 3). Darüber hinaus finden sich in der neueren Forschung zunehmend auch sektorale und territoriale Ergänzungen (▶ **Abb. 16.1**), die den Beitrag von Markt, Familie und (Betriebs-)Verbänden zum gesellschaftlichen »Wohlfahrtspluralismus« (Evers/Olk 1996) betonen bzw. auch die europäische Sozialpolitik auf der supranationalen Ebene berücksichtigen (Leibfried/Pierson 1995, Lamping 2008).

---

angelegt ist. Obwohl der Begriff mitunter auch mit einer umfassenden Staatsbürgerversorgung von der Wiege bis zur Bahre gleichgesetzt und normativ eher abwertend gebraucht wird (Schmidt 2005: 11), hat er sich in der empirisch ausgerichteten, international vergleichenden Forschung als neutral beschreibender Terminus auch im Deutschen durchgesetzt. Er wird hier deshalb synonym zum Begriff Sozialstaat gebraucht, der im Deutschen streng genommen etwas enger auf die Sozialstaatsklausel des Grundgesetzes in Art. 20 Abs. 1 und Art. 28 Abs. 1 GG bezogen ist (Lessenich 2008: 22).

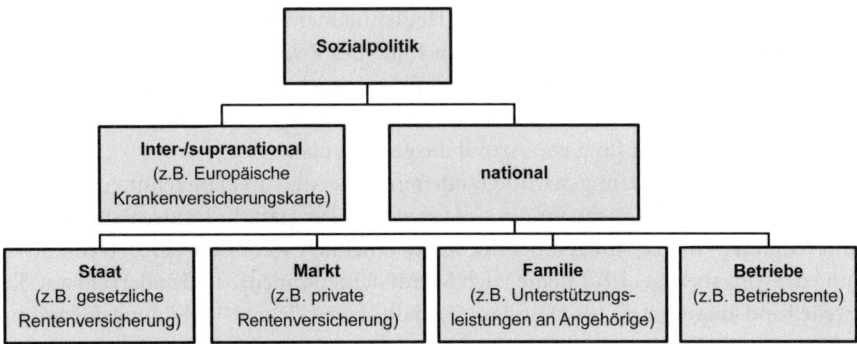

Abb. 16.1: Bereiche der Sozialpolitik
Quelle: eigene Darstellung, nach Lampert/Althammer 2007: 187.

Die wesentlichen **sozialpolitischen Ziele** sind: (1) Schutz vor Armut und Not, (2) soziale Absicherung gegen die Wechselfälle des Lebens, (3) Reduktion sozialer Ungleichheit und (4) Mehrung der Wohlfahrt eines Teils oder der Gesamtheit der Bevölkerung (Zacher 2001: 348). Für die konkrete Ausrichtung der Sozialpolitik spielen sodann das »Generalziel« (Bäcker et al. 2010: 53) der sozialen Gerechtigkeit sowie die damit verbundenen Werte Freiheit, Sicherheit, Gleichheit und Subsidiarität eine wichtige Rolle, ebenso wie die wirtschaftlichen Zielsetzungen Wachstum, Effizienz und Vollbeschäftigung oder die gesamtgesellschaftlichen Ziele soziale Integration, sozialer Friede, Legitimität und Stabilität der gesellschaftlichen Ordnung (Ullrich 2005: 58, Lampert/Althammer 2007: 5). Dieser Pluralismus an Zielen spiegelt sich in der komplexen Struktur der wohlfahrtsstaatlichen Architektur wider, die sich zwischen den einzelnen Staaten zudem mitunter erheblich unterscheidet (vgl. Abschnitt zum Vergleich der Sozialstaaten).

Historische Entwicklung

Der Wohlfahrtsstaat kann als Reaktion auf die von der Industrialisierung hervorgebrachte Soziale Frage verstanden werden. Seine Einführung ist auf das Ende des 19. Jahrhunderts zu datieren. Deutschland hat dabei eine Pionierrolle gespielt. Nach der Kaiserlichen Botschaft von 1881, die gemeinhin als Startschuss für den Sozialstaat angesehen wird (Schmidt 2005: 22), setzte Reichskanzler Bismarck die bis heute bestehenden Sozialversicherungen durch und begründete damit ein spezifisches und sehr weit verbreitetes Modell der sozialen Sicherung. Andere westlich-kapitalistische Industriestaaten folgten Deutschland rasch und führten in den darauffolgenden Jahren ebenfalls staatliche Sozialsysteme ein (vgl. Schmidt 2005: 182 für eine Übersicht). Schon wenige Jahre nach der Einführung der ersten Sozialversicherungen erfolgte die schrittweise Ausweitung des Adressatenkreises, die Erweiterung des Leistungskataloges und die Einführung weiterer Sozialprogramme im Bereich der Mindestsicherung und Familienunterstützung (Flora/Heidenheimer 1981, Alber 1982: 52–66). Im Zuge dieser Expansion bildete sich gegen Ende des Zweiten Weltkriegs in Großbritannien – angestoßen vom sog. Beveridge-Plan[2] – auch ein anderes sozialpolitisches Modell heraus, das die ganze Bevölkerung in die soziale Sicherung einbezieht und stärker auf die Bekämpfung von Armut ausgerichtet ist.

Die meisten Erweiterungsschritte fanden in den ersten drei Jahrzehnten nach dem Zweiten Weltkrieg, im sogenannten *Goldenen Zeitalter* statt. In Deutschland wurden unter anderem die Leistungen bei der Rente erheblich verbessert (1957 Dynamisierung der Altersbezüge, 1972 Rente nach Mindesteinkommen), das Kindergeld auf das zweite Kind ausgeweitet (1961) und mit Sozialhilfe (1963) und Ausbildungsförderung (1971) neue Leistungen eingeführt. Andere westlich-demokratische Wohlfahrtsstaaten unternahmen ähnliche Schritte. Dies führte dazu, dass die Sozialleistungsquote, also der Anteil der Sozialausgaben an der Wirtschaftsleistung eines Landes, teilweise rasant in die Höhe schnellte. Für manche Länder wie etwa Schweden oder Dänemark ist für den Zeitraum von 1960 bis 1980 sogar fast eine Verdreifachung dieser Größe von etwas mehr als 10 Prozent auf knapp 30 Prozent festzustellen (Schmidt 2005: 200). Eine wichtige normative Grundlage für diese sozialstaatliche Expansion stellt die auf Thomas H. Marshall (1965) zurückgehende Idee sozialer Rechte als dritte Dimension von Staatsbürgerschaft (neben rechtlicher Gleichheit und politischer Mitbestimmung) dar,[3] die sich heute im Rechtscharakter der meisten Sozialleistungen widerspiegelt.

Spätestens im Gefolge der wirtschaftlichen Schocks durch die beiden Ölkrisen Ende der 1970er Jahre geriet die Expansionsdynamik jedoch etwas ins Stocken. Das Wachstum der Sozialausgaben hat sich seither nicht nur verlangsamt, was von der Sozialpolitikforschung zunächst als *Growth to Limits* (Flora 1986) interpretiert wurde. Die demokratischen Wohlfahrtsstaaten haben vielmehr einen weitreichenden Prozess des Um- und/oder Rückbaus ihrer Programme und Leistungen durchlaufen (Pierson 1996, Siegel 2002), der bis heute andauert und durch die aktuelle Finanz- und Wirtschaftskrise weiter vorangetrieben wird.

---

2 Der Plan ist nach dem britischen Ökonom und liberalen Politiker Sir William Henry Beveridge benannt, der 1941 von der britischen Regierung damit beauftragt wurde, einen Bericht zur Reform und Neustrukturierung der sozialen Sicherungssysteme für die Zeit nach dem Zweiten Weltkrieg zu verfassen. Sein 1942 veröffentlichter Bericht *Report to the Parliament on Social Insurance and Allied Services,* der als Beveridge Report in die Geschichte einging, enthielt unter anderem den Vorschlag, einen allgemeinen Gesundheitsdienst einzuführen.

3 So heißt es bei Marshall (1965: 81): »I propose to divide citizenship into three parts. I shall call these three parts, or elements, civil, political, and social. [. . .] By the social element, I mean the whole range from the right to a modicum of economic welfare and security to the right to share to full in the social heritage and to live the life of a civilized being according to the standards prevailing in a society.«

Typologien des Sozialstaats

Es gibt weder eine verbindliche normative Hintergrundtheorie für das Programm der Wohlfahrtsstaatlichkeit noch existiert eine einheitliche Theorie zur Erklärung von Entstehung und Entwicklung des Sozialstaates. Einen fundierten Überblick über die verschiedenen Theorieströmungen, die in der empirisch ausgerichteten Forschung zum Einsatz kommen, bietet die sogenannte Heidelberger Schule der Staatstätigkeit (▶ Kap. 15, Schmidt et al. 2007).

Neben der Frage nach den Erklärungsfaktoren liegt der Schwerpunkt der international vergleichenden Wohlfahrtsstaatsforschung ganz besonders auf der Frage der Konzeptualisierung des Wohlfahrtsstaates selbst und der Beschreibung der Gemeinsamkeiten und Unterschiede. Alle modernen Wohlfahrtsstaaten besitzen ein komplexes System der sozialen Sicherung, das aus zahlreichen Geldleistungen (z. B. Rente, Arbeitslosengeld) und/oder Sach- bzw. Dienstleistungen (z. B. Arztbehandlung im Gesundheitssystem, Arbeitsvermittlung) besteht. Im Hinblick auf Art und Ausrichtung dieser Leistungen unterscheidet die Sozialpolitikforschung drei klassische sozialrechtliche Strukturprinzipien: Versicherung, Versorgung und Fürsorge (Achinger 1958, Schmidt 2005: 217–218). Das **Versicherungsprinzip** ist in den gesetzlich verpflichtenden Sozialversicherungen verankert, die einen Teil oder die Gesamtheit der Bevölkerung umfassen können. Der Einzelne entrichtet dabei von seinem Arbeitslohn einen Beitrag an die Solidargemeinschaft der Versicherten, der die Zahlung von Leistungen bei Eintritt des versicherten Risikos (z. B. Alter, Krankheit oder Arbeitslosigkeit) begründet. Die Versicherungsleistungen dienen als Lohnersatz und zielen auf die Erhaltung des Einkommensstatus vor Eintritt des Risikofalles ab. Das **Prinzip der Versorgung** hat dagegen universellen Charakter und bedient Leistungsansprüche, die prinzipiell alle Staatsbürger unabhängig von vorherigen Beitragszahlungen, vom Beruf oder der Erwerbssituation dadurch erlangen können, dass sie bestimmte Leistungen für den Staat erbringen (z. B. Geburt von Kindern, Dienst als Beamte oder Soldaten). Das **Fürsorgeprinzip** schließlich charakterisiert bedürftigkeitsgeprüfte Leistungen für Personen in bestimmten Einkommens- und Lebenssituationen, die hauptsächlich auf die Sicherung des Existenzminimums ausgerichtet sind (z. B. Sozialhilfe). Die Leistungen sind nachrangig bzw. subsidiär, d. h. sie werden nur dann gewährt, wenn andere soziale Netze wie etwa Markt oder Familie versagen. Außerdem sind sie höchst selektiv, da sozial und sachlich auf besonders bedürftige Gruppen begrenzt.

Diese drei Strukturprinzipien bilden eine wichtige Grundlage für die vergleichende Wohlfahrtsstaatsforschung, die die wesentlichen Unterschiede und Gemeinsamkeiten zwischen den verschiedenen Sozialstaaten zu beschreiben und erklären versucht. Der britische Pionier der Sozialpolitikforschung, Richard Titmuss (1974), identifiziert zum Beispiel drei verschiedene Modelle von Sozialpolitik: (1) das *Residual Welfare Model*, bei dem Fürsorge die maßgebliche Leistungsform ist, (2) das *Industrial Achievement-performance Model*, bei dem die Versicherung dominiert und (3) das *Institutional Redistributive Model*, das eine umfassende Versorgung beinhaltet. Eine andere, traditionelle Klassifizierung stellt die bereits erwähnte Unterscheidung zwischen Bismarck- und Beveridge-Modell dar (▶ Tab. 16.1), die ihre Namensgebung den Gründervätern des deutschen bzw. britischen Sozialstaates verdanken. Das **Bismarck-Modell** beschreibt ein Versicherungsmodell mit dem vorrangigen Ziel der Einkommenssicherung. Die Beiträge für die Sozialversicherungen sind einkommensbezogen und Anspruchsberechtigungen basieren auf geleisteten Beitragszahlungen. Das Modell sichert vor allem die Arbeitnehmer und finanziert sich aus Beiträgen auf deren Arbeitslohn. Das **Beveridge-Modell** ist dagegen eher als Fürsorgemodell konzipiert und auf die Verhinderung von Armut ausgerichtet. Abgesichert wird grundsätzlich die ganze Bevölkerung, wobei die Höhe der Beiträge pauschal ist und die Anspruchsberechtigung für die Sozialleistungen sich entweder nach dem Staatsbürgerstatus oder dem Bedarf richtet. Finanziert wird das Modell vorrangig durch Steuern.

Tab. 16.1: Bismarck- und Beveridge-Modell

	Bismarck-Modell	**Beveridge-Modell**
Ziel	Einkommenssicherung	Verhinderung von Armut
Beiträge	einkommensbezogen	pauschal
Anspruchsberechtigung	geleistete Beitragszahlungen	Staatsbürgerstatus bzw. Bedarf
Reichweite der Absicherung	vorrangig Arbeitnehmer	ganze Bevölkerung
Finanzierung	Beiträge	Steuern
Beispielländer	Deutschland, Frankreich	Schweden, Vereinigtes Königreich

Quelle: Bonoli 1997: 357; eigene Ergänzungen und Übersetzung.

Die wirkungsmächtigste Typologie von Wohlfahrtsstaaten stammt von Esping-Andersen (1990), der sich ganz auf die qualitativen, länderspezifischen Merkmale der verschiedenen Sozialstaaten konzentriert. Der bis dahin vorherrschenden Tradition, die Varianz der Wohlfahrtsstaaten ausschließlich am quantitativen Indikator der Sozialausgaben festzumachen, setzt er die systematische Betrachtung dreier analytischer Dimensionen (Dekommodifizierung, Stratifizierung und Zusammenspiel von Staat, Markt und Familie) entgegen. Besonders das Kriterium der **Dekommodifizierung** spielt eine herausragende Rolle. Damit ist gemeint, dass die im Zuge der Industrialisierung kommodifizierten, d.h. dem freien Arbeitsmarkt und dessen Regeln ausgesetzten Lohnarbeiter (engl. *commodity* = Handelsware) ihre Existenz nun aufgrund der Gewährung von staatlichen Sozialleistungen (z.B. Arbeitslosengeld, Renten) auch unabhängig vom Markt sichern können. Der Umfang bzw. Grad der Dekommodifizierung variiert dabei erheblich zwischen den verschiedenen Regimen. So kann der Zugang zu den staatlichen Sozialleistungen beispielsweise mit einer Einkommensprüfung verbunden und die Dekommodifizierung nur auf bestimmte Bevölkerungsgruppen begrenzt sein. Weiter haben Staat, Markt und Familie in den verschiedenen Wohlfahrtsregimen eine unterschiedliche Bedeutung im Prozess der Dekommodifizierung. Die Versicherungen können zum Beispiel entweder privat (Markt) oder öffentlich (Staat) organisiert sein und darüber hinaus in unterschiedlich starkem Ausmaß auf die Familie als soziale Gesellschaftseinheit ausgerichtet sein. Letztendlich können die Wohlfahrtsregime mit ihrer Sozialpolitik die Stratifizierung der Gesellschaft – d. h. sozioökonomische Verhältnisse zwischen den sozialen Schichten – beeinflussen. Ein hoher Grad der Dekommodifizierung und eine zentrale Rolle des Staates wirken dabei egalisierend, während ein geringer Grad der Dekommodifizierung und eine zentrale Rolle des Marktes die bestehenden Ungleichheiten eher verschärfen – etwa weil die benachteiligten Gruppen sich keine Wohlfahrt leisten können.

Die Variation zwischen den Wohlfahrtsstaaten ermöglicht, so Esping-Andersen, eine Unterscheidung von drei Typen von Wohlfahrtsstaats-Regimen (▶ Tab. 16.2). In den **liberalen Wohlfahrtsstaaten** der angelsächsischen Länder ist der Liberalismus die vorherrschende politische Ideologie. Freiheit und Marktfähigkeit der Individuen sind dementsprechend die zentralen Ziele dieses Regimes. Der Grad der Dekommodifizierung ist eher gering (Fürsorgeleistungen und Förderung privater Vorsorge sind die präferierten Leistungsformen) und der Markt ist der zentrale Akteur. Folglich ist auch der Einfluss der Wohlfahrtsregime an der Umverteilung gering und die Ungleichheiten zwischen den sozioökonomischen Schichten sind in diesem Typus verschärft. In den **konservativen Wohlfahrtsstaaten** in Mittel- und Westeuropa (und nach Esping-Andersen auch in Südeuropa) ist dagegen der Konservatismus das ideologische Leitprinzip. Diese Länder sind besonders durch das Subsidiaritätsprinzip geprägt: Die Familie ist zentral für die Wohlfahrtsproduktion und die Rolle des Staates tendenziell nachrangig. Fürsorgeleistungen und vor allem die auf die Familie ausgerichteten Sozialversicherungen stellen die wichtigsten Leistungsformen dar. Der Grad der Dekommodifizierung ist deswegen insbesondere für Erwerbstätige und deren Familien relativ hoch, für alle anderen aber eher gering. Die Umverteilungseffekte sind dementsprechend mäßig und primär horizontal im Einklang mit dem Ziel der Einkommenssicherung, was wiederum die Verfestigung bereits bestehender Statusdifferenzen bedeutet. In den **sozialdemokratischen Wohlfahrtsstaaten** Skandinaviens ist, ganz dem Namen entsprechend, die sozialdemokratische Idee äußerst einflussreich gewesen. Soziale Sicherheit und Gleichheit sind dort die vorrangigen sozialpolitischen Ziele. Der Staat nimmt die zentrale Rolle ein und gewährt grundsätzlich universell ausgestaltete Leistungen für alle Staatsbürger. Der Grad der Dekommodifizierung ist durch umfassende und anspruchsvolle Sozialleistungen hoch, woraus sich eine starke Umverteilung ergibt und der Wohlfahrtsstaat insgesamt einen egalisierenden Stratifizierungseffekt hat.

Tab. 16.2: Wohlfahrtsstaatstypen nach Esping-Andersen

	liberaler Wohl-fahrtsstaat	konservativer Wohl-fahrtsstaat	sozialdemokratischer Wohlfahrtsstaat
Politische Ökonomie	Liberalismus (Laisser-faire- und Links-Liberalismus)	Konservatismus (Korporatismus, Etatismus, Paternalismus)	Sozialdemokratie
zentrale Ziele und Werte	Marktfähigkeit der Individuen, Freiheit	Sicherheit, Subsidiarität, Beibehaltung von Statusunterschieden	Dekommodifizierung, Gleichheit, Sicherheit

Tab. 16.2: Wohlfahrtsstaatstypen nach Esping-Andersen – Fortsetzung

	liberaler Wohlfahrtsstaat	konservativer Wohlfahrtsstaat	sozialdemokratischer Wohlfahrtsstaat
präferierte Leistungsformen	Fürsorgeleistungen, Förderung privater Vorsorge	Sozialversicherungen, Fürsorgeleistungen	universale Leistungen (Staatsbürgerversorgung)
Dekommodifizierung	gering	mittel (für Erwerbstätige hoch)	hoch
Stratifizierung	Verschärfung bestehender Ungleichheit	Verfestigung von Statusdifferenzen	egalisierend
Umverteilung	gering	mäßig (primär horizontal)	hoch (vertikal)
zentral für Wohlfahrtsproduktion	Markt	Familie	Staat
Prototypen	USA	Deutschland	Schweden

Quelle: Ullrich 2005: 47.

Obwohl seine Typologie weithin anerkannt ist, haben mehrere Autoren Esping-Andersens machtressourcentheoretische Erklärung für die wohlfahrtsstaatliche Entwicklung zurückgewiesen und alternative Determinanten identifiziert. Zusätzlich birgt die Typologie auch andere Schwächen, derer man sich bewusst sein muss (vgl. Arts/Gelissen 2002, 2010 für einen Überblick). Erstens ist die Zahl der unterschiedlichen Wohlfahrtsregime umstritten. Viele Autoren behaupten, dass sich vier oder sogar fünf Cluster identifizieren lassen. Insbesondere die südeuropäischen Länder (Griechenland, Italien, Portugal, Spanien) werden häufig als ein eigenes Cluster angesehen. Und auch Australien und Neuseeland werden oft als separate Ländergruppe behandelt. Zweitens lassen sich einige Länder (z. B. die Niederlande) nicht leicht klassifizieren und werden von vielen Autoren als hybride Regime betrachtet. Die dritte Schwierigkeit stellt die unzureichende Behandlung der Rolle von Frauen und der Familie dar. Viele Frauen sind nicht kommodifiziert, d. h. sie haben nicht teil am Arbeitsmarkt, sondern arbeiten unbezahlt zu Hause und können dementsprechend erst gar nicht durch den Wohlfahrtsstaat dekommodifiziert werden, wodurch folglich auch das Konzept der Stratifizierung seine Aussagekraft im Hinblick auf Frauen verliert. Trotzdem kann der Wohlfahrtsstaat die Geschlechterstratifizierung aber maßgeblich beeinflussen. Esping-Andersen (1999) hat seine Typologie daher in Bezug auf die Kategorie der Familie erweitert. Defamilialisierung steht dabei für eine wohlfahrtsstaatlich organisierte Befreiung der Frauen von ihrer unbezahlten Arbeit (z. B. durch öffentliche oder private Kinderbetreuung) mit dem Ziel der Förderung bezahlter Arbeit auf dem Arbeitsmarkt, d. h. also der Kommodifizierung von Frauen. Familialisierung hingegen weist auf die Abwesenheit solcher Maßnahmen hin und bedeutet, dass die Familie die Hauptverantwortung für Betreuung und Pflege übernehmen muss. Laut Esping-Andersen prägt Defamilialisierung durch den Markt die liberalen und durch den Staat die sozialdemokratischen Wohlfahrtsstaaten, während im konservativen Regime der Grad der Familialisierung immer noch hoch ist. Schließlich ist zu bemerken, dass sich die Wohlfahrtsstaaten in Ost- und Südosteuropa nicht ohne weiteres in Esping-Andersens Dreier-Typologie verorten lassen – ebenso wenig wie die sich derzeit im Entstehen befindlichen Wohlfahrtsstaaten im asiatischen oder lateinamerikanischen Raum. Hier stellt sich dann die Frage, ob die neuen Wohlfahrtsstaaten sich mit den alten Klassifizierungen überhaupt analysieren lassen oder ob es nicht der Entwicklung neuer Typen bedarf.

Wohlfahrtsstaaten im Vergleich – ein empirischer Überblick

Wie stellt sich der Sozialstaat in den entwickelten westlichen Industrieländern konkret dar? Neben den oben angesprochenen theoretischen Überlegungen beschäftigt sich die international vergleichende Wohlfahrtsstaatsforschung auch mit der grundlegenden Frage, *What Welfare States Do* (Castles 2008). Dabei ist man allerdings mit der Herausforderung konfrontiert, dass es ganz verschiedene Möglichkeiten gibt, den Wohlfahrtsstaat empirisch zu fassen und zu messen (▶ Infobox).

Infobox: *Dependent Variable Problem*

Was macht einen starken Sozialstaat aus? Sind es möglichst hohe Sozialausgaben, ein spezifisches Profil der Aufwendungen für soziale Programme, die Höhe der Sozialleistungen oder deren Rigidität bei den Zugangs- und Bezugsvoraussetzungen? Unter dem Schlagwort *Dependent Variable Problem* werden in der Literatur verschiedene Indikatoren zur Messung des Wohlfahrtsstaates diskutiert (Clasen/Siegel 2007). Lange Zeit galten die gesamten Sozialausgaben eines Staates – in der Regel als Sozialleistungsquote, d.h. im Verhältnis zum Bruttoinlandsprodukt (BIP) ausgedrückt – als die Schlüsselgröße schlechthin für die sozialpolitische Aktivität eines Staates und standen im Fokus der sozialpolitischen Analyse (z.B. Castles 2004). Ein Faktor für diese bis heute anhaltende Dominanz war und ist sicherlich die leichte und schnelle Verfügbarkeit zuverlässiger Daten bei internationalen Organisationen wie der OECD. Der Nachteil dieses Indikators liegt jedoch darin, dass er nichts über die konkrete Verwendung der Sozialausgaben, d.h. über Art und Höhe der gewährten Sozialleistungen, aussagt. Zwar erlauben es Fortschritte bei Quantität und Qualität der Daten heute, mit Hilfe von disaggregierten Daten sogar bereichsspezifische Analysen sozialpolitischer Programme anzufertigen (Castles 2008) oder die sogenannten Nettosozialausgaben zu ermitteln, bei denen auch sozialpolitisch motivierte steuerliche Maßnahmen und private Sozialausgaben in die Berechnung eingehen (Adema et al. 2011). Diese Weiterentwicklungen ändern allerdings nur wenig an der fundamentalen und prominenten Kritik, die etwa Esping-Andersen an dem Indikator der Sozialausgaben übt: »It is difficult to imagine that anyone struggled for spending per se« (Esping-Andersen 1990: 21). Als Alternative stellen er und andere

---

Wohlfahrtsstaatsforscher die sozialen Rechte in den Mittelpunkt und erfassen den Wohlfahrtsstaat über den Grad der Dekommodifizierung (siehe oben) bzw. über die Generosität sozialstaatlicher Leistungen (Scruggs 2007). Dieser Indikator enthält sowohl Informationen zur Höhe der einzelnen Sozialleistungen als auch zu deren Zugangs- und Bezugsvoraussetzungen.

Die Wahl des jeweiligen Indikators zur Messung des Wohlfahrtsstaates hängt in der Regel vom Forschungsinteresse und theoretischen Standpunkt des Forschers ab und bleibt nicht ohne Auswirkungen auf das Ergebnis. Je nach gewähltem Indikator zeigen sich durchaus abweichende Muster in Bezug auf die Gemeinsamkeiten und Unterschiede zwischen den Wohlfahrtsstaaten. Zur Vermeidung einer einseitigen Erfassung des Wohlfahrtsstaates über Sozialausgaben oder Generosität, und um einer möglichen Verzerrung der Analyseergebnisse entgegen zu wirken, verbinden aktuelle Studien daher mitunter auch beide Herangehensweisen miteinander (Jensen 2011).

Ein Blick auf Höhe und Struktur der **gesamten Sozialausgaben** (▶ **Tab. 16.3**) bestätigt zunächst die wesentlichen Unterschiede zwischen den drei verschiedenen Sozialstaatswelten, von denen im vorangegangenen Abschnitt die Rede war. So kommen die marktbasierten liberalen Wohlfahrtsstaaten auf die geringste Sozialleistungsquote, worin sich der selektive Charakter ihrer Sozialpolitik mit der Betonung bedarfsgeprüfter Fürsorge zur Bekämpfung von Armut widerspiegelt. Geld- und Sachleistungen halten sich dementsprechend auf vergleichsweise geringem Niveau die Waage. Die konservativen Sozialstaaten kommen dagegen auf ein relativ hohes Niveau an Sozialausgaben. Hier fallen besonders die zahlreichen Einkommensersatzleistungen ins Gewicht, allen voran die traditionell ausgebauten Sozialversicherungen, sodass die Geldleistungen die Sachleistungen deutlich übersteigen. Die skandinavischen Wohlfahrtsstaaten schließlich setzen voll auf einen umfassenden Sozialstaat, was die in dieser Ländergruppe hohe Sozialleistungsquote anzeigt. Sie verfügen über ein ausgeglichenes Verhältnis von Geld- und Sachleistungen auf hohem Niveau, woran sich die von Esping-Andersen betonte Tradition universeller und egalisierender Leistungen ablesen lässt. Blickt man daneben auch auf die südeuropäischen Staaten, so zeigt sich, dass diese bei den Sozialausgaben mittlerweile fast zu den konservativen Wohlfahrtsstaaten aufgeschlossen haben und mit diesen das deutliche Übergewicht bei den Geldleistungen gemeinsam haben.

Wechselt man die Perspektive und blickt statt auf die globalen auf die nach Politikbereichen geordneten, d.h. **disaggregierten Sozialausgaben** (dazu z.B. Castles 2008), dann ergibt sich ein etwas differenzierteres Bild der Gemeinsamkeiten und Unterschiede zwischen den Wohlfahrtsstaaten. In den Bereichen Gesundheit und Familie fallen die Divergenzen bei den Sozialausgaben beispielsweise geringer aus als bei den Ausgaben für Alter und Arbeitslosigkeit. Von der absoluten Summe her besonders markant sind die Unterschiede bei der staatlichen Alterssicherung. Wenden die liberalen Wohlfahrtsstaaten hierfür nur 4,4 Prozent ihres BIP auf, sind es in den konservativen bemerkenswerte 8,6 Prozent. Getoppt wird dies noch von den südeuropäischen Wohlfahrtsstaaten, die 9,4 Prozent ihres in einem Jahr erwirtschafteten Wohlstands für die staatliche Alterssicherung ausgeben, was beinahe die Hälfte der gesamten Sozialausgaben dieser Staaten ausmacht. Mit dieser alterssicherungslastigen Struktur der Sozialausgaben stehen beide Ländergruppen angesichts des demographischen Wandels vor der großen Herausforderung, ihre Rentensysteme zukunftsfest zu gestalten.

Ändert man den Indikator ein weiteres Mal und erfasst den Sozialstaat über die sogenannten **Nettosozialausgaben** (Adema et al. 2011), die auch steuerliche Maßnahmen und private Wohlfahrtsleistungen für die Berechnung der Sozialleistungsquote berücksichtigen, dann ändert das eingangs bei den globalen Sozialausgaben gezeichnete Bild abermals seine Gestalt. Die sozialpolitischen Anstrengungen liberaler Wohlfahrtsstaaten unterscheiden sich in dieser Betrachtungsweise nur noch geringfügig von denen sozialdemokratischer Wohlfahrtsstaaten. Klarer Spitzenreiter sind nun die konservativen Sozialstaaten. Die Berücksichtigung privat getätigter Sozialausgaben und steuerlicher Effekte führt sogar dazu, dass die USA vom drittletzten Rang in die sozialpolitische Spitzengruppe vorrücken und mit einer Nettosozialleistungsquote von 27,5 Prozent des BIP unmittelbar hinter Schweden auf dem zweiten Platz landen (Adema et al. 2011).

Scheinen die Ergebnisse der neueren Sozialausgabenmaße einige Fragen in Bezug auf die Gültigkeit der klassischen Wohlfahrtsstaaten-Typologie von Esping-Andersen aufzuwerfen, so sprechen die Divergenzen zwischen den drei Sozialstaatswelten bei Betrachtung des Indikators der **Generosität** freilich eine ziemlich klare Sprache. Die sozialdemokratischen Wohlfahrtsstaaten liegen hier klar an der Spitze, gefolgt von den konservativen in der Mitteposition und den liberalen als Schlusslicht. Im Einklang mit diesem Befund kommen aktuelle Studien auch zu dem Ergebnis, dass der schwedische Sozialstaat deutlich umverteilungsfreundlicher ausfällt als der US-amerikanische (Castles/Obinger 2007).

Tab. 16.3: Struktur der Sozialausgaben und Generosität der Sozialleistungen in den Wohlfahrtsstaatswelten

Wohlfahrtsstaattypus	liberal	konservativ	sozialdem.	südeurop.	Mittelwert
öff. Sozialausgaben	17,4	24,5	24,8	22,6	22,1
Ausg. f. Alter	4,4	8,6	7,7	9,4	7,2
Ausg. f. Gesundheit	6,6	7,1	6,2	6,3	6,6
Ausg. f. Familie	2,2	2,4	3,1	1,2	2,2
Ausg. f. Arbeitslosigkeit	0,5	1,6	1,1	1,0	1,0
Geldleistungen	8,4	14,6	12,4	14,7	12,3
Sachleistungen	8,7	9,1	11,4	7,5	9,1
Nettosozialausgaben	22,7	27,1	23,8	24,4	24,8
Generosität	23,1	29,7	35,8	n. V.	28,6

Quelle: eigene Darstellung; Zeilen 2–8: OECD Social Expenditure Database, in % des BIP, Daten für 2007; Zeile 9: Adema et al. 2011, in % des BIP, Daten für 2007; Zeile 10: Scruggs/Allan 2006, Daten für 2002.

Aktuelle Entwicklungen der Wohlfahrtsstaatsforschung

Die Wohlfahrtsstaaten sind in einer sich verändernden Welt einem kontinuierlichen Wandel unterworfen. In den letzten Jahren haben internationale Entwicklungen verstärkt das Interesse der Forscher geweckt. Die Frage, ob und inwieweit zum Beispiel die **Globalisierung** einen Einfluss auf die Wohlfahrtsstaatlichkeit hat und ob sie zu einer Expansion oder zum Rückbau des Wohlfahrtsstaates führt, wird in der Literatur sehr unterschiedlich beantwortet. Neuere Studien bejahen zwar einen grundsätzlichen Einfluss der Globalisierung auf den Sozialstaat, sehen ihn jedoch häufig nur in Kombination mit anderen Effekten wie etwa der parteipolitischen Färbung der Regierung als wirksam an (für eine Übersicht siehe Brady et al. 2005). Auch die Bedeutung der **Europäischen Integration** für den Wohlfahrtsstaat wird häufig debattiert. Bislang gibt es auf europäischer Ebene zwar noch keine weitreichenden sozialpolitischen Kompetenzen. Dennoch wird die Europäisierung der Sozialpolitik vor allem anhand der politikfeldspezifischen Kooperation im Rahmen der sogenannten *Offenen Methode der Koordinierung* kontrovers diskutiert. Diese Politikmethode besteht in der Erstellung gemeinsamer Richtlinien und Empfehlungen mit unverbindlichem Charakter, die von evaluierender Berichtstätigkeit auf nationaler und europäischer Ebene begleitet werden, um in den Mitgliedstaaten einen Lernprozess anzustoßen (Chalmers/Lodge 2003). In diesem Zusammenhang beschäftigt sich die vergleichende Wohlfahrtsstaatsforschung auch besonders mit der Frage, ob und, wenn ja, inwieweit sich die nationalen Sozialstaaten einander annähern, also sozialpolitische Konvergenz stattfindet (z.B. Schmitt/Starke 2011). Darüber hinaus findet eine lebhafte Debatte über die Existenz eines spezifischen Europäischen Sozialmodells statt (Kaelble/Schmid 2004, Lamping 2008).

Ein zweiter Schwerpunkt der aktuellen Wohlfahrtsstaatsforschung liegt auf gegenwärtigen Entwicklungstendenzen innerhalb der einzelnen Sozialstaaten. Seit einigen Jahren wird das Auftreten sogenannter **Neuer Sozialer Risiken** konstatiert, die eine neue Herausforderung für die Sozialpolitik darstellen (dazu Taylor-Gooby 2004). Besonders der demographische Wandel stellt sowohl das Renten- als auch das Gesundheits- und Pflegesystem vor große Aufgaben und schafft einen gewissen Reformbedarf, auf den die Politik sehr unterschiedlich reagiert. Darüber hinaus hat die sozialwissenschaftliche Forschung bislang beispielsweise wenig Kenntnis darüber, wie das steigende Alter der Wählerschaft die Sozialpolitik beeinflusst (Tepe/Vanhuysse 2010). Weiter stellen die zunehmende Erwerbsbeteiligung von Frauen und eine steigende Nachfrage nach Pflegeleistungen die Politik vor die Aufgabe, neue wohlfahrtsstaatliche Maßnahmen zur Vereinbarkeit von Familie und Beruf zu treffen. Darüber hinaus hat in den modernen Informations- und Dienstleistungsgesellschaften die Nachfrage nach Arbeitskräften mit niedriger Qualifikation nicht zuletzt wegen des massiven technologischen Fortschrittes deutlich abgenommen. Eine fundierte Ausbildung und ein hohes Bildungsniveau sind damit zu einer immer wichtigeren Voraussetzung für eine gut bezahlte und einigermaßen stabile Arbeit geworden. Besonders junge Menschen mit einem niedrigen Bildungsniveau (häufig auch mit Migrationshintergrund) haben deshalb große Schwierigkeiten, eine Arbeitsstelle zu finden. Gleichzeitig hat sich die Arbeitswelt stark gewandelt. Kurzfristige und häufig schlecht bezahlte Beschäftigungsverhältnisse sind mittlerweile kein

Randphänomen mehr. Folgen dieser Prekarisierung der Arbeitswelt sind zunehmende Armut und soziale Exklusion, die neue Typen von Maßnahmen (u. a. Verbesserung von Beschäftigungsfähigkeit und Beschäftigungschancen) seitens des Wohlfahrtsstaates erfordern (Mohr 2007). Da die Wohlfahrtsstaaten zur Bekämpfung dieser Neuen Sozialen Risiken verstärkt auf Sach- und Dienstleistungen im Bereich Kinderbetreuung, Weiterbildung und Pflege zurückgreifen, rückt diese lange Zeit etwas vernachlässigte Art sozialstaatlicher Leistungen in jüngster Zeit auch in der Sozialpolitikforschung stärker in den Vordergrund (z. B. Jensen 2010).

Kommentierte Literaturempfehlungen

Castles, Francis G. et al. (Hrsg.) (2010): The Oxford Handbook of the Welfare State. Oxford.
Umfassendes Handbuch in englischer Sprache, das über 40 ausgezeichnete Beiträge zu philosophischen, historischen und politischen Aspekten des Wohlfahrtsstaates enthält.
Lampert, Heinz/Althammer, Jörg (2007): Lehrbuch der Sozialpolitik. 8. überarb. u. vollst. akt. Aufl., Berlin/Heidelberg.
Einführung aus vorwiegend ökonomischer Perspektive mit eindeutigem Schwerpunkt auf der Funktionsweise des deutschen Sozialsystems.
Schmidt, Manfred G. (2005): Sozialpolitik in Deutschland. Historische Entwicklung und internationaler Vergleich. 3. vollst. überarb. u. erw. Aufl., Wiesbaden.
Gut strukturierte und analytisch ausgerichtete Einführung aus politikwissenschaftlicher Perspektive mit Schwerpunkt auf der Entstehung und Entwicklung des deutschen Sozialstaates.
Schmidt, Manfred G. et al. (Hrsg.) (2007): Der Wohlfahrtsstaat. Eine Einführung in den historischen und internationalen Vergleich. Wiesbaden.
Dieses Buch eignet sich bestens für einen Einstieg in das vergleichende Studium des Wohlfahrtsstaates. Es enthält eine sehr gute Übersicht über die wichtigsten politikwissenschaftlichen Theorien und Methoden und informiert kompakt über die wesentlichen Fragestellungen und Befunde zur sozialen Sicherung im internationalen Vergleich.

Literaturverzeichnis

Abromeit, Heidrun (1995): Volkssouveränität, Parlamentssouveränität, Verfassungssouveränität: Drei Realmodelle der Legitimation staatlichen Handelns, in: Politische Vierteljahresschrift 36 (1), S. 49–66.

Achinger, Hans (1958): Sozialpolitik als Gesellschaftspolitik. Von der Arbeiterfrage zum Wohlfahrtsstaat. Reinbek b. Hamburg.

Adamovich Ivan B. (2004): Entstehung von Verfassungen. Ökonomische Theorie und Anwendung auf Mittel- und Osteuropa nach 1989. Tübingen.

Adema, Willem/Fron, Pauline/Ladaique, Maxime (2011): Is the European Welfare State Really More Expensive? Indicators of Social Spending, 1980–2012; and a Manual on the OECD Social Expenditure Dataset (SOCX) (OECD Social, Employment and Migration Working Papers No. 124). Paris.

Alber, Jens (1982): Vom Armenhaus zum Wohlfahrtsstaat. Analysen zur Entstehung der Sozialversicherung in Westeuropa. Frankfurt a. M./New York.

Alemann, Ulrich von (1989): Organisierte Interessen in der Bundesrepublik. Opladen.

Alford, Robert (1962): A Suggested Index of the Association of Social Class and Voting, in: The Public Opinion Quarterly 26 (3), S. 417–425.

Alivizatos, Nicos C. (1995): Judges as Veto Players, in: Döring, Herbert (Hrsg.), Parliaments and Majority Rule in Western Europe. Frankfurt a. M., S. 566–589.

Almond, Gabriel A. (1956): Comparative Political Systems, in: The Journal of Politics 18 (3), S. 391–409.

Almond, Gabriel A./Powell, Bingham G. (1966): Comparative Politics: A Developmental Approach. Boston.

Almond, Gabriel A./Verba, Sidney (1963): The Civic Culture. Political Attitudes and Democracy in Five Nations. Princeton, N.J.

Altschull, Herbert (1995): Agents of Power: The Media and Public Policy. White Plains.

Alvarez, Michael/Garrett, Geoffrey/Lange, Peter (1991): Government Partisanship, Labour Organization, and Macroeconomic Performance, in: American Political Science Review 85 (2), S. 539–556.

Anckar, Dag/Karvonen, Lauri (2002): Constitutional Amendment Methods in the Democracies of the World. Aalborg, URL: http://www.socsci.auc.dk/institut2/nopsa/arbejdsgruppe24/ anckar¬karvonen.pdf [08.09.2012].

Arendt, Hannah (2005): Vita activa oder vom tätigen Leben. München.

Armingeon, Klaus et al. (2008): Comparative Political Data Set 1960–2006. Institute of Political Science. University of Bern.

Arter, David (2006): Introduction: Comparing the Legislative Performance of Legislatures, in: The Journal of Legislative Studies 12 (3–4), S. 245–257.

Arts, Wil/Gelissen, John (2002): Three worlds of welfare capitalism or more? A state-of-the-art report, in: Journal of European Social Policy 12 (2), S. 137–158.

Arts, Wil/Gelissen, John (2010): Models of the Welfare State, in: Castles, Francis G. et al. (Hrsg.), The Oxford Handbook of the Welfare State. Oxford, S. 569–583.

Arzheimer, Kai/Schmitt, Annette (2005): Der ökonomische Ansatz, in: Falter, Jürgen/Schoen, Harald (Hrsg.), Handbuch Wahlforschung. Wiesbaden, S. 243–303.

Arzheimer, Kai/Schoen, Harald (2007): Mehr als eine Erinnerung an das 19. Jahrhundert? Das sozioökonomische und das religiös-konfessionelle Cleavage und Wahlverhalten 1994–2005, in: Rattinger, Hans/Gabriel, Oscar W./Falter, Jürgen W. (Hrsg.), Der gesamtdeutsche Wähler. Stabilität und Wandel des Wählerverhaltens im wiedervereinigten Deutschland. Baden-Baden, S. 89–112.

Auer, Andreas/Bützer, Michael (2001): Direct Democracy: The Eastern and Central European Experience. Aldershot/Burlington.

Axelrod, Robert M. (1970): Conflict of interest: a theory of divergent goals with applications to politics. Chicago.

Bache, Ian/Flinders, Matthew (2005): Multi-level Governance. Oxford.

Bäcker, Gerhard et al. (2010): Sozialpolitik und soziale Lage in Deutschland. Band 1: Grundlagen, Arbeit und Finanzierung. 5. durchgeseh. Aufl., Wiesbaden.

Bagehot, Walter (2001): The English Constitution. Oxford [Neudruck der Erstausgabe von 1867].

Barber, Benjamin (1994): Starke Demokratie – Über die Teilhabe am Politischen. Berlin.

Bartle, John (2005): Homogeneous Models and Heterogeneous Voters, in: Political Studies 53 (4), S. 653–675.

Bartolini, Stefano/Mair, Peter (1990): Identity, competition and electoral availability. The stabilisation of European electorates 1885–1985. Cambridge u. a.

Bass, Bernard M./Bass, Ruth (2008): The Bass Handbook of Leadership. Theory, Research and Managerial Applications. 4. Aufl., New York u. a.

Batt, Helge L. (2003): Verfassungsrecht und Verfassungswirklichkeit im vereinigten Deutschland. Opladen.

Baumgarten, Britta (2010): Die neue alte Bürgerbewegung. SozialforscherInnen haben untersucht, wer gegen das Großprojekt Stuttgart 21 protestiert und warum, in: Umwelt aktuell 12 (1), S. 2–3.

Baumgartner, Frank R./Jones, Bryan D. (1993): Agendas and Instability in American Politics. Chicago.

BBC (Hrsg.) (2012): Election 2010. National Results, URL: http://news.bbc.co.uk/2/shared/election2010/results [21.08.2012].

Beck, Paul A. et al. (2002): The Social Calculus of Voting: Interpersonal, Media, and Organizational Influences on Presidential Choices, in: The American Political Science Review 96 (1), S. 57–73.

Behnke, Joachim (2006): Methoden der Politikwissenschaft. Neuere qualitative und quantitative Analyseverfahren. Baden-Baden.

Behnke, Joachim (2007): Das Wahlsystem der Bundesrepublik Deutschland. Logik, Technik und Praxis der Verhältniswahl. Baden-Baden.

Behnke, Joachim/ Baur, Nina/Behnke, Nathalie (2010): Empirische Methoden der Politikwissenschaft. Paderborn.

Behnke, Joachim (2013): Das neue Wahlgesetz, sicherlich nicht das letzte, in: Recht und Politik 49 (1), S. 1–10.

Benoit, Kenneth (2002): The endogeneity problem in electoral studies: a critical re-examination of Duverger's mechanical effect, in: Electoral Studies 21 (1), S. 35–46.

Benoit, Kenneth/Laver, Michael (2006): Party Policy in Modern Democracies. London.

Bentley, Arthur F. (1949): The process of government. A study of social pressures. Evanston.

Benz, Arthur (2002): Die territoriale Dimension von Verwaltung, in: König, Klaus (Hrsg.), Deutsche Verwaltung an der Wende zum 21. Jahrhundert. Baden-Baden, S. 207–228.

Benz, Arthur (2009): Politik in Mehrebenen-Systemen. Wiesbaden.

Beramendi, Pablo (2007): Federalism, in: Boix, Carles/Stokes, Susan C. (Hrsg.), The Oxford Handbook of Comparative Politics. Oxford, S. 752–781.

Berelson, Bernard/Lazarsfeld, Paul F./McPhee, William N. (1966): Voting. A study of opinion formation in a presidential campaign. Chicago.

Bergman, Torbjörn (1995): Constitutional Rules and Party Goals in Coalition Formation. An Analysis of Winning Minority Governments in Sweden. Umea.

Bernauer, Thomas et al. (2009): Einführung in die Politikwissenschaft. Baden-Baden.

Bernholz, Peter/Breyer, Friedrich (1984): Grundlagen der Politischen Ökonomie, Band 2: Ökonomische Theorie der Politik. Tübingen.

Bertelsmann Stiftung (2011): Bürger fordern direkte Beteiligung. Umfrage bestätigt Wunsch nach Volks- und Bürgerentscheiden, URL: http://www.bertelsmann-stiftung.de/cps/rde/xchg/bst/¬ hs.xsl/nachrichten_107591.htm [12.11.2013].

Best, Heinrich (2007): New Challenges? New Elites? Changes in the Recruitment and Career Patterns of European Representative Elites, in: Comparative Sociology, Vol. 6 (1/2), S. 85–113.

Best, Heinrich/Cotta, Maurizio (2000): Elite Transformation and Modes of Representation since the Mid-Nineteenth Century. Some Theoretical Considerations, in: Best, Heinrich/Cotta, Maurizio (Hrsg.), Parliamentary Representatives in Europe 1848–2000. Legislative Recruitment and Careers in Eleven European Countries. Oxford, S. 1–28.

Best, Heinrich/Jahr, Stefan/Vogel, Lars (2010): Karrieremuster und Karrierekalküle deutscher Parlamentarier, in: Edinger, Michael/Patzelt, Werner (Hrsg.), Politik und Beruf (PVS Sonderheft 44). Wiesbaden, S. 168–191.

Beyme, Klaus von (1970): Die parlamentarischen Regierungssysteme in Europa. München

Beyme, Klaus von (1971): Die politische Elite der Bundesrepublik Deutschland, München.

Beyme, Klaus von (1980): Interessengruppen in der Demokratie. München.

Beyme, Klaus von (1984): Parteien in westlichen Demokratien. 2. Aufl., München/Zürich.

Beyme, Klaus von (1984): Verfassung und politisches System, in: Politische Bildung 17 (1), S. 3–18.

Beyme, Klaus von (1994): Systemwechsel in Osteuropa. 2. Aufl., Frankfurt a. M.

Beyme, Klaus von (2002): Funktionswandel der Parteien in der Entwicklung von der Massenintegrationspartei zur Partei der Berufspolitiker, in: Gabriel, Oscar W./Niedermayer, Oskar/Stöss, Richard (Hrsg.), Parteiendemokratie in Deutschland. Wiesbaden, S. 315–339.

Beyme, Klaus von (2010): Parlamente, in: Lauth, Hans-Joachim (Hrsg.), Vergleichende Regierungslehre. Eine Einführung. 3. Aufl., Wiesbaden, S. 264–282.

Beyme, Klaus von/ Helms, Ludger (2004): Interessengruppen, in: Helms, Ludger / Jun, Uwe (Hrsg.), Politische Theorie und Regierungslehre. Eine Einführung in die politikwissenschaftliche Institutionenforschung. Frankfurt a. M./New York, S. 194–218.

Bieber, Roland (2006): Föderalismus in Europa, in: Weidenfeld, Werner (Hrsg.), Die Europäische Union. Politisches System und Politikbereiche. Bonn, S. 125–140.

Billerbeck, Rudolf (1989): Plebiszitäre Demokratie in der Praxis: Zum Beispiel Kalifornien. Berlin.

Blankart Charles B. (2007): Föderalismus in Deutschland und in Europa. Baden-Baden.

Blondel, Jean (1985): Government Ministers in the Contemporary World. London.

Blondel, Jean (1987): Political Leadership. Towards a General Analysis. London.

Blum, Roger (2005): Bausteine zu einer Theorie der Mediensysteme, in: Medienwissenschaft Schweiz 16 (2), S. 5–11.

Blumler, Jay G./Gurevitch, Michael (1995): Towards a Comparative Framework for Political Communication Research, in: Blumler, Jay G./Gurevitch, Michael (Hrsg.), The Crisis of Political Communication. London, S. 59–72.

Blumler, Jay G./Kavanagh, Dennis (1999): The Third Age of Political Communication: Influences and Features, in: Political Communication 16 (3), S. 209–230.

Bogumil, Jörg (Hrsg.) (2007): Zehn Jahre neues Steuerungsmodell. Eine Bilanz kommunaler Verwaltungsmodernisierung (Modernisierung des öffentlichen Sektors 29). Berlin.

Bogumil, Jörg/Holtkamp, Lars (2006): Kommunalpolitik und Kommunalverwaltung. Eine policyorientierte Einführung; Wiesbaden.

Bogumil, Jörg/Jann, Werner (2009): Verwaltung und Verwaltungswissenschaft in Deutschland. Einführung in die Verwaltungswissenschaft. 2. überarb. Aufl., Wiesbaden.

Bogumil, Jörg/Jann, Werner/Nullmeier, Frank (2006): Politik und Verwaltung – Perspektiven der politikwissenschaftlichen Verwaltungsforschung, in: Bogumil, Jörg/Jann, Werner/Nullmeier, Frank (Hrsg.), Politik und Verwaltung (PVS Sonderheft 37). Wiesbaden, S. 9–28.

Böhret, Carl (1983): Verwaltungspolitik als Reaktion auf gesellschaftliche Bedingungen und politische Freiräume der Verwaltung, in: Böhret, Carl/Siedentopf, Heinrich (Hrsg.), Verwaltung und Verwaltungspolitik. Berlin, S. 27–46.

Boldt, Hans (1978): Parlament, parlamentarische Regierung, Parlamentarismus, in: Brunner, Otto/Conze, Werner/Koselleck, Reinhart (Hrsg.), Geschichtliche Grundbegriffe (Historisches Lexikon zur politisch-sozialen Sprache 4). Stuttgart, S. 649–676.

Boldt, Hans (1995): Gewaltenteilung, in: Nohlen, Dieter/Schulze, Rainer-Olaf (Hrsg.), Lexikon der Politik. Band 1: Politische Theorien. München, S. 152–156.

Bolliger, Christian (2007): Minderheiten in der direkten Demokratie: Die Medaille hat auch eine Vorderseite, in: Freitag, Markus/Wagschal, Uwe (Hrsg.), Direkte Demokratie. Bestandsaufnahmen und Wirkungen im internationalen Vergleich. Berlin, S. 419–446.

Bonoli, Giuliano (1997): Classifying Welfare States: A Two-Dimension Approach, in: Journal of Social Policy 26 (3), S. 351–372.

Bourdieu, Pierre (1983): Ökonomisches Kapital – Kulturelles Kapital – Soziales Kapital, in: ders. (1992): Die verborgenen Mechanismen der Macht. Hamburg.

Brady, David/Beckfield, Jason/Seeleib-Kaiser, Martin (2005): Economic Globalization and the Welfare State in Affluent Democracies, 1975–2001, in: American Sociological Review 70, S. 921–948.

Braun, Dietmar (1999): Theorien rationalen Handelns in der Politikwissenschaft. Eine kritische Einführung. Opladen.

Brettschneider, Frank (2005): Massenmedien und Wahlverhalten, in: Falter, Jürgen/Schoen, Harald (Hrsg.), Handbuch Wahlforschung. Wiesbaden, S. 473–500.

Bryde, Brun-Otto (1982): Verfassungsentwicklung. Stabilität und Dynamik im Verfassungsrecht der Bundesrepublik Deutschland. Baden-Baden.

Buchanan, James/Tullock, Gordon (1962): The Calculus of Consent. Logical Foundations of Constitutional Democracy. Ann Arbor.

Budge, Ian/Farlie, Dennis J. (1983): Explaining and Predicting Elections. Issue Effects and Party Strategies in Twenty-Three Democracies. London.

Budge, Ian/Laver, Michael (1986): Office Seeking and Policy Pursuit in Coalition Theory, in: Legislative Studies Quarterly 11 (4), S. 485–506.

Bullmann, Ullrich (1994): Regionen im Integrationsprozess der Europäischen Union, in: Bullmann, Ullrich (Hrsg.), Die Politik der dritten Ebene. Regionen im Europa der Union. Baden-Baden, S. 15–41.

Burgess, Michael (2009): Federalism, in: Wiener, Antje/Diez, Thomas (Hrsg.), European Integration Theory. Oxford, S. 25–44.

Bürklin, Wilhelm/Rebenstorf, Hilke (1997): Eliten in Deutschland. Opladen.

Burns, James M. (1978): Leadership. New York u. a.

Busch, Andreas (1999): Das oft geänderte Grundgesetz, in: Merkel, Wolfgang/Busch, Andreas (Hrsg.), Demokratie in Ost und West. Festschrift für Klaus von Beyme. Frankfurt a. M., S. 549–574.

Busemeyer, Marius (2009): From myth to reality: Globalisation and public spending in OECD countries revisited, in: European Journal of Political Research 48, S. 455–482.

Butler, David/Ranney, Austin (Hrsg.) (1994): Referendums around the World: The Growing Use of Direct Democracy. Basingstoke/London.

Cameron, David R. (1984): Social Democracy, Corporatism, Labour Quiescence, and the Representation of Economic Interests in Advanced Capitalist Society, in: Goldthorpe, John H. (Hrsg.), Order and Conflict in Contemporary Capitalism. Oxford, S. 143–178.

Campbell, Angus et al. (1960): The American voter. New York.

Campus, Donatella/Pasquino, Gianfranco/Vaccari, Cristian (2008): Social Networks, Political Discussion, and Voting in Italy: A Study of the 2006 Election, in: Political Communication 25 (4), S. 423–444.

Caramani, Daniele (2011): Party systems, in: Caramani, Daniele (Hrsg.), Comparative Politics. Oxford u. a., S. 237–258.

Carey, John M. (2006): Legislative Organization, in: Rhodes, R. A. W./Binder, Sarah A./Rockman, Bert A. (Hrsg.), The Oxford Handbook of Political Institutions. Oxford, S. 431–454.

Castles, Francis G. (1998): Comparative Public Policy. Patterns of Post-war Transformation. Cheltenham.

Castles, Francis G. (2004): The Future of the Welfare State. Crisis Myths and Crisis Realities. Oxford.

Castles, Francis G. (Hrsg.) (2007): The Disappearing State? Retrenchment Realities in an Age of Globalisation. Cheltenham.

Castles, Francis G. (2008): What Welfare States Do: A Disaggregated Expenditure Approach, in: Journal of Social Policy 38 (1), S. 45–62.

Castles, Francis G. et al. (Hrsg.) (2010): The Oxford Handbook of the Welfare State. Oxford.

Castles, Francis G./Mair, Peter (1984): Left-Right Political Scales: Some ›Expert‹ Judgments, in: European Journal of Political Research 12 (1), S. 73–88.

Castles, Francis G./Obinger, Herbert (2007): Social Expenditure and the Politics of Redistribution, in: Journal of European Social Policy 17, S. 206–222.

Cavadino, Michael/Dignan, James (2006): Penal Systems. A Comparative Approach. London/Thousand Oaks.

Chalmers, Daniel/Lodge, Martin (2003): The Open Method of Co-ordination and the European Welfare State (CARR Discussion Paper no. 11, Centre for Analysis of Risk and Regulation, London School of Economics and Political Science). London.

Christmann, Anna (2009): In welche politische Richtung wirkt die direkte Demokratie? Rechte Ängste und linke Hoffnungen in Deutschland im Vergleich zur direktdemokratischen Praxis in der Schweiz. Baden-Baden.

Christmann, Anna (2012): Die Grenzen direkter Demokratie. Volksentscheide im Spannungsverhältnis von Demokratie und Rechtsstaat. Baden-Baden.

Clark, William Roberts/Golder, Matt (2006): Rehabilitating Duverger's Theory. Testing the Mechanical and Strategic Modifying Effects of Electoral Laws, in: Comparative Political Studies 39 (6), S. 679–708.

Clasen, Jochen/Siegel, Nico A. (Hrsg.) (2007): Investigating Welfare State Change: The ›Dependent Variable Problem‹ in Comparative Analysis. Cheltenham.

Cohen, Geoffrey (2003): Party over policy. The dominating impact of group influence on political beliefs, in: Journal of personality and social psychology 85 (5), S. 808–822.

Cohen, Michael D./March, James G./Olsen, Johan P. (1972): A Garbage Can Model of Organizational Choice, in: Administrative Science Quarterly 17, S. 1–25.

Collier, David/Hidalgo, Fernando Daniel/Maciuceanu, Andra Olivia (2006): Essentially contested concepts: Debates and applications, in: Journal of Political Ideologies 11 (3), S. 211–246.

Couldry, Nick (2005): Review of Comparing Media Systems, in: Political Studies Review 3 (2), S. 308.

Cox, Gary W. (1997): Making votes count. Strategic Coordination in the World's Electoral Systems. Cambridge.

Croissant, Aurel et al. (2009): Die kulturellen Dimensionen des globalen Konfliktgeschehens. Kulturelle Konflikte seit 1945 (Weltregionen im Wandel). Baden-Baden.

Dahl, Robert A. (1957): The Concept of Power, in: Behavioral Science 2 (3), S. 201–205.

Dahl, Robert A. (1961): Who Governs? Democracy and Power in an American City. New Haven.

Dahl, Robert A. (1971): Polyarchy: Participationand Oppostion. New Haven.

Dahl, Robert A. (1989): Democracy and its critics. New Haven.

283

Dahlgren, Peter (2005): The Internet, Public Spheres, and Political Communication: Dispersion and Deliberation, in: Political Communication 22 (2), S. 147–162.

Dalton, Russell J./Farrell, David M./McAllister, Ian (2011): Political Parties and Democratic Linkage. How Parties Organize Democracy. Oxford.

Dalton, Russell J./Wattenberg, Martin P. (Hrsg.) (2000): Parties without Partisans. Political Change in Advanced Industrial Democracies. Oxford.

Deering, Christopher J./Smith, Steven S. (1997): Committees in Congress. 3. Aufl., Washington, D.C.

Delhees, Stefanie et al. (2008): Wohlfahrtsstaatliche Reformkommunikation. Westeuropäische Parteien auf Mehrheitssuche. Baden-Baden.

Demmke, Christoph/Hammerschmid, Gerhard/Mayer, Renate (2006): Decentralisation and Accountability as Focus of Public Administration Modernisation. Wien.

Dennis, Jack (1968): Major Problems of Political Socialization Research, in: Midwest Journal of Political Science 12 (1), S. 85–114.

Derlien, Hans-Ulrich (1992): Observations on the State of Comparative Administration Research in Europe – Rather Comparable than Comparative, in: Governance 5 (3), S. 279–311.

Derlien, Hans-Ulrich (2000): Standort der empirischen Verwaltungsforschung, in: König, Klaus (Hrsg.), Verwaltung und Verwaltungsforschung – Deutsche Verwaltung an der Wende zum 21. Jahrhundert. Speyer, S. 15–44.

Desposato, Scott (2012): Book Review. The Handbook of National Legislatures, in: Legislative Studies Quarterly 37 (3), S. 389–396.

Detterbeck, Klaus (2011): Parteien und Parteiensystem. Konstanz/München.

Deutsch, Franziska/Schüttemeyer Suzanne S. (2003): Die Berufsstruktur des Deutschen Bundestages. 14. und 15. Wahlperiode, in: Zeitschrift für Parlamentsfragen 34 (1), S. 21–32.

Deutsch, Karl (1969): Politische Kybernetik. Modelle und Perspektiven. Freiburg.

Dieringer, Jürgen (2008): Föderalismus in Europa – Europäischer Föderalismus, in: Gabriel, Oscar W. (Hrsg.), Die EU-Staaten im Vergleich : Strukturen, Prozesse, Politikinhalte. Wiesbaden, S. 550–578.

Diermeier, Daniel/Stevenson, Randolph T. (1999): Cabinet Survival and Competing Risks, in: American Journal of Political Science 43 (4), S. 1051–1068.

Docherty, David (2011): The Canadian Political Career Structure. From Stability to Free Agency, in: Regional and Federal Studies 21 (2), S. 185–203.

Dowding, Keith/Dumont, Patrick (2009): Structural and Strategic Factors Affecting the Hiring and Firing of Ministers, in: Dowding, Keith/Dumont, Patrick (Hrsg.), The Selection of Ministers in Europe. Hiring and Firing. New York, S. 1–20.

Dowding, Keith/Dumont, Patrick (Hrsg.) (2009), The Selection of Ministers in Europe. Hiring and Firing. New York.

Downs, Anthony (1957): An Economic Theory of Democracy. New York.

Downs, Anthony (1968): Ökonomische Theorie der Demokratie. Tübingen.

Dribusch, Heiner/Birke, Peter (2010): Die Gewerkschaften in der Bundesrepublik Deutschland Organisation, Rahmenbedingungen, Herausforderungen, Studie der Friedrich-Ebert-Stiftung. Berlin.

Druckman, James N. (2001): On the Limits of Framing Effects. Who Can Frame?, in: The Journal of Politics 63 (4), S. 1041–1066.

Dumont, Patrick/Fiers, Stefaan/Dandoy, Régis (2009): Belgium. Ups and Downs of Ministerial Careers in a Partitocratic Federal State, in: Dowding, Keith/Dumont, Patrick (Hrsg.), The Selection of Ministers in Europe. Hiring and Firing. New York, S. 125–146.

Dunleavy, Patrick et al. (2005): New Public Management is Dead – Long Live the Digital-Era Governance, in: Journal of Public Administration Research and Theory 16, S. 467–494.

Duverger, Maurice (1959): Die politischen Parteien. Tübingen.

Duverger, Maurice (1980): A new political model. Semi-presidential government, in: European Journal of Political Research 8 (2), S. 165–188.

Duverger, Maurice (1986): Duverger's Law: Forty Years Later, in: Grofman, Bernard/Lijphart, Arend (Hrsg.), Electoral Laws and Their Political Consequences. New York, S. 69–84.

Easton, David (1965a): A Framework for Political Analysis. 2. Aufl., Englewood Cliffs, N.J.

Easton, David (1965b): A Systems Analysis of Political Life. New York.

Easton, David (1975): A Re-assessment of the Concept of Political Support, in: British Journal of Political Science 5 (04), S. 435–457.

Ebbinghaus, Bernhard (2003): Die Mitgliederentwicklung deutscher Gewerkschaften im historischen und internationalen Vergleich, in: Schroeder, Wolfgang/Weßels, Berhnhard (Hrsg.), Die Gewerkschaften in Politik und Gesellschaft der Bunderepublik Deutschland. Wiesbaden, S. 174–203.

Ebbinghaus, Bernhard/Visser, Jelle (2000): Trade Unions in Western Europe since 1945. London u. a.

Eder, Christina/Magin, Raphael (2008): Direkte Demokratie in den Bundesländern. Ein Vorschlag zur empirischen Erfassung der Volksrechte aus subnational-vergleichender Perspektive, in: Zeitschrift für Parlamentsfragen 39 (2), S. 346–366.

Ehlert, Niels/Hennl, Annika/Kaiser, André (2007): Föderalismus, Dezentralisierung und Performanz. Eine makroquantitative Analyse der Leistungsfähigkeit territorialer Politikorganisation in entwickelten Demokratien, in: Politische Vierteljahresschrift 48 (2), S. 243–268.

Eijk van der, Cees/Oppenhuis, Erik V. (1991): European Parties' Performance in Electoral Competition, in: European Journal of Political Research 19 (1), S. 55–80.

Eimeren, Birgit van/Ridder, Christa-Maria (2011): Trends in der Nutzung und Bewertung der Medien 1970–2010, in: Media Perspektiven 1/2011, S. 2–15.

Elazar Daniel J. (1987): Exploring Federalism. Tuscaloosa.

Electoral Commission (Hrsg.) (2012): UK general election 2010 results for analysis (XLS), URL: http://www.electoralcommission.org.uk/elections/results/general_elections [11.03.2012].

Elff, Martin (2007): Social Structure and Electoral Behavior in Comparative Perspective: The Decline of Social Cleavages in Western Europe Revisited, in: Perspectives on Politics 5 (2), S. 277–294.

Elgie, Robert (1997): Models of Executive Politics. A Framework for the Study of Executive Power Relations in Parliamentary and Semi–presidential Regimes, in: Political Studies 45 (2), S. 217–231.

Elgie, Robert (2005): France: Stacking the Deck, in: Gallagher, Michael/Mitchell, Paul (Hrsg.), The Politics of Electoral Systems. Oxford, S. 119–136.

Ellwein, Thomas (1982): Verwaltungswissenschaft: Herausbildung einer Disziplin, in: Hesse, Joachim Jens (Hrsg.), Politikwissenschaft und Verwaltungswissenschaft (PVS Sonderheft 13). Opladen, S. 34–54.

Ellwein, Thomas (1995): Zu den Eigentümlichkeiten deutscher Verwaltungsstaatlichkeit, in: Seibel, Wolfgang/Benz, Arthur (Hrsg.), Regierungssystem und Verwaltungspolitik. Beiträge zu Ehren von Thomas Ellwein. Opladen, S. 254–261.

Erne, Roland (2002): Obligatorisches Referendum, Plebiszit und Volksbegehren – drei Typen direkter Demokratie im europäischen Vergleich, in: Schiller, T./Mittendorf, V. (Hrsg.), Perspektiven direkter Demokratie. Opladen, S. 76–87.

Eschenburg, Theodor (1955): Herrschaft der Verbände?. Stuttgart.

Esping-Andersen, Gøsta (1990): The Three Worlds of Welfare Capitalism. Cambridge.

Esping-Andersen, Gøsta (1999): The Household Economy, in: Esping-Andersen, Gøsta (1999), Social Foundations of Postindustrial Economies. Oxford, S. 47–72.

Esser, Frank/Strömbäck, Jesper (2012): Comparing Election Campaign Communication, in: Esser, Frank/Hanitzsch, Thomas (Hrsg.), The Handbook of Comparative Communication Research. New York/London, S. 289–307.

Europäische Kommission [Kommission der Europäischen Gemeinschaften] (2001): Europäisches Regieren. Ein Weißbuch. [KOM (2001) 428], URL: http://eur-lex.europa.eu/LexUriServ/site/de/¬ com/2001/com2001_0428de01.pdf [02.11.2012].

Europäische Kommission, Eurostat (2011): Regions in the European Union. Nomenclature of territorial units for statistics. NUTS 2010/EU-27, URL: http://epp.eurostat.ec.europa.eu [06.07.2012].

Europäische Kommission, Generalsekretariat, High Level Group of Independent Stakeholders on Administrative Burdens (2011): Europe can do better. Report on best practice in Member States to implement EU legislation in the least burdensome way, URL: http://ec.europa.eu/dgs/¬secretariat_general/admin_burden/best_practice_report/docs/bp_report_signature_en.pdf [26.10.2012].

Eurostat (2011): Internet Use in Housholds and by Individuals 2011, URL: http://epp.eurostat.¬ec.europa.eu/portal/page/portal/product_details/publication?p_product_code=KS-SF-11-066 [28.11.2012].

Evans, Geoffrey (2000): The continued significance of class voting, in: Annual Review of Political Science 3 (1), S. 401–417.

Evers, Adalbert/Olk, Thomas (Hrsg.) (1996): Wohlfahrtspluralismus. Vom Wohlfahrtsstaat zur Wohlfahrtsgesellschaft. Opladen.

Faas, Thorsten/Schmitt-Beck, Rüdiger (2012): Tabellenband zur Studie Meinungsbildung, Entscheidfindung und Legitimität politischer Entscheidungen anlässlich der Volksabstimmung zu Stuttgart 21. Mannheim.

Falter, Jürgen W./Schumann, Siegfried/Winkler, Jürgen (1990): Erklärungsmodelle von Wählerverhalten, in: Aus Politik und Zeitgeschichte B 37–38, S. 3–13.

Farrell, Henry (2012): The Consequences of the Internet for Politics, in: Annual Review of Political Science 15, S. 35–52.

Fatke, Matthias/ Freitag, Markus (2012): Direct Democracy: Protest Catalyst or Protest Alternative?, in: Political Behaviour 35(2), S. 237–260.

Ferejohn, John (1997): The Politics of Imperfection: The Amendment of Constitutions, in: Law and Social Inquiry 22, S. 501–531.

Fischer, Jörn/Kaiser, André (2009): Hiring and firing Ministers under informal constraints. Germany, in: Dowding, Keith/Dumont, Patrick (Hrsg.), The Selection of Ministers in Europe. Hiring and Firing. New York, S. 21–40.

Fischer, Jörn/Kaiser, André/Rohlfing, Ingo (2006): The Push and Pull of Ministerial Resignations in Germany. 1969–2005, in: West European Politics 29 (4), S. 709–735.

Fish, M. Steven/Kroenig, Matthew (2009): The Handbook of National Legislatures. A Global Survey. Cambridge.

Flora, Peter (Hrsg.) (1986): Growth to Limits. The Western European Welfare States Since World War II. 2 Bde. Berlin/New York.

Flora, Peter/Heidenheimer, Arnold J. (Hrsg.) (1981): The Development of Welfare States in Europe and America. New Brunswick.

Forsthoff, Ernst (1971): Der Staat der Industriegesellschaft. München.

Fraenkel, Ernst (1991): Deutschland und die westlichen Demokratien. Frankfurt a. M.

Freedom House (2012): Freedom in the World 2012.

Freitag, Markus et al. (2003): Bremse oder Gaspedal? Eine empirische Untersuchung zur Wirkung der direkten Demokratie und Steuerstaat., in: Politische Vierteljahresschrift 44 (3), S. 348–369.

Freitag, Markus/Wagschal, Uwe (Hrsg.) (2007): Direkte Demokratie. Bestandsaufnahmen und Wirkungen im internationalen Vergleich. Berlin.

Frey, Bruno S. (1992): Efficiency and Democratic Political Organisation, The Case for the Referendum, in: Journal of Public Policy 12 (3), S. 71–81.

Frey, Bruno S./Eichenberger, Reiner (1999): The new democratic federalism for Europe. Functional, overlapping and competing jurisdictions. Cheltenham u. a.

Frick, Uwe (2013): Die Schlichtung zu Stuttgart 21 – Vorbild für eine neue Bürgerbeteiligung?, in: Wagschal, Uwe/Eith, Ulrich/Wehner, Michael (Hrsg.), Der historische Machtwechsel: Grün-Rot in Baden-Württemberg. Baden-Baden, S. 167–179.

Gabriel, Oscar W. (2008): Politische Einstellungen und politische Kultur, in: Gabriel, Oscar W./ Kropp, Sabine (Hrsg.), Die EU-Staaten im Vergleich. Strukturen, Prozesse, Politikinhalte. Wiesbaden, S. 181–214.

Gallagher, Michael (1991): Proportionality, Disproportionality and Electoral Systems, in: Electoral Studies 10 (1), S. 33–51.

Gallagher, Michael (1992): Comparing Proportional Representation Electoral Systems: Quotas, Thresholds, Paradoxes and Majorities, in: British Journal of Political Science 22 (4), S. 469–496.

Gallagher, Michael (2005): Conclusion, in: Gallagher, Michael/Mitchell, Paul (Hrsg.), The Politics of Electoral Systems. Oxford, S. 535–578.

Gallagher, Michael/Laver, Michael/Mair, Peter (2011): Representative Government in Modern Europe. 5. Aufl., New York.

Gallagher, Michael/Uleri, Pier V. (1996): The referendum experience in Europe. New York.

Gamble, Barbara S. (1997): Putting Civil Rights to a Popular Vote, in: American Journal of Political Science 41 (1), S. 245–269.

Gamson, William A. (1961): An Experimental Test of a Theory of Coalition Formation, in: American Sociological Review 26 (4), S. 565–573.

Gast, Henrik (2010a): Politische Führung als politikwissenschaftliches Problem. Zur Einführung in den Gegenstand, in: Sebaldt, Martin/Gast, Henrik (Hrsg.), Politische Führung in westlichen Regierungssystemen. Theorie und Praxis im internationalen Vergleich. Wiesbaden, S. 11–33.

Gast, Henrik (2010b): Politische Führung in der Kanzlerdemokratie. Die Bundesrepublik Deutschland, in: Sebaldt, Martin/Gast, Henrik (Hrsg.), Politische Führung in westlichen Regierungssystemen. Theorie und Praxis im internationalen Vergleich. Wiesbaden, S. 95–120.

Gehring, Thomas (1997): Die Europäische Union: Legitimationsstrukturen eines Regimes mit föderativen Bestandteilen, in: Wolf, Klaus Dieter (Hrsg.), Projekt Europa im Übergang? Probleme, Modelle und Strategien des Regierens in der Europäischen Union. Baden-Baden, S. 125–153.

Gindulis, Edith (2003): Der Konflikt um die Abtreibung. Die Bestimmungsfaktoren der Gesetzgebung zum Schwangerschaftsabbruch im OECD-Ländervergleich. Wiesbaden.

Glaab, Manuela (2007): Politische Führung als strategischer Faktor, in: Zeitschrift für Politikwissenschaft 2007 (2), S. 303–332.

Graber, Doris A. et al. (2004): The Internet and Politics: Emerging Perspectives, in: Nissenbaum, Helen/Price, Monroe E. (Hrsg.), Academy and the Internet. New York, S. 90–119.

Grasl, Maximilian/Detzer, Sandra (2009): Das Grundgesetz im Wandel – Die institutionelle Reformfähigkeit Deutschlands im internationalen Vergleich, in: Wagschal, Uwe (Hrsg.), Deutschland zwischen Reformstau und Veränderung. Ein Vergleich der Politik- und Handlungsfelder. Baden-Baden, S. 227–248.

Gray, John N. (1977): On the contestability of social and political concepts, in: Political Theory 5 (3), S. 331–348.

Green-Pedersen, Christoffer (2002): The Politics of Justification. Party Competition and Welfare-state Retrenchment in Denmark and the Netherlands from 1982 to 1998. Amsterdam.

Grindle, Merilee S. (2007): Good Enough Governance Revisited. Development Policy Review 25 (5), S. 533–574.

Große Hüttmann, Martin (2010): Multi-level Governance: Ein zukunftsfähiges Konzept für die Europäische Union?, in: Abels, Gabriele/Eppler, Annegret/Knodt, Michèle (Hrsg.), Die EU-Reflexionsgruppe ›Horizont 2020 – 2030‹. Herausforderungen und Reformoptionen für das Mehrebenensystem. Baden-Baden, S. 111–122.

Gruber, Andreas K. (2009): Der Weg nach ganz oben. Karriereverläufe deutscher Spitzenpolitiker. Wiesbaden.

Gunther, Richard/Mughan, Anthony (Hrsg.) (2000): Democracy and the Media. A Comparative Perspective. Cambridge.

Gurevitch, Michael/Blumler, Jay G. (2003): Der Stand der vergleichenden politischen Kommunikationsforschung: Ein eigenständiges Feld formiert sich, in: Esser, Frank/Pfetsch, Barbara (Hrsg.),

Politische Kommunikation im internationalen Vergleich. Grundlagen, Anwendungen, Perspektiven. Wiesbaden, S. 371–392.

Haas, Christoph M. (2010a): Sein oder nicht sein: Bikameralismus und die Funktion Zweiter Kammern, in: Riescher, Gisela/Ruß, Sabine/Haas, Christoph M. (Hrsg.), Zweite Kammern. 2. Aufl., München/Wien, S. 3–21.

Haas, Christoph M. (2010b): Zweite Kammer erster Klasse: der US-Senat, in: Riescher, Gisela/Ruß, Sabine/Haas, Christoph M. (Hrsg.), Zweite Kammern, 2. Aufl., München/Wien, S. 25–59.

Habermas, Jürgen (1989): The Structural Transformation of the Public Sphere. Cambridge.

Haensch, Peter/Holtmann, Everhard (2008): Die öffentliche Verwaltung der EU-Staaten, in: Gabriel, Oscar W./Kropp, Sabine (Hrsg.), Die EU-Staaten im Vergleich. Wiesbaden, S. 606–630.

Hall, Peter A./Taylor, Rosemary C. R. (1996): Political Science and the Three New Institutionalisms, in: Political Studies XLIV, S. 936–957.

Hallin, Daniel C./Mancini, Paolo (2003): Amerikanisierung, Globalisierung und Säkularisierung: Zur Konvergenz von Mediensystemen und politischer Kommunikation in westlichen Demokratien, in: Esser, Frank/Pfetsch, Barbara (Hrsg.), Politische Kommunikation im internationalen Vergleich. Grundlagen, Anwendungen, Perspektiven. Wiesbaden, S. 35–55.

Hallin, Daniel C./Mancini, Paolo (2004): Comparing Media Systems. Cambridge.

Hallin, Daniel C./Mancini, Paolo (2012): Comparing Media Systems. A Response to Critics, in: Esser, Frank/Hanitzsch, Thomas (Hrsg.), The Handbook of Comparative Communication Research. New York/London, S. 207–220.

Hamilton, Alexander/Madison, James/Jay, John (1994): Die Federalist-Artikel. Hrsg. v. Angela Adams und Willi Paul Adams, Paderborn.

Hardy, Jonathan (2012): Comparing Media Systems, in: Esser, Frank/Hanitzsch, Thomas (Hrsg.), The Handbook of Comparative Communication Research. New York/London, S. 185–206.

Hartmann, Michael (2002): Der Mythos von den Leistungseliten. Frankfurt a. M.

Hartmann, Michael (2004): Elitesoziologie. Eine Einführung. Frankfurt a. M.

Hartmann, Michael (2007): Eliten und Macht in Europa. Ein internationaler Vergleich. Frankfurt a. M. u. a.

Hartmann, Michael (2013): Soziale Ungleichheit. Kein Thema für die Eliten? Frankfurt a. M. u. a.

Häusermann, Silja/Picot, Georg/Geering, Dominik (2013): Review Article: Rethinking Party Politics and the Welfare State – Recent Advances in the Literature, in: British Journal of Political Science 43 (1), S. 221–240.

Hayek, Friedrich A. von (1980): Recht, Gesetzgebung und Freiheit. München.

Hazan, Re'uven Ya'ir/Rahat, Gideon (2010): Democracy within Parties. Candidate Selection Methods and their Political Consequences. Oxford u. a.

Heidenheimer, Arnold J./Heclo, Hugh/Adams, Carolyn T. (1976): Comparative public policy: the politics of social choice in Europe and America. London.

Heinelt, Hubert/Knodt, Michèle (Hrsg.) (2008): Politikfelder im EU-Mehrebenensystem. Instrumente und Strategien europäischen Regierens. Baden-Baden.

Helms, Ludger (2000): »Politische Führung« als politikwissenschaftliches Problem. Politische Vierteljahresschrift 41 (3), S. 411–434.

Hennis, Wilhelm (1964): Richtlinienkompetenz und Regierungstechnik. Tübingen.

Hering, Martin (2008): Welfare State Restructuring without Grand Coalitions. The Role of Informal Cooperation in Blame Avoidance, in: German Politics 17 (2), S. 165–183.

Herzog, Dietrich (1975): Politische Karrieren. Selektion und Professionalisierung politischer Führungsgruppen. Opladen.

Herzog, Dietrich, (1990): Der moderne Berufspolitiker. Karrierebedingungen und Funktion in westlichen Demokratien, in: Wehling, Hans-Georg (Hrsg.), Eliten in der Bundesrepublik Deutschland. Stuttgart, S. 28–51.

Hesse, Joachim J. (Hrsg.) (1982): Politikwissenschaft und Verwaltungswissenschaft (PVS Sonderheft 13). Opladen.

Hibbs, Douglas A. (1977): Political Parties and Macroeconomic Policy, in: American Political Science Review 71, S. 1467–1487.

Hix, Simon/Hoyland, Bjorn (2011): The Political System of the European Union. London.

Hobbes, Thomas (1970): Leviathan. Stuttgart.

Höffe, Otfried (2001): Einführung in Aristoteles' Politik, in: Höffe, Otfried (Hrsg.), Aristoteles: Politik. Berlin, S. 5–20.

Hoffmann-Lange, Ursula (1992): Eliten, Macht und Konflikt in der Bundesrepublik. Opladen.

Hoffmann-Lange, Ursula (2007): Methods of Elite Research, in: Dalton, Russel J./Klingemann, Hans-Dieter (Hrsg.), The Oxford Handbook of Political Behavior. Oxford/New York, S. 910–927.

Hofmann, Wilhelm/Riescher, Gisela (1999): Einführung in die Parlamentarismustheorie. Darmstadt.

Hofstede, Geert (1980): Culture's Consequences. International Differences in Work Related Values. Newbury Park, London, Neu Delhi.

Hofstede, Geert (2001): Lokales Denken, globales Handeln. Interkulturelle Zusammenarbeit und globales Management, München.

Holtmann, Everhard (2004): Dynamische Gewaltenteilung – ein »vergessenes« Thema der Politikwissenschaft, in: Politische Vierteljahresschrift 45 (3), S. 311–320.

Holtmann, Everhard (2007): Dehnungen der Gewaltenteilung im modernen Verfassungsstaat. Zum Gestaltwandel der Gewaltenteilung aus theoretischer und empirischer Sicht, in: Kropp, Sabine/Lauth, Hans-Joachim (Hrsg.), Gewaltenteilung und Demokratie. Konzepte und Probleme der horizontal accountability im internationalen Vergleich. Baden-Baden, S. 110–120.

Holtzhausen, Derina R./Zerfass, Ansgar (2013): Strategic Communication. Pillars and Perspectives of an Alternative Paradigm, in: Zerfaß, Ansgar/Rademacher, Lars/Wehmeier, Stefan (Hrsg.), Organisationskommunikation und Public Relations. Forschungsparadigmen und neue Perspektiven. Wiesbaden, S. 73–96.

Hönigsberger, Herbert (2008): Der parlamentarische Arm. Gewerkschafter im Bundestag zwischen politischer Logik und Interessenvertretung, Forschung aus der Hans-Böckler-Stiftung, Nr. 95, Berlin.

Hönigsberger, Herbert/Kolbe, Andreas/Osterberg, Sven (2010): Der parlamentarische Arm II. Gewerkschafter im Bundestag – Die schriftliche Befragung, Arbeitspapier 193 der Hans-Böckler-Stiftung.

Hönnige, Christoph (2007): Verfassungsgericht, Regierung und Opposition. Die vergleichende Analyse eines Spannungsdreiecks. Wiesbaden.

Hooghe, Liesbet (1996): Building a Europe with the Regions: The Changing Role of the European Commission, in: Hooghe, Liesbet (Hrsg.), Cohesion Policy and European Integration: Building Multi-Level Governance. Oxford, S. 89–126.

Hooghe, Liesbet/Marks, Gary (2001): Multi-level Governance and European Integration. Lanham.

Hooghe, Liesbet/Marks, Gary (2003): Unraveling the Central State, but How? Types of Multi-level Governance, in: American Political Science Review 97 (2), S. 223–245.

Hopkin, Jonathan/Paolucci, Caterina (1999): The business firm model of party organisation: Cases from Spain and Italy, in: European Journal of Political Research 35 (3), S. 307–339.

Höpner, Martin (2007): Ist Politik gegen Verbände möglich? 25 Jahre Mancur Olsons »The Rise and Decline of Nations«, in: Leviathan 35 (3), S. 310–347.

Howard, Philip N./Hussain, Muzammil M. (2011): The Role of Digital Media, in: Journal of Democracy 22 (2), S. 35–48.

Huber, Evelyne/Ragin, Charles/Stephens, John D. (1993): Social Democracy, Christian Democracy, Constitutional Structure, and the Welfare State, in: American Journal of Sociology 99 (3), S. 711–749.

Huber, John D./Martinez-Gallardo, Cecilia (2004): Cabinet Instability and the Accumulation of Experience. The French Fourth and Fifth Republics in Comparative Perspective, in: British Journal of Political Science 34 (1), S. 27–40.

Huber, John D./Martinez-Gallardo, Cecilia (2008): Replacing Cabinet Ministers. Patterns of Ministerial Stability in Parliamentary Democracies, in: American Political Science Review 102 (2), S. 169–180.

Hübner, Emil (2007): Das politische System der USA. Eine Einführung. 6. Aufl., München.

Huckfeldt, Robert (2007): Information, Persuasion, and Political Communication Networks, in: Dalton, Russel J./Klingemann, Hans-Dieter (Hrsg.), The Oxford Handbook of Political Behavior. Oxford, S. 100.

Huckfeldt, Robert/Johnson, Paul E./Sprague, John (2004): Political disagreement. The survival of diverse opinions within communication networks. Cambridge.

Huckfeldt, Robert/Sprague, John (Hrsg.) (1995): Citizens, politics, and social communication. Information and influence in an election campaign. Cambridge.

Hug, Simon/Tsebelis, George (2002): Veto Players and Referendums around the World, in: Journal of Theoretical Politics 14 (4), S. 465–515.

Hughes, Owen E. (2012): Public Management and Administration. An Introduction. Basingstoke/New York.

Huntington, Samuel (1997): Kampf der Kulturen. Die Neugestaltung der Weltpolitik im 21. Jahrhundert. München.

Huntington, Samuel P. (1991): The Third Wave: Democratization in the Late Twentieth Century. Norman.

IDEA (2008): Assessing the Quality of Democracy – An Overview of the International IDEA Framework. Stockholm.

Ikeda, Ken'ichi et al. (2005): Dynamics of Interpersonal Political Environment and Party Identification: Longitudinal Studies of Voting in Japan and New Zealand, in: Political Psychology 26 (4), S. 517–542.

Immergut, Ellen (1992): The Rules of the Game: The Logic of Health Policy-Making in France, Switzerland, and Sweden, in: Steinmo, Sven/Thelen, Kathleen/Longstreth, Frank (Hrsg.), Structuring Politics: Historical Institutionalism in Comparative Analysis. Cambridge, S. 57–89.

Inglehart, Ronald (1977): The Silent Revolution. Changing Values and Political Styles among Western Publics. Princeton.

Inglehart, Ronald (1988): The Renaissance of Political Culture. The American Political Science Review 82 (4), S. 1203–1230.

IPU (Inter-Parliamentary Union) (2014): Women in Politics, http://www.ipu.org/pdf/publications/wmnmap14_en.pdf [28.07.2014].

Isaac, Jeffrey (1992): Conceptions of power, in: Hawkesworth, Mary/Kogan, Maurice (Hrsg.), Encyclopedia of government and politics. Volume 1. London, S. 56–69.

Ismayr, Wolfgang (2012): Der Deutsche Bundestag. 3. Aufl., Wiesbaden.

ITU (2011): The World in 2011: ICT Facts and Figures, URL: http://www.itu.int/ITU-D/ict/facts/2011/index.html [15.07.2012].

Jachtenfuchs, Markus (1997): Die Europäische Union – ein Gebilde sui generis?, in: Wolf, Klaus Dieter (Hrsg.), Projekt Europa im Übergang? Probleme, Modelle und Strategien des Regierens in der Europäischen Union. Baden-Baden, S. 15–35.

Jäckle, Sebastian (2011): Determinanten der Regierungsbeständigkeit in parlamentarischen Systemen. Berlin u. a.

Jäckle, Sebastian (2012): A New Measure of Political Stability. Portfolio Duration in the German Länder and its Determinants, in: Zeitschrift für Staats- und Europawissenschaften 10 (3), S. 338–360.

Jäckle, Sebastian (2013): Ministerial Turnover in the German Länder (1991–2010), in: Zeitschrift für Vergleichende Politikwissenschaft 7 (1), S. 27–48.

Jäckle, Sebastian/Bauschke, Rafael (2009): Lässt sich Reformfähigkeit messen? Eine kritische Würdigung der Sustainable Governance Indicators, in: Zeitschrift für Politikwissenschaft 19 (3), S. 359–386.

Jäckle, Sebastian/Wagschal, Uwe/Bauschke, Rafael (2012): Das Demokratiebarometer: »basically theory driven«?, in: Zeitschrift für vergleichende Politikwissenschaft 6 (1), S. 99–125.

Jäckle, Sebastian/Wenzelburger, Georg (2011): Religion und Religiosität als Ursache von Homonegativität. Eine Mehrebenenanalyse von 79 Staaten, in: Berliner Journal für Soziologie 21 (2), S. 231–263.

Jäger, Wolfgang (1978): Opposition, in: Brunner, Otto/Conze, Werner/Koselleck, Reinhart (Hrsg.), Geschichtliche Grundbegriffe (Historisches Lexikon zur politisch-sozialen Sprache 4). Stuttgart, S. 469–517.

Jann, Werner/Wegrich, Kai (2009): Phasenmodelle und Politikprozesse: Der Policy-Cycle, in: Schubert, Klaus/Bandelow, Nils (Hrsg.), Lehrbuch der Politikfeldanalyse 2.0. München, S. 75–113.

Jarren, Otfried/Donges, Patrick (2011): Politische Kommunikation in der Mediengesellschaft. 3. Aufl., Wiesbaden.

Jefferson, Thomas (1955): Letter to Spencer Roane, Poplar Forest, September 6, 1819, in: Dumbauld, Edward (Hrsg.), The Political Writings of Thomas Jefferson. Representative Selections. New York, S. 151–153.

Jensen, Carsten (2010): The forgotten half: analysing the politics of welfare services, in: International Journal of Social Welfare 20, S. 404–412.

Jensen, Carsten (2011): Labour market- versus life course-related social policies: understanding cross-programme differences, in: Journal of European Public Policy 19 (2), S. 275–291.

Jochem, Sven/Siegel, Nico A. (Hrsg.) (2003): Konzertierung, Verhandlungsdemokratie und Reformpolitik im Wohlfahrtsstaat. Opladen.

Jun, Uwe/Niedermayer, Oskar/Wiesendahl, Elmar (Hrsg.) (2009): Zukunft der Mitgliederpartei. Opladen/Farmington Hills.

Kaase, Max (1983): Sinn oder Unsinn des Konzepts ›Politische Kultur‹ für die Vergleichende Politikforschung. Oder auch: Der Versuch, einen Pudding an die Wand zu nageln, in: Kaase, Max/Klingemann, Hans-Dieter (Hrsg.), Wahlen und politisches System. Analysen aus Anlaß der Bundestagswahl 1980. Opladen, S. 144–171.

Kaelble, Hartmut/Schmid, Günther (Hrsg.) (2004): Das europäische Sozialmodell. Auf dem Weg zum transnationalen Sozialstaat (WZB-Jahrbuch 2004). Berlin.

Kaina, Viktoria (2009): Eliteforschung, in: Kaina, Viktoria/Römmele, Andrea (Hrsg.), Politische Soziologie. Ein Studenbuch. Wiesbaden, S. 385–419.

Kaiser, André (1997): Types of Democracy: From Classical to New Institutionalism, in: Journal of Theoretical Politics 9, S. 419–444.

Kaiser, André (1998): Vetopunkte in der Demokratie. Eine Kritik neuerer Ansätze der Demokratietypologie und ein Alternativvorschlag, in: Zeitschrift für Parlamentsfragen 29 (3), S. 525–540.

Kangas, Olli E./Niemelä, Mikko/Varjonen, Sampo (2014): When and why do ideas matter? The influence of framing on opinion formation and policy change, in: European Political Science Review 6 (1), S. 73–92.

Kant, Immanuel (1977): Werke in zwölf Bänden. Band 11. Frankfurt a. M.

Katz, Richard S. (2000): Functions of elections, in: Rose, Richard (Hrsg.), International Encyclopedia of Elections. Basingstoke, S. 135–141.

Katz, Richard S. (2011): Political parties, in: Caramani, Daniele (Hrsg.), Comparative Politics. Oxford u. a., S. 219–236.

Katz, Richard S./Mair, Peter (1995): Changing models of party organization and party democracy: The emergence of the cartel party, in: Party Politics 1 (1), S. 5–28.

Katz, Richard S./Mair, Peter (2009): The Cartel Party Thesis: A Restatement, in: Perspectives on Politics 7 (4), S. 753–766.

Katzenstein, Peter J. (1985): Small States in World Markets: Industrial Policy in Europe. Ithaca.

Kaufmann, Franz-Xaver (2002): Sozialpolitik und Sozialstaat: Soziologische Analysen. Opladen.

Kaufmann, Franz-Xaver (2003): Varianten des Wohlfahrtsstaats. Der deutsche Sozialstaat im internationalen Vergleich. Frankfurt a. M.

Kegelmann, Jürgen (2007): New Public Management. Möglichkeiten und Grenzen des Neuen Steuerungsmodells. 1. erw. Aufl., Wiesbaden.

Keman, Hans/Pennings, Paul (1995): Managing Political Societal Conflict in Democracies: Do Consensus and Corporatism Matter?, in: British Journal of Political Science 25(2), S.271–281.

Kenny, Christopher B. (1991): Partisanship and political discussion, in: Political Geography Quarterly 10 (2), S.97–109.

Kenny, Christopher B. (1994): The microenvironment of attitude change, in: The Journal of Politics 56 (3), S.715–728.

Kenworthy, Lane (2003): Quantitative Indicators of Corporatism, in: International Journal of Sociology 33(3), S.10–44.

Kepplinger, Hans Mathias (2008): Was unterscheidet die Mediatisierungsforschung von der Medienwirkungsforschung?, in: Publizistik 53 (3), S.326–338.

Kettl, Donald F. (2000): Public Administration at the Millenium: The State of the Field, in: Jounal of Public Administration Research and Theory 10 (1), S.7–34.

Kielmannsegg, Peter Graf (1979): Organisiere Interessen als »Gegenregierung«?, in: Hennis, Wilhelm/Kielmannsegg, Peter Graf/Matz, Ulrich (Hrsg.), Regierbarkeit. Studien zu ihrer Problematisierung, Bd. II. Stuttgart.

Kingdon, John W. (1984): Agendas, Alternatives, and Public Policies. Boston/Toronto.

Kirchgässner, Gebhard/Pommerehne, Werner W. (1996): Die Entwicklung der öffentlichen Finanzen in föderativen Systemen, in: Grimm, Dieter (Hrsg.), Staatsausgaben. Frankfurt a.M., S.149–176.

Kirchgässner, Gebhart/Feld, Lars P./Savioz, Marcel R. (1999): Die direkte Demokratie. Modern, erfolgreich, entwicklungs- und exportfähig. München.

Kirchheimer, Otto (1965): Der Wandel des westeuropäischen Parteiensystems, in: Politische Vierteljahreszeitschrift 6 (1), S.20–41.

Kittel, Bernhard (2006): Politische Ökonomie der Arbeitsbeziehungen. Akteure, Institutionen und wirtschaftliche Effekte, in: Obinger, Herbert/Wagschal, Uwe/Kittel, Bernhard (Hrsg.), Politische Ökonomie. Opladen, S.81–111.

Kluxen, Kurt (1983): Geschichte und Problematik des Parlamentarismus. Frankfurt a. M.

Kluxen, Kurt (Hrsg.) (1980): Parlamentarismus. Königstein.

Kneip, Sascha (2009): Verfassungsgerichte als demokratische Akteure. Der Beitrag des Bundesverfassungsgerichts zur Qualität der bundesdeutschen Demokratie. Baden-Baden.

Knodt, Michèle (2003): Vom »Europa der Regionen« zum »Europa mit den Regionen«. Eine Reise durch die regionale Europaforschung, in: Chardon, Matthias et al. (Hrsg.), Regieren unter neuen Herausforderungen: Deutschland und Europa im 21. Jahrhundert. Festschrift für Rudolf Hrbek zum 65. Geburtstag. Baden-Baden, S.161–176.

Knodt, Michèle (2010): Kommunales Regieren im europäischen Mehrebenensystem, in: Abels, Gabriele/Eppler, Annegret/Knodt, Michèle (Hrsg.), Die EU-Reflexionsgruppe ›Horizont 2020 – 2030‹. Herausforderungen und Reformoptionen für das Mehrebenensystem. Baden-Baden, S.153–168.

Knodt, Michèle/Stoiber, Michael (2007): Vergleichende Politikwissenschaft im Kontext der Mehrebenenanalyse, in: ZfVP 1 (1), S.80–104.

Kohler, Ulrich (2002): Der Demokratische Klassenkampf. Zum Zusammenhang von Sozialstruktur und Parteipräferenz. Frankfurt a. M.

König, Pascal/Wenzelburger, Georg (2014): Toward a Theory of Political Strategy in Policy Analysis, in: Politics & Policy 42 (3), S.397–427.

König, Thomas/Mäder, Lars (2008): Das Regieren jenseits des Nationalstaats und der Mythos einer 80-Prozent-Europäisierung in Deutschland, in: Politische Vierteljahresschrift 49 (3), S.438–463.

Köppl, Stefan (2007): Zur vergleichenden Analyse von Verfassungsreformprozessen. Konzeptionelle Überlegungen, in: Wolf, Klaus Dieter (Hrsg.), Staat und Gesellschaft – fähig zur Reform?. Baden-Baden, S.77–95.

Korpi, Walter (1983): The Democratic Class Struggle. London.

Korte, Karl-Rudolf (2010): Strategie und Regierung. Politikmanagement unter den Bedingungen von Komplexität und Unsicherheit, in: Raschke, Joachim/Tils, Ralf (Hrsg.), Strategie in der Politikwissenschaft. Wiesbaden, S. 211–231.

Korte, Karl-Rudolf (2013): Wahlen in Deutschland. 8. Aufl., Bonn.

Korte, Karl-Rudolf/Fröhlich, Manuel (2009): Politik und Regieren in Deutschland. Paderborn u. a.

Koß, Michael (2008): Staatliche Parteienfinanzierung und politischer Wettbewerb. Die Entwicklung der Finanzierungsregimes in Deutschland, Schweden, Großbritannien und Frankreich. Wiesbaden.

Kost, Andreas (2011): Direkte Demokratie. Wiesbaden.

Kreppel, Amie (2011): Legislatures, in: Caramani, Daniele (Hrsg.), Comparative Politics. 2. Aufl., Oxford, S. 121–140.

Kriesi, Hanspeter (2007): Vergleichende Politikwissenschaft. Teil I: Grundlagen. Baden-Baden.

Kriesi, Hanspeter et al. (2006): Globalization and the transformation of the national political space: Six European countries compared, in: European Journal of Political Research 45 (6), S. 921–956.

Kriesi, Hanspeter et al. (Hrsg.) (2008): West European Politics in the Age of Globalization. Cambridge.

Kropp, Sabine (2005): Interessenpolitik, in: Gabriel, Oskar W./Holtmann, Everhard (Hrsg.), Handbuch politisches System der Bundesrepublik Deutschland. München/Wien, S. 653–686.

Kropp, Sabine/Lauth, Hans-Joachim (2007): Einleitung: Zur Aktualität der Gewaltenteilung. Überlegungen zu einem bleibenden Thema, in: Kropp, Sabine/Lauth, Hans-Joachim (Hrsg.), Gewaltenteilung und Demokratie. Konzepte und Probleme der horizontal accountability im internationalen Vergleich. Baden-Baden, S. 7–27.

Krouwel, André (2006): Party Models, in: Katz, Richard S./Crotty, William (Hrsg.), Handbook of Party Politics. London u. a., S. 249–269.

Kuhlmann, Sabine (2010a): Vergleichende Verwaltungswissenschaft: Verwaltungssysteme, Verwaltungskulturen und Verwaltungsreformen in internationaler Perspektive, in: Lauth, Hans-Joachim (Hrsg.), Vergleichende Regierungslehre. 3. Aufl., Wiesbaden, S. 140–160.

Kuhlmann, Sabine (2010b): New Public Management for the ›Classical Continental European Administration‹: Modernization at the Local Level in Germany, France and Italy, in: Public Administration 88 (4), S. 1116–1130.

Kuipers, Sanneke (2006): The Crisis Imperative. Crisis Rhetoric and Welfare State Reform in Belgium and the Netherlands in the Early 1990s. Amsterdam.

Küpper, Moritz (2013): Politik kann man lernen. Halle (Saale).

Küpper, Moritz/Wenzelburger, Georg (2013): Seiteneinsteiger in den Bundestag. Eine Analyse von Cross-Over-Karrieren 1949 bis 2009, in: Zeitschrift für Parlamentsfragen 44 (3), S. 526–545.

Kurbjuweit, Dirk (2010): Der Wutbürger, in: Der Spiegel 41, S. 26–27.

Kymlicka, Will (1996): Multicultural Citizenship. Oxford.

Laakso, Markku/Taagepera, Rein (1979): ›Effective‹ Number of Parties. A Measure with Application to West Europe, in: Comparative Political Studies 12 (1), S. 3–27.

Lampert, Heinz/Althammer, Jörg (2007): Lehrbuch der Sozialpolitik. 8. überarb. u. vollst. akt. Aufl., Berlin/Heidelberg.

Lamping, Wolfram (2008): Auf dem Weg zu einem postnationalen Sozialstaat? Die Sozialpolitik der Europäischen Union, in: Schubert, Klaus/Hegelich, Simon/Bazant, Ursula (Hrsg.), Europäische Wohlfahrtssysteme. Ein Handbuch. Wiesbaden, S. 595–620.

Landfried, Christine (1984): Bundesverfassungsgericht und Gesetzgeber: Wirkungen der Verfassungsrechtsprechung auf parlamentarische Willensbildung und soziale Realität. Baden-Baden.

Landfried, Christine (1994): The Judicialization of Politics in Germany, in: International Political Science Review 15 (2), S. 113–124.

Lauth, Hans-Joachim/Pickel, Gert/Pickel, Susanne (2009): Methoden der Vergleichenden Politikwissenschaft. Wiesbaden.

Lauth, Hans-Joachim/Wagner, Christoph (2010): Gegenstand, grundlegende Kategorien und Forschungsfragen der ›Vergleichenden Regierungslehre‹, in: Lauth, Hans-Joachim (Hrsg.), Vergleichende Regierungslehre. Eine Einführung. Wiesbaden, S. 17–38.

Laver, Michael/Benoit, Kenneth/Garry, John (2003): Extracting Policy Positions from Political Texts Using Words as Data, in: The American Political Science Review 97 (2), S. 311–331.

Laver, Michael/Schofield, Norman (1990): Multiparty Government. Oxford.

Laver, Michael/Shepsle, Kenneth A. (1996): Making and Breaking Governments. Cabinets and Legislatures in Parliamentary Democracies. Cambridge.

Lazarsfeld, Paul/Berelson, Bernard/Gaudet, Hazel (1969): Wahlen und Wähler. Soziologie des Wahlverhaltens. Neuwied.

LeDuc, Lawrence (2002): Opinion Change and Voting Behaviour in Referendums, in: European Journal of Political Research 41 (6), S. 711–732.

Lehmbruch, Gerhard (1984): Concertation and the Structure of Corporatist Networks, in: Goldthorpe, John H. (Hrsg.), Order and Conflict in Contemporary Capitalism: Studies in the Political Economy of Western European Nations. Oxford, S. 62–79.

Lehmbruch, Gerhard (1992): Konkordanzdemokratie, in: Schmidt, Manfred G. (Hrsg.), Lexikon der Politik. Band 3: Die westlichen Länder. München.

Lehmbruch, Gerhard (2003): Verhandlungsdemokratie. Beiträge zur vergleichenden Regierungslehre. Wiesbaden.

Lehmbruch, Gerhard/Schmitter, Philippe C. (Hrsg.) (1982): Patterns of Corporatist Policy-Making. London.

Leibfried, Stephan/Pierson, Paul (1995): European Social Policy. Between Fragmentation and Integration. Washington DC.

Leiserson, Michael (1968): Factions and Coalitions in One-Party Japan. An Interpretation Based on the Theory of Games, in: The American Political Science Review 62 (3), S. 770–787.

Lepsius, M. Rainer (1966): Parteiensystem und Sozialstruktur: Zum Problem der Demokratisierung der deutschen Gesellschaft, in: Abel, William (Hrsg.), Wirtschaft, Geschichte und Wirtschaftsgeschichte. Festschrift zum 65. Geburtstag von Friedrich Lütge. Stuttgart, S. 371–393.

Lessenich, Stephan (2008): Die Neuerfindung des Sozialen. Der Sozialstaat im flexiblen Kapitalismus. Bielefeld.

Lessenich, Stephan (Hrsg.) (2003): Wohlfahrtsstaatliche Grundbegriffe. Historische und aktuelle Diskurse. Frankfurt a. M./New York.

Lijphart, Arend (1984): Democracies. Patterns of Majoritarian and Consensus Government in Twenty-One Countries. New Haven/London.

Lijphart, Arend (1994): Electoral Systems and Party Systems. A Study of Twenty-Seven Democracies, 1945–1990. Oxford.

Lijphart, Arend (1999): Patterns of Democracy. Government Forms and Performance in Thirty-Six Countries. New Haven.

Lijphart, Arend (2012): Patterns of Democracy. Government Forms and Performance in Thirty-Six Countries. 2. Aufl., New Haven.

Lijphart, Arend/Crepaz, Markus M.L. (1991): Corporatism and Consensus Democracy in Eighteen Countries, in: British Journal of Political Science 21(2), S. 235–246.

Lindbeck, Assar/Snower, Dennis J. (1989). The insider-outsider theory of employment and unemployment. Cambridge u. a.

Linder, Wolf (1999): Schweizerische Demokratie. Institutionen – Prozesse – Perspektiven. Bern/Stuttgart/Wien.

Linz, Juan J. (1997): Democracy, Multinationalism and Federalism (Working Paper 103). Madrid.

Linz, Juan J. (2009): Totalitarian and Authoritarian Regimes. Boulder.

Lipset, Seymour M. (1960): Political Man. The Social Bases of Politics. Garden City.

Lipset, Seymour M./Rokkan, Stein (1967): Cleavage Structures, Party Systems and Voter Alignments: An Introduction, in: Lipset, Seymour Martin/Rokkan, Stein (Hrsg.), Party Systems and Voter Alignments: Cross-National Perspectives. New York, S. 1–64.

Lorenz, Astrid/Seemann, Wenke (2009): Verfassungspolitische Konjunkturzyklen? Überlegungen zur Wirkungsweise konstitutioneller Rigidität, in: Shikano, Susumu/Behnke, Joachim/Bräuninger, Thomas (Hrsg.), Theorien der Verfassungsreform (Jahrbuch für Handlungs- und Entscheidungstheorie, Bd. 5). Wiesbaden, S. 55–86.

Lowi, Theodore (1972): Four Systems of Policy, Politics and Choice, in: Public Administration Review 38, S. 298–310.

Lukes, Steven (2005): Power. A radical view. Houndmills.

Lutz, Donald S. (1994): Toward A Theory of Constitutional Amendment, in: American Political Science Review 88 (2), S. 355–370.

Machiavelli, Niccolò (2000): Hauptwerke. Hrsg. von Alexander Ulfig. Köln.

Maier, Michaela/Stengel, Karin/Marschall, Joachim (2010): Nachrichtenwerttheorie. Baden-Baden.

Mainwaring, Scott/Scully, Timothy R. (Hrsg.) (1995): Building Democratic Institutions. Party Systems in Latin America. Stanford.

Mair, Peter (2006): Cleavages, in: Katz, Richard S./Crotty, William (Hrsg.), Handbook of Party Politics. London u. a., S. 371–375.

Mair, Peter/Müller, Wolfgang C./Plasser, Fritz (Hrsg.) (2004): Political Parties and Electoral Change. Party Responses to Electoral Markets. London u. a.

Marks, Gary (1993): Structural Policy and Multi-level Governance in the EC, in: Cafruny, Alan/Rosenthal, Glenda (Hrsg.), The State of the European Community. New York, S. 391–409.

Marks, Gary (1996): Exploring and Explaining Variation in EU Cohesion Policy, in: Hooghe, Liesbet (Hrsg.), Cohesion Policy and European Integration: Building Multi-Level Governance. Oxford, S. 388–422.

Marschall, Stefan (2005): Parlamentarismus. Eine Einführung. Baden-Baden.

Marshall, Monty G./Jaggers, Keith/Gurr, Ted R. (2011): Polity IV Project – Dataset Users' Manual. Severn.

Marshall, Thomas H. (1965): Class, Citizenship and Social Development. New York.

Matusaka, John G. (2004): For the Many or the Few. The Initiative, Public Policy, and American Democracy. Chicago.

Mayntz, Renate (2009): Über Governance. Institutionen und Prozesse politischer Regelung (Schriften aus dem Max-Planck-Institut für Gesellschaftsforschung Köln, 62). Frankfurt a. M.

Mayntz, Renate/Scharpf, Fritz W. (1995): Der Ansatz des akteurszentrierten Institutionalismus, in: Mayntz, Renate/Scharpf, Fritz W. (Hrsg.), Gesellschaftliche Selbstregelung und politische Steuerung. Frankfurt a. M., S. 39–72.

Mazzoleni, Gianpietro/Schulz, Winfried (1999): ›Mediatization‹ of Politics: A Challenge to Democracy?, in: Political Communication 13 (3), S. 247–261.

McGann, Anthony J. (2006): Social Choice and Comparing Legislatures: Constitutional versus Institutional Constraints, in: The Journal of Legislative Studies 12 (3–4), S. 443–461.

McNair, Brian (2011): An Introduction to Political Communication. 5. Aufl., Abingdon/New York.

McQuail, Denis (2000): McQuail's Mass Communication Theory. 4. Aufl., London/Thousand Oaks.

Mehr Demokratie (2012): Volksbegehrensbericht 2012, URL: http://www.mehr-demokratie.de/¬fileadmin/pdf/Volksbegehrensbericht_2012.pdf [12.11.2013].

Mehr Demokratie (2013): Volksentscheidsranking 2012, URL: http://www.mehr-demokratie.de/¬fileadmin/pdf/volksentscheids-ranking_2013.pdf [12.11.2013].

Melia, Thomas O. (2010): What Makes Legislatures Strong?, in: Journal of Democracy 21 (2), S. 166–170.

Merkel, Wolfgang (2010): Systemtransformation. Eine Einführung in die Theorie und Empirie der Transformationsforschung. Wiesbaden.

Merkel, Wolfgang et al. (2003): Defekte Demokratie. Band 1: Theorie. Opladen.

Merkel, Wolfgang/Thiery, Peter (2002): Systemwechsel, in: Lauth, Hans-Joachim (Hrsg.), Vergleichende Regierungslehre. Eine Einführung. Wiesbaden, S. 181–212.

Merolla, Jennifer L./Ramos, Jennifer M./Zechmeister, Elizabeth J. (2007): Crisis, Charisma, and Consequences. Evidence from the 2004 U.S. Presidential Election, in: The Journal of Politics 69 (1), S. 30–42.

Meyer, Hans (2008): Föderalismusreform: Wie reformfähig ist unser System?. Berlin.

Meyer, Thomas (2001): Mediokratie. Die Kolonisierung der Politik durch die Medien. Frankfurt a. M.

Michels, Robert (1989): Zur Soziologie des Parteiwesens in der modernen Demokratie. Untersuchungen über die oligarchischen Tendenzen des Gruppenlebens. Hrsg. von Frank R. Pfetsch. Stuttgart.

Milner, Helen V. (2006): The Digital Divide: The Role of Political Institutions in Technology Diffusion, in: Comparative Political Studies 39, S. 176–199.

Ministerio del Interior (Hrsg.) (2012): Consulta de Resultados Electorales, URL: http://www.infoe¬lectoral.mir.es/min [28.06.2012].

Möckli, Silvano (1994): Direkte Demokratie. Ein internationaler Vergleich der Einrichtungen und Verfahren in der Schweiz und Kalifornien, unter Berücksichtigung von Frankreich, Italien, Dänemark, Irland, Österreich, Liechtenstein und Australien. Bern.

Mohr, Katrin (2007): Soziale Exklusion im Wohlfahrtsstaat. Arbeitslosensicherung und Sozialhilfe in Großbritannien und Deutschland. Wiesbaden.

Mondak, Jeffery J. (1993): Source Cues and Policy Approval. The Cognitive Dynamics of Public Support for the Reagan Agenda, in: American Journal of Political Science 37 (1), S. 186–212.

Morozov, Evgeny (2011): The Net Delusion. The Dark Side of Internet Freedom. New York.

Morriss, Peter (1980): The essentially uncontestable concepts of power, in: Freeman, M./Roberston, D. (Hrsg.), The frontiers of political theory. New York, S. 198–232.

Mosca, Gaetano (1950): Die herrschende Klasse. Grundlagen der politischen Wissenschaft. München.

Müller, Wolfgang C./Strøm, Kaare (1999): Policy, Office, Or Votes? How Political Parties in Western Europe Make Hard Decisions. Cambridge.

Munck, Gerardo L./Verkuilen, Jay (2002): Conceptualizing and Measuring Democracy. Evaluating Alternative Indices, in: Comparative Political Studies 35 (1), S. 5–34.

Mutz, Diana C. (2006): Hearing the Other Side. Deliberative vs. Participatory Democracy. New York.

Nanz, Patrizia/Fritsche, Miriam (2012): Handbuch Bürgerbeteiligung. Verfahren und Akteure, Chancen und Grenzen. Bonn.

Naschold, Frieder/Bogumil, Jörg (2000): Modernisierung des Staates. New Public Management in deutscher und internationaler Perspektive. 2. Aufl., Opladen.

Nassmacher, Hiltrud (2010): Politikwissenschaft. München.

Naßmacher, Karl-Heinz (2009): The Funding of Party Competition. Political Finance in 25 Democracies. Baden-Baden.

Neidhart, Leonhard (1970): Plebiszit und pluralitäre Demokratie. Eine Analyse der Funktionen des schweizerischen Gesetzesreferendums. Bern.

Nerone, John (Hrsg.) (1995): Last Rights: Revisiting Four Theories of the Press. Urbana

Neumann, John von/Morgenstern, Oskar (1953): Theory of Games and Economic Behavior. Princeton.

Niclauß, Karlheinz (2004): Kanzlerdemokratie. Regierungsführung von Konrad Adenauer bis Gerhard Schröder. Paderborn.

Niedermayer, Oskar (1996): Zur systematischen Analyse der Entwicklung von Parteiensystemen, in: Gabriel, Oscar W./Falter, Jürgen W. (Hrsg.), Wahlen und politische Einstellungen in westlichen Demokratien. Frankfurt a. M. u. a., S. 21–49.

Niedermayer, Oskar (2009): Gesellschaftliche und parteipolitische Konfliktlinien, in: Kühnel, Steffen/Niedermayer, Oskar/Westle, Bettina (Hrsg.), Wähler in Deutschland. Sozialer und politischer Wandel, Gender und Wahlverhalten. Wiesbaden, S. 30–67.

Niedermayer, Oskar (2012b): Parteimitgliedschaften in Deutschland: Version 2012, in: Arbeitshefte aus dem Otto-Stammer-Zentrum 18 (FU Berlin).

Niedermayer, Oskar (Hrsg.) (2012a): Die Piratenpartei. Wiesbaden.

Niemi, Richard G./Jennings, M. Kent (1991): Issues and Inheritance in the Formation of Party Identification, in: American Journal of Political Science 35 (4), S. 970–988.

Nieuwbeerta, Paul/Graaf, Nan Dirk De (1999): Traditional Class Voting in Twenty Postwar Societies, in: Evans, Geoffrey (Hrsg.), The End of Class Politics. Oxford, S. 23–58.

Nohlen, Dieter (2004): Wahlen, in: Nohlen, Dieter/Schulze, Rainer-Olaf (Hrsg.), Lexikon der Politikwissenschaft. Band 2. München, S. 1088–1089.

Nohlen, Dieter (2009): Wahlrecht und Parteiensystem. Zur Theorie und Empirie der Wahlsysteme. 6. Aufl., Opladen/Farmington Hills.

Nohlen, Dieter/Schultze, Rainer-Olaf (2010): Lexikon der Politikwissenschaft. 4. Aufl., München.

Norris, Pippa (2001): Digital Divide. Civic Engagement, Information Poverty, and the Internet Worldwide. New York.

Norris, Pippa (2003): Globale politische Kommunikation: Freie Medien, Gutes Regieren und Wohlstandsentwicklung, in: Esser, Frank/Pfetsch, Barbara (Hrsg.), Politische Kommunikation im internationalen Vergleich. Grundlagen, Anwendungen, Perspektiven. Wiesbaden, S. 135–178.

Norris, Pippa (2009): Comparative political communications: Common frameworks or Babelian confusion, in: Government and Opposition 44 (3), S. 321–340.

Norris, Pippa (2011): Political Communication, in: Caramani, Daniele (Hrsg.), Comparative Politics. 2. Aufl., Oxford, S. 352–369.

Oates, Wallace E. (1972): Fiscal Federalism. New York.

Obinger, Herbert (1998): Politische Institutionen und Sozialpolitik in der Schweiz. Frankfurt a. M.

Obinger, Herbert (2004): Politik und Wirtschaftswachstum. Ein internationaler Vergleich. Wiesbaden.

OECD (2003): Kurzfassung OECD-Studien über e-Government: E-Government – eine zwingende Notwendigkeit, URL: http://www.oecd-ilibrary.org/docserver/download/fulltext/4203075e5.¬pdf?expires=1348574451&id=id&accname=guest&checksum=F4627B9DF0442CE7D5E6A4D¬10B2C3CAC [25.09.2012].

OECD (2005): Trends in Human Resources Management Policies in OECD Countries. An Analysis of the Results of the OECD Survey on Strategic Human Resources Management, URL: http://¬www.oecd.org/gov/publicemploymentandmanagement/trendsinhumanresourcesmanage-¬mentpoliciesinoecdcountriesananalysisoftheresultsoftheoecdsurveyonstrategichuman¬resourcesmanagement.htm [07.08.2012].

OECD (2010): Value for Money in Government. Public Administration after »New Public Management«, URL: http://www.planejamento.gov.br/secretarias/upload/Arquivos/seges/arqui¬vos/OCDE2011/OECD_Public_Management.pdf [25.09.2012].

OECD (2011): Government at a Glance 2011, URL: http://www.oecd-ilibrary.org/governance/go¬vernment-at-a-glance-2011_gov_glance-2011-en [07.08.2012].

OECD (2012): Social Expenditure Database (SOCX), URL: www.oecd.org/els/social/expenditure [02.06.2012].

Offe, Claus (1985): Politische Herrschaft und Klassenstrukturen. Zur Analyse spätkapitalistischer Gesellschaftssysteme, in: Steinberg, Rudolf (Hrsg.), Staat und Verbände. Zur Theorie der Interessenverbände in der Industriegesellschaft. Darmstadt, S. 208–227.

Oleszek, Walter J. (2014): Congressional Procedures and the Policy Process. 9. Aufl., Washington, D.C.

Olson, Mancur (1968): Die Logik des kollektiven Handelns – Kollektivgüter und die Theorie der Gruppen. Tübingen.

Olson, Mancur (1985): Aufstieg und Niedergang von Nationen. Tübingen.

Painter, Martin/Peters, B. Guy (2010a): The Analysis of Administrative Traditions, in: Painter, Martin/Peters, B. Guy (Hrsg.), Tradition and Public Administration. Basingstoke, S. 3–18.

Painter, Martin/Peters, B. Guy (2010b): Administrative Traditions in Comparative Perspective: Families, Groups, Hybrids, in: Painter, Martin/Peters, B. Guy (Hrsg.), Tradition and Public Administration. Basingstoke, S. 19–30.

Panebianco, Angelo (1988): Political Parties: Organization and Power. Cambridge.

Pappi, Franz Urban/Brandenburg, Jens (2008): Soziale Einflüsse auf die Klassenwahl im Generationen- und Periodenvergleich, in: Kölner Zeitschrift für Soziologie und Sozialpsychologie 60 (3), S. 457–472.

Pareto, Vilfredo (1955): Allgemeine Soziologie. Tübingen.

Parsons, Talcott/Shils, Edward A. (Hrsg.) (1962): Toward a general theory of action. Cambridge, Mass.

Pattie, Charles/Johnston, Ron (2001): Talk as a political context: conversation and electoral change in British elections, 1992–1997, in: Electoral Studies 20 (1), S. 17–40.

Patzelt, Werner J. (2003): Parlamente und ihre Funktionen, in: ders. (Hrsg.), Parlamente und ihre Funktionen. Institutionelle Mechanismen und institutionelles Lernen im Vergleich. Wiesbaden, S. 13–49.

Peters, B. Guy (2000): Four Main Administrative Traditions, URL: http://web.worldbank.org/¬ WBSITE/EXTERNAL/TOPICS/EXTPUBLICSECTORANDGOVERNANCE/0,,contentMDK:¬ 20134002~menuPK:286310~pagePK:148956~piPK:216618~theSitePK:286305~isCURL:Y~¬ isCURL:Y,00.html [26.07.2012].

Peters, B. Guy/Pierre, Jon (2009): Governance Approaches, in: Wiener, Antje/Diez, Thomas (Hrsg.), European Integration Theory. Oxford u. a., S. 91–104.

Pfetsch, Barbara (2003): Politische Kommunikationskultur – ein theoretisches Konzept zur vergleichenden Analyse politischer Kommunikationssysteme, in: Esser, Frank/Pfetsch, Barbara (Hrsg.), Politische Kommunikation im internationalen Vergleich. Grundlagen, Anwendungen, Perspektiven. Wiesbaden, S. 393–418.

Pfetsch, Barbara/Esser, Frank (2003): Politische Kommunikation im internationalen Vergleich: Neuorientierung in einer veränderten Welt, in: Esser, Frank/Pfetsch, Barbara (Hrsg.), Politische Kommunikation im internationalen Vergleich. Grundlagen, Anwendungen, Perspektiven. Wiesbaden, S. 9–31.

Pfetsch, Barbara/Marcinkowski, Frank (2009): Problemlagen der ›Mediendemokratie‹ – Theorien und Befunde zur Medialisierung von Politik, in: Marcinkowski, Frank/Pfetsch, Barbara (Hrsg.), Politik in der Mediendemokratie (PVS Sonderheft 42). Wiesbaden, S. 11–36.

Pfetsch, Barbara/Mayerhöffer, Eva/Adam, Silke (2007): Politische Kommunikation, in: Thomaß, Barbara (Hrsg.), Mediensysteme im internationalen Vergleich. Konstanz, S. 59–75.

Picard, Robert (1985): The Press and the Decline of Democracy: The Democratic Response in Public Policy. Westport.

Pickel, Gert (2010): Politische Kultur und Demokratieforschung, in: Schrenk, Klemens H. (Hrsg.), Analyse demokratischer Regierungssysteme. Festschrift für Wolfgang Ismayr zum 65. Geburtstag. Wiesbaden, S. 611–626.

Pierson, Paul (1994): Dismantling the Welfare State? Reagan, Thatcher and the Politics of Retrenchment. Cambridge.

Pierson, Paul (1996): The New Politics of the Welfare State, in: World Politics 48 (2), S. 143–179.

Plasser, Fritz/Plasser, Gunda (2002): Global Political Campaigning. A Worldwide Analysis of Campaign Professionals and Their Practices. Westport.

Platon (1998): Der Staat. Übersetzt von Rudolf Rufener. München.

Poguntke, Thomas/Webb, Paul (Hrsg.) (2005a): The Presidentialization of Politics – A Comparative Study of Modern Democracies. Oxford u. a.

Poguntke, Thomas/Webb, Paul (2005b): The Presidentialization of Politics in Democratic Societies: A Framework for Analysis, in: Poguntke, Thomas/Webb, Paul (Hrsg.), The Presidentialization of Politics – A Comparative Study of Modern Democracies. Oxford u. a.

Pollack, Mark A. (2010): Theorizing EU Policy-Making, in: Wallace, Helen/Pollack, Mark A./Young, Alasdair R. (Hrsg.), Policy-Making in the European Union. Oxford, S. 15–43.

Pollitt, Christopher/Bouckaert, Geert (2011): Public Management Reform: A Comparative Analysis – New Public Management, Governance, and the Neo-Weberian State. 3. Aufl., Oxford.

Powell, G. Bingham Jr. (2000): Elections as Instruments of Democracy. Majoritarian and Proportional Visions. New Haven/London.

Putnam, Robert D. (1993): Making Democracy Work. Civic Traditions in Modern Italy. Princeton, NJ.

Putnam, Robert D. (2000): Bowling alone. The Collapse and Revival of American Community. New York u. a.

Rae, Douglas W. (1971): The Political Consequences of Electoral Laws. 2. Aufl., New Haven.

Raschke, Joachim/Tils, Ralf (2013): Politische Strategie. Wiesbaden.

Reutter, Werner (2012): Deutschland. Verbände zwischen Pluralismus, Korporatismus und Lobbyismus, in: ders. (Hrsg.), Verbände und Interessengruppen in den Ländern der Europäischen Union. Wiesbaden, 129–164.

Reutter, Werner (2012): Einleitung. Vergleichende Interessengruppen- und Verbändeforschung, in: ders. (Hrsg.), Verbände und Interessengruppen in den Ländern der Europäischen Union. Wiesbaden, S. 11–54.

Reutter, Werner (Hrsg.) (2012): Verbände und Interessengruppen in den Ländern der Europäischen Union. Wiesbaden.

Riescher, Gisela/Ruß, Sabine (2010): Zur Funktion von Zweiten Kammern in modernen Demokratien, in: Riescher, Gisela/Ruß, Sabine/Haas, Christoph M. (Hrsg.) (2010): Zweite Kammern. 2. Aufl., München/Wien, S. 507–532.

Riescher, Gisela/Ruß, Sabine/Haas, Christoph M. (Hrsg.) (2010): Zweite Kammern. 2. Aufl., München/Wien.

Riker, William H. (1965): The Theory of Political Coalitions. New Haven.

Riker, William H. (1975): Federalism, in: Polsby, N. W./Greenstein, F. I. (Hrsg.), Handbook of Political Science. Band V. Governmental, Institutions and Processes. Reading, S. 93–172.

Riklin, Alois (1989): Montesquieus freiheitliches Staatsmodell. Die Identität von Machtteilung und Mischverfassung, in: Politische Vierteljahresschrift 30 (3), S. 420–442.

Rohe, Karl (1990): Politische Kultur und ihre Analyse. Probleme und Perspektiven der politischen Kulturforschung, in: Historische Zeitschrift 250 (2), S. 321–346.

Rokkan, Stein (1970): Citizens, Elections, Parties. Approaches to the Comparative Study of the Processes of Development. Oslo.

Rosamond, Ben (2005): Theories of European Integration. Basingstoke u. a.

Rose, Richard (1990): Inheritance before Choice in Public Policy, in: Journal of Theoretical Politics 2 (3), S. 263–291.

Roth, Dieter (2008): Empirische Wahlforschung. Wiesbaden.

Rousseau, Jean-Jacques (1986): Gesellschaftsvertrag. Stuttgart.

Rucht, Dieter et al. (2010): Befragung von Demonstranten gegen Stuttgart 21 am 18.10.2010, URL: http://www.wzb.eu/sites/default/files/projekte/stgt_21_ kurzbericht_2010.pdf [12.11. 2013].

Russel, Bertrand (1948): Power. A new social analysis. London.

Rüther, Günther (1996): Repräsentative oder plebiszitäre Demokratie – eine Alternative?. Baden-Baden.

Sabatier, Paul/Jenkins-Smith, Hank (1993): Policy Change and Policy Learning: An Advocacy Coalition Approach. Boulder.

Salzborn, Samuel (2009): Politische Kultur. Forschungsstand und Forschungsperspektive. Frankfurt a. M. u. a.

Sarcinelli, Ulrich (2011): Politische Kommunikation in Deutschland. 3. Aufl., Wiesbaden.

Sartori, Giovanni (1976): Parties and party systems. Cambridge.

Sartori, Giovanni (1986): The Influence of Electoral Systems: Faulty Laws or Faulty Method?, in: Grofman, Bernard/Lijphart, Arend (Hrsg.), Electoral Laws and Their Political Consequences. New York, S. 43–68.

Schäfer, Markus (2010): Abgeordnetensoziologie. Struktur und Wandel der mandatsträgerinnen und –träger. in: Sarcinelli, Ulrich et al. (Hrsg.), Politik in Rheinland-Pfalz. Gesellschaft, Staat und Demokratie. Wiesbaden, S. 269–280.

Schäfers, Bernhard (2004): Elite, in: Aus Politik und Zeitgeschichte 2004 (10), S. 3–7.

Scharpf, Fritz W. (1985): Die »Politikverflechtungsfalle«: Europäische Integration und deutscher Föderalismus im Vergleich, in: Politische Vierteljahresschrift 26 (4), S. 323–356.

Scharpf, Fritz W. (1988): Inflation und Arbeitslosigkeit in Westeuropa. Eine spieltheoretische Interpretation, in: Politische Vierteljahresschrift 29 (1), S. 6–41.

Scharpf, Fritz W. (2000): Economic Changes, Vulnerabilities, and Institutional Capabilities, in: Scharpf, Fritz W./Schmidt, Vivien (Hrsg.), Welfare and Work in the Open Economy. Vol. 1: From Vulnerability to Competitiveness. Oxford, S. 21–124.

Scharpf, Fritz W. (2000): Notes Towards a Theory of Multilevel Governing in Europe (MPIfG Discussion Paper 00/5).

Scharpf, Fritz W. (2002): Regieren im europäischen Mehrebenensystem – Ansätze zu einer Theorie, in: Leviathan 1/2002, S. 65–92.

Scharpf, Fritz W. (2009): Legitimacy in the multilevel European polity, in: European Political Science Review 1 (2), S. 173–204.

Scharpf, Fritz W./Mayntz, Renate (1973): Planungsorganisation. Die Diskussion um die Reform von Regierung und Verwaltung des Bundes. München.

Scharpf, Fritz W./Reissert, Bernd/Schnabel, Fritz (1976): Politikverflechtung: Theorie und Empirie des kooperativen Föderalismus in der Bundesrepublik. Kronberg.

Schattschneider, Elmer E. (1942): Party Government. New York.

Schendelen, Rinus van (2006): Brüssel: Die Champions League des Lobbying, in: Leif, Thomas/ Speth, Rudolf (Hrsg.), Die fünfte Gewalt. Lobbyismus in Deutschland. Bonn, S. 132–162.

Scheufele, Dietram A./Tewksbury, David (2007): Framing, Agenda Setting, and Priming: The Evolution of Three Media Effects Models, in: Journal of Communication 57 (1), S. 9–20.

Schiffers, Reinhard (2002): Weimarer Erfahrungen: Heute noch eine Orientierungshilfe?, in: Schiller, Theo/Mittendorf, Volker (Hrsg.), Direkte Demokratie. Wiesbaden, S. 65–75.

Schiller, Teo (2007): Volksinitiativrechte in Europa – ein vergleichender Überblick, in: Gornig, Gilbert H. (Hrsg.), Staat – Wirtschaft – Gemeinde. Festschrift für Werner Frotscher zum 70. Geburtstag. Berlin, S. 300 – 316.

Schiller, Theo/Mittendorf, Volker (2002): Direkte Demokratie. Forschung und Perspektiven. Wiesbaden.

Schmid, Josef (1998): Verbände, Interessenvermittlung und Interessenorganisation. München/Wien.

Schmid, Josef (2010): Führung und Parteien. Über ein schwieriges Verhältnis in einem demokratischen System, in: Gehne, David/Spier,Tim (Hrsg.), Krise oder Wandel der Parteiendemokratie? Wiesbaden, S. 80–91.

Schmidt, Manfred G. (1982): Does Corporatism Matter? Economic Crisis, Politics and Rates of Unemployment in Capitalist Democracies in the 1970s, in: Lehmbruch, Gerhard/Schmitter, Philippe C. (Hrsg.), Patterns of Corporatist Policy-Making. London, S. 237–258.

Schmidt, Manfred G. (1988): Einführung, in: Schmidt, Manfred G. (Hrsg.), Staatstätigkeit. International und historisch vergleichende Analysen (PVS Sonderheft 19). Opladen, S. 1–35.

Schmidt, Manfred G. (1992): Regierungen: Parteipolitische Zusammensetzung, in: Schmidt, Manfred G. (Hrsg.), Lexikon der Politik. Band 3: Die westlichen Länder. München, S. 393–400.

Schmidt, Manfred G. (1993): Theorien der vergleichenden Staatstätigkeitsforschung, in: Héritier, Adrienne (Hrsg.), Policy-Analyse. Kritik und Neuorientierung (PVS Sonderheft 14). Opladen, S. 327–356.

Schmidt, Manfred G. (1996): When Parties Matter: A Review of the Possibilities and Limits of Partisan Influence on Public Policy, in: European Journal of Political Research 30 (2), S. 155–183.

Schmidt, Manfred G. (2004): Wörterbuch zur Politik. Stuttgart.

Schmidt, Manfred G. (2005): Sozialpolitik in Deutschland. Historische Entwicklung und internationaler Vergleich. 3. vollst. überarb. u. erw. Aufl., Wiesbaden.

Schmidt, Manfred G. (2008): Demokratietheorien. Eine Einführung. 4. Aufl., Wiesbaden.

Schmidt, Manfred G. (2010): Wörterbuch zur Politik. 3. Aufl., Stuttgart.

Schmidt, Manfred G. (2011): Das politische System Deutschlands. 2. Aufl., München.

Schmidt, Manfred G. et al. (Hrsg.) (2007): Der Wohlfahrtsstaat. Eine Einführung in den historischen und internationalen Vergleich. Wiesbaden.

Schmidt, Vivian (2008): Discursive Intsitutionalism. The Explanatory Power of Ideas and Discourse, in: Annual Review of Political Science 11, S. 303–326.

Schmidt, Vivien A (2001): The Politics of Economic Adjustment in France and Britain. When Does Discourse Matter?, in: Journal of European Public Policy 8 (2), S. 247–264.

Schmitt, Annette (2005): Die Rolle von Wahlen in der Demokratie, in: Falter, Jürgen/Schoen, Harald (Hrsg.), Handbuch Wahlforschung. Wiesbaden, S. 3–29.

Schmitt, Carina/Starke, Peter (2011): Explaining convergence of OECD welfare states: a conditional approach, in: Journal of European Social Policy 21 (2), S. 120–135.

Schmitt-Egner, Peter (2000): Handbuch der Europäischen Regionalorganisationen. Akteure und Netzwerke des Transnationalen Regionalismus von A bis Z. Baden-Baden.

Schmitter, Philippe C./Streeck, Wolfgang (1999): The Organization of Business Interests: Studying the Associative Action of Business in Advanced Industrial Societies. MPIfG Discussion Paper 99/1. Köln.

Schmitter, Phillipe C. (1974): Still the Century of Corporatism?, in: Review of Politics 36(1), S. 85–131.

Schmitter, Phillipe C. (1981): Interest Intermediation and Regime Governability in Contemporary Western Europe and North America, in: Berger Suzanne D. (Hrsg.), Organizing Interests in Western Europe. New York.

Schmitter, Phillipe C. (1982): Reflections on Where the Theory of Neo-Corporatism Has Gone and Where the Praxis of Neo-Corporatism may be Going, in Lehmbruch, Gerhard/Schmitter, Phlilipe C. (Hrsg.), Patterns of Corporatist Policy-Making. London, S. 259–279.

Schnapp, Kai-Uwe (2006): Comparative Public Administration, in: Bogumil, Jörg/Jann, Werner/Nullmeier, Frank (Hrsg.), Politik und Verwaltung (PVS Sonderheft 37). Wiesbaden, S. 327–353.

Schoen, Harald (2005): Soziologische Ansätze in der empirischen Wahlforschung, in: Falter, Jürgen/Schoen, Harald (Hrsg.), Handbuch Wahlforschung. Wiesbaden, S. 135–185.

Schoen, Harald (2009): Wahlsoziologie, in: Kaina, Viktoria/Römmele, Andrea (Hrsg.), Politische Soziologie. Wiesbaden, S. 181–208.

Schoen, Harald/Weins, Cornelia (2005): Der sozialpsychologische Ansatz zur Erklärung von Wahlverhalten, in: Falter, Jürgen/Schoen, Harald (Hrsg.), Handbuch Wahlforschung. Wiesbaden, S. 187–242.

Schofield, Norman (1993): Political Competition and Multiparty Coalition Governments, in: European Journal of Political Research 23 (1), S. 1–35.

Schubert, Klaus/Klein, Martina (2006): Verwaltung, in: Schubert, Klaus/Klein, Martina, Das Politiklexikon. Bonn, S. 316.

Schulz, Winfried (2004): Reconstructing Mediatization as an Analytical Concept, in: European Journal of Communication 19 (1), S. 87–101.

Schulz, Winfried (2009): Politischer Medieneinfluss: Metamorphosen des Wirkungskonzepts, in: Marcinkowski, Frank/Pfetsch, Barbara (Hrsg.), Politik in der Mediendemokratie (PVS Sonderheft 42). Wiesbaden, S. 103–125.

Schulz, Winfried (2011): Politische Kommunikation. Theoretische Ansätze und Ergebnisse der empirischen Forschung. 3. Aufl., Wiesbaden.

Schumpeter, Joseph A. (1950): Kapitalismus, Sozialismus und Demokratie. 2. Erweiterte Aufl., München.

Schuppert, Gunnar F. (2000): Verwaltungswissenschaft. Verwaltung, Verwaltungsrecht, Verwaltungslehre. Baden-Baden.

Schuppert, Gunnar F. (2011): Verfassungswandel im Kontext. Aspekte einer Theorie des Verfassungswandels, in: Hönnige, Christoph/Kneip, Sascha/Lorenz, Astrid (Hrsg.), Verfassungswandel im Mehrebenensystem. Wiesbaden, S. 346–366.

Schütt-Wetschky, Eberhard (2000): Gewaltenteilung zwischen Legislative und Exekutive?, in: Aus Politik und Zeitgeschichte B 28, S. 5–11, URL: http://www.bpb.de/apuz/25526/gewaltenteilung-¬zwischen-legislative-und-exekutive [04.02.2013].

Schwarz, Hans-Peter (1981): Die Ära Adenauer. Epochenwechsel. 1957 bis 1963. Stuttgart/Wiesbaden.

Scruggs, Lyle (2007): Welfare State Generosity Across Space and Time, in: Clasen, Jochen/Siegel, Nico (Hrsg.), Investigating Welfare State Change The ›Dependent Variable Problem‹ in Comparative Analysis. Cheltenham, S. 133–166.

Scruggs, Lyle/Allan, James (2006): Welfare State Decommodification in Eighteen OECD Countries: A Replication and Revision, in: Journal of European Social Policy 16 (1), S. 55–72.

Sebaldt, Martin/Straßner, Alexander (2004): Verbände in der Bundesrepublik Deutschland. Eine Einführung, Wiesbaden.

Sebaldt, Martin/Straßner, Alexander (2006): Klassiker der Verbändeforschung, Wiesbaden.

Shapiro, Martin/Stone Sweet, Alec (2002): On Law, Politics, and Judicialization. Oxford.

Shugart, Matthew S./Carey, John M. (1992): Presidents and Assemblies. Constitutional Design and Electoral Dynamics. Cambridge u. a.

Shugart, Matthew S./Wattenberg, Martin P. (Hrsg.) (2001): Mixed-Member Electoral Systems. The Best of Both Worlds?. Oxford.

Siaroff, Alan (1999): Corporatism in 24 Industrial Democracies: Meaning and Measurement, in: European Journal of Political Research 36(2), S. 175–205.

Siebert, Fred/Peterson, Theodore/Schramm, Wilbur (1956): Four Theories of the Press. The Authoritarian, Libertarian, Social Responsibility and Soviet Communist Concepts of what the Press should Be and Do. Urbana.

Siegel, Nico A. (2002): Baustelle Sozialpolitik. Konsolidierung und Rückbau im internationalen Vergleich. Frankfurt a. M./New York.

Siegfried, André (1956): Stable Instability in France, in: Foreign Affairs 34 (1), S. 394–404.

Sieyés, Emmanuel J. (1981): Was ist der Dritte Stand?, in: Schmitt, Eberhard/Reichardt, Rolf (Hrsg.), Politische Schriften 1788–1790. 2. Aufl., München/Wien, S. 117–195.

Singer, Matthew M./Stephenson, Laura B. (2009): The political context and Duverger's theory: Evidence at the district level, in: Electoral Studies 28 (3), S. 480–491.

Slothuus, Rune (2007): Framing Deservingness to Win Support for Welfare State Retrenchment, in: Scandinavian Political Studies 30 (3), S. 323–344.

Sontheimer, Kurt (1962): Zum Begriff der Macht als Grundkategorie der politischen Wissenschaft, in: Oberndörfer, Dieter (Hrsg.), Wissenschaftliche Politik. Eine Einführung in Grundfragen ihrer Tradition und Theorie. Freiburg, S. 197–209.

Stachura, Mateusz (2010): Politische Führung. Max Weber heute, in: Aus Politik und Zeitgeschichte 2010 (2/3), S. 22–27.

Steffani, Winfried (1979): Parlamentarische und präsidentielle Demokratie. Strukturelle Aspekte westlicher Demokratien. Opladen.

Steffani, Winfried (1983): Zur Unterscheidung Parlamentarischer und Präsidentieller Regierungssysteme, in: Zeitschrift für Parlamentsfragen 14 (3), S. 390–401.

Steffani, Winfried (1997): Gewaltenteilung und Parteien im Wandel. Opladen.

Stepan, Alfred (2001): Arguing Comparative Politics. Oxford.

Sternberger, Dolf (1960): Gewaltenteilung und parlamentarische Regierung in der Bundesrepublik Deutschland, in: Politische Vierteljahresschrift 1 (1), S. 22–37.

Stigler, George (1971): The Theory of Economic Regulation, in: Bell Journal of Economics and Management Science 2(1), S. 3–21.

Stoiber, Michael (2007): Gewaltenteilung und Vetospieler – Zwei Seiten derselben Medaille?, in: Kropp, Sabine/Lauth, Hans-Joachim (Hrsg.), Gewaltenteilung und Demokratie. Konzepte und Probleme der horizontal accountability im internationalen Vergleich. Baden-Baden, S. 121–140.

Stolz, Klaus (2003): Moving Up, Moving Down. Political Careers Across Territorial Levels, in: European Journal of Political Research 42 (2), S. 223–248.

Stolz, Klaus (2010): Towards a Regional Political Class? Professional Politicians and Regional Institutions in Catalonia and Scotland. Manchester.

Stolz, Klaus (2011): The Regionalization of Political Careers in Spain and the UK, in: Regional and Federal Studies 21 (2), S. 223–243.

Strohmeier, Gerd (2004): Politik und Massenmedien. Eine Einführung. Baden-Baden.

Strøm, Kaare (2003): Parliamentary Democracy and Delegation, in: Strøm, Kaare/Müller, Wolfgang C./Bergman, Torbjörn (Hrsg.), Delegation and Accountability in Parliamentary Democracies. Oxford.

Strömbäck, Jesper (2005): In Search of a Standard: Four Models of Democracy and Their Normative Implications for Journalism, in: Journalism Studies 6 (3), S. 331–345.

Strömbäck, Jesper (2008): Four Phases of Mediatization: An Analysis of the Mediatization of Politics, in: The International Journal of Press/Politics 13 (3), S. 228–246.

Stüwe, Klaus (1996): Die Opposition im Bundestag und das Bundesverfassungsgericht. Das verfassungsgerichtliche Verfahren als Kontrollinstrument der parlamentarischen Minderheit. Baden-Baden.

Stüwe, Klaus (2008): Das politische System der USA, in: Stüwe, Klaus/Rinke, Stefan (Hrsg.), Die politischen Systeme in Nord-und Lateinamerika. Wiesbaden, S. 540–582.

Swanson, David L./Mancini, Paolo (Hrsg.) (1996): Politics, Media, and Modern Democracy: An International Study of Innovations in Electoral Campaigning and Their Consequences. Westport.

Taagepera, Rein (1998): Effective Magnitude and Effective Threshold, in: Electoral Studies 17 (4), S. 393–404.

Taagepera, Rein/Shugart, Matthew S. (1989): Seats and Votes. The Effects and Determinants of Electoral Systems. New Haven/London.

Taylor-Gooby, Peter (2004): New Risks and Social Change, in: Taylor-Gooby, Peter (Hrsg.), New Risks, New Welfare: The Transformation of the European Welfare State. Oxford, S. 1–28.

Tepe, Markus/Vanhuysse, Pieter (2010): Elderly bias, new social risks and social spending: change and timing in eight programmes across four worlds of welfare, 1980–2003, in: Journal of European Social Policy 20 (3), S. 217–234.

Teruel, Juan Rodriguez (2001): Ministerial and Parliamentary Elites in Multilevel Spain 1977–2009, in: Comparative Sociology 10 (6), S. 887–907.

Thompson, Michael/Ellis, Richard/Wildavsky, Aaron (1990): Cultural Theory. Boulder, CO.

Thompson, Michael/Ellis, Richard/Wildavsky, Aaron (1992): Political Cultures, in: Hawkesworth, Mary/Kogan, Maurice (Hrsg.), Encyclopidia of Government and Politics (1). London/New York, S. 507–520.

Thomsett, Michael C. (2004): NIMBYism: Navigating the politics of local opposition. Arlington.

Tils, Ralf (2011): Strategisches Zentrum und Regierungszentrale im Kontext von Party-Government. Strategische Regierungssteuerung am Beispiel der Agenda 2010, in: Bröchler, Stephan/ Blumenthal, Julia (Hrsg.), Regierungskanzleien im politischen Prozess. Wiesbaden, S. 103–131.

Titmuss, Richard M. (1974): Social Policy: An Introduction. London.

Tocqueville, Alexis de (1959): Über die Demokratie in Amerika. Stuttgart.

Tollison, Robert D. (1982): Rent seeking: A Survey, in: Kyklos 35(4), S. 575–602.

Traxler, Franz (2010): Unternehmerverbände im internationalen Vergleich, in: Schroeder, Wolfgang/ Weßels, Bernhard (Hrsg.), Handbuch Arbeitgeber- und Wirtschaftsverbände in Deutschland. Eine Einführung. Wiesbaden, S. 441–456.

Traxler, Franz/Blaschke, Sabine/Kittel, Bernhard (2001): National Labour Relations in Internationalized Markets: A Comparative Study of Institutions, Change, and Performance. Oxford.

Truman, David B. (1951): The Governmental Process. New York.

Tsebelis, George (1995): Decision-Making in Political Systems: Veto Players in Presidentialism, Parliamentarism, Multicameralism, and Multipartyism, in: British Journal of Political Science 25 (3), S. 289–325.

Tsebelis, George (2002): Veto Players. How Political Institutions Work. New York/Princeton.

Tsebelis, George/Money, Jeanette (1997): Bicameralism. Cambridge.

Ullrich, Carsten G. (2005): Soziologie des Wohlfahrtsstaates. Eine Einführung. Frankfurt a. M.

United Nations (2012): E-Government Survey 2012. E-Government for the People. New York.

Universität Leipzig (2012): Projekt Deutscher Wortschatz, URL: http://wortschatz.uni-leipzig.de [06.07.2012].

Vanhanen, Tatu (2003): Democratization. A Comparative Analysis of 170 Countries. London.

Vanlangenakker, Ine/Maddens, Bart/Put, Gert-Jan (2013): Career Patterns in Multilevel States. An Analysis of the Belgian Regions, in: Regional Studies 47 (3), S. 356–367.

Vatter, Adrian (2007): Direkte Demokratie in der Schweiz, in: Freitag, Markus/Wagschal, Uwe (Hrsg.), Direkte Demokratie. Bestandsaufnahmen und Wirkungen im internationalen Vergleich. Berlin, S. 71–113.

Vatter, Adrian (Hrsg.) (2011): Vom Schächt- zum Minarettverbot. Religiöse Minderheiten in der direkten Demokratie. Zürich.

Vis, Barbara/van Kersbergen, Kees (2007): Why and how do Political Actors Pursue Risky Reforms?, in: Journal of Theoretical Politics 19 (2), S. 153–172.

Voltmer, Katrin (Hrsg.) (2006): Mass Media and Political Communication in New Democracies. New York.

Vries, Jouke de (2010): Is New Public Management Really Dead?, in: OECD Journal on Budgeting 10 (1), S. 87–91.

Wagschal, Uwe (1997): Direct Democracy and Public Policymaking, in: Journal of Public Policy 17 (2), S. 223–245.

Wagschal, Uwe (1999a): Statistik für Politikwissenschaftler. München u. a.

Wagschal, Uwe (1999b): Blockieren Vetospieler Steuerreformen?, in: Politische Vierteljahresschrift 40 (4), S. 628–640.

Wagschal, Uwe (2006): Verfassungsgerichtsbarkeit und Steuerreformen im internationalen Vergleich, in: Zimmerling, Ruth/Becker, Michael (Hrsg.), Politik und Recht (PVS Sonderheft 36). Wiesbaden, S. 559–584.

Wagschal, Uwe (2011): Direkte Demokratie: rechtliche Grundlagen und politische Praxis, in: Grotz, Florian/Müller-Rommel, Ferdinand (Hrsg.), Regierungssysteme in Mittel- und Osteuropa. Die neuen EU-Staaten im Vergleich, Wiesbaden, S. 237–261.

Wagschal, Uwe (2012): Die Volksabstimmung zu Stuttgart 21: Zwischen parteipolitischer Polarisierung und ›Spätzlegraben‹, in: Der Bürger im Staat 3, S. 168–173.

Wagschal, Uwe (2013): Das direktdemokratische Paradoxon in der empirischen Demokratieforschung, in: Armingeon, Klaus (Hrsg.), Staatstätigkeiten, Parteien und Demokratie. Festschrift für Manfred G. Schmidt. Wiesbaden, S. 613–630.

Wagschal, Uwe (2015): Finanzielle Handlungsspielräume der Kommunen – Möglichkeiten kommunaler Politik für älter werdende Menschen. Expertise zum Siebten Altenbericht der Bundesregierung. Berlin.

Wagschal, Uwe et al. (2010): Kulturkonflikte in inner- und zwischenstaatlicher Perspektive, in: Zeitschrift für internationale Beziehungen 2010 (1), S. 5–37.

Wagschal, Uwe/Grasl, Maximilian (2004): Die modifizierte Senatslösung. Ein Vorschlag zur Beseitigung von Reformblockaden im deutschen Föderalismus, in: Zeitschrift für Parlamentsfragen 4, S. 126–146.

Wagschal, Uwe/Obinger, Herbert (2000): Der Einfluss der Direktdemokratie auf die Sozialpolitik, in: Politische Vierteljahresschrift 41 (3), S. 466–497.

Wagschal, Uwe/Obinger, Herbert (2000): Zwischen Reform und Blockade: Plebiszit und der Steuer- und Wohlfahrtsstaat, in: Schmidt, Manfred G. (Hrsg.), Wohlfahrtsstaatliche Politik: Institutionen – Prozesse – Leistungsprofil. Opladen, S. 92–125.

Wagschal, Uwe/Wenzelburger, Georg (2008): Haushaltskonsolidierung. Wiesbaden.

Wahlrecht.de (Hrsg.) (2012): Sitzzuteilungsverfahren, URL: http://www.wahlrecht.de/verfahren [01.11.2012].

Ware, Alan (1996): Political Parties and Party Systems. Oxford.

Warwick, Paul V. (1994): Government Survival in Parliamentary Democracies. Cambridge.

Watts, Ronald L. (2008): Comparing Federal Systems. 3. Aufl., Montreal/Kingston u. a.

Weaver, Kent (1986): The Politics of Blame Avoidance, in: Journal of Public Policy 6 (4), S. 371–398.

Weber, Jürgen (1977): Die Interessengruppen im politischen System der Bundesrepublik Deutschland. Stuttgart u. a.

Weber, Max (1974): Die »Objektivität« sozialwissenschaftlicher und sozialpolitischer Erkenntnis, in Gesammelte Aufsätze zur Wissenschaftlehre. Hrsg. Von Johannes Winckelmann. Tübingen, S. 146–214.

Weber, Max (1992): Wissenschaft als Beruf (1917/1919) / Politik als Beruf (1919). Hrsg. von Wolfgang J. Mommsen und Wolfgang Schluchter in Zusammenarbeit mit Birgitt Morgenbrod (Max-Weber-Gesamtausgabe I/17). Tübingen.

Weber, Max (2005): Wirtschaft und Gesellschaft. Die Wirtschaft und die gesellschaftlichen Ordnungen und Mächte. Teilband 4: Herrschaft. Hrsg. von Edith Hanke in Zusammenarbeit mit Thomas Kroll (Max-Weber-Gesamtausgabe I/22–4: Herrschaft). Tübingen.

Weber, Max (2013): Wirtschaft und Gesellschaft. Soziologie. Hrsg. von Knuth Borchardt und Edith Hanke (Max-Weber-Gesamtausgabe I:23). Tübingen.

Wehling, Hans-Georg (2005):Direkte Demokratie in Baden-Württemberg, in: Kost,

Weimarer Reichsverfassung (1919): Weimarer Reichsverfassung, URL: http://www.documentarchiv.de/wr/wrv.html#F%C3%9CNFTER_ABSCHNITT [12.11.2013].

Weingast, Barry R. (1997): The Political Foundations of Democracy and the Rule of Law, in: The American Political Science Review 91 (2), S. 245–263.

Weinmann, Philipp (2013): Führt das Wahlrecht zur »Aufblähung« des Bundestages? Simulationsrechnungen auf Basis des neuen Bundeswahlgesetzes, in: Zeitschrift für Parlamentsfragen 44 (4), S. 719–741.

Weischenberg, Siegfried (1992): Mediensysteme, Medienethik, Medieninstitutionen. Opladen.

Weiß, Ulrich (1995): Macht, in: Nohlen, Dieter/Schulze, Rainer-Olaf (Hrsg.), Lexikon der Politik. Band 1: Politische Theorien. München, S. 305–315.

Weixner, Bärbel (2002): Direkte Demokratie in den Ländern der Bundesrepublik Deutschland. Leverkusen.

Wenzelburger, Georg (2009): Interaktiv, indirekt und nur stellenweise. Parteien und Budgetkonsolidierungen, in: Zeitschrift für Politikwissenschaft 19 (4), S. 493–536.

Wenzelburger, Georg (2011): Political Strategies and Fiscal Retrenchment. Evidence from Four Countries, in: West European Politics 34 (6), S. 1151–1184.

Wenzelburger, Georg (2014): Blame avoidance, electoral punishment and the perceptions of risk, in: Journal of European Social Policy 24 (1), S. 80–91.

Werenfels, Isabelle (2008): Qaddafis Libyen. Endlos stabil und reformresistent? Berlin.

Westle, Bettina (2010). Politische Kultur, in: Lauth, Hans-Joachim (Hrsg.), Vergleichende Regierungslehre. Wiesbaden, S. 306–325.

Westle, Bettina/Gabriel, Oskar (Hrsg.) (2009): Politische Kultur. Eine Einführung. Baden-Baden.

Wiesendahl, Elmar (1980): Parteien und Demokratie. Eine soziologische Analyse paradigmatischer Ansätze der Parteienforschung. Opladen.

Wiesendahl, Elmar (1989): Parteiensystem, in: Nohlen, Dieter (Hrsg.), Pipers Wörterbuch der Politik. Band 1: Politikwissenschaft. München, S. 666–671.

Wiio, Osmo (1983): The Mass Media role in the Western World, in: Martin, John/Chaudhary, Anju Grover (Hrsg.), Comparative Mass Media Systems. New York, S. 85–94.

Wildenmann, Rudolf (1969): Die Rolle des Bundesverfassungsgerichts und der deutschen Bundesbank in der politischen Willensbildung. Ein Beitrag zur Demokratietheorie. Stuttgart.

Wildenmann, Rudolf et al. (1982): Führungsschicht in der Bundesrepublik Deutschland. Mannheim.

Wilensky, Harold L. (1975): The Welfare State and Equality: Structural and Ideological Roots of Public Expenditures. Berkeley.

Wollmann, Hellmut (2002): Verwaltungspolitische Reformdiskurse und -verläufe im internationalen Vergleich, in: König, Klaus (Hrsg.), Deutsche Verwaltung an der Wende zum 21. Jahrhundert. Baden-Baden, S. 489–524.

Wüst, Andreas/Stöver, Philip (2006): Wahlen in Europa, in: Politische Vierteljahresschrift 47 (2), S. 289–309.

WVS (2008): Values change the world. World Value Survey: World Value Survey.

Young, Alasdair R. (2010): The European Policy Process in Comparative Perspective, in: Wallace, Helen/Pollack, Mark A./Young, Alasdair (Hrsg.), Policy-Making in the European Union. Oxford, S. 45–68.

Zacher, Hans F. (2001): Grundlagen der Sozialpolitik in der Bundesrepublik Deutschland, in: Bundesministerium für Arbeit und Sozialordnung und Bundesarchiv (Hrsg.), Geschichte der Sozialpolitik in Deutschland seit 1945. Band 1: Grundlagen der Sozialpolitik. Baden-Baden, S. 333–684.

Zahariadis, Nikolaos (2007): The Multiple Streams Framework, in: Sabatier, Paul (Hrsg.), Theories of the Policy Process. Boulder, S. 65–92.

Zohlnhöfer, Reimut (2005): Globalisierung der Wirtschaft und nationalstaatliche Anpassungsreaktionen. Theoretische Überlegungen, in: Zeitschrift für Internationale Beziehungen 12 (1), S. 41–75.

Zohlnhöfer, Reimut (2007): The Politics of Budget Consolidation in Britain and Germany. The Impact of Blame Avoidance Opportunities, in: West European Politics 30 (5), S. 1120–1138.

Zohlnhöfer, Reimut (2008): Stand und Perspektiven der vergleichenden Staatstätigkeitsforschung, in: Frank Janning/Katrin Toens (Hrsg.), Die Zukunft der Policy-Forschung. Theorien, Methoden, Anwendungen. Wiesbaden, S. 157–174.

Zuckerman, Alan/Dasovic, Josip/Fitzgerald, Jennifer (2007): Partisan families. The social logic of bounded partisanship in Germany and Britain. Cambridge.

Verzeichnis der Autorinnen und Autoren

Rafael Bauschke ist Referent für Strategie und Planung im Ministerium für Finanzen und Wirtschaft des Landes Baden-Württemberg. Sein Forschungsinteresse liegt im Bereich der Gesundheits- und Wirtschaftspolitik, des Veränderungsmanagements der öffentlichen Verwaltung und der Demokratiemessung.

Carola Fricke ist wissenschaftliche Mitarbeiterin am Institut für Stadt- und Regionalplanung, Technische Universität Berlin. Ihr Forschungsinteresse gilt der vergleichenden Analyse von Städten und Regionen und der europäischen und grenzüberschreitenden Zusammenarbeit im Bereich der Raumplanung und Stadtpolitik.

Christoph M. Haas ist Akademischer Rat am Seminar für Wissenschaftliche Politik der Albert-Ludwigs-Universität Freiburg. Seine Publikations- und Forschungsschwerpunkte sind das Regierungssystem der USA, die Haushaltspolitik sowie der Parlamentsvergleich, hierbei insbesondere der Bikameralismus.

Maximilian Grasl ist Lehrkraft für besondere Aufgaben am Institut für Politikwissenschaft der Universität Regensburg. Forschung und Veröffentlichungen in den Bereichen Vergleichende Politikforschung, Politische Ökonomie, Europäische Integration und Empirische Politikforschung.

Sebastian Jäckle ist Akademischer Rat am Seminar für Wissenschaftliche Politik der Albert-Ludwigs-Universität Freiburg. Seine Forschungsinteressen liegen im Bereich der politischen Elitenforschung, der Einstellungsforschung sowie der Demokratiemessung. Daneben beschäftigt er sich intensiv mit quantitativen Methoden der Politikwissenschaft.

Pascal König ist wissenschaftlicher Mitarbeiter am Seminar für Wissenschaftliche Politik der Albert-Ludwigs-Universität Freiburg. Seine Forschungsinteressen liegen in den Bereichen Economic Voting, Reformkommunikation und Deliberativer Demokratie.

Thomas Metz ist wissenschaftlicher Mitarbeiter am Seminar für Wissenschaftliche Politik der Albert-Ludwigs-Universität Freiburg. Seine Forschungsinteressen liegen im Bereich der Wahlforschung, der politischen Psychologie und der Konfliktforschung. Daneben befasst er sich intensiv mit Computersimulationen in der Politikwissenschaft.

Frieder Neumann ist Doktorand am Seminar für Wiss. Politik in Freiburg und war dort von 2010 bis 2012 akademischer Mitarbeiter. Seine Dissertation zum Thema »Soziale Mindestsicherungssysteme in Europa« wurde von der Heinrich-Böll-Stiftung durch ein Stipendium gefördert.

Elina Schleutker arbeitet als akademische Mitarbeiterin am Seminar für Wissenschaftliche Politik der Albert-Ludwigs-Universität Freiburg. In ihrer Forschung konzentriert sie sich auf Zusammenhänge zwischen Demografie und Wohlfahrtsstaat.

Markus B. Siewert ist Doktorand und Wissenschaftlicher Mitarbeiter an der Goethe-Universität Frankfurt am Main, Professur für Gesellschaftswissenschaften mit dem Schwerpunkt qualitative empirische Sozialforschung. Seine Lehr- und Forschungs-schwerpunkte sind die Politik und Gesellschaft der USA, Demokratiequalität sowie qualitative Methoden der Politikwissenschaft.

Uwe Wagschal ist Professor für Vergleichende Politikwissenschaft an der Albert-Ludwigs-Universität Freiburg. Seine Forschungsinteressen sind die vergleichende Demokratieforschung, die Staatstätigkeitsforschung sowie die Analyse öffentlicher Finanzen.

Philipp Weinmann ist wissenschaftlicher Mitarbeiter am Seminar für Wissenschaft-liche Politik der Albert-Ludwigs-Universität Freiburg sowie Promovend bei Prof. Dr. Uwe Wagschal. Seine Forschungsinteressen bestehen in der Analyse von Wahlen, Wahl-systemen und Parteiensystemen, wobei der aktuelle Forschungsschwerpunkt auf dem deutschen Wahlsystem liegt.

Georg Wenzelburger ist Juniorprofessor für Politische Wissenschaft mit Schwer-punkt Politische Ökonomie an der TU Kaiserslautern. Er forscht insbesondere zu The-men der Vergleichenden Policy-Forschung – etwa zur Sozialpolitik, Haushalts- und Fi-nanzpolitik, sowie zur Politik der Inneren Sicherheit.

Kennzeichen der Länder der Welt

Land	Mitglieder EK/ZK	Power Index[d]	Wahlsystem	BIP/Kopf (in US $ PPP)	Regierungssystem: parlamentarisch/ präsidentiell	Demokratie-grad (Freedom House Index)	HDI[g]	Gini-Koeffi-zient[h]
1 Afghanistan	249/102	0,38	anderes	1.100	—	6	0,374	—
2 Ägypten	508/270	0,28[e]	gemischt	6.600	Verfassung Juli 2013 ausgesetzt	5	0,662	34,4
3 Albanien	140/—	0,75	VW	10.700	X	3	0,749	34,5
4 Algerien	462/144	0,25	VW	7.500	—	5,5	0,713	35,3
5 Andorra	28/—	—	gemischt	37.200[f]	X	1	0,846	—
6 Angola	220/—	0,44	VW	6.300	—	5,5	0,508	—
7 Antigua & Barbuda	19/17	—	MW	18.400	X	2	0,760	—
8 Äquatorialguinea	100/—	—	VW	25.700	—	7	0,554	—
9 Argentinien	257/72	0,50	VW	18.600	—	2	0,811	45,8
10 Armenien	131/—	0,56	gemischt	6.300	—	4,5	0,729	30,9
11 Aserbaidschan	125/—	0,44	MW	10.800	—	5,5	0,734	33,7
12 Äthiopien	547/135	0,50		1.300	X	6	0,396	30,0
13 Australien	150/76	0,63	MW	43.000	X	1	0,938	30,3
14 Bahamas	38/16	—	MW	32.000	X	1	0,794	—
15 Bahrain	40/40	0,19	MW	29.800	Konstitutionelle Monarchie	6	0,796	—
16 Bangladesch	350/—	0,59	MW	2.100	X	3,5	0,515	33,2

Land	Mitglieder EK/ZK	Power Index[d]	Wahlsystem	BIP/Kopf (in US $ PPP)	Regierungssystem: parlamentarisch	präsidentiell	Demokratiegrad (Freedom House Index)	HDI[g]	Gini-Koeffizient[h]
17 Barbados	30/21	—	MW	25.100	X	—	1	0,825	—
18 Belgien	150/71+x	0,75	VW	37.800	X	—	1	0,897	28,0
19 Belize	32/13	—	MW	8.800	X	—	1,5	0,702	—
20 Benin	83/—	0,56	VW	1.600	—	X	2	0,436	36,5
21 Bhutan	47/25	0,22	MW	7.000	Konstitutionelle Monarchie		4,5	0,538	—
22 Bolivien	130/36	0,44	gemischt	5.550	—	X	3	0,675	53,0
23 Bosnien-Herzegowina	42/15	0,63	VW	8.300	X	—	3	0,735	36,2
24 Botswana[a]	63/35	0,44	MW	16.400	—	X	2,5	0,634	63,0
25 Brasilien	513/81	0,56	VW	12.100	—	X	2	0,730	51,9
26 Brunei	kein Parlament	—	Transition	54.800	Sultanat		5,5	0,855	—
27 Bulgarien	240/—	0,78	VW	14.400	X	—	2	0,782	45,3
28 Burkina Faso	111/—	0,53	VW	1.500	Semi-präsidentiell		4	0,343	39,5
29 Burundi	106/41	0,41	VW	600	—	X	5	0,355	42,4
30 Chile	120/38	0,56	VW	19.100	—	X	1	0,819	52,1
31 China	3.000/—	0,34	nicht anwendbar	9.800	Volksrepublik		6,5	0,699	47,4
32 Costa Rica	57/—	0,53	VW	12.900	—	X	1	0,773	50,3

Land	Mitglieder EK/ZK	Power Index[d]	Wahlsystem	BIP/Kopf (in US$ PPP)	Regierungssystem: parlamentarisch	präsidentiell	Demokratiegrad (Freedom House Index)	HDI[g]	Gini-Koeffizient[h]
33 Dänemark	179/—	0,78	VW	37.800	X	—	1	0,901	24,8
34 Deutschland	598/69	0,84	Personalisierte VW	39.500	X	—	1	0,920	27,0
35 Dominica	32/—	—	MW	14.300	X	—	1	0,745	—
36 Dominik. Republik	183/32	0,41	VW	9.700	—	X	2	0,702	47,2
37 Dschibuti	65/—	—	gemischt	2.700	—	X	5,5	0,445	—
38 Ecuador	76/—	0,53	VW	10.600	—	X	3	0,724	47,7
39 El Salvador	84/—	0,59	VW	7.500	—	X	2,5	0,680	46,9
40 Elfenbeinküste	255/—	0,38	MW	1.800	—	X	5	0,432	41,5
41 Eritrea	150/—	0,25	MW	1.200	—	X Verfassung in Ausarbeitung	7	0,351	—
42 Estland	101/—	0,75	VW	22.400	X	—	1	0,846	31,3
43 Fidschi	71/32	0,63	Transition	4.900	Parl., aber seit 2009 Verfassung außer Kraft		5	0,702	—
44 Finnland	200/—	0,72	VW	35.900	X	—	1	0,892	26,8
45 Frankreich	577/348	0,56	MW	35.700	Semi-präsidentiell		1	0,893	32,7
46 Gabun	120/102	0,44	MW	19.200	—	X	5,5	0,683	—

Land	Mitglieder EK/ZK	Power Index[d]	Wahlsystem	BIP/Kopf (in US $ PPP)	Regierungssystem: parlamentarisch/präsidentiell	Demokratiegrad (Freedom House Index)	HDI[g]	Gini-Koeffizient[h]
47 Gambia	53/—	0,31	MW	2.000	—	X	6	0,439	50,2
48 Georgien	150/—	0,59	gemischt	6.100	—	X	3	0,745	46,0
49 Ghana	230/—	0,47	MW	3.500	—	X	1,5	0,558	39,4
50 Grenada	15/13	—	MW	13.800	X	—	1,5	0,770	—
51 Griechenland	300/—	0,81	VW	23.600	X	—	2	0,860	33,0
52 Großbritannien	650/827	0,78	MW	37.300	X	—	1	0,875	40,0
53 Guatemala	158/—	0,50	VW	5.300	—	X	3,5	0,581	55,1
54 Guinea	114/—	0,31	gemischt	1.100	—	X	5	0,355	39,4
55 Guinea-Bissau	102/—	0,25	VW	1.200	—	X	5,5	0,364	—
56 Guyana	67/—	0,38	VW	8.500	—	X	2,5	0,636	44,6
57 Haiti	99/30	0,44	MW	1.300	—	X	4,5	0,456	59,2
58 Honduras	128/—	0,53	VW	4.800	—	X	4	0,632	57,7
59 Indien	545/245 (max. 250)	0,63	MW	4.000	X	—	2,5	0,554	36,8
60 Indonesien	560/132	0,56	VW	5.200	—	X	2,5	0,629	36,8
61 Irak	325/—	0,63	VW	7.100	X	—	6	0,590	—
62 Iran	290/—	0,44	MW	12.800	Theokratische Republik	—	6	0,742	44,5
63 Irland	166/60	0,66	VW	41.300	X	—	1	0,916	33,9

Land	Mitglieder EK/ZK	Power Index[d]	Wahlsystem	BIP/Kopf (in US $ PPP)	Regierungssystem: parlamentarisch	präsidentiell	Demokratiegrad (Freedom House Index)	HDI[g]	Gini-Koeffizient[h]
64 Island	63/—	—	VW	40.700	X	—	1	0,906	28,0
65 Israel	120/—	0,75	VW	36.200	X	—	1,5	0,900	39,2
66 Italien	630/315+x	0,84	VW	29.600	X	—	1,5	0,881	31,9
67 Jamaika	63/21	0,63	MW	9.000	X	—	2,5	0,730	45,5
68 Japan	480/242	0,66	gemischt	37.100	X	—	1,5	0,912	37,6
69 Jemen	301/111	—	MW	2.500	—	X	6	0,458	37,7
70 Jordanien	120/60	0,22	gemischt	6.100	Konstitutionelle Monarchie		5,5	0,700	39,7
71 Kambodscha	123/61	0,59	VW	2.600	X	—	5,5	0,543	37,9
72 Kamerun	180/—	0,25	MW	2.400	—	X	6	0,495	44,6
73 Kanada	308/105	0,72	MW	43.100	X	—	1	0,911	32,1
74 Kap Verde	72/—	—	VW	4.400	X	—	1	0,586	—
75 Katar	45/—	0,22	Transition	102.100	Konstitutionelle Monarchie (Emirat)		5,5	0,834	—
76 Kasachstan	107/47	0,38	VW	14.100	—	X	5,5	0,754	28,9
77 Kenia	224/—	0,31	MW	1.800	—	X	4	0,519	42,5
78 Kirgisistan	120/—	0,47	VW	2.500	X	—	5	0,622	33,4
79 Kiribati	46/—	—	MW	6.400	—	X	1	0,629	—
80 Kolumbien	166/102	0,56	VW	11.100	—	X	3,5	0,719	58,5

Land	Mitglieder EK/ZK	Power Index[d]	Wahlsystem	BIP/Kopf (in US $ PPP)	Regierungssystem: parlamentarisch	präsidentiell	Demokratiegrad (Freedom House Index)	HDI[g]	Gini-Koeffizient[h]
81 Komoren	33/—	0,38	MW	1.300		X	3,5	0,429	—
82 Dem. Republik Kongo (ehem. Zaire)	500/108	0,25	gemischt	400		X	6	0,304	—
83 Republik Kongo	139/72	0,38	MW	4.800		X	5,5	0,534	—
84 Kroatien	151/—	0,78	VW	17.800	X		1,5	0,805	32,0
85 Kuba	614/—	0,28	MW	10.200[e]	Einparteienstaat. Republik		6,5	0,780	—
86 Kuwait	65/—	0,38	MW	42.100	Konstitutionelles Emirat		5	0,790	—
87 Laos	132/—	0,28	MW	3.100	Volksrepublik		6,5	0,543	36,7
88 Lesotho	120/33	0,53	gemischt	2.200	X		2,5	0,461	63,2
89 Lettland	100/—	0,78	VW	19.100	X		2	0,814	35,2
90 Libanon	128/—	0,5	MW	15.800	X		4,5	0,745	—
91 Liberia	73/30	0,44	MW	700		X	3,5	0,388	—
92 Libyen	200/—	0,13[e]	gemischt	11.300	Transition		4,5	0,769	—
93 Liechtenstein	25/—	—	VW	89.400[d]	X		1	0,883	—
94 Litauen	141/—	0,78	gemischt	22.600	X		1	0,818	35,5
95 Luxemburg	60/—	—	VW	77.900	X		1	0,875	26,0
96 Madagaskar	417/189	0,41	MW	1.000		X	5	0,483	47,5
97 Malawi	193/—	0,38	MW	900		X	3,5	0,418	39,0

Land	Mitglieder EK/ZK	Power Index[d]	Wahlsystem	BIP/Kopf (in US $ PPP)	Regierungssystem: parlamentarisch/ präsidentiell	Demokratie- grad (Freedom House Index)	HDI[g]	Gini- Koeffi- zient[h]
98 Malaysia	222/70	0,34	MW	17.500	X	4	0,769	46,2
99 Malediven	77/—	—	MW	9.100	X	4,5	0,688	—
100 Mali	147/75	0,34	MW	1.100	X	6	0,344	40,1
101 Malta	65/—	—	VW	29.200[9]	X	1	0,847	27,4
102 Marokko	395/270	0,31	VW	5.500	Konstitutionelle Monarchie mit Elementen parlamentarischer Demokratie	4,5	0,591	40,9
103 Marschallinseln	33/—	—	MW	8.700	—	1	—	—
104 Mauretanien	95/56	0,31	MW	2.200	X (islamisch)	5,5	0,467	39,0
105 Mauritius	70/—	0,66	MW	16.100	X	1,5	0,737	39,0
106 Mazedonien	123/—	0,81	MW	10.800	X	3	0,740	43,2
107 Mexiko	500/128	0,44	gemischt	15.600	X, aber starker Kongress	3	0,775	48,3
108 Mikronesien	14/—	—	MW	7.300	—	1	0,645	—
109 Moldau	101/—	0,75	VW	3.800	X	3	0,660	38,0
110 Monaco	24/—	—	gemischt	85.500[f]	Konstitutionelle Monarchie	1,5	—	—
111 Mongolei	76/—	0,84	gemischt	5.900	X	1,5	0,675	36,5
112 Montenegro	81/—	—	VW	11.900	X	2,5	0,791	24,3

Land	Mitglieder EK/ZK	Power Index[d]	Wahlsystem	BIP/Kopf (in US $ PPP)	Regierungssystem: parlamentarisch/präsidentiell		Demokratiegrad (Freedom House Index)	HDI[19]	Gini-Koeffizient[h]
113 Mosambik	250/—	0,44	VW	1.200	—	X	3,5	0,327	45,6
114 Myanmar	440/224	0	VW	1.700	—	X, aber starker Einfluss Militär	5,5	0,498	—
115 Namibia	78/26	0,50	VW	8.200	—	X	2	0,608	59,7
116 Nauru	18/—	—	anderes	5.000[c]	X	—	1	—	—
117 Nepal	601/—	0,44	gemischt	1.500	Übergangsverfassung seit 2007		4	0,463	32,8
118 Neuseeland	120/—	0,69	gemischt	30.400	X	—	1	0,919	36,2
119 Nicaragua	92/—	0,69	VW	4.500	—	X	4,5	0,599	40,5
120 Niederlande	150/75	0,78	VW	43.300[g]	X	—	1	0,921	30,9
121 Niger	113/—	0,50	VW	800	—	X	3,5	0,304	34,0
122 Nigeria	360/109	0,47	MW	2.800	—	X	4,5	0,471	43,7
123 Nordkorea	687/—	0,13	MW	1.800[f]	Volksrepublik		7	—	—
124 Norwegen	169/—	0,72	VW	55.400	Konstitutionelle Monarchie		1	0,955	25,0
125 Oman	84/83	0,16	MW	29.800	Monarchie (Sultanat)		5,5	0,731	—
126 Österreich	183/62	0,72	VW	42.600	X	—	1	0,895	26,3
127 Pakistan	342/104	0,44	gemischt	3.100	X	—	4,5	0,515	30,6
128 Palau	16/13	—	MW	10.500[f]	—	X	1	0,791	—

Land	Mitglieder EK/ZK	Power Index[d]	Wahlsystem	BIP/Kopf (in US $ PPP)	Regierungssystem: parlamentarisch	präsidentiell	Demokratiegrad (Freedom House Index)	HDI[9]	Gini-Koeffizient[h]
129 Panama	71/—	0,50	VW	16.500	—	X	1,5	0,780	51,9
130 Papua-Neuguinea	109/—	0,66	MW	2.900	X	—	3,5	0,466	50,9
131 Paraguay	80/45	0,56	VW	6.800	—	X	3	0,669	53,2
132 Peru	130/—	0,66	VW	11.100	—	X	2,5	0,741	46,0
133 Philippinen	287/24	0,56	gemischt	4.700	—	X	3	0,654	44,8
134 Polen	460/100	0,75	VW	21.100	X	—	1	0,821	34,1
135 Portugal	230/—	0,63	VW	22.900	X	—	1	0,816	38,5
136 Ruanda	80/26	0,47	VW	1.500	—	X	6	0,434	46,8
137 Rumänien	334/137	0,72	gemischt	14.400	X	—	2	0,786	33,2
138 Russland	450/178	0,44	VW	18.100	—	X	5,5	0,788	41,7
139 Sambia	158/—	0,28	MW	1.800	—	X	3,5	0,448	50,8
140 Samoa	49/—	—	MW	6.200	X	—	2	0,702	—
141 San Marino	60/—	—	VW	55.000[9]	X	—	1	—	—
142 São Tomé & Príncipe	55/—	—	—	2.200	—	X	2	0,525	—
143 Salomonen	50/—	—	MW	3.400	X	—	3,5	0,530	—
144 Saudi Arabien	150/—	0,09	nicht anwendbar	31.300	Absolute Monarchie		7	0,782	—
145 Schweden	349/—	0,72	VW	40.900	X	—	1	0,916	23,0

Land	Mitglieder EK/ZK	Power Index[d]	Wahlsystem	BIP/Kopf (in US$ PPP)	Regierungssystem: parlamentarisch/präsidentiell	Demokratiegrad (Freedom House Index)	HDI[g]	Gini-Koeffizient[h]
146 Schweiz	200/46	0,72	VW	54.800	X	1	0,913	29,6
147 Senegal	150/100	0,44	gemischt	2.100	—	2,5	0,470	41,3
148 Serbien	250/—	0,69	VW	11.100	X	2	0,769	28,2
149 Seychellen	34/—	—	gemischt	25.900	—	3	0,806	—
150 Sierra Leone	124/—	0,41	MW	1.400	X	2,5	0,359	62,9
151 Simbabwe	214/100	0,31	MW	600	X	6	0,397	50,1
152 Singapur	99/—	0,38	MW	62.400	—	4	0,895	47,8
153 Slowakei	150/—	0,72	VW	24.700	X	1	0,840	26,0
154 Slowenien	90/40	0,75	VW	27.400	X	1	0,892	23,8
155 Somalia	275/—	0	Transition	600[e]	Übergangsverfassung von 2012	7	—	—
156 Spanien	350/264	0,72	VW	30.100	X	1	0,885	32,0
157 Sri Lanka	225/—	0,50	VW	6.500	—	4,5	0,715	49,0
158 St. Christopher (St. Kitts) & Nevis	15/—	—	MW	16.300	X	1	0,745	—
159 St. Lucia	17/11	—	MW	13.100	X	1	0,725	—
160 St. Vincent & die Grenadinen	23/—	—	MW	12.100	X	1	0,733	—
161 Südafrika	400/90	0,63	VW	11.500	—	2	0,629	63,1
162 Südsudan	332/50	—	Transition	1.400	X	5,5	—	—

Land	Mitglieder EK/ZK	Power Index[d]	Wahlsystem	BIP/Kopf (in US $ PPP)	Regierungssystem: parlamentarisch/präsidentiell	Demokratiegrad (Freedom House Index)	HDI[g]	Gini-Koeffizient[h]
163 Sudan	354/32	0,22	gemischt	2.600	— X	7	0,414	—
164 Südkorea	299/—	0,59	gemischt	33.200	— X	1,5	0,909	41,9
165 Surinam	51/—	—	VW	12.900	— X	2	0,684	—
166 Swasiland	65/30	0,25	MW	5.700	Absolute Monarchie	6	0,536	50,4
167 Syrien	250/—	0,31	MW	5.100[f]	Sozialistische Volksrepublik mit Präsidentialsystem	7	0,648	—
168 Tadschikistan	63/34	0,31	gemischt	2.300	— X	6	0,622	—
169 Taiwan	113/—	0,59	gemischt	39.600	X —	1,5	—	34,2
170 Tansania	274/—	0,31	MW	1.700	— X	3	0,476	37,6
171 Thailand	500/150	0,59	gemischt	9.900	Konstitutionelle Monarchie	4	0,690	53,6
172 Timor-Leste	65/—	0,47	VW	21.400	Semipräsidentiell	3,5	0,576	31,9
173 Togo	81/—	0,38	VW	1.100	— X	4,5	0,459	—
174 Tonga	28/—	—	MW	8.200	Konstitutionelle Monarchie	2,5	0,710	—
175 Trinidad &Tobago	42/31	0,53	MW	20.300	X —	2	0,760	—
176 Tschad	188/—	0,22	MW	2.500	— X	6,5	0,340	—
177 Tschechien	200/81	0,81	VW	26.300	X —	1	0,873	31,0
178 Tunesien	217/—	0,28[e]	VW	9.900	X; Übergangsverfassung von 2011	3,5	0,712	40,0

Land	Mitglieder EK/ZK	Power Index[d]	Wahlsystem	BIP/Kopf (in US $ PPP)	Regierungssystem: parlamentarisch/ präsidentiell	Demokratie- grad (Freedom House Index)	HDI[g]	Gini- Koeffi- zient[h]
179 Türkei	550/—	0,78	VW	15.300	X / —	3,5	0,722	40,2
180 Turkmenistan	125/—	0,06	MW	9.700	— / X	7	0,698	40,8
181 Tuvalu	15/—	—	MW	3.500	X / —	1	—	—
182 Uganda	386/—	0,44	MW	1.500	— / X	4,5	0,456	44,3
183 Ukraine	450/—	0,59	gemischt	7.400	X / X	3,5	0,740	28,2
184 Ungarn	386/—	0,75	gemischt	19.800	X / —	1,5	0,831	24,7
185 Uruguay	99/31	0,66	VW	16.600	— / X	1	0,792	45,3
186 USA	435/100	0,63	MW	52.800	— / X	1	0,937	45,0
187 Usbekistan	150/100	0,28	MW	3.800	— / X	7	0,654	36,8
188 Vanuatu	52/—	—	anderes	4.800	X / —	2	0,626	—
189 Vatikanstadt	kein Parlament	—	nicht anwendbar	—	Päpstliche Kommission	—	—	—
190 Venezuela	165/—	0,53	gemischt	13.600	— / X	5	0,748	39,0
191 Vereinigte Arabi- sche Emirate	40/—	0,06	nicht spezifiziert	29.900	Konstitutionelle Monarchie	6	0,818	—
192 Vietnam	500/—	0,34	MW	4.000	Sozialistische Republik	6	0,617	37,6
193 Weißrussland	110/64	0,25	MW	16.100	— / X	6,5	0,793	27,2
194 Zentralafrikanische Republik	105/—	0,34	MW	700	— / X	5	0,352	61,3

Land	Mitglieder EK/ZK	Power Index[d]	Wahlsystem	BIP/Kopf (in US $ PPP)	Regierungssystem: parlamentarisch	präsidentiell	Demokratiegrad (Freedom House Index)	HDI[g]	Gini-Koeffizient[h]
195 Zypern	80/—	0,41	VW	24.500	—	X	1	0,848	29,0
gesamt	Ø 200/ca. 96	2 Staaten ohne Parlament	73 MW; 76 VW; 31 gemischt	Ø ca 15.700	76	86 (33 keines von beiden)	Ø 3,31	Ø 0,694	Ø 39,89

So nicht anders angegeben beziehen sich alle Daten auf das Jahr 2013; EK: Erste Kammer; ZK: Zweite Kammer; a = laut Verfassung besteht das Parlament Botswanas aus der National Assembly, gleichwohl ist die Ntlo ya Dikgosi als beratende Kammer in die Gesetzgebung involviert; b = für die Zeit nach der Wiederherstellung der territorialen Integrität ist eine ZK in der georgischen Verfassung vorgesehen; c = Daten von 2005; d = Daten von 2009; e = Daten von 2010; f = Daten von 2011; g = Daten von 2012; h = Daten variieren zwischen 1985 und 2012 (0 = perfekte Gleichverteilung, 100 = perfekte Ungleichverteilung).

Quellen: CIA World Factbook https://www.cia.gov/library/publications/the-world-factbook/ (BIP/Kopf, Gini); Sénat français <www.senat.fr/senatsdumonde/~pays.html>; Interparliamentary Union <www.ipu.org/parline-e/parlinesearch.asp> (21.09.2012); Fish/Kroenig 2011: 754 f. (Power Index); Zusammenstellung von Christoph M. Haas; International Institute for Democracy and Electoral Assistance <http://www.idea.int/index.cfm>; Freedom House <http://www.freedomhouse.org/report/freedom-world/freedom-world-2013>; United Nations Development Programme http://hdr.undp.org/en/statistics/ (HDI); Der Neue Fischer Weltalmanach <http://www.weltalmanach.de/>; The Economist <http://www.eiu.com/>

Gisela Riescher

Spannungsfelder der Politischen Theorie

2014. 142 Seiten. Kart.
€ 18,90
ISBN 978-3-17-022230-4

Brennpunkt Politik

Begriffe der Politikwissenschaft nehmen in Forschung und Lehre einen sehr breiten Raum ein, die genaue Kenntnis der mit bestimmten Schlagworten verbundenen Konzepte, Theorien und Methoden ist für Studierende der Politikwissenschaft unabdingbar. In diesem Buch werden wichtige, in der Politischen Theorie zusammengehörige Begriffspaare wie z. B. Gerechtigkeit und Gleichheit, Freiheit und Sicherheit, Macht und Gewalt vorgestellt, in ihren zeitgeschichtlichen Entwicklungslinien beschrieben, querschnittartig vertieft und kritisch diskutiert. Studierende und Interessierte erhalten so ein Nachschlagewerk, das in kurzen Artikeln die wesentlichen Felder der politischen Theorie beschreibt, erläutert und erklärt.

Gisela Riescher ist Professorin für Politische Theorie am Seminar für Wissenschaftliche Politik der Albert-Ludwigs-Universität Freiburg.

Leseproben und weitere Informationen unter www.kohlhammer.de

W. Kohlhammer GmbH · 70549 Stuttgart
vertrieb@kohlhammer.de